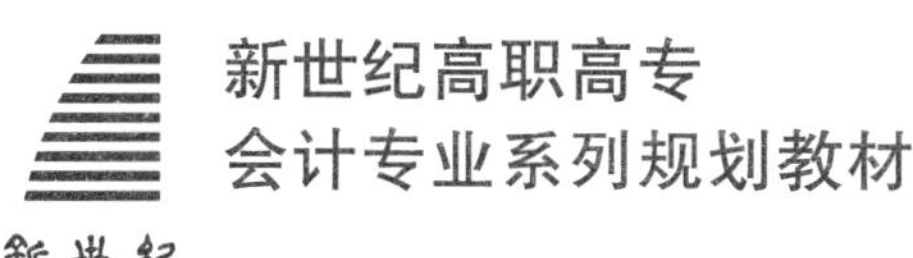

新世纪高职高专
会计专业系列规划教材

财务会计Ⅰ

（第七版）

新世纪高职高专教材编审委员会 组编
主　编 李玉英 张秀霞
副主编 熊晴海 陈　成

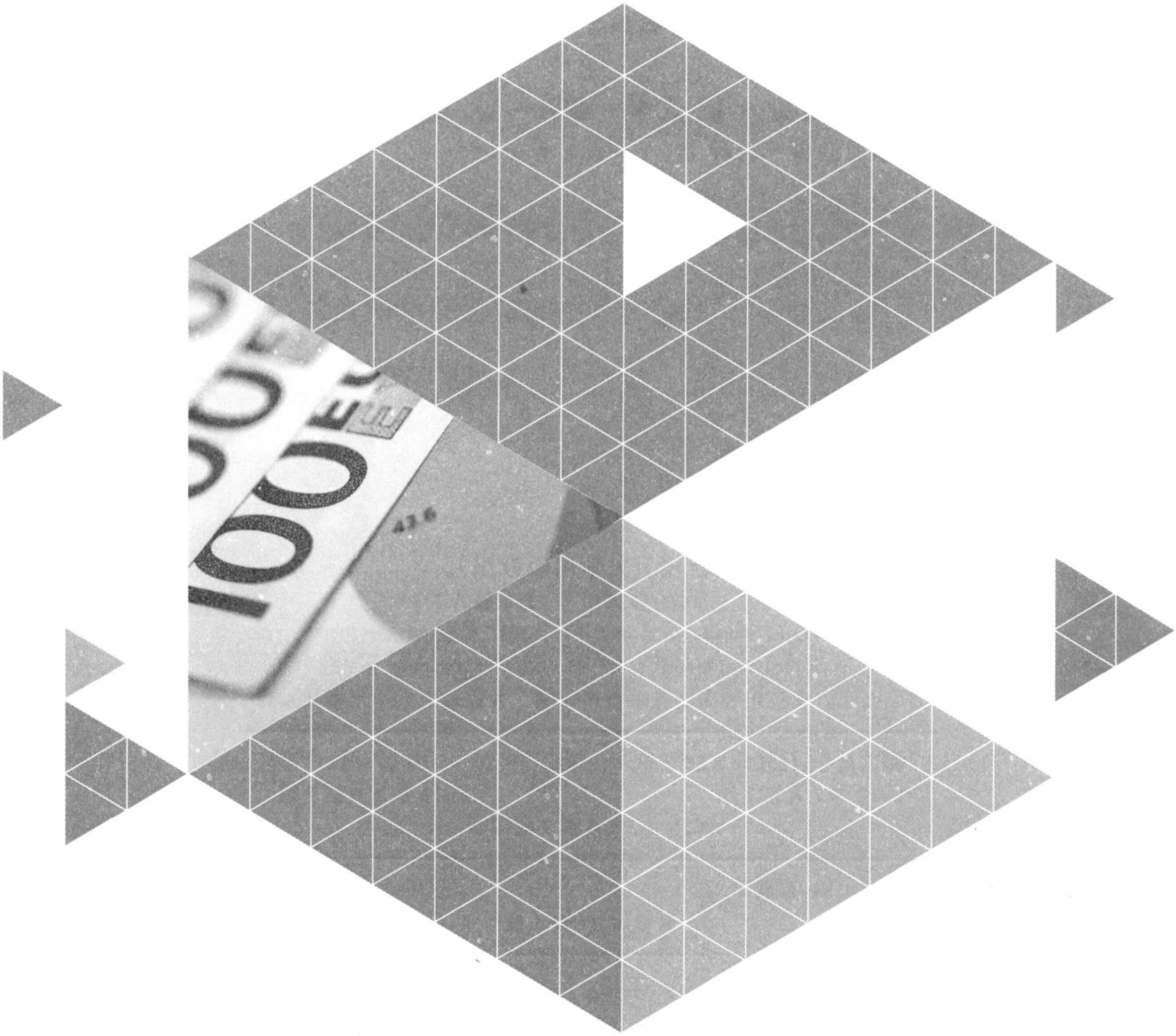

大连理工大学出版社

图书在版编目(CIP)数据

财务会计. 1 / 李玉英，张秀霞主编. — 7版. —
大连 ：大连理工大学出版社，2015.8(2015.12重印)
新世纪高职高专会计专业系列规划教材
ISBN 978-7-5611-9999-2

Ⅰ. ①财… Ⅱ. ①李… ②张… Ⅲ. ①财务会计一高
等职业教育一教材 Ⅳ. ①F234.4

中国版本图书馆CIP数据核字(2015)第166702号

大连理工大学出版社出版
地址:大连市软件园路80号 邮政编码:116023
发行:0411-84708842 邮购:0411-84708943 传真:0411-84701466
E-mail:dutp@dutp.cn URL:http://www.dutp.cn
丹东新东方彩色包装印刷有限公司印刷 大连理工大学出版社发行

幅面尺寸:185mm×260mm 印张:19.25 字数:445千字
2002年7月第1版 2015年8月第7版
2015年12月第3次印刷

责任编辑:郑淑琴 责任校对:李作鹏
封面设计:张 莹

ISBN 978-7-5611-9999-2 定 价:39.80元

我们已经进入了一个新的充满机遇与挑战的时代，我们已经跨入了21世纪的门槛。

20世纪与21世纪之交的中国，高等教育体制正经历着一场缓慢而深刻的革命，我们正在对传统的普通高等教育的培养目标与社会发展的现实需要不相适应的现状作历史性的反思与变革的尝试。

20世纪最后的几年里，高等职业教育的迅速崛起，是影响高等教育体制变革的一件大事。在短短的几年时间里，普通中专教育、普通高专教育全面转轨，以高等职业教育为主导的各种形式的培养应用型人才的教育发展到与普通高等教育等量齐观的地步，其来势之迅猛，发人深思。

无论是正在缓慢变革着的普通高等教育，还是迅速推进着的培养应用型人才的高职教育，都向我们提出了一个同样的严肃问题：中国的高等教育为谁服务，是为教育发展自身，还是为包括教育在内的大千社会？答案肯定而且惟一，那就是教育也置身其中的现实社会。

由此又引发出高等教育的目的问题。既然教育必须服务于社会，它就必须按照不同领域的社会需要来完成自己的教育过程。换言之，教育资源必须按照社会划分的各个专业（行业）领域（岗位群）的需要实施配置，这就是我们长期以来明乎其理而疏于力行的学以致用问题，这就是我们长期以来未能给予足够关注的教育目的问题。

如所周知，整个社会由其发展所需要的不同部门构成，包括公共管理部门如国家机构、基础建设部门如教育研究机构和各种实业部门如工业部门、商业部门，等等。每一个部门又可作更为具体的划分，直至同它所需要的各种专门人才相对应。教育如果不能按照实际需要完成各种专门人才培养的目标，就不能很好地完成社会分工所赋予它的使命，而教育作为社会分工的一种独立存在就应受到质疑（在市场经济条件下尤其如此）。可以断言，按照社会的各种不同需要培养各种直接有用人才，是教育体制变革的终极目的。

随着教育体制变革的进一步深入，高等院校的设置是否会同社会对人才类型的不同需要一一对应，我们姑且不论，但高等教育走应用型人才培养的道路和走研究型（也是一种特殊应用）人才培养的道路，学生们根据自己的偏好各取所需，始终是一个理性运行的社会状态下高等教育正常发展的途径。

高等职业教育的崛起，既是高等教育体制变革的结果，也是高等教育体制变革的一个阶段性表征。它的进一步发展，必将极大地推进中国教育体制变革的进程。作为一种应用型人才培养的教育，它从专科层次起步，进而应用本科教育、应用硕士教育、应用博士教育……当应用型人才培养的渠道贯通之时，也许就是我们迎接中国教育体制变革的成功之日。从这一意义上说，高等职业教育的崛起，正是在为必然会取得最后成功的教育体制变革奠基。

高等职业教育还刚刚开始自己发展道路的探索过程，它要全面达到应用型人才培养的正常理性发展状态，直至可以和现存的（同时也正处在变革分化过程中的）研究型人才培养的教育并驾齐驱，还需要假以时日；还需要政府教育主管部门的大力推进，需要人才需求市场的进一步完善发育，尤其需要高职教学单位及其直接相关部门肯于做长期的坚忍不拔的努力。新世纪高职高专教材编审委员会就是由全国100余所高职高专院校和出版单位组成的、旨在以推动高职高专教材建设来推进高等职业教育这一变革过程的联盟共同体。

在宏观层面上，这个联盟始终会以推动高职高专教材的特色建设为己任，始终会从高职高专教学单位实际教学需要出发，以其对高职教育发展的前瞻性的总体把握，以其纵览全国高职高专教材市场需求的广阔视野，以其创新的理念与创新的运作模式，通过不断深化的教材建设过程，总结高职高专教学成果，探索高职高专教材建设规律。

在微观层面上，我们将充分依托众多高职高专院校联盟的互补优势和丰裕的人才资源优势，从每一个专业领域、每一种教材入手，突破传统的片面追求理论体系严整性的意识限制，努力凸现高职教育职业能力培养的本质特征，在不断构建特色教材建设体系的过程中，逐步形成自己的品牌优势。

新世纪高职高专教材编审委员会在推进高职高专教材建设事业的过程中，始终得到了各级教育主管部门以及各相关院校相关部门的热忱支持和积极参与，对此我们谨致深深谢意，也希望一切关注、参与高职教育发展的同道朋友，在共同推动高职教育发展、进而推动高等教育体制变革的进程中，和我们携手并肩，共同担负起这一具有开拓性挑战意义的历史重任。

新世纪高职高专教材编审委员会

2001年8月18日

前　言

《财务会计 I》(第七版)是新世纪高职高专教材编审委员会组编的会计专业系列规划教材之一,也是与《财务会计 II》(第七版)配套使用的教材。

2014 年,财政部对会计准则进行大规模变革,正式修订了五项、新增了三项企业会计准则,发布了一项准则解释,并修改了《企业会计准则——基本准则》中关于公允价值计量的表述。新会计准则统一于 2014 年 7 月 1 日起在所有执行企业会计准则的企业范围内施行,这是继 2012 年会计准则修订后的又一次大规模修订。

《财务会计 I》(第七版)正是依据 2014 年新修订的企业会计准则以及"营业税改增值税"政策的要求,对《新编财务会计 I》(第六版)进行了较大幅度的修订,修订后的教材无论是在结构上还是内容上都焕然一新。教材将更加体现职业教育"能力本位、工学结合、校企结合、持续发展"的高职教育理念,内容新颖,具有可操作性,适用于高职高专的教学。具体特点如下:

1. 以项目和任务作为教学单元

修订后的教材,在结构上不再采用传统的章节式安排内容,而是采用融合了岗位任务的"项目"作为教学单元。在"项目"下设计主要"任务"作为教学子单元,再以"典型工作任务"为依托,系统地介绍企业财务会计的相关知识和技能,并通过各"项目基本实务训练"提升学生的职业能力,能够达到适应企业会计岗位的基本要求。

2. 紧跟准则,内容新颖

根据 2014 年新修订的会计准则,对上一版"长期股权投资""流动负债""所有者权益""财务报表"等内容进行了较大幅度的修订;其次,对教材涉及"营业税改增值税"的所有内容进行了修改。按照新会计准则中增设的"其他综合收益"科目,对教材中以往内容也进行了修订。新修订的教材更加突出内容的新颖、完整、准确,对指导学生学习具有

很强的实效性。

3.适应高职学生认知水平和特点

教材立足于高职教育“教、学、做”的要求，按会计工作中的具体业务活动分项目讲授，教材以“学”为主要定位，以“学什么、怎样学”为核心进行编写，教师通过“教”，学生通过“做”各项目基本实务训练，实现“教、学、做”三位一体有机的结合。为了降低难度，化解难点，本教材内容通俗易懂，适应高职学生的认知水平和特点。

4.注重理论与实践结合，突出教材实用性

本次修订，不仅注重理论与会计实际工作相结合，还在教材编写中参考初级会计专业技术资格考试的《初级会计实务》大纲，满足学生学完此教材后“考证”和“接本”的需要。本教材也可作为在职人员的培训用书。

本教材由河北政法职业学院李玉英、大连职业技术学院张秀霞任主编，江西工贸学院熊晴海、中国石油股份有限公司抚顺石化分公司乙烯化工厂陈成任副主编。全书由李玉英负责拟定大纲并总撰定稿。具体编写分工如下：李玉英编写项目四～项目八；张秀霞编写项目九～项目十二；熊晴海编写项目一～项目三；陈成编写项目十三～项目十五。

为方便教学，本教材配有电子课件和参考答案，请登录教材服务网站下载。

本教材是各相关高职院校倾力合作与集体智慧的结晶。尽管在教材的特色建设方面做出了许多努力，不足之处仍在所难免，恳请各相关高职院校和读者在使用本教材的过程中给予关注，并将意见及时反馈给我们，以便修订时完善。

所有意见和建议请发往：dutpgz@163.com
欢迎访问教材服务网站：http://www.dutpbook.com
联系电话：0411-84706671　0411-84707492

编　者

2015年8月

 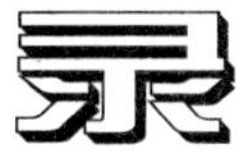

项目一

认知财务会计

项目要点

本项目是对财务会计的认知，是学习财务会计的起点。通过学习，学生应该认识财务会计的概念、特征；识别会计基本假设、会计核算基础、会计信息质量要求；学会各会计要素的确认与计量方法等。

任务一　认识财务会计

一、会计的分类

人类的社会活动大多是通过某些组织完成的，组织通常可以分为营利性组织、政府及非营利性组织。营利性组织一般被称为“企业”，是指依法设立的以营利为目的、从事生产经营活动、独立核算的经济单位。而政府及非营利性组织是指各级政府机构以及不以营利为目的的各类学校、医院、公共福利单位等。以企业经济活动为核算对象的会计，称为“企业会计”；以政府和非营利性组织经济活动为核算对象的会计，称为“政府及非营利性组织会计”。

(一)企业会计

企业是以营利为目的的经济组织，获利是企业经营活动的出发点和归宿。为了从事生产经营活动，获得利润，企业必须通过各种渠道筹集资本、扩大收入、降低成本、合理分配利润。因此，企业会计涉及筹集资金、采购物资、组织生产、销售产品及分配利润的全过程，还要向投资者、债权人等提供企业财务状况、经营成果等方面的信息。

(二)政府及非营利性组织会计

与企业不同，政府及非营利性组织不是以营利为目的，而是以政府管理、提高全社会公共事业服务水平为宗旨的社会组织。由于政府及非营利性组织具有与企业不同的目的，政府及非营利性组织会计在会计核算的内容、原则、方法等方面也不同于企业会计，从而形成了与之不同的会计门类。

二、企业会计的两个重要领域——财务会计与管理会计

(一)财务会计

财务会计是以《企业会计准则》为依据，以货币为主要计量单位，运用确认、计量和报告等会计方法，对企业经济活动进行全面、综合、连续、系统的核算和监督，通过填制凭证、登记账簿、编制会计报告等方法，为会计信息使用者提供企业财务状况、经营成果、现金流量和所有者权益变动等信息的一种经济管理活动。

(二)管理会计

管理会计是在财务会计基础上发展起来的一门相对独立的会计学科。它主要是为了适应企业内部计划和控制的需要，以企业内部各级管理人员为主要服务对象，利用财务会计提供的会计信息及生产经营活动中的有关资料，运用数学、统计学等一系列的技术和方法，预测前景、参与决策、规划未来、控制和评价企业经济活动，为企业管理部门进行最优管理决策和有效经营提供有用的会计信息。

财务会计与管理会计相互依存、相互制约、相互补充。两者所处的工作环境相同，共同为实现企业管理目标和经营目标服务。两者相互分享部分信息，管理会计所需的许多资料来源于财务会计，其主要工作内容是对财务会计信息进行深加工和再利用，因而受到财务会计工作质量的约束。同时财务会计与管理会计是有区别的，主要表现为：

1.从服务对象来看，财务会计主要服务于会计信息的外部使用者，管理会计主要服务于会计信息的内部使用者。

2.从提供信息的范围来看，财务会计受《企业会计准则》约束且具有强制性，管理会计不受《企业会计准则》约束不具有强制性。

3.从会计核算过程来看，财务会计的核算程序、核算方法统一，以提供历史信息为主；而管理会计的核算程序、核算方法灵活，反映过去、现在和未来的信息。

4.从提供信息的形式来看，财务会计具有规范公认的报告格式，而管理会计不注重报告形式。

三、财务会计的特征

(一)对外提供通用的财务报告

现代社会中，会计信息的需求者众多，既有企业外部的投资者、债权人、政府机构和社会公众，也有企业内部管理当局。财务会计的主要目标是向企业外部同企业存在经济利益关系的各方提供财务报告，满足外部会计信息使用者的需要。由于企业外部与企业利益相关的集团或个人众多，需要的决策信息千差万别，因此，财务会计并不是也不可能针对某一外部使用者提供财务报告，满足其个别决策的需要，而是通过定期编制通用的“资产负债表”“利润表”“现金流量表”和“所有者权益变动表”等，向企业外部使用者传递企业财务状况、经营成果、现金流量及所有者权益变动等会计信息，反映企业管理层受托责任履行情况，有助于财务报告使用者做出经济决策。

（二）以《企业会计准则》规范会计核算

在所有权与经营权相分离的情况下，财务报告是由企业财会部门负责编报的，而财务报告的使用者主要来自企业的外部。会计信息的外部使用者远离企业，不直接参与企业的日常经营管理，主要是通过企业提供的财务报告获得有关的经济信息。因此，财务会计信息的质量是企业外部会计信息使用者关注的焦点。为使财务会计提供的会计信息真实、可靠，防止企业管理者在会计报表中弄虚作假，财务会计必须严格遵循会计准则，并按照法定的程序对有关资料进行归类整理，定期提供反映企业财务状况和经营成果的财务报告。

（三）运用传统会计的方法和程序进行会计活动

财务会计是从传统会计演化而来的，它沿用了传统会计中有关确认、计量、记录等方法及程序，对企业的经济活动进行有效的反映和监督。同时，财务会计是在传统会计基础上的进一步发展，将传统会计的方法、程序提高到一定的会计理论高度，并以公认会计准则的形式使之系统化、条理化和规范化，形成较为严密而稳定的基本结构。

任务二　掌握会计的基本假设、会计核算基础和会计信息质量要求

一、会计基本假设

会计基本假设是企业会计确认、计量和报告的前提，是对会计核算所处时间、空间环境等所做的合理设定。会计基本假设包括会计主体、持续经营、会计分期和货币计量。

（一）会计主体

会计主体，是指企业会计确认、计量和报告的空间范围。为了向财务报告使用者反映企业财务状况、经营成果和现金流量，提供与其决策有用的信息，会计核算和财务报告的编制应当反映特定对象的经济活动，才能实现财务报告的目标。因此，会计主体是指会计工作所服务的特定对象。

明确界定会计主体是开展会计确认、计量和报告工作的重要前提。首先，明确会计主体，才能划定会计所要处理的各项交易或事项的范围。在会计实务中，只有那些影响企业本身经济利益的各项交易或事项才能加以确认、计量和报告，那些不影响企业本身经济利益的各项交易或事项则不能加以确认、计量和报告。会计工作中通常所讲的资产、负债的确认，收入的实现，费用的发生等，都是针对特定会计主体而言的。

其次，明确会计主体，才能将会计主体的交易或者事项与会计主体所有者的交易或者事项以及其他会计主体的交易或者事项区分开来。例如，将董事长自用买房款记入企业账簿就违反了此假设。企业所有者的经济交易或者事项是属于企业所有者所发生的，不应纳入企业会计核算的范围，但是企业所有者投入企业的资本或者企业向所有者分配的利润，则属于企业主体所发生的交易或者事项，应当纳入企业会计核算的范围。

会计主体不同于法律主体。一般来说，法律主体必然是一个会计主体。例如，一个企

业作为一个法律主体，应当建立财务会计系统，独立反映其财务状况、经营成果和现金流量。但是，会计主体不一定是法律主体。例如，企业集团中的母公司拥有若干子公司，母、子公司虽然是不同的法律主体，但是母公司对子公司拥有控制权，为了全面反映企业集团的财务状况、经营成果和现金流量，有必要将企业集团作为一个会计主体，编制合并财务报表，在这种情况下，尽管企业集团不属于法律主体，但它却是会计主体。

(二)持续经营

持续经营，是指在可以预见的将来，假设企业将会按当前的规模和状态继续经营下去，不会面临破产清算。在持续经营前提下，会计确认、计量和报告应当以企业持续、正常的生产经营活动为前提。《企业会计准则》体系是以企业持续经营为前提加以制定和规范的，涵盖了从企业成立到清算(包括破产)的整个期间的交易或者事项的会计处理。一个企业在不能持续经营时就应当停止使用这个假设，否则如仍按持续经营基本假设选择会计确认、计量和报告的原则与方法，就不能客观地反映企业的财务状况、经营成果和现金流量，会误导会计信息使用者的经济决策。

(三)会计分期

会计分期，是指将一个企业持续经营的生产经营活动划分为一个个连续的、长短相同的期间。会计分期的目的，在于通过会计期间的划分，将持续经营的生产经营活动划分成连续、相等的期间，据以结算盈亏，按期编报财务报告，从而及时向财务报告使用者提供有关企业财务状况、经营成果和现金流量的信息。

根据持续经营假设，一个企业将按当前的规模和状态持续经营下去。但是，无论是企业的生产经营决策还是投资者、债权人等的决策都需要及时的信息，需要将企业持续的生产经营活动划分为一个个连续的、长短相同的期间，分期确认、计量和报告企业的财务状况、经营成果和现金流量。由于会计分期，才产生了当期与以前期间、以后期间的差别，才使不同类型的会计主体有了记账的基准，进而出现了折旧、摊销等会计处理方法。

在会计分期假设下，企业应当划分会计期间，分期结算账目和编制财务报告。会计期间通常分为年度和中期。中期，是指短于一个完整的会计年度的报告期间。

(四)货币计量

企业会计应当以货币计量。货币计量是指在会计核算中以假定价值不变的货币作为基本计量单位。我国企业的会计核算一般以人民币为记账本位币，业务收支以人民币以外的货币为主的企业，可以选定其中一种货币作为记账本位币，但是编报的财务报告应当折算为人民币。

上述会计核算的四项基本前提，具有相互依存、相互补充的关系。会计主体确立了会计核算的空间范围，持续经营与会计分期确立了会计核算的时间长度，而货币计量则为会计核算提供了必要手段。没有会计主体，就不会有持续经营；没有持续经营，就不会有会计分期；没有货币计量，就不会有现代会计。

二、会计核算基础

会计核算基础，亦称会计记账基础，是指确定一个会计期间的收入与费用，从而确定损益的标准。会计核算基础有权责发生制和收付实现制两种。

《企业会计准则——基本准则》规定，企业应当以权责发生制为基础进行会计确认、计量和报告。目前，我国的行政单位会计主要采用收付实现制，事业单位会计除经营业务可以采用权责发生制以外，其他大部分业务采用收付实现制。

权责发生制是指凡是当期已经实现的收入和已经发生或应负担的费用，不论款项是否收付，都应作为当期收入和费用处理；凡是不属于当期的收入和费用，即使款项已经在当期收付，也不应该作为当期的收入和费用。按照权责发生制，对于收入的确认应以实现为原则，判断收入是否实现，主要依据产品是否已经完成销售过程、劳务是否已经提供。如果产品已经完成销售过程、劳务已经提供，并已取得收款权利，收入就已经实现，而不管是否已经收到款项，都应计入当期收入。对费用的确认应以发生为原则，判断费用是否发生，主要依据与其相关的收入是否已经实现，费用应与收入相配比。如果某项收入已经实现，那么与之相关的费用就已经发生，而不管这项费用是否已经付出，在确认收入的同时确认与之相关的费用。

与权责发生制相对应的是收付实现制。在收付实现制下，对收入和费用的确认，完全按照款项实际收到或支付的日期为依据来确定它们的归属期。

企业根据权责发生制进行收入与费用的核算，能够更加准确地反映特定会计期间真实的财务状况及经营成果。

三、会计信息质量要求

会计信息质量要求是对企业财务报告中所提供的高质量会计信息的基本规范，是使财务报告中所提供会计信息对投资者等使用者的决策有用应具备的基本特征。根据《企业会计准则——基本准则》的规定，会计信息质量要求包括可靠性、相关性、可理解性、可比性、实质重于形式、重要性、谨慎性和及时性。

(一)可靠性

可靠性要求企业应当以实际发生的交易或者事项为依据进行确认、计量和报告，如实反映符合确认和计量要求的各项会计要素及其他相关信息，保证会计信息真实可靠、内容完整。

可靠性是高质量会计信息的重要基础和关键所在，如果企业以虚假的经济业务进行确认、计量和报告，属于违法行为，不仅会严重损害会计信息质量，而且会误导投资者，干扰资本市场，导致会计秩序混乱。为了贯彻可靠性要求，企业应当做到：

1. 以实际发生的交易或者事项为依据进行确认、计量，将符合会计要素定义及其确认条件的资产、负债、所有者权益、收入、费用和利润等如实反映在财务报表中，不得根据虚构的、没有发生的或者尚未发生的交易或者事项进行确认、计量和报告。

2. 在符合重要性和成本效益原则的前提下，保证会计信息的完整性，其中包括应当编报的报表及其附注内容等应当保持完整，不能随意遗漏或者减少应予披露的信息，与使用者决策相关的有用信息都应当充分披露。

3. 财务报告中披露的会计信息应当是中立的、无偏的。如果企业在财务报告中为了达到事先设定的结果或效果，通过选择或列示有关会计信息以影响决策和判断的，这样的财务报告信息就不是中立的。

（二）相关性

相关性要求企业提供的会计信息应当与投资者等财务报告使用者的经济决策需要相关，有助于投资者等财务报告使用者对企业过去、现在或者未来的情况做出评价或者预测。

会计信息是否有用，是否具有价值，关键是看其与使用者的决策需要是否相关，是否有助于决策或者提高决策水平。相关的会计信息应当能够有助于使用者评价企业过去的决策，证实或者修正过去的有关预测，因而具有反馈价值。相关的会计信息还应当具有预测价值，有助于使用者根据财务报告所提供的会计信息预测企业未来的财务状况、经营成果和现金流量。

会计信息质量的相关性要求以可靠性为基础，两者之间是统一的，并不矛盾，不应将两者对立起来。也就是说，会计信息在可靠性前提下，应尽可能地做到相关性，以满足投资者等财务报告使用者的决策需要。

（三）可理解性

可理解性要求企业提供的会计信息应当清晰明了，便于投资者等财务报告使用者理解和使用。企业编制财务报告、提供会计信息的目的在于使用，而要使使用者有效使用会计信息，应当能让其了解会计信息的内涵，弄懂会计信息的内容，这就要求财务报告所提供的会计信息应当清晰明了，易于理解。只有这样，才能提高会计信息的有用性，实现财务报告的目标，满足向投资者等财务报告使用者提供对决策有用的信息的要求。投资者等财务报告使用者通过阅读、分析、使用财务报告信息，能够了解企业的过去和现状，以及企业净资产或企业价值的变化过程，预测未来发展趋势，从而做出科学决策。

（四）可比性

可比性要求企业提供的会计信息应当相互可比。这主要包括两层含义：

1. 同一企业不同时期可比。为了便于投资者等财务报告使用者了解企业财务状况、经营成果和现金流量的变化趋势，比较企业在不同时期的财务报告信息，全面、客观地评价过去、预测未来，做出决策，会计信息质量的可比性要求同一企业不同时期发生的相同或者相似的交易或者事项，应当采用一致的会计政策，不得随意变更。但是，满足会计信息可比性要求，并非表明企业不得变更会计政策，如果按照规定或者在会计政策变更后可以提供更可靠、更相关的会计信息，可以变更会计政策。有关会计政策变更的情况，应当在附注中予以说明。

2. 不同企业相同会计期间可比。为了便于投资者等财务报告使用者评价不同企业的财务状况、经营成果和现金流量及其变动情况，会计信息质量的可比性要求不同企业同一会计期间发生的相同或者相似的交易或者事项，应当采用统一规定的会计政策，确保会计信息口径一致、相互可比，以使不同企业按照一致的确认、计量和报告要求提供有关会计信息。

（五）实质重于形式

实质重于形式要求企业应当按照交易或者事项的经济实质进行会计确认、计量和报告，不仅仅以交易或者事项的法律形式为依据。

企业发生的交易或事项在多数情况下其经济实质和法律形式是一致的，但在有些情况下也会出现不一致。例如，企业按照销售合同销售商品但又签订了售后回购协议，虽然从法律形式上看实现了收入，但如果企业没有将商品所有权上的主要风险和报酬转移给购货方，没有满足收入确认的各项条件，即使签订了商品销售合同或者已将商品交付给购货方，也不应当确认销售收入。

（六）重要性

重要性要求企业提供的会计信息应当反映与企业财务状况、经营成果和现金流量有关的所有重要交易或者事项。

企业的会计核算应当遵循重要性原则，在会计核算过程中对交易或事项应当区别其重要性程度，采用不同的核算方法。对资产、负债、损益有较大影响，并进而影响财务报告使用者据以做出合理判断的重要会计事项，必须按照规定的会计方法和程序进行处理，并在财务报告中予以充分、准确地披露；对于次要的会计事项，在不影响会计信息真实性和不至于误导财务报告使用者做出正确判断的前提下，可适当简化处理。重要性的应用需要依赖职业判断，企业应当根据其所处环境和实际情况，从项目的性质和金额大小两方面加以判断。例如，企业发生的某些金额较小的支出，从支出受益期来看，可能需要若干会计期间进行分摊，但根据重要性要求，可以一次计入当期损益。

（七）谨慎性

谨慎性要求企业对交易或者事项进行会计确认、计量和报告时保持应有的谨慎，不应高估资产或者收益、低估负债或者费用。

在市场经济环境下，企业的生产经营活动面临着许多风险和不确定性，如应收款项的可收回性、固定资产的使用寿命、无形资产的使用寿命、售出存货可能发生的退货或者返修等。会计信息质量的谨慎性要求，需要企业在面临不确定性因素的情况下做出职业判断时，应当保持应有的谨慎，充分估计各种风险和损失，既不高估资产或者收益，也不低估负债或者费用。

谨慎性的应用不允许企业设置秘密准备，如果企业故意低估资产或者收入，或者故意高估负债或者费用，将不符合会计信息的可靠性和相关性要求，损害会计信息质量，扭曲企业实际的财务状况和经营成果，从而对使用者的决策产生误导，这是不符合会计准则要求的。

（八）及时性

会计信息的价值在于帮助所有者或者其他方面做出经济决策，具有时效性。即使是可靠的、相关的会计信息，如果不及时提供，就失去了时效性，对于使用者的效用就大大降低，甚至不再具有实际意义。

及时性要求企业对于已经发生的交易或者事项，应当及时进行确认、计量和报告，不得提前或者延后。在会计确认、计量和报告过程中贯彻及时性，一是要求及时收集会计信息，即在经济交易或者事项发生后，及时收集整理各种原始单据或者凭证；二是要求及时处理会计信息，即按照会计准则的规定，及时对经济交易或者事项进行确认或者计量，并编制财务报告；三是要求及时传递会计信息，即按照国家规定的有关时限，及时将编制的财务报告传递给财务报告使用者，便于其及时使用和决策。

会计信息质量关系到投资者决策、完善资本市场以及市场经济秩序等重大问题。其中，可靠性、相关性、可理解性和可比性是会计信息的首要质量要求，是企业财务报告提供的会计信息应具备的基本质量特征；实质重于形式、重要性、谨慎性和及时性是会计信息的次级质量要求，是对可靠性、相关性、可理解性和可比性等首要质量要求的补充和完善，尤其是在对某些特殊交易或者事项进行处理时，需要根据这些质量要求来把握其会计处理原则；另外，及时性还是会计信息相关性和可靠性的制约因素，企业需要在相关性和可靠性之间寻求一种平衡，以确定信息及时披露的时间。

任务三　学会会计要素的确认与计量方法

会计要素是根据交易或者事项的经济特征所确定的财务会计对象的基本分类。《企业会计准则——基本准则》规定，会计要素按照其性质分为资产、负债、所有者权益、收入、费用和利润。其中，资产、负债和所有者权益要素从静态方面反映企业的财务状况，可视为资产负债表要素；收入、费用和利润要素从动态方面反映企业的经营成果，可视为利润表要素。会计要素的界定和分类可以使财务会计系统更加科学严密，为投资者等财务报告使用者提供更加有用的信息。

一、会计要素及其确认

(一)资产的定义及其确认条件

1. 资产的定义

资产是指企业过去的交易或者事项形成的、由企业拥有或者控制的、预期会给企业带来经济利益的资源。根据资产的定义，资产具有以下特征：

(1)资产应为企业拥有或者控制的资源

资产作为一项资源，应当由企业拥有或者控制，具体是指企业享有某项资源的所有权，或者虽然不享有某项资源的所有权，但该资源能被企业所控制。例如，某企业以融资租赁方式租入一项固定资产，尽管企业并不拥有其所有权，但是如果租赁合同规定的租赁期相当长，接近于该资产的使用寿命，表明企业控制了该资产的使用及其所能带来的经济利益，应当将其作为企业资产予以确认、计量和报告。

(2)资产预期会给企业带来经济利益

资产预期会给企业带来经济利益是资产的重要特征。例如，企业采购的原材料、购置的固定资产等可以用于生产经营过程，制造产品或者提供劳务，对外出售后收回货款，货款即为企业所获得的经济利益。如果某一项目预期不能给企业带来经济利益，那么就不能将其确认为企业的资产。前期已经确认为资产的项目，如果不能再为企业带来经济利益，也不能再确认为企业的资产。

(3)资产是由企业过去的交易或者事项形成的

资产应当由企业过去的交易或者事项所形成，过去的交易或者事项包括购买、生产、建造行为或者其他交易或事项。换句话说，只有过去的交易或者事项才能产生资产，企业预期在未来发生的交易或者事项不形成资产。例如，企业有购买某存货的意愿或者计划，但是购买行为尚未发生，就不符合资产的定义，不能因此而确认存货资产。

2. 资产的确认条件

将一项资源确认为资产，需要符合资产的定义，还应同时满足以下两个条件：

(1)与该资源有关的经济利益很可能流入企业。

(2)该资源的成本或者价值能够可靠地计量。

(二)负债的定义及其确认条件

1. 负债的定义

负债是指企业过去的交易或者事项形成的，预期会导致经济利益流出企业的现时义务。根据负债的定义，负债具有以下特征：

(1)负债是企业承担的现时义务

现时义务是指企业在现行条件下已承担的义务。未来发生的交易或者事项形成的义务，不属于现时义务，不应当确认为负债。

(2)负债预期会导致经济利益流出企业

只有企业在履行义务时会导致经济利益流出企业的，才符合负债的定义；如果不会导致企业经济利益流出，就不符合负债的定义。

(3)负债是由企业过去的交易或者事项形成的

负债应当由企业过去的交易或者事项所形成。换句话说，只有过去的交易或者事项才形成负债，企业将在未来发生的承诺、签订的合同等交易或者事项，不形成负债。

2. 负债的确认条件

将一项现时义务确认为负债，需要符合负债的定义，还应当同时满足以下两个条件：

(1)与该义务有关的经济利益很可能流出企业。

(2)未来流出的经济利益的金额能够可靠地计量。

(三)所有者权益的定义及其确认条件

1. 所有者权益的定义

所有者权益是指企业资产扣除负债后由所有者享有的剩余权益。公司的所有者权益又称为股东权益。

2. 所有者权益的来源构成

所有者权益的来源包括所有者投入的资本、直接计入所有者权益的利得和损失、留存收益等，通常由实收资本(或股本)、资本公积(含资本溢价或股本溢价、其他资本公积)、其他综合收益、盈余公积和未分配利润构成。

所有者投入的资本是指所有者投入企业的资本部分，它既包括构成企业注册资本或者股本部分的金额，也包括投入资本超过注册资本或者股本部分的金额，即资本溢价或者股本溢价，这部分投入资本在我国企业会计准则体系中被计入了资本公积，并在资产负债表中的资本公积项目下反映。

直接计入所有者权益的利得和损失，是指不应计入当期损益、会导致所有者权益发生增减变动的、与所有者投入资本或者向所有者分配利润无关的利得或者损失。其中，利得是指由企业非日常活动所形成的、会导致所有者权益增加的、与所有者投入资本无关的经济利益的流入，包括直接计入所有者权益的利得和直接计入当期利润的利得。损失是指由企业非日常活动所发生的、会导致所有者权益减少的、与向所有者分配利润无关的经济利益的流出，包括直接计入所有者权益的损失和直接计入当期利润的损失。直接计入所有者权益的利得和损失主要包括可供出售金融资产的公允价值变动额、现金流量套期中套期工具公允价值变动额(有效套期部分)等。

留存收益是指企业历年实现的净利润留存于企业的部分，主要包括累计计提的盈余公积和未分配利润。

3. 所有者权益的确认条件

所有者权益的确认、计量主要取决于资产、负债、收入、费用等其他会计要素的确认和计量。所有者权益即为企业的净资产，是企业资产总额中扣除债权人权益后的净额，反映所有者(股东)财富的净增加额。通常企业收入增加时，会导致资产的增加，相应地会增加所有者权益；企业发生费用时，会导致负债增加，相应地会减少所有者权益。因此，企业日常经营的好坏和资产负债的质量直接决定着企业所有者权益的增减变化和资本的保值增值。

(四)收入的定义及其确认条件

1. 收入的定义

收入是指企业在日常活动中形成的、会导致所有者权益增加的、与所有者投入资本无关的经济利益的总流入。根据收入的定义，收入一般具有以下特征：

(1)收入是企业在日常活动中形成的

日常活动是指企业为完成其经营目标所从事的经常性活动以及与之相关的活动。例如，工业企业制造并销售产品、商业企业销售商品、保险公司签发保单、咨询公司提供咨询服务、软件企业为客户开发软件、安装公司提供安装服务、商业银行对外贷款、租赁公司出租资产等，均属于企业的日常活动。明确界定日常活动是为了将收入与利得相区分，日常活动是确认收入的重要判断标准，凡是日常活动所形成的经济利益的流入应当确认为收入，反之，非日常活动所形成的经济利益的流入不能确认为收入，而应当计入利得。比如，处置固定资产属于非日常活动，所形成的净利益就不应确认为收入，而应当确认为利得。再如，无形资产出租所取得的租金收入属于日常活动所形成的，应当确认为收入，但是处置无形资产属于非日常活动，所形成的净利益不应当确认为收入，而应当确认为利得。

(2)收入会导致所有者权益的增加

与收入相关的经济利益的流入应当会导致所有者权益的增加，不会导致所有者权益增加的经济利益的流入不符合收入的定义，不应确认为收入。

(3)收入是与所有者投入资本无关的经济利益的总流入

收入应当会导致经济利益的流入，从而导致资产的增加。例如，企业销售商品，应当收到现金或者在未来有权收到现金，才表明该交易符合收入的定义。但是，经济利益的流入有时是所有者投入资本的增加所致，所有者投入资本的增加不应当确认为收入，应当将其直接确认为所有者权益。

2. 收入的确认条件

收入的确认除了应当符合定义外，至少应当符合以下条件：

(1)与收入相关的经济利益应当很可能流入企业。

(2)经济利益流入企业的结果会导致资产的增加或者负债的减少。

(3)经济利益的流入额能够可靠计量。

(五)费用的定义及其确认条件

1. 费用的定义

费用是指企业在日常活动中发生的、会导致所有者权益减少的、与向所有者分配利润无关的经济利益的总流出。根据费用的定义，费用一般具有以下特征：

(1)费用是企业在日常活动中形成的

费用必须是企业在其日常活动中所形成的，这些日常活动的界定与收入定义中涉及的日常活动的界定相一致。因日常活动所产生的费用通常包括销售成本、管理费用等。将费用界定为日常活动所形成的，目的是为了将其与损失相区分，企业非日常活动所形成的经济利益的流出不能确认为费用，而应当计入损失。

(2)费用会导致所有者权益的减少

与费用相关的经济利益的流出应当会导致所有者权益的减少，不会导致所有者权益减少的经济利益的流出不符合费用的定义，不应确认为费用。

(3)费用是与向所有者分配利润无关的经济利益的总流出

费用的发生应当会导致经济利益的流出，从而导致资产的减少或者负债的增加(最终也会导致资产的减少)。企业向所有者分配利润也会导致经济利益的流出，而该经济利益的流出属于投资者投资回报的分配，是所有者权益的直接抵减项目，不应确认为费用，应当将其排除在费用的定义之外。

2. 费用的确认条件

费用的确认除了应当符合定义外，至少应当符合以下条件：

(1)与费用相关的经济利益应当很可能流出企业。

(2)经济利益流出企业的结果会导致资产的减少或者负债的增加。

(3)经济利益的流出额能够可靠计量。

(六)利润的定义及其确认条件

1. 利润的定义

利润是指企业在一定会计期间的经营成果。通常情况下，如果企业实现了利润，表明企业的所有者权益将增加，业绩得到了提升；反之，如果企业发生了亏损(即利润为负数)，表明企业的所有者权益将减少，业绩下降。利润是评价企业管理层业绩的指标之一，也是投资者等财务报告使用者进行决策时的重要参考。

2. 利润的来源构成

利润包括收入减去费用后的净额、直接计入当期利润的利得和损失等。其中收入减去费用后的净额反映企业日常活动的经营业绩，直接计入当期利润的利得和损失反映企业非日常活动的业绩。直接计入当期利润的利得和损失，是指应当计入当期损益、最终会引起所有者权益发生增减变动的、与所有者投入资本或者向所有者分配利润无关的利得或者损失。企业应当严格区分收入和利得、费用和损失之间的区别，以更加全面地反映企业的经营业绩。

3. 利润的确认条件

利润反映收入减去费用、利得减去损失后的净额。利润的确认主要依赖于收入和费用以及利得和损失的确认，其金额的确定也主要取决于收入、费用、利得、损失金额的计量。

二、会计要素的计量

会计计量是为了将符合确认条件的会计要素登记入账并列报于财务报表而确定其金额的过程。企业应当按照规定的会计计量属性进行计量，确定相关金额。计量属性是指所予计量的某一要素的特性方面，如桌子的长度、铁矿的重量、楼房的面积等。从会计角度来讲，计量属性反映的是会计要素金额的确定基础，主要包括历史成本、重置成本、可变现净值、现值和公允价值等。

(一)历史成本

历史成本，又称为实际成本，就是取得或制造某项财产物资时所实际支付的现金或其他等价物。在历史成本计量下，资产按照其购置时支付的现金或者现金等价物的金额，或者按照购置资产时所付出的对价的公允价值计量。负债按照其因承担现时义务而实际收到的款项或者资产的金额，或者承担现时义务的合同金额，或者按照日常活动中为偿还负债预期需要支付的现金或者现金等价物的金额计量。

(二)重置成本

重置成本又称现行成本，是指按照当前市场条件，重新取得同样一项资产所需支付的现金或现金等价物金额。在重置成本计量下，资产按照现在购买相同或者相似资产所需支付的现金或者现金等价物的金额计量。负债按照现在偿付该项债务所需支付的现金或者现金等价物的金额计量。在实务中，重置成本多应用于盘盈固定资产的计量等。

(三)可变现净值

可变现净值，是指在正常生产经营过程中，以资产预计售价减去进一步加工成本和预计销售费用以及相关税费后的净值。在可变现净值计量下，资产按照其正常对外销售所能收到的现金或者现金等价物的金额扣减该资产至完工时估计将要发生的成本、估计的销售费用以及相关税费后的金额计量。可变现净值通常应用于存货资产减值情况下的后续计量。

(四)现值

现值是指对未来现金流量以恰当的折现率进行折现后的价值，是考虑货币时间价值的一种计量属性。在现值计量下，资产按照预计从其持续使用和最终处置中所取得的未来净现金流入量的折现金额计量。负债按照预计期限内需要偿还的未来净现金流出量的折现金额计量。

(五)公允价值

公允价值是指市场参与者在计量日发生的有序交易中,出售一项资产所能收到或者转移一项负债所需支付的价格,即脱手价格。企业以公允价值计量相关资产或负债,应当假定市场参与者在计量日出售资产或者转移负债的交易,是在当前市场条件下的有序交易。

《企业会计准则——基本准则》规定,企业在对会计要素进行计量时,一般应当采用历史成本,采用重置成本、可变现净值、现值、公允价值计量的,应当保证所确定的会计要素金额能够取得并可靠计量。

实务训练

一、单项选择题

1. 会计信息的内部使用者是(　　)。

A. 政府部门　　B. 首席执行官　　C. 供应商　　D. 股东

2. 界定会计主体的作用在于(　　)。

A. 明确责任人　　B. 确定法律主体

C. 确定法人　　D. 明确会计所服务的对象

3. 下列说法不正确的是(　　)。

A. 法律主体必然是会计主体

B. 基金管理公司管理的证券投资基金,也可以成为会计主体

C. 对于拥有子公司的母公司来说,集团企业应作为一个会计主体来编制财务报表

D. 会计主体也一定是法律主体

4. 企业会计确认、计量和报告应当遵循的会计核算基础是(　　)。

A. 权责发生制　　B. 收付实现制

C. 持续经营　　D. 货币计量

5. 企业采用的会计处理方法不能随意变更,是依据(　　)。

A. 一贯性　　B. 可比性　　C. 可靠性　　D. 重要性

6. 企业对于已经发生的交易或者事项,应当及时进行会计确认、计量和报告,不得提前或者延后。这体现的是(　　)。

A. 及时性　　B. 相关性　　C. 谨慎性　　D. 重要性

7. 某股份有限公司 2014 年 12 月销售产品一批,增值税专用发票已开出,商品已发出,已在银行办妥托收手续,但此时得知对方在一次交易中发生重大损失,财务状况恶化,短期内不能支付货款。为此该公司 12 月未确认收入,这体现了会计信息质量的(　　)要求。

A. 实质重于形式　　B. 可靠性　　C. 谨慎性　　D. 重要性

8. 下列各项中,不属于收入要素范畴的是(　　)。

A. 主营业务收入　　B. 提供劳务取得的收入

C.销售材料取得的收入　　D.出售无形资产取得的收益

9.市场参与者在计量日发生的有序交易中，出售一项资产所能收到或者转移一项负债所需支付的价格应采用的会计计量属性为（　　）。

A.可变现净值　　B.重置成本

C.现值　　D.公允价值

10.下列事项中体现了可比性要求的是（　　）。

A.发出存货的计价方法一经确定，不得随意改变，确有需要改变的，应在财务报告中说明

B.对赊销的商品，出于对方财务状况恶化的原因，没有确认收入

C.资产发生减值的，相应计提减值准备

D.对有的资产采用公允价值计量

二、多项选择题

1.下列组织可以作为一个会计主体进行核算的有（　　）。

A.某一独立核算的生产车间

B.销售部门

C.分公司

D.母公司及其子公司组成的企业集团

2.下列属于会计信息质量要求的是（　　）。

A.可靠性　　B.可理解性　　C.一贯性　　D.及时性

3.可靠性要求（　　）。

A.企业应当以实际发生的交易或事项为依据进行会计确认、计量和报告

B.如实反映符合确认和计量要求的各项会计要素和其他相关信息

C.保证会计信息真实可靠、内容完整

D.企业提供的会计信息应当清晰明了，便于财务会计报告使用者理解和使用

4.在存在不确定因素的情况下做出合理判断时，下列事项符合谨慎性会计信息质量要求的是（　　）。

A.设置秘密准备，以防备在利润计划完成不佳的年度转回

B.不要高估资产和预计收益

C.合理估计可能发生的损失和费用

D.尽可能低估负债和费用

5.资产的基本特征有（　　）。

A.资产是由过去的交易或事项所引起的

B.资产必须是投资者投入或向债权人借入的

C.资产是企业拥有或者控制的

D.资产预期能够给企业带来经济利益

6.下列各项中，能够引起资产与负债同时变动的是（　　）。

A.计提固定资产折旧　　B.用银行存款支付前欠的货款

C.发放现金股利　　D.用银行存款预付购货款

7. 将一项资源确认为资产时,应当符合的条件有(　　)。

A. 预期会给企业带来经济利益

B. 应是由过去的交易或经济事项引起的

C. 相关的经济利益可能流入企业

D. 该资源的成本能可靠计量

8. 下列属于负债的特征的有(　　)。

A. 负债是企业承担的现时义务

B. 负债的清偿预期会导致经济利益流出企业

C. 负债是由企业过去或现时的交易或事项形成的

D. 未来流出的经济利益的金额能够可靠地计量

9. 下列属于利润总额来源构成的是(　　)。

A. 直接计入当期利润的利得和损失　　B. 收入减去费用后的净额

C. 直接计入所有者权益的利得和损失　　D. 所得税费用

10. 会计计量属性主要包括(　　)。

A. 历史成本　　B. 重置成本　　C. 可变现净值　　D. 现值

E. 公允价值

三、判断题

1. 明确会计主体可确定会计核算的空间范围。(　　)

2. 法律主体必定是会计主体,会计主体也必定是法律主体。(　　)

3. 企业对其所使用的机器设备、厂房等固定资产,只有在持续经营的前提下才可以在机器设备的使用年限内,按照其价值和使用情况,确定采用某一方法计提折旧。(　　)

4. 会计信息质量要求的可比性要求同一会计主体在不同时期尽可能采用相同的会计程序和会计处理方法,以便于不同会计期间会计信息的纵向比较。(　　)

5. 会计信息质量要求的谨慎性,一般是指对可能发生的损失和费用应当合理预计,对可能实现的收益不预计,但对很可能实现的收益应当预计。(　　)

6. 某一会计事项是否具有重要性,在很大程度上取决于会计人员的职业判断。对于同一会计事项,在某一企业具有重要性,在另一企业则不一定具有重要性。(　　)

7. 企业一定期间发生亏损,则其所有者权益必定减少。(　　)

8. 资产是指由过去的交易或者事项引起的,企业拥有或控制的经济资源。(　　)

9. 收入不包括为第三方或客户代收的款项,也不包括处置固定资产净收益和出售无形资产净收益。(　　)

10. 利得是指由企业非日常活动所形成的、会导致所有者权益增加的、与所有者投入资本无关的经济利益的流入,利得不应当计入当期损益。(　　)

项目二

核算货币资金业务

项目要点

本项目学习流动性最强的资产——货币资金。通过学习，学生应该掌握库存现金、银行存款和其他货币资金业务的核算方法。

任务一　核算库存现金业务

一、库存现金基本知识

库存现金是指单位为了满足经营过程中零星支付需要而保留的现金，包括人民币和外币。库存现金存放在财会部门，由出纳人员管理。库存现金是企业流动性最强的资产，企业应当严格遵守国家有关现金管理制度，正确进行现金收支的核算，监督现金使用的合法性与合理性。

（一）现金开支范围

1. 职工工资、津贴；
2. 支付给个人的劳动报酬；
3. 根据国家规定颁发给个人的科学技术、文化艺术、体育等各种奖金；
4. 各种劳保、福利费用以及国家规定的对个人的其他支出；
5. 向个人收购农副产品和其他物资的价款；
6. 出差人员必须随身携带的差旅费；
7. 结算起点（1 000 元人民币）以下的零星支出；
8. 中国人民银行确定的需要支付现金的其他支出。

不属于上述规定范围的款项支付应通过银行进行转账结算。

（二）库存现金的限额

为满足企业日常零星开支的需要，按照规定，企业可保持一定数量的库存现金。库存现金的限额是指企业根据日常开支的现金量提出计划，报开户银行审查，由开户银行根据企业的实际需要和企业距离银行远近情况核定的库存现金的最高限度。其限额一般按照企业 3～5 天内的日常零星开支所需现金确定；远离银行或交通不便的企业，可以根据企业不超过 15 天的日常支出来核定。超过库存现金限额的部分应于当日终了前存入银行，现金不足时可从银行提取。

(三)禁止坐支现金

企业支付现金，应从本企业库存现金限额中支付或者从开户银行提取，而不得从本企业的现金收入中直接支付(即坐支现金)。因特殊情况需要坐支现金，应事先报开户银行审查批准，由开户银行核定坐支范围和限额。企业应定期向开户银行报送坐支金额及其使用情况。

(四)库存现金的内部控制制度

1. 企业应建立现金的岗位责任制，明确相关部门和岗位的职责权限，确保办理现金业务的不相容岗位相互分离、制约和监督。出纳人员不得兼任稽核、会计档案保管和收入、支出、费用、债权债务账目的登记工作。

2. 企业办理现金业务，应配备合格的人员，并根据具体情况进行岗位轮换。

3. 企业应建立现金业务的授权批准制度，明确审批人员对现金业务的授权批准方式、权限、程序、责任和相关控制措施，规定经办人员办理现金业务的职责范围和工作要求。

4. 企业应加强银行预留印鉴的管理。财务专用章由专人保管，个人名章由本人或其授权人保管，严禁一人保管支付款项所需的全部印章。

5. 企业应加强与现金有关的票据管理，防止空白票据的遗失和被盗。

二、库存现金的核算

(一)库存现金序时核算

为了加强对库存现金的核算与管理，详细地掌握企业现金收支的动态和结存情况，企业还必须设置“现金日记账”。现金日记账由出纳人员根据收付款凭证，按照业务发生顺序逐笔登记。每日终了，应当在现金日记账上计算出当日的现金收入合计额、现金支出合计额和结余额，并将现金日记账的账面余额与实际库存现金额相核对，保证账款相符；月度终了，现金日记账的余额应当与现金总账的余额核对相符，做到账账相符。

(二)库存现金总分类核算

企业应设置“库存现金”账户对库存现金进行总分类核算。“库存现金”是资产类账户，用以核算库存现金的收入、支出和结存。收入现金时，记入借方；支出现金时，记入贷方；余额在借方，表示库存现金的结存数额。

库存现金总分类账由不从事出纳工作的会计人员登记，一般采用订本式“三栏式”账簿。月份终了，现金总分类账余额与出纳人员登记的现金日记账余额应核对相符。

【例 2-1】 2014 年 3 月 5 日，某企业业务员张伟出差预借差旅费 3 000 元，财务部门以现金付讫。

账务处理如下：

借：其他应收款——张伟　　3 000

　贷：库存现金　　3 000

【例 2-2】 2014 年 3 月 15 日，业务员张伟出差归来，报销差旅费 2 800 元，归还剩余现金 200 元。账务处理如下：

借：库存现金　　200
　管理费用　　2 800
　贷：其他应收款——张伟　　3 000

企业发生现金短缺时，应借记“待处理财产损溢——待处理流动资产损溢”账户，贷记“库存现金”账户；反之，企业发生现金溢余时，则借记“库存现金”账户，贷记“待处理财产损溢——待处理流动资产损溢”账户。待查明原因，再予以转账。对于短缺的现金，如确定由企业列支时，应借记“管理费用”账户；如确定由责任人赔偿时，则借记“其他应收款”账户，贷记“待处理财产损溢——待处理流动资产损溢”账户。对于溢余的现金，一般情况下，转账时应借记“待处理财产损溢——待处理流动资产损溢”账户，贷记“营业外收入”账户。

【例 2-3】 甲企业 2014 年 4 月 30 日清查库存现金时发现短款 40 元，账务处理如下：

借：待处理财产损溢——待处理流动资产损溢　　40
　贷：库存现金　　40

经查，该短款属于出纳员的责任，应由出纳员赔偿：

借：其他应收款——×××　　40
　贷：待处理财产损溢——待处理流动资产损溢　　40

任务二　核算银行存款业务

一、银行存款基本知识

银行存款是指企业存放在银行或其他金融机构的货币资金。企业应当根据业务需要，按照规定在其所在地银行开设账户，运用所开设的账户，进行存款、取款以及各种收支、转账业务的结算。银行存款的收付应严格执行银行结算制度的规定。

（一）银行存款开户的有关规定

银行存款账户分为基本存款账户、一般存款账户、临时存款账户和专用存款账户。

基本存款账户是企业办理日常结算和现金收付的账户。企业的工资、奖金等现金的支取，只能通过基本存款账户办理。

一般存款账户是企业在基本存款账户以外的银行借款转存、与基本存款账户的企业不在同一地点的附属非独立核算单位的账户。企业可以通过本账户办理转账结算和现金缴存，但不能办理现金支取。

临时存款账户是企业因临时经营活动需要开立的账户。企业可以通过本账户办理转账结算和根据国家现金管理规定办理现金收付。

专用存款账户是企业因特定用途需要而开立的账户。

一个企业只能选择一家银行的一个营业机构开立一个基本存款账户，不得在多家银行机构开立基本存款账户；不得在同一家银行的几个分支机构开立一般存款账户。

企业在银行开立账户后，与其他单位之间的一切收付款项，除制度规定可用现金支付的部分外，都必须通过银行办理转账结算。

(二)支付结算方式

根据中国人民银行颁发的《支付结算办法》规定，企业可选择使用的结算方式有：支票、银行本票、银行汇票、汇兑、托收承付、商业汇票、委托收款等。

1. 支票

支票是指单位或个人签发的，委托办理支票存款业务的银行见票时无条件支付确定金额给收款人或持票人的票据。

(1)结算程序

支票结算程序如图 2-1 所示。

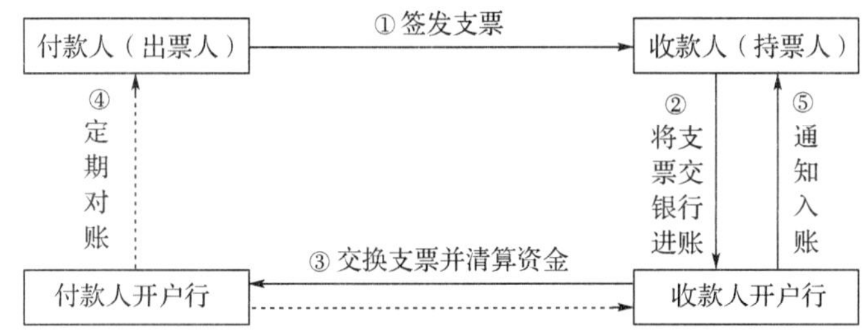

图 2-1　支票结算程序

(2)种类

①现金支票，支票上印有“库存现金”字样的为现金支票。现金支票只能用于支取现金。

②转账支票，支票上印有“转账”字样的为转账支票。转账支票只能用于转账。

③普通支票，未印有“库存现金”和“转账”字样的为普通支票。普通支票可以用于支取现金，也可以用于转账。在普通支票左上角划两条平行线，为划线支票，划线支票只能用于转账，不能用于支取现金。

(3)金额

支票签发时，不得超过其付款时在银行或其他金融机构的支票存款账户中实存的存款金额，即不允许签发空头支票。否则，银行予以退票，并按票面金额处以 5%但不低于1 000 元的罚款。

(4)付款期限

支票的付款期限自出票日起 10 天，中国人民银行另有规定的除外。超过提示付款期限的，持票人开户银行不予受理，付款人不予付款。支票不得另行记载付款日期，另行记载付款日期的，该记载无效。

(5)适用范围

单位和个人在同一票据交换区域的各种款项结算，均可使用支票。为防范支付风险，异地使用支票的单笔金额上限为 50 万元。

(6)核算账户

在会计核算中,使用"银行存款"账户。

2. 银行本票

银行本票是指由银行签发的,承诺自己在见票时无条件支付确定的金额给收款人或者持票人的票据。

(1)结算程序

银行本票结算程序如图 2-2 所示。

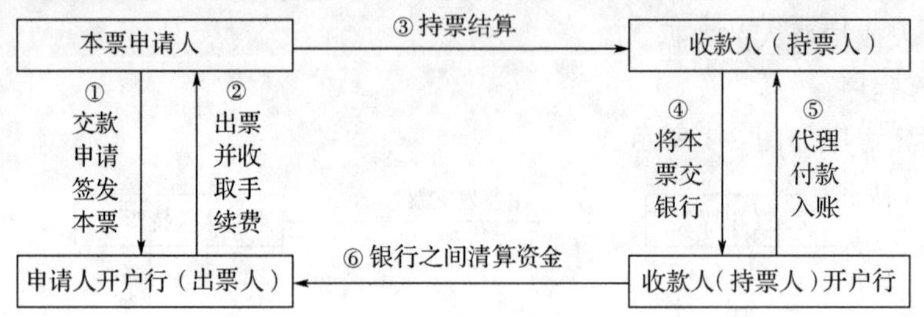

图 2-2 银行本票结算程序

(2)种类、金额

银行本票分为定额本票和不定额本票。定额本票面值为 1 000 元、5 000 元、10 000 元、50 000 元。

(3)付款期限

银行本票的付款期限自出票日起 2 个月。超过提示付款期限不获付款的,持票人在票据权利时效内向出票银行做出说明,并提供本人身份证或单位证明,可持银行本票向银行请求付款。

(4)适用范围

无论单位和个人,在同一票据交换区域支付各种款项,均可使用银行本票。

(5)核算账户

在会计核算中,使用"其他货币资金——银行本票"账户。

3. 银行汇票

银行汇票是指汇款人将款项交存当地出票银行,由出票银行签发的,并由其在见票时,按实际结算的金额无条件支付给收款人或持票人的票据。

(1)结算程序

银行汇票的结算程序如图 2-3 所示。

(2)付款期限

银行汇票的付款期限自出票日起 1 个月。超过提示付款期限不获付款的,持票人在票据权利时效内向出票银行做出说明,并提供本人身份证或单位证明,可持银行汇票和解讫通知向出票银行请求付款。

(3)适用范围

单位和个人的各种款项结算,均可使用银行汇票。

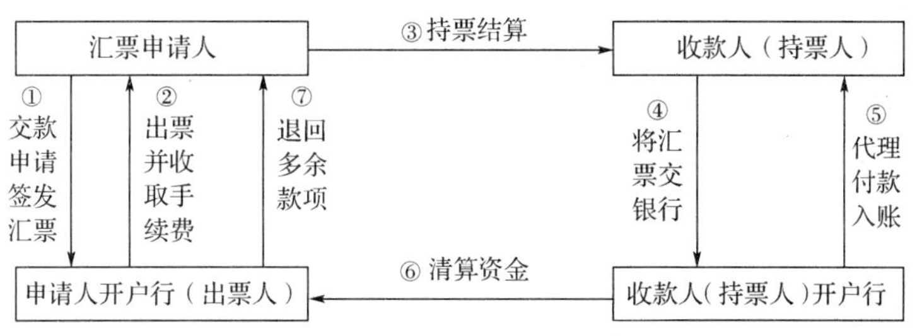

图 2-3　银行汇票结算程序

(4)核算账户

在会计核算中使用“其他货币资金——银行汇票”账户。

4. 汇兑

汇兑是指汇款人委托银行将其款项支付给收款人的结算方式。

(1)结算程序

汇兑结算程序如图 2-4 所示。

图 2-4　汇兑结算程序

(2)种类

汇兑分为信汇、电汇两种。信汇是指汇款人委托银行通过邮寄方式将款项划转给收款人；电汇是指汇款人委托银行通过电报将款项划转给收款人。这两种汇兑方式由汇款人根据需要选择使用。

(3)适用范围

汇兑结算方式适用于异地之间的各种款项结算。

(4)核算账户

在会计核算中，对债权方，使用“银行存款”账户；对债务方，使用“其他货币资金”账户。

5. 托收承付

托收承付是指根据购销合同由收款人发货后，委托银行向异地付款人收取款项，并由付款人向银行承认付款的结算方式。

(1)结算程序

托收承付结算程序如图 2-5 所示。

(2)主体使用要求

使用托收承付结算方式，必须是国有企业、供销合作社以及经营管理好并经开户银行

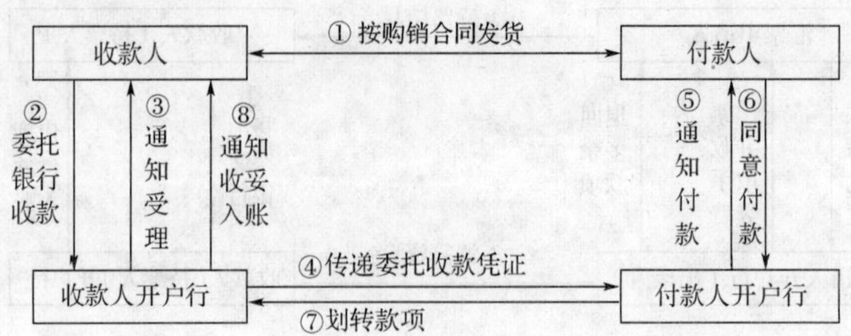

图 2-5 托收承付结算程序

审查同意的城乡集体所有制工业企业。办理托收承付结算的款项，必须是商品交易以及因商品交易而产生的劳务供应款项。代销、寄销、赊销商品的款项，不得办理托收承付结算。

(3)金额

托收承付结算的金额起点为 10 000 元。新华书店系统每笔金额起点为 1 000 元。

(4)付款期限

①验单付款，期限 3 天，从付款人开户银行发出承付通知的次日算起。付款人在承付期内，未向银行表示拒绝付款，银行即视为承付。

②验货付款，期限 10 天，从运输部门向付款人发出提货通知的次日算起。

(5)适用范围

托收承付结算方式适用于异地之间的各种款项结算。

(6)核算账户

在会计核算中，对债权方，使用"应收账款"账户；对债务方，使用"应付账款"账户。

6. 商业汇票

商业汇票是指由出票人签发的，委托付款人在指定日期无条件支付确定金额给收款人或者持票人的票据。

(1)结算程序

商业汇票结算程序如图 2-6 所示。

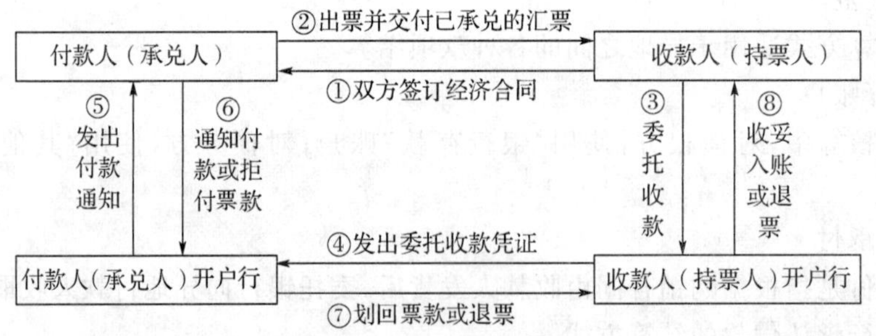

图 2-6 商业汇票结算程序

(2)种类

根据承兑人不同，商业汇票分为商业承兑汇票和银行承兑汇票两种。

①商业承兑汇票是由银行以外的付款人签发承兑。

②银行承兑汇票是由付款人开户银行承兑，而由在承兑银行开立账户的存款人签发。承兑银行按票面金额向出票人收取万分之五的手续费。

(3)付款期限

商业汇票的付款期限最长不得超过六个月。定日付款的汇票付款期限自出票日起计算，并在汇票上记载具体到期日；出票后定期付款的汇票付款期限自出票日起按月计算，并在汇票上记载；见票后定期付款的汇票付款期限自承兑或拒绝承兑日起按月计算，并在汇票上记载。商业汇票提示付款期限为自汇票到期日起 10 日。符合条件的商业汇票的持票人，可以持未到期的商业汇票连同贴现凭证向银行申请贴现。

(4)适用范围

商业汇票结算方式适用范围广泛，在银行开立账户的法人之间根据购销合同进行的商品交易，均可使用商业汇票。商业汇票同城、异地均可使用。

(5)核算账户

对债权方，使用"应收票据"账户；对债务方，使用"应付票据"账户。

请思考：银行本票、商业汇票和银行汇票的异同点。

7. 委托收款

委托收款是指收款人委托银行向付款人收取款项的结算方式。它适用于在银行或其他金融机构开立账户的单位和个体经济户的商品交易、劳务款项及其他应收款项的结算。

(1)结算程序

委托收款结算程序如图 2-7 所示。

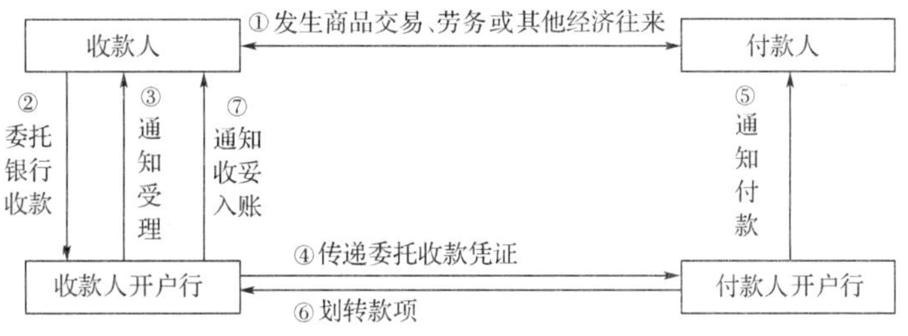

图 2-7　委托收款结算程序

(2)种类

委托收款结算方式分为邮寄和电报两种。

(3)付款期限

以银行为付款人的，银行应在当日将款项主动支付给收款人；以单位为付款人的，银行应及时通知付款单位。付款单位收到银行交给的委托收款证明及债务证明后，应签收并在 3 天内审查债务证明是否真实，是否是本单位的债务，确认之后通知银行付款。

(4)适用范围

委托收款结算方式办理款项收取，同城、异地均可使用。

(5)核算账户

对债权方，使用"应收账款"账户；对债务方，使用"应付账款"账户。

二、银行存款的核算

(一)银行存款的序时核算

银行存款日记账应由出纳人员登记,账簿的格式与登记方法均与现金日记账基本相同。为了及时了解和掌握银行存款的收付动态和余额,银行存款日记账的登记也应做到日清月结。

(二)银行存款的总分类核算

企业设置"银行存款"总账账户对银行存款进行总分类核算。该账户为资产类账户,借方登记收入的存款,贷方登记付出的存款,期末余额在借方,反映存款的余额。银行存款的总分类账簿由不从事出纳工作的会计人员登记。登记的方法、依据和账簿的格式均与现金总账基本相同。

【例 2-4】 某企业为一般纳税人,2014 年 3 月 16 日销售产品,售价 100 000 元,增值税 17 000 元,价税合计 117 000 元,收到转账支票一张,并到银行办理了转账。账务处理如下:

借:银行存款	117 000	
贷:主营业务收入		100 000
应交税费——应交增值税(销项税额)		17 000

【例 2-5】 某企业为一般纳税人,2014 年 3 月 17 日购买材料,买价 220 000 元,增值税 37 400 元,价税合计 257 400 元,开出转账支票一张,材料已验收入库。账务处理如下:

借:原材料	220 000	
应交税费——应交增值税(进项税额)	37 400	
贷:银行存款		257 400

(三)企业与银行对账

企业的银行存款日记账应定期与银行对账单核对,至少每月核对一次。核对时,将企业的银行存款日记账与银行对账单逐笔核对,双方余额如果不一致,其原因可能是记账差错,也可能是存在未达账项。如果是记账差错,应立即更正;如果存在未达账项,应按月编制银行存款余额调节表调节相符。

银行存款余额调节表的编制方法有多种,实务中,多采用以双方的账面余额为起点,加减各自的未达账项,使双方的余额达到平衡。即根据企业银行存款日记账和银行对账单的余额,采用各自加上对方已经收款入账自己尚未收款入账的款项,减去对方已经付款入账而自己尚未付款入账的款项。其调节公式如下:

企业银行存款日记账余额+银行已收而企业未收的款项-银行已付而企业未付的款项=银行对账单余额+企业已收而银行未收的款项-企业已付而银行未付的款项

【例 2-6】 某企业 2014 年 12 月 31 日银行存款日记账账面余额为 81 778 元,开户银行的对账单所列本企业存款余额为 89 332 元,经逐笔核对,发现未达账项如下:

(1)12 月 28 日,企业为支付职工差旅费开出现金支票一张,计 11 220 元,持票人尚未到银行取款。

(2)12 月 29 日,企业收到购货单位转账支票一张,计 18 854 元,已开具送款单送存银行,但银行尚未入账。

(3)12 月 30 日,企业经济纠纷案败诉,银行代扣违约罚金 2 460 元,企业尚未收到通知而未入账。

(4)12 月 31 日,银行计算企业存款利息 17 648 元,已记入企业存款账户,企业尚未收到通知而未入账。

根据以上未达账项编制银行存款余额调节表如表 2-1 所示。

银行存款余额调节表

表 2-1　　2014 年 12 月 31 日　　单位:元

项　　目	金　额	项　　目	金　额
本企业银行存款日记账余额	81 778	银行对账单余额	89 332
加:银行已收、企业未收存款利息	17 648	加:企业已收、银行未收	18 854
减:银行已付、企业未付罚金	2 460	减:企业已付、银行未付	11 220
调节后存款余额	96 966	调节后存款余额	96 966

经过银行存款余额调节表调节后,如果双方的余额相等,则表明双方记账基本正确,而这个相等的金额表示企业可动用的银行存款实有数;若不符,则表示本单位及开户银行的一方或双方存在记账错误,应进一步查明原因,采用正确的方法进行更正。

需要注意的是,企业不应该也不需要根据调节后的余额调整银行存款日记账的余额,银行存款余额调节表不能作为记账的原始依据。对于银行已入账而企业尚未入账的未达账项,企业应在收到有关结算凭证后再进行有关账务处理。

任务三　核算其他货币资金业务

一、其他货币资金基本知识

其他货币资金是指除现金和银行存款以外的货币资金,包括外埠存款、银行汇票存款、银行本票存款、信用证保证金存款、信用卡存款和存出投资款等。

(一)外埠存款

外埠存款是指企业到外地进行临时或零星采购时,汇往采购地银行开立采购专户的款项。

企业汇出款项时,须填写汇款委托书,加盖“采购资金”字样。汇入银行对汇入的采购款项,以汇款单位名义开立采购账户。采购账户只付不收,付完后结束账户。

(二)银行汇票存款

银行汇票存款是指企业为取得银行汇票,按照规定存入银行的款项。

(三)银行本票存款

银行本票存款是指企业为取得银行本票,按照规定存入银行的款项。

(四)信用证保证金存款

信用证是指开证银行依照申请人(购货方)的申请向受益人(销货方)开出的有一定金额、在一定期限内凭信用证规定的单据支付款项的书面承诺。

信用证保证金存款是指采用信用证结算方式的企业,为开具信用证而存入银行信用证保证金专户的款项。

(五)信用卡存款

信用卡存款是指企业为取得信用卡而存入银行信用卡专户的款项。按使用对象分为单位卡和个人卡;按信誉等级分为金卡和普通卡。信用卡允许透支,透支期限最长90天。单位卡账户资金一律从基本存款账户转入,不得交存现金,不得用于10万元以上的商品交易、劳务供应等,不得支取现金。

(六)存出投资款

存出投资款是指企业已存入证券公司但尚未进行投资的现金。

二、其他货币资金核算

为了总括地反映其他货币资金的增减变动及结余情况,企业应设置"其他货币资金"总账账户,该账户为资产类账户,借方反映其他货币资金的增加金额,贷方反映其他货币资金由于使用而减少的金额;期末余额在借方,反映企业实际持有的其他货币资金。该账户应设置"外埠存款""银行汇票""银行本票""信用卡存款""信用证保证金""存出投资款"等明细账户。

(一)外埠存款的核算

企业将款项委托当地银行汇往采购地开立专户,根据汇出款项凭证,编制付款凭证,进行账务处理,借记"其他货币资金——外埠存款"账户,贷记"银行存款"账户。外出采购人员报销用外埠存款支付的材料采购款等款项时,企业应根据供应单位发票账单等凭证,借记"原材料""应交税费——应交增值税(进项税额)"等账户,贷记"其他货币资金——外埠存款"账户。采购员完成采购任务,将多余的外埠存款转回当地银行时,应根据银行的收款通知,借记"银行存款",贷记"其他货币资金——外埠存款"。

【例2-7】 甲企业于4月1日汇款75 000元开立采购专户。根据汇款凭证,账务处理如下:

借:其他货币资金——外埠存款　　75 000
　贷:银行存款　　75 000

4月8日收到的增值税专用发票上注明购入材料价款60 000元,增值税10 200元,材料已经验收入库。编制会计分录如下:

借:原材料　　60 000
　　应交税费——应交增值税(进项税额)　　10 200
　贷:其他货币资金——外埠存款　　70 200

4月10日,多余的外埠存款4 800元转回当地银行,根据银行的收账通知,编制会计分录如下:

借:银行存款 4 800

贷:其他货币资金——外埠存款 4 800

(二)银行汇票存款的核算

企业向银行提交"银行汇票委托书"并将款项交存开户银行,取得汇票后,根据银行盖章的委托书存根联,编制付款凭证,借记"其他货币资金——银行汇票"账户,贷记"银行存款"账户。企业使用银行汇票支付款项后,应根据发票账单及开户行转来的银行汇票有关副联等凭证,经核对无误后编制会计分录,借记"原材料""应交税费——应交增值税(进项税额)"等账户,贷记"其他货币资金——银行汇票"账户。银行汇票使用完毕,应转销"其他货币资金——银行汇票"账户。如实际采购支付后银行汇票有余额,多余部分应借记"银行存款"账户,贷记"其他货币资金——银行汇票"账户。汇票因超过付款期限或其他原因未曾使用而退还款项时,应借记"银行存款"账户,贷记"其他货币资金——银行汇票"账户。

【例 2-8】 甲企业向乙企业采购 A 材料,发生下列经济业务:

2 月 3 日,填制银行汇票申请书 38 000 元,银行受理。根据银行汇票申请书存根联,编制会计分录如下:

借:其他货币资金——银行汇票 38 000

贷:银行存款 38 000

2 月 7 日,向乙企业购进 A 材料一批,计货款 30 000 元,增值税 5 100 元,一并以上述银行汇票付讫,材料已经验收入库,余款尚未退回。编制会计分录如下:

借:原材料 30 000

应交税费——应交增值税(进项税额) 5 100

贷:其他货币资金——银行汇票 35 100

2 月 11 日,银行转来多余款收账通知,金额为 2 900 元,系本月 3 日签发的银行汇票使用后的余额,编制会计分录如下:

借:银行存款 2 900

贷:其他货币资金——银行汇票 2 900

(三)银行本票存款的核算

企业向银行提交"银行本票申请书"并将款项交存银行,取得银行本票时,应根据银行盖章退回的申请书存根联,编制付款凭证,借记"其他货币资金——银行本票"账户,贷记"银行存款"账户。企业用银行本票支付购货款等款项后,应根据发票账单等有关凭证,借记"原材料""应交税费——应交增值税(进项税额)"等账户,贷记"其他货币资金——银行本票"账户。如企业因本票超过付款期限等原因未曾使用而要求银行退款时,应填制进账单一式二联,连同本票一并交给银行,然后根据银行收回本票时盖章退回的一联进账单,借记"银行存款"账户,贷记"其他货币资金——银行本票"账户。

(四)信用证保证金存款的核算

企业向银行交纳保证金,根据银行退回的进账单第一联,借记"其他货币资金——信用证保证金"账户,贷记"银行存款"账户;根据银行转来的信用证结算凭证及有关单据列明的金额,借记“原材料”“应交税费——应交增值税(进项税额)”等账户,贷记“其他货币资金——信用证保证金”账户。

(五)信用卡存款的核算

企业按规定填制申请表,连同支票和有关资料一并交发卡银行,根据银行盖章退回的进账单第一联,借记“其他货币资金——信用卡存款”账户,贷记“银行存款”账户;企业用信用卡购物或支付有关费用时,借记有关账户,贷记“其他货币资金——信用卡存款”账户。

(六)存出投资款的核算

企业将款项存入证券公司,借记“其他货币资金——存出投资款”账户,贷记“银行存款”账户。

【例 2-9】 企业向证券公司划出款项 500 000 元,拟购买股票。划出款项时:

借:其他货币资金——存出投资款 500 000

　贷:银行存款 500 000

实务训练

一、单项选择题

1. 企业库存现金限额一般按照企业(　　)内的日常零星开支所需数量确定。远离银行或交通不便的企业,可以根据企业不超过 15 天的日常支出来核定。

A. 3～5 天　　B. 3～7 天　　C. 3～15 天　　D. 5～15 天

2. 下列各项可缴存现金但不能支取现金的账户是(　　)。

A. 基本存款账户　　B. 一般存款账户

C. 临时存款账户　　D. 专项存款账户

3. 企业的工资、奖金等现金的支取,只能通过(　　)办理。

A. 基本存款账户　　B. 一般存款账户

C. 临时存款账户　　D. 专项存款账户

4. 企业支付的银行承兑汇票手续费应记入(　　)。

A. “管理费用”　　B. “财务费用”　　C. “营业外支出”　　D. “其他业务成本”

5. 对于银行已经入账而企业尚未入账的未达账项,企业应当(　　)。

A. 在编制“银行存款余额调节表”的同时入账

B. 根据“银行对账单”记录的金额入账

C. 根据“银行对账单”编制自制凭证入账

D. 待结算凭证到达后入账

6. 下列结算方式中,只能用于同一票据交换区域结算的是(　　)。

A. 汇兑结算方式　　B. 委托收款结算方式

C. 银行汇票结算方式　　D. 银行本票结算方式

7. 企业在进行现金清查中发现多余的现金,在未经批准处理之前,应借记“库存现金”

科目，贷记(　　)科目。

A.“其他应付款”　　B.“营业外收入”

C.“待处理财产损溢”　　D.“其他业务收入”

8. 办理(　　)结算的款项，必须是商品交易以及因商品交易而产生的劳务供应款项。

A. 商业汇票　B. 委托收款　C. 托收承付　D. 汇兑

9. 下列结算方式中，应通过“应收票据”账户核算的是(　　)。

A. 银行汇票结算方式　　B. 银行本票结算方式

C. 支票结算方式　　D. 商业汇票结算方式

10. 下列应通过“其他货币资金”核算的是(　　)。

A. 外埠存款　B. 委托收款　C. 支票　D. 商业汇票

二、多项选择题

1. 出纳人员不得兼任(　　)等工作。

A. 稽核　　B. 会计档案保管

C. 收入、支出、费用的登记　　D. 债权债务的登记

2. 现金日记账应根据(　　)登记。

A. 现金收款凭证　　B. 现金付款凭证

C. 银行存款收款凭证　　D. 银行存款付款凭证

3. 现金短缺的会计核算中有可能涉及的账户是(　　)。

A. 待处理财产损溢　　B. 营业外支出

C. 管理费用　　D. 其他应收款

4. 企业现金清查的主要内容有(　　)。

A. 是否存在贪污或挪用　　B. 是否存在白条抵库

C. 是否存在未达账项　　D. 是否存在超限额库存现金

E. 是否存在账款不符现象

5. 关于现金管理，下列说法正确的有(　　)。

A. 在国家规定的范围内使用现金结算

B. 库存限额一经确定，不得变更

C. 收入的现金必须当天送存银行

D. 必须每天登记现金日记账

6. 企业银行存款账户的余额与银行账户中企业存款的余额不一致的原因有(　　)。

A. 存在未达账项　　B. 存在记账错误

C. 报表编制错误　　D. 以上都正确

7. 未达账项的类型可以包括(　　)。

A. 银行已收款入账，企业尚未收款入账

B. 银行已付款入账，企业尚未付款入账

C. 企业已收款入账，银行尚未收款入账

D. 企业已付款入账，银行尚未付款入账

8. 银行本票分为定额本票和不定额本票。其中定额本票面值包括(　　)元。

A. 1 000　B. 5 000　C. 10 000　D. 50 000

9. 可支取现金的支票有(　　)。

A. 现金支票　B. 转账支票　C. 普通支票　D. 划线支票

10. 按照《银行账户管理办法》的规定，企业可以开立和使用的账户有(　　)。

A. 基本存款账户　B. 一般存款账户

C. 临时存款账户　D. 专用存款账户

三、判断题

1. 货币资金不仅包括库存现金，还包括银行存款及其他货币资金。(　　)

2. 一般情况下，企业发生的少量零星开支可直接从本单位的现金收入中支付。(　　)

3. 根据规定，企业只能在一家银行开立一个存款账户。(　　)

4. 企业的一般存款账户可以办理转账结算手续和现金缴存，但不能办理现金支取。(　　)

5. 在普通支票左上角划两条平行线，为划线支票，划线支票只能用于转账，不能用于支取现金。(　　)

6. 如果企业签发空头支票，银行可以退票，并按票面金额处以5%但不低于10 000元的罚款。(　　)

7. 企业采用代销、寄销、赊销方式销售商品的款项，不得采用托收承付结算方式结算货款。(　　)

8. 所有的单位和个人都可以采用托收承付结算方式。(　　)

9. 采用委托收款结算方式下，如果付款单位提出拒付，付款单位开户银行应审查其拒付理由是否正当。(　　)

10. 企业银行存款日记账至少每年与银行核对一次。(　　)

11. 由于银行存款余额调节表主要用来核对企业与银行双方的记账有无差错，因此不能作为记账的依据。(　　)

12. 银行承兑汇票到期时，如果购货企业的存款不足支付票款，承兑银行应将汇票退还销货企业，由购销双方自行处理。(　　)

13. 银行汇票和银行承兑汇票一样，都通过“其他货币资金”账户核算。(　　)

14. 单位的信用卡可以续存现金，但不能支取现金。(　　)

15. 信用卡允许透支，透支期限最长90天。(　　)

四、计算及会计处理题

1. 2014年5月，甲公司发生以下业务：

(1)5月6日，从银行提取现金90 000元，以备发放本月工资。

(2)5月7日，以现金支付业务招待费340元。

(3)5月9日，以现金发放工资90 000元。

(4)5月28日，张兰出差预借差旅费900元，以现金支付。

(5)5月29日，对现金清查，溢余236元。

(6)5月31日，溢余的现金236元无法查明原因。

(7)5 月 31 日,张兰出差回来,报销差旅费 750 元,余款退回。

要求:

①根据上述业务编制会计分录。

②甲公司月初库存现金余额为 1 500 元,计算库存现金月末余额。

2. 某公司 2014 年 6 月有关的经济业务如下:

(1)20 日,开出转账支票支付购入甲材料的运费 500 元。

(2)22 日,开出转账支票购买办公用品 1 200 元。

(3)26 日,收到上月销货款 6 800 元存入银行。

(4)29 日,开出转账支票支付下半年报刊费 600 元。

(5)30 日,接到银行通知,结算银行存款利息 282 元。

要求:根据上述资料,编制银行存款业务的会计分录。

3. 甲企业月末银行存款日记账余额为 19 825 元,比银行对账单多 1 370 元,经逐笔核对,发现有以下未达账项及错误记录:

(1)银行代企业收取货款 4 900 元,企业尚未入账。

(2)银行代付水电费 2 450 元,企业尚未入账。

(3)企业收入转账支票一张,金额 10 420 元,尚未送交银行。

(4)企业开出转账支票 7 500 元,银行尚未入账。

(5)企业将存款收入 7 800 元误记为 8 700 元(记账凭证无误)。

要求:编制银行存款余额调节表。

4. 2014 年 7 月,甲公司发生以下业务:

(1)7 月 1 日,将款项交存银行,开立银行本票,金额 250 000 元。

(2)7 月 5 日,用银行本票结算材料货款,增值税专用发票注明:价款 200 000 元,增值税 34 000 元,共计 234 000 元。

(3)7 月 8 日,公司汇往上海市工商银行 150 000 元,开立采购专户。

(4)7 月 18 日,收到采购员从上海交来的增值税专用发票等相关凭证,材料价款 100 000 元,增值税 17 000 元,共计 117 000 元。同时撤销采购专户,多余款项转回当地开户银行。

要求:根据上述业务编制会计分录。

项目三

核算金融资产业务

项目要点

本项目是对金融资产业务的学习。金融资产是企业资产的重要组成部分，通过学习，学生应该掌握交易性金融资产、持有至到期投资、应收及预付款项、可供出售金融资产的核算方法。

任务一　认识金融资产

一、金融资产的概念

金融是现代经济的核心，金融市场的健康、可持续发展离不开金融工具的广泛运用和不断创新。金融工具是指形成一个企业的金融资产，并形成其他单位的金融负债或权益工具的合同。金融工具包括金融资产、金融负债和权益工具。其中，金融资产通常指企业的下列资产：库存现金、银行存款、应收账款、应收票据、贷款、垫款、其他应收款、应收利息、债权投资、股权投资、基金投资、衍生金融资产等。

二、金融资产分类

企业应当按照会计准则的规定，结合自身业务和风险管理的特点，从管理角度将取得的金融资产在初始确认时分为以下几类：

(1)以公允价值计量且其变动计入当期损益的金融资产；

(2)持有至到期投资；

(3)贷款和应收款项；

(4)可供出售的金融资产。

上述分类一经确定不得随意变更。

以公允价值计量且其变动计入当期损益的金融资产，可以进一步分为交易性金融资产和直接指定为以公允价值计量且其变动计入当期损益的金融资产。只有直接指定能够产生更相关的会计信息时，才能将某项金融资产直接指定为以公允价值计量且其变动计入当期损益的金融资产。例如，企业进行公允价值套期保值而购入的股票或债券，由于被套期工具采用公允价值计量且公允价值变动计入当期损益，所以应当把该股票或债券不划分为可供出售金融资产而直接指定为以公允价值计量且其变动计入当期损益的金融资产。

任务二 核算交易性金融资产业务

一、交易性金融资产基本知识

(一)交易性金融资产的概念

交易性金融资产主要是指企业为了近期内出售而持有的金融资产，例如企业以赚取差价为目的从二级市场购入的股票、债券、基金等。

(二)交易性金融资产的特征

满足下列条件之一的金融资产，应当划分为交易性金融资产：

1. 取得该金融资产的目的，主要是为了近期内出售。例如企业以赚取差价为目的从二级市场购入的股票、债券和基金等。

2. 属于进行集中管理的可辨认金融工具组合的一部分，且有客观证据表明企业近期采用短期获利方式对该组合进行管理。在这种情况下，即使组合中有某个组成项目持有的期限稍长也不受影响。

3. 属于衍生工具。但是，被指定为有效套期工具的衍生工具、属于财务担保合同的衍生工具、与在活跃市场中没有报价且其公允价值不能可靠计量的权益工具投资挂钩并须通过交付该权益工具结算的衍生工具除外。其中，财务担保合同是指保证人和债权人约定，当债务人不履行债务时，保证人按照约定履行债务或者承担责任的合同。

二、交易性金融资产核算的科目设置

为了核算交易性金融资产的取得、处置、收取现金股利或利息等业务，企业应当设置“交易性金融资产”“公允价值变动损益”“投资收益”等科目。

(一)“交易性金融资产”科目

核算企业为交易目的所持有的债券投资、股票投资、基金投资等交易性金融资产的公允价值。企业持有的直接指定为以公允价值计量且其变动计入当期损益的金融资产也在“交易性金融资产”科目核算。

企业应当按照交易性金融资产的类别和品种，分别设置“成本”“公允价值变动”等明细科目进行核算。

“交易性金融资产——成本”科目的借方登记交易性金融资产的取得成本；贷方登记出售交易性金融资产时结转的成本。

“交易性金融资产——公允价值变动”科目的借方登记资产负债表日其公允价值高于账面余额的差额以及出售交易性金融资产时结转的该明细科目的贷方账面余额；贷方登记资产负债表日其公允价值低于账面余额的差额以及出售交易性金融资产时结转的该明

细科目的借方账面余额。

(二)“公允价值变动损益”科目

核算企业交易性金融资产等公允价值变动而形成的应计入当期损益的利得或损失。

该科目贷方登记资产负债表日企业持有的交易性金融资产等的公允价值高于账面余额的差额;借方登记资产负债表日企业持有的交易性金融资产等的公允价值低于账面余额的差额。期末其余额转入“本年利润”账户,结转后该账户无余额。

(三)“投资收益”科目

核算企业确认的投资收益或投资损失,如企业持有交易性金融资产、持有至到期投资、可供出售金融资产期间取得的投资收益以及处置交易性金融资产等实现的投资收益或投资损失的核算。

本科目可按投资项目进行明细核算。该科目贷方登记企业持有、出售交易性金融资产等实现的投资收益;借方登记企业出售交易性金融资产等发生的投资损失。期末其余额转入“本年利润”账户,结转后该账户无余额。

三、交易性金融资产的核算

(一)交易性金融资产取得的核算

企业在取得交易性金融资产时,应当按照取得该金融资产时的公允价值作为其初始确认金额,记入“交易性金融资产——成本”科目。实际支付的价款中包含的已宣告但尚未发放的现金股利或已到付息期但尚未领取的债券利息,应当单独确认为应收项目,记入“应收股利”或“应收利息”科目。

取得和出售交易性金融资产所发生的相关交易费用应当在发生时计入投资收益。交易费用是指可直接归属于购买、发行或处置金融工具新增的外部费用,包括支付给代理机构、咨询公司、券商等的手续费和佣金及其他必要支出。

【例 3-1】 2014 年 4 月 12 日,A 公司委托某证券公司从上海证券交易所购入 B 上市公司股票 200 万股,并将其划分为交易性金融资产。该笔股票投资在购买日的公允价值为 2 000 万元。另支付相关交易费用 2.5 万元。

A 公司应做如下会计处理:

(1)2014 年 4 月 12 日,购买 B 上市公司股票时

借:交易性金融资产——成本　　20 000 000

　贷:其他货币资金——存出投资款　　20 000 000

(2)支付相关交易费用时:

借:投资收益　　25 000

　贷:其他货币资金——存出投资款　　25 000

(二)交易性金融资产现金股利和利息的核算

企业持有交易性金融资产期间,对于被投资单位宣告发放的现金股利或企业在资产负债表日按分期付息、一次还本债券投资的票面利率计算的利息收入,应当确认为应收项目,借记“应收股利”或“应收利息”科目,贷记“投资收益”科目。

【例 3-2】 2013 年 1 月 8 日，A 公司购入 B 公司发行的公司债券，该笔债券于 2012 年 7 月 1 日发行，面值为 2 000 万元，票面利率为 4%，债券每年末付息一次，次年的 2 月份收到。A 公司将其划分为交易性金融资产，支付价款为 2 100 万元(其中包括已到付息期但尚未领取的债券利息 40 万元)，另支付交易费用 30 万元。2013 年 2 月 5 日，A 公司收到该笔债券利息 40 万元。2014 年 2 月 10 日，A 公司收到债券利息 80 万元。A 公司应做如下会计处理：

(1)2013 年 1 月 8 日，购入 B 公司债券时：

借：交易性金融资产——成本　　20 600 000
　　应收利息　　400 000
　　投资收益　　300 000
　贷：银行存款　　21 300 000

(2)2013 年 2 月 5 日，收到购买价款中包含的已到付息期但尚未领取的债券利息时：

借：银行存款　　400 000
　贷：应收利息　　400 000

(3)2013 年 12 月 31 日，确认 B 公司的公司债券利息收入时：

借：应收利息　　800 000
　贷：投资收益　　800 000

(4)2014 年 2 月 10 日，收到持有 B 公司的公司债券利息时：

借：银行存款　　800 000
　贷：应收利息　　800 000

在本例中，取得交易性金融资产所支付价款中包含了已到付息期但尚未领取的债券利息 400 000 元，应当记入“应收利息”科目，不记入“交易性金融资产”科目。

(三)交易性金融资产期末计量的核算

资产负债表日，交易性金融资产应当按照公允价值计量，公允价值与账面余额之间的差额计入当期损益。企业应当在资产负债表日按照交易性金融资产公允价值与其账面余额的差额，借记或贷记“交易性金融资产——公允价值变动”科目，贷记或借记“公允价值变动损益”科目。

【例 3-3】 承例 3-2，假定 2013 年 12 月 31 日，A 公司购买的该笔债券的市价为 2 080 万元。

2013 年 12 月 31 日，确认该笔债券的公允价值变动损益时，A 公司应做如下会计处理：

借：交易性金融资产——公允价值变动　　200 000
　贷：公允价值变动损益　　200 000

在本例中，2013 年 12 月 31 日，该笔债券的公允价值为 2 080 万元，账面余额为 2 060 万元，公允价值大于账面余额 20 万元，应记入“公允价值变动损益”科目的贷方。

(四)交易性金融资产处置的核算

出售交易性金融资产时，应当将该交易性金融资产出售时的公允价值与出售时账面余额之间的差额确认为投资收益，同时将已记入“公允价值变动损益”科目的金额转入到“投资收益”科目中。

企业应按实际收到的金额，借记“银行存款”等科目，按该金融资产的账面金额，贷记“交易性金融资产”科目，按其差额，贷记或借记“投资收益”科目。同时，将原计入该金融资产的公允价值变动转出，借记或贷记“公允价值变动损益”科目，贷记或借记“投资收益”科目。

【例 3-4】 承例 3-3，假定 2014 年 2 月 25 日，A 公司出售了所持有的 B 公司发行的公司债券，售价为 2 085 万元，应做如下会计处理：

借：银行存款　　20 850 000

　　公允价值变动损益　　200 000

　贷：交易性金融资产——成本　　20 600 000

　　　　　　　　　——公允价值变动　　200 000

　　　　　　　　　——投资收益　　250 000

任务三　核算持有至到期投资业务

一、持有至到期投资基本知识

（一）持有至到期投资的概念

持有至到期投资，是指到期日固定、回收金额固定或可确定，且企业有明确意图和能力持有至到期的非衍生金融资产。

如果企业管理层决定将某项金融资产持有至到期，则在该金融资产未到期前，不能随意地改变其“最初意图”。也就是说，投资者在取得投资时意图就应当是明确的，除非遇到一些企业所不能控制、预期不会重复发生且难以合理预计的独立事件，否则将持有至到期。

（二）持有至到期投资的特征

1. 到期日固定、回收金额固定或可确定

到期日固定、回收金额固定或可确定，是指相关合同明确了投资者在确定的期间内获得或应收取现金流量（例如，投资利息和本金等）的金额和时间。因此，从投资者角度看，如果不考虑其他条件，在将某项投资划分为持有至到期投资时可以不考虑可能存在的发行方重大支付风险；由于要求到期日固定，从而权益工具投资不能划分为持有至到期投资；如果符合其他条件，不能由于某债务工具投资是浮动利率投资而不将其划分为持有至到期投资。

2. 有明确意图持有至到期

有明确意图持有至到期，是指投资者在取得投资时意图就是明确的，除非遇到一些企业所不能控制、预期不会重复发生且难以合理预计的独立事件，否则将持有至到期。存在下列情况之一的，表明企业没有明确意图将金融资产投资持有至到期：

（1）持有该金融资产的期限不确定。

（2）发生市场利率变化、流动性需要变化、替代投资机会及其投资收益率变化、融资来源和条件变化、外汇风险变化等情况时，将出售该金融资产。但是，无法控制、预期不会重复发生且难以合理预计的独立事项引起的金融资产出售除外。

（3）该金融资产的发行方可以按照明显低于其摊余成本的金额清偿。

（4）其他表明企业没有明确意图将该金融资产持有至到期的情况。

据此，对于发行方可以赎回的债务工具，如发行方行使赎回权，投资者仍可收回其几乎所有初始净投资（含支付的溢价和交易费用），那么投资者可以将此类投资划分为持有至到期投资。但是，对于投资者有权要求发行方赎回的债务工具投资，投资者不能将其划分为持有至到期投资。

3. 有能力持有至到期

有能力持有至到期，是指企业有足够的财务资源，并不受外部因素影响将投资持有至到期。

存在下列情况之一的，表明企业没有能力将具有固定期限的金融投资持有至到期：

（1）没有可利用的财务资源持续地为该金融资产投资提供资金支持，以使该金融资产投资持有至到期。

（2）受法律、行政法规的限制，使企业难以将该金融资产投资持有至到期。

（3）其他表明企业没有能力将具有固定期限的金融资产投资持有至到期的情况。

企业应当于每个资产负债表日对持有至到期投资的意图和能力进行评价。发生变化的，应当将其重分类为可供出售金融资产进行处理。

（三）持有至到期投资的提前处置或重分类

企业将持有至到期投资在到期前处置或重分类，通常表明其违背了将投资持有至到期的最初意图。如果处置或重分类为其他类金融资产的金额相对于该类投资（即企业全部持有至到期投资）在出售或重分类前的金额较大，则企业在处置或重分类后应立即将其剩余的持有至到期投资（即全部持有至到期投资扣除已处置或重分类的部分）重分类为可供出售金融资产，且在本会计年度及以后两个完整的会计年度内不得再将该金融资产划分为持有至到期投资。

例如，某企业在2014年将某项持有至到期投资重分类为可供出售金融资产或出售了一部分，且重分类或出售部分的金额相对于该企业没有重分类或出售之前全部持有至到期投资总额比例较大，那么该企业应当将剩余的其他持有至到期投资划分为可供出售金融资产，而且在2014年当年及2015年和2016年两个完整的会计年度内不得再将该金融资产划分为持有至到期投资。

二、持有至到期投资核算的科目设置

为了核算企业持有至到期投资的价值的增减变动情况，应设置“持有至到期投资”科目和“其他综合收益——持有至到期投资重分类为可供出售金融资产”科目。

（一）“持有至到期投资”科目

“持有至到期投资”科目核算企业持有至到期投资的摊余成本。

该科目应当按照持有至到期投资的类别和品种，分别按“成本”“利息调整”“应计利息”设置明细科目进行明细分类核算。

“持有至到期投资——成本”科目的借方登记取得的持有至到期投资的面值，贷方登记到期时收回的投资的面值及出售时转出的面值。

“持有至到期投资——利息调整”科目的借方登记取得持有至到期投资时实际支付的价款(不包含购入时已到付息期但尚未领取的“应收利息”，下同)高于面值的差额以及以后摊销的购入时实际支付的价款低于面值的差额，贷方登记取得持有至到期投资时实际支付的价款低于面值的差额以及以后摊销的购入时实际支付的价款高于面值的差额。

“持有至到期投资——应计利息”科目的借方登记到期一次还本付息的持有至到期投资应于资产负债表日按票面利率计算确定的应收未收利息，贷方登记到期时实际收到的利息或出售时转出的应收未收利息。

(二)“其他综合收益——持有至到期投资重分类为可供出售金融资产”科目

“其他综合收益”科目为所有者权益类科目，核算企业未在当期损益中确认的各项利得和损失。“其他综合收益——持有至到期投资重分类为可供出售金融资产”科目核算持有至到期投资重分类为可供出售金融资产时的利得和损失。重分类日，按持有至到期投资公允价值与其账面余额的差额，贷记或借记“其他综合收益——持有至到期投资重分类为可供出售金融资产”科目。

三、持有至到期投资的核算

持有至到期投资的核算，着重于该金融资产的持有者打算“持有至到期”，未到期前通常不会出售或重分类。因此，持有至到期投资的核算主要应解决该金融资产实际利率的计算、摊余成本的确定、持有期间的收益确认及将其处置时损益的处理。

(一)持有至到期投资取得的核算

企业初始取得持有至到期投资时，应按公允价值进行初始计量。发生的交易费用也应当计入初始确认金额。即企业取得的持有至到期投资，应按该债券的面值，借记“持有至到期投资——成本”科目；按支付的价款中包含的已到付息期但尚未领取的利息，借记“应收利息”科目；按实际支付的金额，贷记“银行存款”等科目；按其差额，借记或贷记“持有至到期投资——利息调整”科目。

【例 3-5】 甲企业 2013 年 1 月 1 日购入乙公司同日发行的 2 年期债券，准备持有至到期，该债券面值为 100 万元，票面利率为 4%，实际利率为 5%，以银行存款实际支付价款 981 406 元，每年付息一次。

购入时，甲企业的会计分录为：

借：持有至到期投资——成本　　1 000 000

　贷：银行存款　　981 406

　　持有至到期投资——利息调整　　18 594

【例 3-6】 A 企业 2013 年 1 月 1 日购入 B 公司同日发行的 5 年期债券 1 000 张，准备持有至到期。该债券每张面值 1 000 元，以每张 1 045 元的价格购入，另支付交易费用

5 000 元，款项均以银行存款支付。利息每年年末支付。

购入时，A 企业的会计分录为：

借：持有至到期投资——成本　　1 000 000

　　　　　　　　——利息调整　　50 000

　贷：银行存款　　1 050 000

(二)持有至到期投资期末计量的核算

资产负债表日，持有至到期投资为分期付息、一次还本债券投资的，应按票面利率计算确定的应收未收利息，借记“应收利息”科目；按持有至到期投资摊余成本和实际利率计算确定的利息收入，贷记“投资收益”科目；按其差额，借记或贷记“持有至到期投资——利息调整”科目。

持有至到期投资为一次还本付息债券投资的，应于资产负债表日按票面利率计算确定的应收未收利息，借记“持有至到期投资——应计利息”科目；按持有至到期投资摊余成本和实际利率计算确定的利息收入，贷记“投资收益”科目；按其差额，借记或贷记“持有至到期投资——利息调整”科目。

【例 3-7】 承例 3-5，采用实际利率摊销法计算 2013 年 12 月 31 日、2014 年 12 月 31 日应确认的投资收益的利息收入、摊销金额。

2013 年 12 月 31 日：

实际利息收入＝期初摊余成本×实际利率＝981 406×5%＝49 070(元)

应收利息＝债券面值×票面利率＝1 000 000×4%＝40 000(元)

债券折价摊销＝49 070－40 000＝9 070(元)

借：应收利息　　40 000

　持有至到期投资——利息调整　　9 070

　贷：投资收益　　49 070

实际收到利息时：

借：银行存款　　40 000

　贷：应收利息　　40 000

2014 年 12 月 31 日：

应收利息＝债券面值×票面利率＝1 000 000×4%＝40 000(元)

在计算最后一年摊销金额时应将最后一年剩余的溢价或折价摊销完，故

债券折价摊销＝18 594－9 070＝9 524(元)

实际利息收入＝应收利息＋债券折价摊销＝40 000＋9 524＝49 524(元)

借：应收利息　　40 000

　持有至到期投资——利息调整　　9 524

　贷：投资收益　　49 524

2015 年 1 月 1 日甲企业持有的乙公司的债券到期，收回本金及最后一年的利息：

借：银行存款　　1 040 000

　贷：持有至到期投资——成本　　1 000 000

　　　应收利息　　40 000

(三)持有至到期投资减值的核算

资产负债表日,将持有至到期投资进行减值测试。持有至到期投资以摊余成本后续计量,如果持有至到期投资的预计未来现金流量现值小于其账面价值,那么表明该项持有至到期投资发生了减值。发生减值时借记"资产减值损失"科目,贷记"持有至到期投资减值准备"。已计提减值准备的持有至到期投资价值以后又得以恢复,应在原已计提的减值准备金额内,按恢复增加的金额借记"持有至到期投资减值准备"科目,贷记"资产减值损失"科目。

【例 3-8】 承例 3-7,2013 年 12 月 31 日甲企业持有的乙公司的债券有足够的证据表明发生减值,预计持有的该债券未来现金流量的现值为 985 000 元,而其账面价值为 990 476 元(其中成本为 1 000 000 元,利息调整为贷方余额 9 524 元),减值为5 476 元。甲企业计提减值准备的会计分录为:

借:资产减值损失　　5 476

　贷:持有至到期投资减值准备　　5 476

(四)持有至到期投资处置的核算

持有至到期投资的处置是指将其出售、转让、到期回收等情况。企业处置某项持有至到期投资,应当终止确认该持有至到期投资,即将处置所取得的价款与该投资账面价值之间的差额,确认为投资收益。

中途出售持有至到期投资,应按实际收到的金额,借记"银行存款"等科目;按其账面余额,贷记"持有至到期投资——成本、应计利息"科目,贷记或借记"持有至到期投资——利息调整" 科目;按其差额,贷记或借记"投资收益"科目。已计提减值准备的,还应同时结转减值准备。

【例 3-9】 承例 3-8,2014 年 8 月 1 日,由于资金短缺,甲企业决定将持有的乙公司债券的 60%出售。当日,该批债券整体的公允价值和摊余成本分别为 990 000 元和 985 000 元。假定出售债券时不考虑交易费用及其他相关因素,甲企业 2014 年 8 月 1 日出售债券时的会计分录为:

借:银行存款　　594 000(990 000×60%)

　　持有至到期投资——利息调整　　5 714.40(9 524×60%)

　　持有至到期投资减值准备　　3 285.60(5 476×60%)

　贷:持有至到期投资——成本　　600 000(1 000 000×60%)

　　　投资收益　　3 000

(五)持有至到期投资重分类的核算

企业持有意图或能力发生改变,使某项投资不再适合划分为持有至到期投资的,应将其重分类为可供出售金融资产。将持有至到期投资重分类为可供出售金融资产的,应在重分类日按其公允价值,借记"可供出售金融资产"科目;按其账面余额,贷记"持有至到期投资——成本、利息调整、应计利息"科目;按其差额,贷记或借记"其他综合收益——持有至到期投资重分类为可供出售金融资产"科目。已计提减值准备的,还应同时结转减值准备。

【例 3-10】　承例 3-9，甲企业 2014 年 8 月 1 日，将剩余部分重分类时的会计分录为：

借：可供出售金融资产——成本　　396 000(990 000×40%)
　　持有至到期投资——利息调整　　3 809.60(9 524×40%)
　　持有至到期投资减值准备　　2 190.40(5 476×40%)
　贷：持有至到期投资——成本　　400 000(1 000 000×40%)
　　　其他综合收益　　2 000

任务四　核算应收及预付款项业务

应收及预付款项是指企业在日常生产经营中发生的各项债权，包括应收款项和预付款项。应收款项包括应收票据、应收账款、其他应收款、应收利息、应收股利、长期应收款等；预付款项是指企业按照合同规定预付的款项，如预付账款。

一、核算应收票据业务

（一）应收票据的概念

应收票据是指企业因采用商业汇票支付方式销售产品、提供劳务等而收到的商业汇票。

商业汇票是出票人签发的，委托付款人在指定日期无条件支付确定的金额给收款人或持票人的票据。在银行开立存款账户的法人以及其他组织之间须具有真实的交易关系或债权债务关系，才能使用商业汇票。

（二）应收票据的分类与计价

1. 应收票据的分类

商业汇票按承兑人的不同，分为商业承兑汇票和银行承兑汇票。

商业承兑汇票是由银行以外的付款人承兑。按交易双方约定，商业承兑汇票由销货企业或购货企业签发，但由购货企业承兑。承兑时，购货企业应在汇票正面记载“承兑”字样和承兑日期并签章。银行承兑汇票由银行承兑，由在承兑银行开立账户的存款人签发，承兑银行按票面金额向出票人收取万分之五的手续费。购货企业应于汇票到期前将票款足额交存其开户银行，以备由承兑银行在汇票到期日或到期日后的见票当日支付票款。销货企业应在汇票到期时将汇票连同进账单送交开户银行以便转账收款，承兑银行凭汇票将承兑款项无条件转给销货企业。如果购货企业于汇票到期日未能足额交存票款，承兑银行除凭票向持票人无条件付款外，对出票人尚未支付的汇票金额按每天万分之五计收罚息。

商业汇票按照是否计息可分为带息商业汇票和不带息商业汇票。

带息商业汇票，是指在商业汇票到期时，承兑人必须按票面金额（面值）加上应计利息向收款人或被背书人支付款项的汇票。不带息商业汇票，是指在商业汇票到期时，承兑人只按票面金额向收款人或被背书人支付款项的汇票。

2. 应收票据的计价

企业收到应收票据时，一般按照票据的面值入账。

(三)应收票据的核算

为了反映和监督应收票据取得、收回和票据贴现等业务，企业应设置"应收票据"账户，该账户的借方登记取得的应收票据的面值和计提的票据利息，贷方登记到期收回票款或到期前向银行贴现的应收票据的票面余额；期末余额在借方，反映企业尚未收回且未申请贴现的应收票据的面值和应计利息。本科目应按照商业汇票的种类设置明细科目，并设置"应收票据备查簿"，逐笔登记每一张应收票据的种类、号数、签发日期、票面金额、交易合同号、承兑人、背书人的姓名或单位名称、到期日、贴现日、贴现率、贴现净额、收款日期、收款金额等事项。

1. 不带息应收票据的核算

不带息应收票据的到期值等于其面值。企业销售产品或提供劳务收到开出并承兑的商业汇票时，按其面值借记"应收票据"科目，按实现的营业收入贷记"主营业务收入"科目，按专用发票上注明的增值税额贷记"应交税费——应交增值税(销项税额)"科目。应收票据到期收回时，按票面金额借记"银行存款"科目，贷记"应收票据"科目。

【例 3-11】 A 企业销售一批产品给 B 企业，货已发出，货款 20 000 元，增值税额为 3 400 元。双方商定采用商业汇票结算。B 企业交给 A 企业一张不带息 3 个月到期的商业承兑汇票，面额为 23 400 元。A 企业的账务处理为：

借：应收票据	23 400	
贷：主营业务收入		20 000
应交税费——应交增值税(销项税额)		3 400

3 个月后，应收票据到期，A 企业收回款项 23 400 元，存入银行。

借：银行存款	23 400	
贷：应收票据		23 400

如果该票据到期，B 企业无力偿还票款，A 企业应将到期票据的票面金额转入"应收账款"科目。A 企业应做如下账务处理：

借：应收账款	23 400	
贷：应收票据		23 400

2. 带息应收票据的核算

企业收到的带息应收票据，按应收票据的票面价值和票面利率计算票据的利息，并计算票据的到期值。计算公式为：

$$票据到期值=面值+票据利息$$

$$票据利息=票面金额\times票面利率\times期限$$

公式中，"票面利率"一般指年利率，"期限"指签发日至到期日的时间间隔。票据的期限，有按月表示和按日表示两种。

票据期限按月表示时，应以到期月份中与出票日相同的那一天为到期日。如 2014 年 3 月 10 日签发的三个月票据，到期日应为 6 月 10 日。月末签发的票据，不论月份大小，以到期月份的月末那一天为到期日。如 2014 年 2 月 28 日签发的三个月票据，到期日应为 5 月 31 日。票据期限按月表示时，计算利息使用的利率要换算成月利率(年利率÷12)。

票据期限按日表示时，应从出票日起按实际经历天数计算。通常出票日和到期日，只能计算其中的一天，即“算头不算尾”或“算尾不算头”。例如，3 月 10 日签发的 90 天票据，其到期日应为 6 月 8 日。同时，计算利息使用的利率要换算成日利率（年利率÷360）。

收到带息票据时，按应收票据的面值借记“应收票据”科目，按实现的营业收入贷记“主营业务收入”科目，按专用发票上注明的增值税额贷记“应交税费——应交增值税（销项税额）”科目。

带息应收票据应于期末按应收票据的面值和确定的利率计提利息，并增加应收票据的账面价值，借记“应收票据”科目，贷记“财务费用”科目。

带息票据到期时，收到承兑人兑付的到期值票款时，按实际收到的款项，借记“银行存款”科目；按票据面值贷记“应收票据”科目，两者差额贷记“财务费用”科目。

因付款人无力支付票款，收到银行退回的商业承兑汇票、委托收款凭证、未付票款通知书或拒绝付款证明等，应将票据面值与应计未收利息之和一并转为应收账款，借记“应收账款”科目，贷记“应收票据”和“财务费用”科目。到期不能收回的带息应收票据，转入“应收账款”账户核算后，期末不再计提利息，其所包含的利息，在有关备查簿中进行登记，待实际收到时再冲减收到当期的财务费用。

【例 3-12】 甲企业 2014 年 1 月 1 日销售一批产品给乙企业，货已发出，专用发票上注明的销售收入为 10 000 元，增值税额为 1 700 元。收到乙企业交来的商业承兑汇票一张，期限 5 个月，票面利率为 4%，甲企业应做如下账务处理：

（1）收到票据时

借：应收票据　　11 700

　贷：主营业务收入　　10 000

　　应交税费——应交增值税（销项税额）　　1 700

（2）票据到期收回款项时

收款金额＝11 700＋11 700×4%÷12×5＝11 895（元）

借：银行存款　　11 895

　贷：应收票据　　11 700

　　财务费用　　195

【例 3-13】 甲企业 2014 年 11 月 1 日销售一批产品给丙企业，货已发出，专用发票上注明的销售收入为 10 000 元，增值税额为 1 700 元。收到丙企业交来的商业承兑汇票一张，期限 3 个月，票面利率为 6%，甲企业应做如下账务处理：

（1）2014 年 11 月 1 日收到票据时

借：应收票据　　11 700

　贷：主营业务收入　　10 000

　　应交税费——应交增值税（销项税额）　　1 700

（2）2014 年 12 月 31 日票据期末计息时

借：应收票据　　117

　贷：财务费用　　117

（3）2015 年 2 月 1 日票据到期收回款项时

收款金额＝11 700＋11 700×6％÷12×3＝11 875.50(元)

借:银行存款　　11 875.50
　贷:应收票据　　11 817.00
　　财务费用　　58.50

(4)2015 年 2 月 1 日票据到期,因丙企业无力支付,收到银行退回的商业承兑汇票时

借:应收账款　　11 875.50
　贷:应收票据　　11 817.00
　　财务费用　　58.50

3. 应收票据转让的核算

企业可以将自己持有的商业汇票背书转让。背书是指持票人在票据背面签字,签字人称为背书人,背书人对票据的到期付款负连带责任。

企业将持有的应收票据背书转让,以取得所需物资时,按应计入取得物资成本的价值,借记"材料采购"或"原材料""库存商品"等科目;按专用发票上注明的增值税额,借记"应交税费——应交增值税(进项税额)"科目;按应收票据的账面余额,贷记"应收票据"科目,如有差额,借记或贷记"银行存款"等科目。

如为带息应收票据,企业将其转让以取得所需物资时,按应计入取得物资成本的价值,借记"材料采购"或"原材料""库存商品"等科目;按专用发票上注明的增值税额,借记"应交税费——应交增值税(进项税额)"科目;按应收票据的账面余额,贷记"应收票据"科目;按尚未计提的利息,贷记"财务费用"科目;按应收或应付的金额,借记或贷记"银行存款"等科目。

4. 应收票据贴现的核算

(1)应收票据贴现的概念

应收票据贴现是指持票人因急需资金,将未到期的商业汇票背书后转让给银行,银行受理后,从票面金额中扣除按银行的贴现率计算的贴现息后,将余额付给贴现企业的业务活动。

票据贴现实质上是企业融资的一种形式。在贴现中,企业付给银行的利息称为贴现利息,银行计算贴现利息的利率称为贴现率,企业从银行获得的票据到期值扣除贴现利息后的货币收入,称为贴现所得,即贴现净额。

(2)应收票据贴现的计算及账务处理

应收票据的贴现要计算贴现期、贴现利息和贴现净额。其中贴现期是指自贴现日起至到期日为止的实际天数,也采用"算头不算尾"或"算尾不算头"的方法计算确定。贴现的计算公式如下:

贴现利息＝票据到期值×贴现率×贴现期

贴现净额＝票据到期值－贴现利息

不带息应收票据的到期值就是其面值;带息应收票据的到期值是其面值加上按票面载明的利率计算的票据全部期间的利息。

企业持有未到期的应收票据向银行申请贴现时,应根据银行盖章退回的贴现凭证第四联收账通知,按贴现净额,借记"银行存款"账户。如果是银行承兑汇票,按应收票据的

账面余额,贷记“应收票据”账户;如果是商业承兑汇票,按贴现净额,借记“银行存款”账户,按应收票据的到期值,贷记“短期借款”账户,按二者的差额,借记或贷记“财务费用”账户。

【例 3-14】 甲企业 2014 年 3 月 1 日取得一张面值 20 000 元、期限 3 个月的不带息银行承兑汇票,企业持有一个月后向银行申请贴现,贴现率为 6%,计算贴现净额并进行账务处理。

票据到期值=面值=20 000(元)

贴现利息=20 000×6%÷12×2=200(元)

贴现净额=20 000-200=19 800(元)

根据上述计算结果,做会计分录如下:

借:银行存款　19 800
　财务费用　200
　贷:应收票据　20 000

如果本题中的票据为商业承兑汇票,应做会计分录为:

借:银行存款　19 800
　财务费用　200
　贷:短期借款　20 000

如本题中的票据为商业承兑汇票,到期时对方无力偿付,贴现银行则从甲企业存款账户中扣除到期值,同时甲企业应编制的会计分录为:

借:应收账款　20 000
　贷:应收票据　20 000
借:短期借款　20 000
　贷:银行存款　20 000

二、核算应收账款业务

(一)应收账款的概念

应收账款是指企业因销售产品、提供劳务等业务,应向购货单位或接受劳务单位收取的款项,是企业因销售产品、提供劳务等经营活动所形成的债权。核算应收账款时,必须确定其入账价值,及时反映应收账款的形成、收回情况,合理地确认和计量坏账损失,并按规定计提坏账准备。

(二)应收账款的计价

应收账款应按实际发生额计价入账。其入账价值包括:销售货物或提供劳务的价款、增值税,以及代购货单位垫付的包装费、运杂费等。在确认应收账款的入账价值时,还要考虑商业折扣和现金折扣等因素。

1. 商业折扣

所谓商业折扣,是指销售企业为了鼓励客户多购商品而在商品标价上给予的扣除。它是企业最常用的促销手段,通常用百分数来表示,如 10%、20%等。扣减后的净额才是实际销售价格。商业折扣一般在交易发生时即已确定，它仅仅是确定实际销售价格的一种手段，不需在买卖双方任何一方的账上反映，所以商业折扣对应收账款的入账价值没有影响。因此，在存在商业折扣的情况下，企业应收账款入账金额应按扣除商业折扣以后的实际售价确认。

2. 现金折扣

所谓现金折扣，是指债权人为了鼓励债务人在规定的期限内早日付款，而向债务人提供的债务扣除。现金折扣通常发生在以赊销方式销售商品及提供劳务的交易中。企业为了鼓励客户提前偿付货款，通常与债务人达成协议，债务人在不同的期限内付款可享受不同比例的折扣优惠。现金折扣一般用符号“折扣率/付款期限”来表示。例如，“2/10，1/20，N/30”分别表示：10天内付款，可按售价给予2%的折扣；20天内付款，可按售价给予1%的折扣；30天内付款则不给折扣。

在存在现金折扣的情况下，应收账款入账价值的确定有两种方法：一是总价法；二是净价法。我国《企业会计准则》规定，应收账款入账价值应按总价法确定。总价法是将未减去现金折扣前的金额作为实际售价，计入应收账款的入账价值。现金折扣只有客户在折扣期内支付货款时，才予以确认。实际发生的现金折扣作为一种理财费用，计入发生当期的财务费用处理。

（三）应收账款的核算

1. 企业销售商品或材料等发生的应收账款，在没有折扣的情况下，企业按应收的全部金额借记“应收账款”科目，贷记“主营业务收入”“其他业务收入”“应交税费——应交增值税（销项税额）”等科目；收回款项时，借记“银行存款”科目，贷记“应收账款”科目。

企业代购货单位垫付运杂费时，借记“应收账款”科目，贷记“银行存款”科目；收回代垫费用时，借记“银行存款”科目，贷记“应收账款”科目。

【例3-15】 甲企业向乙企业销售一批商品，价款50 000元，增值税税率为17%，甲企业代乙企业垫付运费1 500元，已办妥委托银行收款手续。甲企业做如下账务处理：

借：应收账款——乙企业	60 000	
贷：主营业务收入		50 000
应交税费——应交增值税（销项税额）		8 500
银行存款		1 500

甲企业收到银行收款通知，收到上述货款时，做如下账务处理：

借：银行存款	60 000	
贷：应收账款——乙企业		60 000

2. 企业发生的应收账款，在有商业折扣的情况下，应按扣除商业折扣后的金额入账。

【例3-16】 甲企业销售一批产品给丙企业，按价目表标明的价格计算，金额为10 000元，由于是成批销售，甲企业给丙企业10%的商业折扣，折扣金额为1 000元，增值税税率为17%，甲企业做如下账务处理：

借：应收账款——丙企业	10 530	
贷：主营业务收入		9 000
应交税费——应交增值税（销项税额）		1 530

甲企业收到银行收款通知，收到上述货款时，做如下账务处理：

借：银行存款　　10 530

　贷：应收账款——丙企业　　10 530

3. 企业发生的应收账款在有现金折扣的情况下，采用总价法入账，发生的现金折扣作为财务费用处理。

【例 3-17】 甲企业在 2014 年 9 月 1 日销售一批产品给丁公司，增值税专用发票上注明售价为 10 000 元，规定的现金折扣条件为 2/10，1/20，N/30，适用的增值税税率为 17%，产品交付并办妥托收手续。甲企业应做如下账务处理：

借：应收账款——丁公司　　11 700

　贷：主营业务收入　　10 000

　　应交税费——应交增值税（销项税额）　　1 700

如果丁公司在 10 日内付款，甲企业应做如下账务处理：

借：银行存款　　11 500

　财务费用　　200

　贷：应收账款——丁公司　　11 700

如果丁公司在 20 日内付款，甲企业应做如下账务处理：

借：银行存款　　11 600

　财务费用　　100

　贷：应收账款——丁公司　　11 700

如果丁公司超过了现金折扣的最后期限付款，甲企业应做如下账务处理：

借：银行存款　　11 700

　贷：应收账款——丁公司　　11 700

三、核算预付账款业务

（一）预付账款的概念

预付账款是指企业按照购货合同规定预付给供应单位的款项，是企业暂时被供应单位占用的资金。企业预付货款后，有权要求对方按照购货合同规定发货。预付账款必须以购销双方签订的购货合同为条件，按照规定的程序和方法进行核算。

预付账款与应收账款都属于企业的债权，但二者产生的原因不同。应收账款是企业应收的销货款，即应向购货方收取的款项；预付账款是企业的购货款，即预先付给供货方的款项。因此，应分别设置科目核算。

为了反映和监督预付账款的增减变动情况，企业应设置“预付账款”账户。该账户借方登记预付的款项和补付的款项，贷方登记收到采购货物时按发票金额冲销的预付账款数和因预付货款多余而退回的款项，期末余额一般在借方，反映企业实际预付的款项。

预付账款业务不多的企业，可以不单独设置“预付账款”账户，将预付的货款直接记入“应付账款”账户的借方。但在编制会计报表时，仍然要将“预付账款”和“应付账款”的金额分开列示。

预付账款按实际付出的金额入账。期末，预付账款按历史成本反映。

(二)预付账款的核算

预付账款的核算包括预付款项和收回货物等方面。

企业根据购货合同的规定向供货方预付账款时,应借记"预付账款"科目,贷记"银行存款"科目。企业收到预购的材料或商品时,根据有关发票账单金额,借记"原材料""应交税费——应交增值税(进项税额)"等科目,贷记"预付账款"科目。

【例 3-18】 企业按合同规定,预付给 A 公司购买甲材料款 10 000 元。会计分录如下:

借:预付账款——A 公司　　10 000

　贷:银行存款　　10 000

企业收到上述甲材料验收入库,专用发票上注明货款 8 000 元,增值税 1 360 元。会计分录如下:

借:原材料——甲材料　　8 000

　应交税费——应交增值税(进项税额)　　1 360

　贷:预付账款——A 公司　　9 360

同时,收到 A 公司通过银行退回的余款。

借:银行存款　　640

　贷:预付账款——A 公司　　640

四、核算其他应收款业务

(一)其他应收款的概念

其他应收款是指企业除应收票据、应收账款、预付账款、应收股利等以外的其他各种应收、暂付款项。其主要内容包括:

(1)预付企业各内部单位或个人的备用金;

(2)应收保险公司或其他单位或个人的各种赔款;

(3)应收的各种罚款;

(4)应收的出租包装物租金;

(5)应向职工收取的各种垫付款项;

(6)存出保证金,如租入包装物支付的押金;

(7)其他各种应收、暂付款项。

(二)其他应收款的核算

1. 备用金的会计处理

备用金是指为了满足企业内部各部门和职工个人经营活动的需要,而暂付给有关部门和职工个人使用的备用现金。

为了反映和监督备用金的领用和使用情况,应在"其他应收款"账户下设置"备用金"明细账户,或设置"备用金"总账账户,借方登记备用金的领用数额,贷方登记备用金的使用数额。期末余额在借方,反映企业暂付周转使用的备用金数额。

根据备用金管理制度,备用金的核算分为定额备用金制和非定额备用金制两种。

(1)定额备用金制。它是指根据使用部门工作的实际需要,先核定其备用金定额并依此拨付备用金,使用后再拨付现金,补足其定额的制度。

【例 3-19】 甲企业的总务部门核定的备用金定额为 5 000 元，以现金拨付。做会计分录如下：

借：其他应收款——备用金（总务科）　5 000

　贷：库存现金　5 000

总务科报销日常管理支出 5 000 元。做会计分录如下：

借：管理费用　5 000

　贷：库存现金　5 000

年终，收回总务科备用金。做会计分录如下：

借：库存现金　5 000

　贷：其他应收款——备用金（总务科）　5 000

（2）非定额备用金制。它是为了满足临时性需要而暂付给有关部门和个人现金，使用后实报实销的制度。

【例 3-20】 甲企业采购员王刚外出预借差旅费 2 000 元，以现金付讫。做会计分录如下：

借：其他应收款——备用金（王刚）　2 000

　贷：库存现金　2 000

王刚出差归来，报销 1 800 元，余款退回现金 200 元。做会计分录如下：

借：管理费用　1 800

　　库存现金　200

　贷：其他应收款——备用金（王刚）　2 000

2. 备用金以外的其他应收款的会计处理

企业发生备用金以外的其他应收款时，借记“其他应收款”科目，贷记“库存现金”“银行存款”等科目。

【例 3-21】 甲企业以银行存款代职工李红垫付应由其个人负担的医药费 1 000 元，拟从工资中扣除。垫支时做会计分录如下：

借：其他应收款——李红　1 000

　贷：银行存款　1 000

扣款时做会计分录如下：

借：应付职工薪酬　1 000

　贷：其他应收款——李红　1 000

【例 3-22】 甲公司租入包装物一批，以银行存款向出租方支付押金 3 000 元。

借：其他应收款——押金　3 000

　贷：银行存款　3 000

五、核算坏账损失业务

（一）坏账损失基本知识

1. 坏账损失的概念

坏账是指企业无法收回或收回的可能性极小的应收款项。由于发生坏账而产生的损失,称为坏账损失。

2. 坏账损失的确认

企业应当在期末对应收款项进行检查,并预计可能产生的坏账损失。对预计可能发生的坏账损失,计提坏账准备。企业计提坏账准备的方法由企业自行确定。企业应当制定计提坏账准备的政策,明确计提的范围、方法、账龄的划分和提取比例,按照管理权限,经股东大会或董事会,或经理(厂长)会议或类似机构批准,按照法律、行政法规的规定报有关各方备案,并备置于企业所在地,以供投资者查阅。坏账准备计提方法一经确定,不得随意变更,如需变更,仍需按上述程序,经批准后报送有关各方备案,并在会计报表附注中予以说明。

企业确认坏账时,应遵循财务报告的目标和会计核算的基本原则,具体分析各应收款项的特性、金额的大小、信用期限、债务人的信誉和当时的经营情况等因素。一般来讲,企业的应收款项符合下列条件之一的,应确认为坏账:

(1)债务死亡,以其遗产清偿后仍然无法收回;

(2)债务破产,以其破产遗产清偿后仍然无法收回;

(3)债务人较长时间内未能履行偿债义务,并有足够证据表明无法收回或者收回的可能性很小。

另外,除有确凿证据表明该项应收款项不能收回或收回的可能性不大外(如债务单位已撤销、破产、资不抵债、现金流量严重不足、发生严重的自然灾害等导致停产而在短时间内无法偿付债务等),下列情况不能全额计提坏账准备:

(1)当年发生的应收款项;

(2)计划对应收款项进行重组;

(3)与关联方发生的应收款项;

(4)其他已逾期,但无确凿证据表明不能收回的应收款项。

注意:确认为坏账的应收账款,并不意味着企业放弃了其追索权,一旦重新收回,应及时入账。

(二)坏账损失的核算

坏账损失的核算方法一般有两种:直接转销法和备抵法。在我国会计实务中,对坏账损失的核算采用备抵法。

1. 备抵法的概念

备抵法是指采用一定的方法按期估计坏账损失,计入当期费用,同时建立坏账准备,当某一应收款项全部或部分被确认为坏账时,应根据其金额冲减坏账准备,同时转销相应的应收款项的一种方法。

在备抵法下,企业应设置“坏账准备”账户,该账户的贷方登记当期提取的坏账准备金额以及收回前期已确认并核销的坏账金额,借方登记实际发生的坏账损失金额和冲减多提的坏账准备金额,期末余额一般在贷方,反映企业已经提取但尚未转销的坏账准备金额。本科目应按应收款项的类别进行明细核算。

2. 坏账准备金额的计算

采用备抵法，坏账准备可按下列公式计算：

当期应提取的坏账准备＝当期按应收款项计算应提坏账准备金额－“坏账准备”科目的贷方余额（或＋“坏账准备”科目的借方余额）

当期按应收款项计算应提坏账准备金额＝本期“应收款项”科目的期末余额×坏账准备计提比例

如果当期按应收款项计算的应提坏账准备金额大于“坏账准备”科目的贷方余额，应按其差额提取坏账准备；如果当期按应收款项计算的应提坏账准备金额小于“坏账准备”科目的贷方余额，应按其差额冲减已计提的坏账准备；如果当期按应收款项计算的应提坏账准备金额为零，应将“坏账准备”科目的余额全部冲回。

企业提取坏账准备时，借记“资产减值损失”科目，贷记“坏账准备”科目。本期应提取的坏账准备大于其账面余额的，应按其差额提取；应提数小于账面余额的差额，借记“坏账准备”科目，贷记“资产减值损失”科目。

实际发生坏账时，借记“坏账准备”科目，贷记“应收账款”“其他应收款”等科目。如果已确认并转销的坏账以后又收回，则应按收回的金额，借记“应收账款”“其他应收款”等科目，贷记“坏账准备”科目；同时，借记“银行存款”科目，贷记“应收账款”“其他应收款”等科目。

3. 坏账损失的会计处理

企业采用备抵法进行坏账损失的核算，首先应按期估计坏账损失。估计坏账损失的方法有应收款项余额百分比法、账龄分析法、销货百分比法等。

(1)应收款项余额百分比法

采用余额百分比法，是根据会计期末应收账款的余额乘以估计坏账率即为当期应估计的坏账损失，据此提取坏账准备。估计坏账率可以按照以往的数据资料加以确定，也可以根据规定的百分率计算。企业发生的坏账多，比例相应就高些；反之则低些。

【例 3-23】 某企业成立于 2012 年，并从当年起采用余额百分比法提取坏账准备。2012 年末应收账款的余额为 1 000 000 元，提取坏账准备的比例为 4‰，2013 年发生坏账损失 5 000 元，年末应收账款余额为 1 100 000 元，2014 年已冲销的应收账款又收回 3 000 元，期末应收账款的余额为 1 200 000 元。编制会计分录如下：

2012 年末提取坏账准备：

坏账准备提取额＝1 000 000×4‰＝4 000(元)

借：资产减值损失　　4 000

　贷：坏账准备　　4 000

2013 年转销坏账：

借：坏账准备　　5 000

　贷：应收账款　　5 000

2013 年末按应收账款的余额计算提取坏账准备：

1 100 000×4‰＝4 400(元)

年末计提坏账准备前，“坏账准备”科目的借方余额为 1 000 元，本年度应提的坏账准备为 5 400(4 400+1 000)元。

借:资产减值损失 5 400

贷:坏账准备 5 400

2014 年,已冲销的应收账款又收回 3 000 元:

借:应收账款 3 000

贷:坏账准备 3 000

同时:

借:银行存款 3 000

贷:应收账款 3 000

2014 年末按应收账款的余额计算提取坏账准备为:

$$1\ 200\ 000 \times 4‰ = 4\ 800(元)$$

至年末,计提坏账准备前"坏账准备"科目的贷方余额为 7 400 元,本年度应冲销多提的坏账准备金额为 2 600(7 400-4 800)元。

借:坏账准备 2 600

贷:资产减值损失 2 600

(2)账龄分析法

账龄分析法是根据应收账款入账时间的长短来估计坏账损失的方法。虽然应收账款能否收回以及能收回多少,不一定完全取决于时间的长短,但一般来说,账款拖欠的时间越长,发生坏账的可能性就越大。

【例 3-24】 某企业 2014 年 12 月 31 日应收账款账龄及估计坏账损失见表 3-1。

表 3-1

应收账款账龄	应收账款金额	估计损失(%)	估计损失金额
未到期	60 000	0.5	300
过期 1 个月	50 000	1	500
过期 2 个月	40 000	2	800
过期 3 个月	30 000	3	900
过期 3 个月以上	20 000	4	800
合　计	200 000		3 300

如表 3-1 所示,该企业 2014 年 12 月 31 日"坏账准备"科目的账面余额应为 3 300 元,需要根据前期"坏账准备"科目的账面余额计算本期应提取的坏账准备金入账的金额,编制会计分录,予以入账。

假设在估计坏账损失前,"坏账准备"科目有贷方余额 300 元,则该企业本期还应提取 3 000(3 300-300)元。编制的会计分录如下:

借:资产减值损失 3 000

贷:坏账准备 3 000

假设在估计坏账损失前,"坏账准备"科目有借方余额 300 元,则该企业本期还应提取 3 600(3 300+300)元,编制的会计分录如下:

借:资产减值损失 3 600

　　贷：坏账准备　　3 600

(3)销货百分比法

销货百分比法，是根据赊销金额的一定百分比估计坏账损失的方法。在采用此方法下，估计坏账损失百分比可能由于企业生产经营情况的不断变化而不相适应，因此，需要经常检查百分比是否能反映企业坏账损失的实际情况，倘若发现过高或过低的情况，应及时调整百分比。采用这种方法计提坏账准备时，不用考虑上年坏账准备的余额。

【例 3-25】 某公司 2014 年全年赊销金额为 100 000 元，根据以往资料和经验，估计坏账损失率为 1%。

年末估计坏账损失为 100 000×1%＝1 000(元)

会计分录为：

借：资产减值损失　　1 000

　　贷：坏账准备　　1 000

任务五　核算可供出售金融资产业务

一、可供出售金融资产的概念

可供出售金融资产，是指初始确认时即被指定为可供出售的非衍生金融资产，以及除下列各类资产以外的金融资产：贷款和应收款项；持有至到期投资；以公允价值计量且其变动计入当期损益的金融资产。例如，企业购入的在活跃市场上有报价的股票、债券和基金等，没有划分为以公允价值计量且其变动计入当期损益的金融资产或持有至到期投资等金融资产的，可归为此类。

二、可供出售金融资产核算的科目设置

为了核算企业可供出售金融资产价值的增减变动情况，应设置“可供出售金融资产”“其他综合收益——可供出售金融资产公允价值变动”和“投资收益”等科目。

(一)“可供出售金融资产”科目

该科目核算企业取得债券投资、股票投资等可供出售金融资产的公允价值和交易费用。

企业应当按照可供出售金融资产的类别和品种，分别设置“成本”“公允价值变动”“利息调整”和“应计利息”明细科目进行核算。

“可供出售金融资产——成本”科目的借方登记可供出售金融资产的面值或公允价值与交易费用之和，贷方登记出售可供出售金融资产时结转的面值或公允价值与交易费用之和。

“可供出售金融资产——公允价值变动”科目的借方登记资产负债表日其公允价值高于账面余额的差额以及企业出售可供出售金融资产时结转的该明细科目贷方余额，贷方登记资产负债表日其公允价值低于账面余额以及企业出售可供出售金融资产时结转的该明细科目借方余额。

“可供出售金融资产——利息调整”科目的借方登记实际支付的到期一次还本付息的可供出售债券价款(不包含购入时已到付息期但尚未领取的“应收利息”,下同)高于面值的差额以及以后摊销的购入时实际支付的价款低于面值的差额,贷方登记实际支付的到期一次还本付息的可供出售债券价款低于面值的差额以及以后摊销的购入时实际支付的价款高于面值的差额。

“可供出售金融资产——应计利息”科目的借方登记到期一次还本付息的可供出售债券应于资产负债表日按票面利率计算确定的应收未收利息,贷方登记到期时实际收到的利息或出售时转出的应收未收的利息。

(二)“其他综合收益——可供出售金融资产公允价值变动”科目

该科目核算企业可供出售金融资产公允价值变动而形成的利得和损失。

该科目的贷方登记资产负债表日企业持有的可供出售金融资产的公允价值高于账面余额的差额;借方登记资产负债表日企业持有的可供出售金融资产的公允价值低于账面余额的差额。在处置可供出售金融资产时,应将该科目对应处置部分的金额转出,记入“投资收益”科目。

三、可供出售金融资产的核算

可供出售金融资产的核算,与以公允价值计量且其变动计入当期损益的金融资产的核算有些类似,例如,均要求按公允价值进行后续计量。但是,也有一些不同,例如,可供出售金融资产取得时发生的交易费用应当计入初始入账金额,可供出售金融资产后续计量时的公允价值变动计入所有者权益,可供出售外币股权投资因资产负债表日汇率变动形成的汇兑损益计入所有者权益等。

(一)可供出售金融资产取得的核算

1.企业取得的可供出售金融资产为股票投资的,应按其公允价值与交易费用之和,借记“可供出售金融资产——成本”科目,按支付的价款中包含的已宣告但尚未发放的现金股利,借记“应收股利”科目,按实际支付的金额,贷记“银行存款”等科目。

【例 3-26】 A 公司于 2014 年 7 月 13 日从二级市场购入丁股份有限公司股票 1 000 000 股,每股市价 15 元,手续费 30 000 元;初始确认时,该股票划分为可供出售金融资产。

2014 年 7 月 13 日,购入股票时的会计分录为:

借:可供出售金融资产——成本　　15 030 000

　贷:其他货币资金　　15 030 000

2.企业取得的可供出售金融资产为债券投资的,应按债券的面值,借记“可供出售金融资产——成本”科目,按支付的价款中包含的已到付息期但尚未领取的利息,借记“应收利息”科目,按实际支付的金额,贷记“银行存款”等科目,按其差额,借记或贷记“可供出售金融资产——利息调整”科目。

【例 3-27】 2014 年 4 月 1 日,甲公司从债券二级市场购入乙公司公开发行的债券 10 000 张,每张面值 100 元,票面利率 3%,实际支付价款 1 010 000 元(其中交易费用为

5 000 元)，划分为可供出售金融资产。

2014 年 4 月 1 日购入债券时的会计分录为：

借：可供出售金融资产——成本　1 000 000

　　　　　　　　　——利息调整　10 000

　贷：银行存款　1 010 000

(二)可供出售金融资产期末计量的核算

1. 资产负债表日，可供出售债券为分期付息、一次还本债券投资的，应按票面利率计算确定的应收未收利息，借记“应收利息”科目，按可供出售债券的摊余成本和实际利率计算确定的利息收入，贷记“投资收益”科目，按其差额，借记或贷记“可供出售金融资产——利息调整”科目。

2. 可供出售债券为一次还本付息债券投资的，应于资产负债表日按票面利率计算确定的应收未收利息，借记“可供出售金融资产——应计利息”科目，按可供出售债券的摊余成本和实际利率计算确定的利息收入，贷记“投资收益”科目，按其差额，借记或贷记“可供出售金融资产——利息调整”科目。

【例 3-28】　甲企业 2014 年 1 月 1 日购入乙公司同日发行的二年期债券，该债券面值为 100 万元，票面利率为 4%，实际利率为 5%，实际支付价款 981 406 元，每年付息一次，划分为可供出售金融资产。

2014 年 1 月 1 日购入时，甲企业的会计分录为：

借：可供出售金融资产——成本　1 000 000

　贷：银行存款　981 406

　　可供出售金融资产——利息调整　18 594

2014 年 12 月 31 日确定利息收入时的会计分录为：

实际利息收入＝期初摊余成本×实际利率＝981 406×5%＝49 070(元)

应收利息＝债券面值×票面利率＝1 000 000×4%＝40 000(元)

利息调整＝49 070－40 000＝9 070(元)

借：应收利息　40 000

　可供出售金融资产——利息调整　9 070

　贷：投资收益　49 070

实际收到利息时：

借：银行存款　40 000

　贷：应收利息　40 000

3. 资产负债表日，可供出售金融资产的公允价值高于其账面余额的差额，借记“可供出售金融资产——公允价值变动”科目，贷记“其他综合收益——可供出售金融资产公允价值变动”科目；公允价值低于其账面余额的差额做相反的会计分录。

【例 3-29】　承例 3-26，A 公司在 2014 年 12 月 31 日仍持有 2014 年 7 月 13 日购入的股票，该股票当时的市价为 14 元。

公允价值变动额＝15 030 000－1 000 000×14＝1 030 000(元)

2014 年 12 月 31 日，确认该股票价格变动的会计分录为：

借:其他综合收益　　1 030 000

　　贷:可供出售金融资产——公允价值变动　　1 030 000

如果可供出售金融资产的公允价值发生较大幅度的下降或持续下降,可以认定该金融资产发生了减值,应当确认资产减值损失。在确认可供出售金融资产发生减值时,按应减记的金额,借记"资产减值损失"科目,按应从所有者权益中转出原计入其他综合收益的累计损失金额,贷记"其他综合收益"科目,按其差额,贷记"可供出售金融资产——公允价值变动"科目。

【例3-30】 承例3-29,A公司在2015年12月31日仍持有该股票,有客观证据表明丁公司陷入财务危机,其股票发生减值,当前该股票的市价为11元。

资产减值金额=15 030 000-1 000 000×11=4 030 000(元)

2015年12月31日,确认该股票减值损失的会计分录为:

借:资产减值损失　　4 030 000

　　贷:其他综合收益　　1 030 000

　　　　可供出售金融资产——公允价值变动　　3 000 000

对于已确认减值损失的可供出售金融资产,在随后会计期间内公允价值已上升且客观上与确认原减值损失事项有关的,应按原确认的减值损失,借记"可供出售金融资产——公允价值变动"科目,贷记"资产减值损失"科目;但可供出售金融资产为股票等权益工具投资的(不含在活跃市场上没有报价、公允价值不能可靠计量的权益工具投资),借记"可供出售金融资产——公允价值变动"科目,贷记"其他综合收益"相应的明细科目。

(三)持有至到期投资重分类为可供出售金融资产的核算

将持有至到期投资重分类为可供出售金融资产的,应在重分类日按其公允价值,借记"可供出售金融资产"科目,按其账面余额,贷记"持有至到期投资"科目,按其差额,贷记或借记"其他综合收益——持有至到期投资重分类为可供出售金融资产"科目。

(四)可供出售金融资产的出售

出售可供出售金融资产,应按实际收到的金额,借记"银行存款"等科目,按其账面余额,贷记"可供出售金融资产——成本、应计利息"科目,借记或贷记"可供出售金融资产——利息调整、公允价值变动"科目,按应从所有者权益中转出的公允价值累计变动额,借记或贷记"其他综合收益"科目,按其差额,贷记或借记"投资收益"科目。

【例3-31】 承例3-30,2016年2月1日,A公司将该股票售出,售价为每股13元,另支付交易费用13 000元。假定不考虑其他因素,A公司的账务处理如下:

2016年2月1日,出售股票的会计分录为:

借:银行存款　　12 987 000

　　可供出售金融资产——公允价值变动　　4 030 000

　　贷:可供出售金融资产——成本　　15 030 000

　　　　投资收益　　1 987 000

实务训练

一、单项选择题

1. 下列各项不属于金融资产的是(　　)。

A. 库存现金　　B. 应收账款　　C. 基金投资　　D. 存货

2. 下列金融资产中,应按公允价值进行初始计量,且交易费用计入当期损益的是(　　)。

A. 应收款项　　B. 持有至到期投资

C. 交易性金融资产　　D. 可供出售金融资产

3. 企业取得交易性金融资产支付的价款中包含的已到付息期但尚未领取的利息应记入(　　)科目。

A. "交易性金融资产"　　B. "应收利息"

C. "公允价值变动损益"　　D. "资本公积"

4. 交易性金融资产应当以公允价值进行后续计量,公允价值变动记入(　　)科目。

A. "营业外支出"　　B. "投资收益"

C. "公允价值变动损益"　　D. "资本公积"

5. 持有交易性金融资产期间被投资单位宣告发放现金股利或在资产负债表日按债券票面利率计算利息时,借记"应收股利"或"应收利息"科目,贷记(　　)科目。

A. "交易性金融资产"　　B. "投资收益"

C. "公允价值变动损益"　　D. "短期投资"

6. 甲上市公司购入一批股票,作为交易性金融资产核算和管理。实际支付价款100万元,其中包含已经宣告的现金股利1万元,另支付相关费用2万元,均以银行存款支付。假定不考虑其他因素,该项交易性金融资产的入账价值为(　　)万元。

A. 100　　B. 102　　C. 99　　D. 103

7. 甲公司购入面值为500万元的债券准备近期内出售,作为交易性金融资产,实际支付价款575万元,其中含手续费2万元,已经到期但尚未领取的利息23万元。该项债券投资应记入"交易性金融资产——成本"科目的金额为(　　)万元。

A. 550　　B. 573　　C. 552　　D. 575

8. 企业出售交易性金融资产时,应按实际收到的金额,借记"银行存款"科目,按该金融资产的成本,贷记"交易性金融资产——成本"科目,按该项交易性金融资产的公允价值变动,贷记或借记"交易性金融资产——公允价值变动"科目,按其差额,贷记或借记(　　)。

A. "公允价值变动损益"科目　　B. "投资收益"科目

C. "资本公积"科目　　D. "营业外收入"科目

9. 应通过"应收票据"科目核算的票据有(　　)。

A. 银行本票　　B. 银行汇票　　C. 支票　　D. 商业承兑汇票

10. 我国企业会计准则规定应收票据取得时一般按(　　)计价入账。

A. 到期值　　B. 贴现净额　　C. 面值　　D. 面值加利息

11. 企业发生的现金折扣应当作为(　　)处理。

A. 营业收入　　B. 销售费用　　C. 财务费用　　D. 管理费用

12. 为了鼓励购买者多买而在价格上给予的一定折扣称为(　　)。

A. 商业折扣　　B. 现金折扣　　C. 销售折让　　D. 削价处理

13. 某企业赊销商品一批，商品标价 10 000 元，商业折扣 10%，增值税税率为 17%，现金折扣条件为 2/10，N/20。企业销售商品时代垫运费 300 元(不考虑运费增值税)，则应收账款的入账金额为(　　)元。

A. 12 000　　B. 10 830　　C. 11 700　　D. 10 630

14. 某企业对基本生产车间所需备用金采用定额备用金制度，当基本生产车间报销日常管理支出而补足其备用金定额时，应借记的会计科目是(　　)。

A. 其他应收款　　B. 其他应付款　　C. 制造费用　　D. 生产成本

15. "坏账准备"科目借方发生额反映(　　)。

A. 已发生的坏账损失　　B. 尚未动用的坏账准备

C. 提取的坏账准备　　D. 收回已作为坏账核销的应收账款

16. 甲公司 2014 年 3 月 10 日销售商品应收乙公司的一笔应收账款为 1 200 万元，2014 年 6 月 30 日为该笔应收账款计提坏账准备 150 万元，2014 年 12 月 31 日，该笔应收账款的未来现金流量现值为 950 万元，2014 年 12 月 31 日，甲公司该笔应收账款应计提的坏账准备为(　　)万元。

A. 300　　B. 0　　C. 250　　D. 100

17. 某企业年末应收账款余额为 500 000 元，坏账准备账户贷方余额为 2 000 元，按 3‰提取坏账准备，则应冲减的坏账准备为(　　)元。

A. 1 500　　B. 2 000　　C. 3 500　　D. 500

18. 在按应收账款余额计提坏账准备的情况下，已核销的坏账又重新收回时，应借记(　　)科目。

A. "资产减值损失"　B. "应收账款"　　C. "坏账准备"　　D. "管理费用"

19. 企业在连续提取坏账准备的情况下，"坏账准备"科目在期末结账前如为贷方余额，其反映的内容是(　　)。

A. 本年提取的坏账准备

B. 企业已提取但尚未转销的坏账准备数额

C. 上年末坏账准备的余额小于本年确认的坏账损失部分

D. 已经发生的坏账损失

20. 持有至到期投资以(　　)进行后续计量。

A. 历史成本　　B. 成本与市价孰低

C. 摊余成本　　D. 现值

21. 将持有至到期投资重分类为可供出售金融资产的，应在重分类日按其公允价值，借记"可供出售金融资产"科目，按其账面余额，贷记"持有至到期投资"科目，按其差额，贷记或借记(　　)科目。

A.“其他综合收益”　　B.“投资收益”

C.“营业外收入”　　D.“资产减值损失”

22.资产负债表日，可供出售金融资产（债券）的公允价值高于其摊余成本的差额时，会计处理为：借记“可供出售金融资产”科目，贷记（　　）科目。

A.“其他综合收益”　　B.“投资收益”

C.“资产减值损失”　　D.“公允价值变动损益”

23.甲公司购入面值为500万元的债券准备持有至到期，实际支付价款575万元，其中含手续费2万元，已经到期但尚未领取的利息23万元。该项债券投资应记入“持有至到期投资——成本”科目的金额为（　　）万元。

A.550　　B.573　　C.552　　D.500

24.甲公司购入面值为500万元的债券，分类为可供出售金融资产，实际支付价款575万元，其中含手续费2万元，已经到期但尚未领取的利息23万元。该项债券投资应记入“可供出售金融资产——成本”科目的金额为（　　）万元。

A.550　　B.573　　C.500　　D.575

25.甲公司2015年4月10日，以每股12元的价格购入A股票50万股，作为可供出售金融资产，购买该股票支付手续费等10万元。该项投资应记入“可供出售金融资产——成本”科目的金额为（　　）万元。

A.550　　B.585　　C.610　　D.575

二、多项选择题

1.根据《企业会计准则》，以公允价值计量且其变动价值计入当期损益的金融资产包括（　　）。

A.交易性金融资产　　B.持有至到期投资

C.可供出售金融资产　　D.贷款和应收账款

E.直接指定为以公允价值计量且其变动价值计入当期损益的金融资产

2.下列属于交易性金融资产的有（　　）。

A.以赚取差价为目的从二级市场购入的股票

B.以赚取差价为目的从二级市场购入的债券

C.以赚取差价为目的从二级市场购入的基金

D.不作为有效套期工具的衍生工具

E.作为有效套期工具的衍生工具

3.下列项目中，不应计入交易性金融资产取得成本的是（　　）。

A.支付的购买价格　　B.支付的相关税金

C.支付的手续费　　D.支付价款中包含的应收利息

4.我国会计上作为应收票据处理的票据有（　　）。

A.银行汇票　　B.银行本票

C.商业承兑汇票　　D.支票

E.银行承兑汇票

5.带息商业汇票到期值的计算与(　　)有关。

A.票据面值　　B.票面利率　　C.票据期限　　D.贴现率

E.贴现期

7.下列各项中,应记入"坏账准备"账户贷方的有(　　)。

A.提取坏账准备　　B.冲回多提的坏账准备

C.收回以前确认并转销的坏账　　D.备抵法下实际发生的坏账

8.企业可以提取坏账准备的项目是(　　)。

A.应收账款　　B.其他应收款

C.应收票据　　D.预付账款

9.属于其他应收款核算范围的项目有(　　)。

A.应收股利　　B.代购货单位垫支的运杂费

C.备用金　　D.应收职工欠款

10.下列项目中,可作为持有至到期债券投资的有(　　)。

A.企业从二级市场上购入的固定利率国债

B.企业从二级市场上购入的浮动利率公司债券

C.购入的股权投资

D.投资者有权要求发行方赎回的债券

11.下列各项中,应作为持有至到期投资取得时的初始成本入账的有(　　)。

A.投资时支付的不含应收利息的价款

B.投资时支付的手续费

C.投资时支付的税金

D.投资时支付款项中所含的已到期但尚未发放的利息

12.下列各项中,会引起持有至到期投资账面价值发生增减变动的有(　　)。

A.计提持有至到期投资减值准备　　B.确认分期付息的利息

C.确认到期一次付息的利息　　D.摊销溢价或折价

13.下列情况中,表明企业没有意图将金融资产持有至到期的是(　　)。

A.持有该金融资产的期限不确定

B.发生市场利率变化、流动性需要变化、替代投资机会及其投资收益率变化、融资来源和条件变化、外汇风险变化等情况时,将出售该金融资产。但是,无法控制、预期不会重复发生且难以合理预计的独立事项引起的金融资产出售除外

C.该金融资产的发行方可以按照明显低于其摊余成本的金额清偿

D.其他表明企业没有明确意图将该金融资产持有至到期的情况

14.持有至到期投资,应设置的明细账有(　　)。

A.成本　　B.公允价值变动　　C.利息调整　　D.应计利息

15.在金融资产的初始计量中,关于交易费用处理叙述正确的有(　　)。

A.交易性金融资产发生的相关交易费用应当计入初始确认金额

B.可供出售金融资产发生的相关交易费用应当计入初始确认金额

C.持有至到期投资发生的相关交易费用应当计入初始确认金额

D.交易性金融资产发生的相关交易费用直接计入当期损益

三、判断题

1. 取得交易性金融资产所支付价款中包含了已宣告但尚未发放的债券利息应计入交易性金融资产的成本。（　）

2. 企业为取得交易性金融资产发生的交易费用应计入交易性金融资产初始确认金额。（　）

3. 企业持有交易性金融资产期间对于被投资单位发放的现金股利于收到股利时确认为投资收益。（　）

4. 资产负债表日，"交易性金融资产"科目的账户余额是交易性金融资产的成本。（　）

5. 企业为取得持有至到期投资发生的交易费用应计入当期损益，不应计入其初始确认金额。（　）

6. 某票据出票日为2月28日，2个月到期，则到期日为4月28日。（　）

7. 企业收到承兑的商业汇票，无论是否带息，均按票据的票面价值入账。（　）

8. 企业支付的租入包装物押金应通过"其他应收款"科目核算，收到的包装物押金，应作其他应付款处理。（　）

9. 现金折扣和商业折扣均应在实际发生时计入当期财务费用。（　）

10. 对持有至到期投资、应收账款等资产的减值损失一经确认，不得转回。（　）

11. 企业应当在资产负债表日对金融资产的账面价值进行检查，有客观证据表明该金融资产发生减值的，应当计提减值准备。（　）

12. 持有至到期投资在持有期间应当按照摊余成本和票面利率计算确认利息收入。（　）

13. 可供出售金融资产发生减值后，利息收入应当按照票面利率计算确认。（　）

14. "可供出售金融资产"借方期末余额，反映可供出售金融资产的公允价值。（　）

15. 企业取得可供出售金融资产时支付的交易费用应计入投资收益。（　）

四、计算及会计处理题

1. A公司2014年2月28日销售产品一批，售价10 000元，增值税1 700元，收到甲企业一张期限为6个月，年利率为9%，面值为11 700元的商业承兑汇票。票据到期时，收到甲企业承兑的款项存入银行。

要求：

(1)确定该票据的到期日、到期值。

(2)做出相关的会计分录。

2. A公司2014年3月1日因销售产品，收到甲企业一张期限为6个月，年利率为9%，面值为10 000元的商业承兑汇票。4月1日因公司急需资金，故将该票据向其开户银行贴现，贴现率为10%。票据到期时，甲企业无力偿付。

要求：

(1)计算该票据的贴现息、实际贴现所得。

(2)做出贴现及到期时A公司相关的会计分录。

3.甲企业在2013年12月10日销售一批商品，增值税专用发票上注明售价50 000元，税款8 500元，企业为了及早收回货款，给予的现金折扣条件为：2/10，1/20，N/30。假定计算现金折扣时不考虑增值税。

要求：

(1)编制甲企业实现销售收入时的会计分录。

(2)若买方2013年12月25日支付货款，编制收到货款时的会计分录。

(3)若买方2014年1月10日以一张面值58 500元，年利率为6%，期限4个月的商业承兑汇票抵偿该到期无力支付的货款，试编制相关会计分录。

4.甲企业采用备抵法核算坏账损失，按应收账款年末余额的5%计提坏账准备。2013年1月1日，甲企业应收账款余额为3 000 000元，坏账准备贷方余额为150 000元。2013年度，甲企业发生了如下相关业务：

(1)销售商品一批，增值税专用发票上注明的价款为5 000 000元，增值税额为850 000元，货款尚未收到。

(2)因某客户破产，该客户所欠货款10 000元不能收回，确认为坏账损失。

(3)收回上年度已转销为坏账损失的应收账款8 000元并存入银行。

(4)收到某客户以前所欠的货款4 000 000元并存入银行。

要求：

(1)编制2013年度确认坏账损失的会计分录。

(2)编制收到上年度已转销为坏账损失的应收账款的会计分录。

(3)计算2013年末“坏账准备”科目余额。

(4)编制2013年末计提坏账准备的会计分录。

5.某企业按照应收账款余额的3%提取坏账准备。该企业第一年末的应收账款余额为100 000元；提取坏账准备前“坏账准备”账户余额为0。第二年发生坏账6 000元，其中甲单位1 000元，乙单位5 000元，年末应收账款余额为1 200 000元；第三年，已冲销的上年乙单位的应收账款5 000元又收回，期末应收账款余额为1 300 000元。

要求：根据上述材料，计算企业每年提取的坏账准备，并做出有关会计分录。

6.2013年9月1日，甲企业购入乙公司10万股股票，每股市价10.5元(包含已宣告发放的现金股利每股0.5元)，交易费用1万元，甲企业将其划分为交易性金融资产。2013年9月16日收到最初支付价款中所包含的现金股利5万元。2013年12月31日，该股票公允价值为112万元。2014年3月6日，乙公司宣告发放现金股利，每股0.3元。2014年3月16日，收到现金股利3万元。2014年6月8日，将该股票处置，每股市价12.1元，交易费用1万元。

要求：做出交易性金融资产的相关账务处理。

7.2013年1月8日，A公司购入B公司2012年1月1日发行的债券，面值100万元，票面利率为5%，利息按年支付。A公司将其划分为交易性金融资产，支付价款107万元(其中包含已到付息日但尚未领取的利息5万元，交易费用1万元)。2013年2月8日，A公司收到购入时包含的利息5万元。2013年12月31日，该债券的市价为107万元。2014年2月8日，收到B公司支付的债券利息5万元。2014年3月23日，A公司出售全部该债券，实际收到 104 万元。

要求：编制 A 公司的会计分录。

8.2011 年 1 月 1 日，甲公司支付价款 10 000 万元(含交易费用 1 万元)从活跃市场上购入某公司同日发行的 5 年期债券，面值为 12 500 万元，票面利率为 4.72%，每年支付利息一次，甲公司准备持有至到期。通过计算，该债券实际利率为 10%。

要求：做出该项持有至到期投资购入、每年末计息并进行利息调整以及到期时的相关会计处理。

9.甲股份有限公司为上市公司(以下简称甲公司)，有关购入、持有和出售乙公司发行的债券的资料如下：

2014 年 1 月 1 日，甲公司支付价款 1 100 万元(含交易费用)，从活跃市场上购入乙公司当日发行的面值为 1 000 万元、5 年期的债券。该债券票面年利率为 10%，利息按单利计算，到期一次还本付息，实际年利率为 6.4%。当日，甲公司将其划分为持有至到期投资，按年确认投资收益。2014 年 12 月 31 日，该债券未发生减值迹象。2015 年 1 月 1 日，该债券市价总额为 1 200 万元。当日，为筹集生产线扩建所需资金，甲公司出售债券的 80%，将扣除手续费后的款项 955 万元存入银行；该债券剩余的 20% 重分类为可供出售金融资产。

要求：

(1)编制 2014 年 1 月 1 日甲公司购入该债券的会计分录。

(2)计算 2014 年 12 月 31 日甲公司该债券的投资收益、应计利息和利息调整摊销额，并编制相应的会计分录。

(3)计算 2015 年 1 月 1 日甲公司售出该债券的损益，并编制相应的会计分录。

(4)计算 2015 年 1 月 1 日甲公司该债券剩余部分的摊余成本，并编制重分类为可供出售金融资产的会计分录。

项目四

核算存货业务

项目要点

本项目主要介绍存货的概念、分类、计量和核算。通过学习，学生应该掌握原材料、周转材料、其他存货取得、发出、清查和期末计量的核算方法。

任务一　认识存货

一、存货基本知识

(一)存货的概念

存货，是指企业在日常生产经营过程中持有的以备出售的产成品或商品，处在生产过程中的在产品，在生产过程或提供劳务过程中耗用的材料、物料等。

(二)存货的范围

存货范围确认的标准是企业对货物是否具有法人财产权(或法定产权)。凡在盘存日期法定所有权属于企业的所有物品，不论其存放在何处或处于何种状态，都应视为企业的存货；反之，凡是法定所有权不属于企业的物品，即使存放于企业，也不应包括在本企业的存货范围中。例如，按照合同规定已经开出发票售出，其所有权已经转移的物品，即使货物尚未运离企业，也不能确认为本企业的存货。

(三)存货确认的条件

1. 与该存货有关的经济利益很可能流入企业。

2. 该存货的成本能够可靠地计量。

某个项目是否是企业的存货，首先要符合存货的定义和范围，在此前提下，应当符合上述存货确认的两个条件。关于存货的确认需要说明以下几点：

第一，关于代销商品。代销商品(也称为托销商品)是指一方委托另一方代其销售的商品。从商品所有权的转移来分析，代销商品在售出以前，所有权属于委托方，受托方只是代对方销售商品。因此，代销商品应作为委托方的存货处理。但为了使受托方加强对代销商品的核算和管理，企业会计准则也要求受托方将其受托代销商品纳入账内核算。

第二，关于在途商品。对于销售方按销售合同、协议规定已确认销售(如已收到货款)，但尚未发运给购货方的商品，应作为购货方的存货而不应再作为销货方的存货；对于购货方已收到商品但尚未收到销货方结算发票等的商品，购货方应作为其存货处理；对于购货方已经确认为购进(如已付款等)但尚未到达入库的在途商品，购货方应将其作为存货处理。

第三，关于购货约定。对于约定未来购入的商品，由于企业并没有实际的购货行为发生，因此，不作为企业的存货，也不确认有关的负债和费用。

(四)存货的分类

1.原材料。指企业在生产过程中经加工改变其形态或性质并构成产品主要实体的各种原料及主要材料、辅助材料、外购半成品(外购件)、修理用备件(备品备件)、包装材料、燃料等。

2.在产品。指企业正在制造但尚未完工的生产物，包括正在各生产工序加工的产品和已加工完毕但尚未检验或已检验但尚未办理入库手续的产品。

3.半成品。指经过一定生产过程并已检验合格交付半成品仓库保管，但还未制造完工成为产成品，仍需进一步加工的中间产品。但不包括从一个生产车间转给另一个生产车间继续加工的自制半成品以及不能单独计算成本的自制半成品。

4.产成品。指工业企业已经完成全部生产过程并验收入库，可以按照合同规定的条件送交订货单位，或者可以作为商品对外销售的产品。企业接受外来原材料加工制造的代制品和为外单位加工修理的代修品，制造和修理完成验收入库后，应视同企业的产成品。

5.商品。指商品流通企业的商品，包括外购或委托加工完成验收入库用于销售的各种商品。

6.周转材料。指企业能够多次使用但不符合固定资产定义的材料，如为了包装本企业商品而储备的各种包装物，各种工具、管理用具、玻璃器皿、劳动保护用品以及在经营过程中周转使用的容器等低值易耗品和建造承包商的钢模板、木模板、脚手架等其他周转材料。但是，周转材料符合固定资产定义的，应当作为固定资产处理。

7.委托加工物资。指企业委托其他单位加工的物资。

8.委托代销商品。指企业委托其他单位代销的商品。

二、存货的计量

存货的计量包括取得存货的计量、发出存货的计量和期末存货的计量三种。

企业取得存货应当按照成本进行计量。存货成本包括采购成本、加工成本和其他成本。企业取得存货的途径不同，其成本构成内容也不同。

(一)外购存货的成本

企业外购存货主要包括原材料和商品。外购存货的成本也称存货的采购成本，是指企业物资从采购到入库前所发生的全部支出，包括购买价款、相关税费和其他采购成本。

1.存货的购买价款，是指企业购入的材料或商品的发票账单上列明的价款，但不包括按规定可以抵扣的增值税额。

2. 存货的相关税费，是指企业购买、自制或委托加工存货发生的进口关税、消费税、资源税和不能抵扣的增值税进项税额等应计入存货采购成本的税费。

3. 其他采购成本，是指外购存货到达仓库以前发生的仓储费、包装费、装卸费、保险费、运输途中的合理损耗、入库前的挑选整理费用等。这些费用能分清负担对象的，应直接计入存货的采购成本；不能分清负担对象的，应选择合理的分配方法，分配计入有关存货的采购成本，可按所购存货的数量或采购价格比例进行分配。

商品流通企业在采购商品过程中发生的运输费、装卸费、保险费以及其他可归属于存货采购成本的费用等进货费用，应计入所购商品成本。商品流通企业采购商品的进货费用金额较小的，可以在发生时直接计入当期销售费用。

（二）自制存货的成本

自制存货的成本主要由采购成本、加工成本以及使存货达到目前场所和状态所发生的其他成本构成。其中存货的加工成本是指存货加工过程中发生的追加费用，包括直接人工以及按照一定方法分配的制造费用。存货的其他成本，是指除采购成本、加工成本以外的，使存货达到目前场所和状态所发生的其他支出，如为特定客户设计产品所发生的设计费用等。

（三）委托加工存货的成本

委托加工存货以实际耗用的原材料或者半成品以及加工费、运输费、装卸费和保险费等费用，以及按规定应计入成本的税金，作为实际成本。

（四）接受投资存货的成本

投资者投入的存货，应当按照投资合同或协议约定的价值确定，但合同或协议约定价值不公允的除外。在投资合同或协议约定价值不公允的情况下，按照该项存货的公允价值作为其入账价值。

（五）通过非货币性资产交换、债务重组、企业合并等方式取得的存货的成本

企业通过非货币性资产交换、债务重组、企业合并等方式取得的存货，其成本应当分别按照《企业会计准则第 7 号——非货币性资产交换》《企业会计准则第 12 号——债务重组》《企业会计准则第 20 号——企业合并》等的规定确定。但是，该项存货的后续计量和披露应当执行存货准则的规定。

（六）盘盈存货的成本

盘盈的存货应按其重置成本作为入账价值，并通过“待处理财产损溢”科目进行会计处理，按管理权限报经批准后冲减当期管理费用。

（七）不应列入存货成本的费用

下列费用不应当计入存货成本，而应当在其发生时计入当期损益：

1. 非正常消耗的直接材料、直接人工及制造费用应计入当期损益，不得计入存货成本。例如，企业超定额的废品损失以及由自然灾害而发生的直接材料、直接人工及制造费用，由于这些费用的发生无助于使该存货达到目前场所和状态，所以不应计入存货成本，

而应计入当期损益。

2.仓储费用是指企业在采购入库后发生的储存费用，应计入当期损益。但是，在生产过程中为达到下一个生产阶段所必需的仓储费用则应计入存货成本。

3.不能归属于使存货达到目前场所和状态的其他支出，不符合存货的定义和确认条件，应在发生时计入当期损益，不得计入存货成本。

任务二　核算原材料业务

存货日常核算，可以按实际成本法核算，也可以按计划成本法核算。实际成本法一般适用于规模较小、存货品种简单、采购业务不多的企业。计划成本法一般适用于存货品种繁多、收发频繁的企业。

一、实际成本法下原材料的核算

（一）实际成本法下原材料的核算账户设置

当存货按实际成本法核算时，总分类核算和明细分类核算都应按实际成本计价。原材料按实际成本法核算时，应设置“原材料”“在途物资”等账户。

“原材料”账户，属于资产类账户，用来核算企业库存的各种原材料的实际成本。该账户借方登记收入原材料的实际成本；贷方登记发出原材料的实际成本；期末余额在借方，表示库存原材料的实际成本。该账户可以按材料保管地点（仓库）以及材料的类别、品种和规格等进行明细核算。

“在途物资”账户，用来核算企业已经付款或已开出商业承兑汇票但尚未到达或尚未验收入库的各种物资的实际成本。借方登记已付款或已开出商业承兑汇票的各种物资的实际成本；贷方登记已验收入库物资的实际成本；期末余额在借方，表示已经付款或已开出商业承兑汇票但尚未到达或尚未验收入库的在途物资的实际成本。该账户可以按照供应单位进行明细核算。

（二）实际成本法下原材料取得的核算

1.外购原材料的核算

由于结算方式和采购地点的不同，材料入库和货款的支付在时间上往往不一致，因而其账务处理也有所不同。由于材料入库和货款支付的时间不同，形成以下三种基本情况：材料到达企业并验收入库，同时货款已经支付；结算凭证已到，货款已付，材料尚未验收入库；材料已验收入库，货款尚未支付。

（1）材料到达企业并验收入库，同时货款已经支付。一般纳税人购入材料的，在支付货款、材料验收入库后，应根据结算凭证、发票账单、收料单等确定入库材料实际成本，借记“原材料”科目，根据取得的增值税专用发票上注明的税额（不计入材料成本的部分），借记“应交税费——应交增值税（进项税额）”科目，按照实际支付的款项，贷记“银行存款”“其他货币资金”等账户。

【例4-1】 某企业为一般纳税人，2014年1月10日该企业从本地购进甲材料一批，取得的增值税专用发票上注明的原材料货款计 100 000 元，增值税额为 17 000 元，发票、结算凭证等已经收到，材料已验收入库，货款已通过银行转账支付。

借：原材料——甲材料　　100 000
　应交税费——应交增值税（进项税额）　　17 000
　贷：银行存款　　117 000

（2）结算凭证已到，货款已付，材料尚未验收入库。发生此类业务时，应根据有关结算凭证、增值税专用发票中记载的已付款材料的价款及增值税额，借记"在途物资""应交税费——应交增值税（进项税额）"账户，根据实际付款金额贷记"银行存款"或"其他货币资金"账户。待材料验收入库后，再借记"原材料"账户，贷记"在途物资"账户。

【例 4-2】 某企业 2014 年 1 月 15 日收到银行转来的托收承付结算凭证承付支款通知以及发票，向大华工厂购进甲材料一批，买价 200 000 元，增值税款 34 000 元，经审核无误，到期承付。

借：在途物资——大华工厂　　200 000
　应交税费——应交增值税（进项税额）　　34 000
　贷：银行存款　　234 000

【例 4-3】 承例 4-2，2014 年 1 月 20 日收到仓库送来的收料单，大华工厂甲材料运到并验收入库。根据收料单编制如下会计分录：

借：原材料——甲材料　　200 000
　贷：在途物资——大华工厂　　200 000

（3）材料已验收入库，货款尚未支付

根据货款未付的几种形式，又分为以下三种情况：

①发票账单已到，货款暂欠。根据发票、银行结算凭证、收料单等，借记"原材料""应交税费——应交增值税（进项税额）"账户，贷记"应付账款"等账户。

【例 4-4】 某企业 2014 年 1 月 21 日从外地华丰厂购进乙材料，买价 630 000 元，增值税 107 100 元，材料已到达企业并验收入库，且收到委托收款、运单等单证。企业无款支付，货款暂欠。

借：原材料——乙材料　　630 000
　应交税费——应交增值税（进项税额）　　107 100
　贷：应付账款——华丰厂　　737 100

②发票账单已到，企业开出商业汇票。

【例 4-5】 承例 4-4，企业开出商业汇票结算货款。

借：原材料——乙材料　　630 000
　应交税费——应交增值税（进项税额）　　107 100
　贷：应付票据——华丰厂　　737 100

③发票账单未到，货款未付。材料已到并验收入库，但由于发票账单等结算凭证未到，企业无法准确计算入库材料实际成本及销售方代垫的采购费用，因此应于月末，按材料的暂估价值，借记"原材料"账户，贷记"应付账款——暂估应付账款"账户。下月初用红字作同样的记账凭证予以冲回，待结算凭证到达后，借记"原材料""应交税费——应交增

值税(进项税额)”账户,贷记“银行存款”“其他货币资金”或“应付票据”等账户。

【例 4-6】 某公司 2014 年 1 月 25 日从外地利丰厂购进乙材料,2 月 25 日结算凭证到达,价款 10 000 元,增值税 1 700 元,货款以银行存款支付。

1 月 31 日结算凭证未到,按材料价款 11 000 元估价入账:

借:原材料——乙材料(暂估)　　11 000

　贷:应付账款——暂估应付款　　11 000

2 月 1 日将估价入账的材料以红字冲回:

借:原材料——乙材料(暂估)　　11 000

　贷:应付账款——暂估应付款　　11 000

2 月 25 日结算凭证到达,并支付货款时:

借:原材料——乙材料　　10 000

　应交税费——应交增值税(进项税额)　　1 700

　贷:银行存款　　11 700

(4)采购中发生短缺和毁损

对于采购过程中发生的物资毁损、短缺等,除合理的损耗应当计入采购成本外,其他损耗应区别不同情况进行会计处理:

①因供货单位、外部运输机构等责任造成的毁损和短缺,应将收回的物资短缺或其他赔款,冲减所购物资的采购成本。

供货单位责任。如果尚未支付货款,应按短缺的数量和发票金额填写拒付理由书,向银行办理拒付手续;如果货款已经支付,并已记入“在途物资”账户的情况下,在材料运达企业验收入库,发生短缺或毁损时,应根据有关的索赔凭证,借记“应付账款”,贷记“在途物资”“应交税费——应交增值税(进项税额转出)”账户。

运输部门的责任。应根据有关的索赔凭证,借记“其他应收款”,贷记“在途物资”“应交税费——应交增值税(进项税额转出)”账户。

②尚待查明原因的毁损、短缺。查明原因前,应借记“待处理财产损溢——待处理流动资产损溢”账户,贷记“原材料”“应交税费——应交增值税(进项税额转出)”账户;待查明原因经批准后,如果是因供货单位、运输部门、保险公司和其他过失人负责赔偿的损失,借记“应付账款”“其他应收款”等账户,贷记“待处理财产损溢——待处理流动资产损溢”账户;如果是其他无法收回的损失,经批准后,借记“管理费用”账户,贷记“待处理财产损溢——待处理流动资产损溢”账户。

③因遭受意外灾害发生的损失。查明原因前,借记“待处理财产损溢——待处理流动资产损溢”账户,贷记“原材料”“应交税费——应交增值税(进项税额转出)”账户;待查明原因经批准后,应将扣除残料价值和过失人、保险公司赔偿后的净损失,借记“营业外支出——非常损失”账户,贷记“待处理财产损溢——待处理流动资产损溢”账户。

2. 自制原材料的核算

自制并已验收入库的原材料,以实际成本借记“原材料”科目,贷记“生产成本”科目。

【例 4-7】 甲企业生产车间本月加工完成 A 材料 1 200 千克,已全部验收入库,实际成本为 16 000 元。账务处理如下:

借:原材料——A 材料　　16 000

　贷:生产成本　　16 000

3. 投资者投入原材料的核算

投资者投入的原材料,按投资合同或协议约定的价值,借记"原材料"账户,若该企业为一般纳税人,还应按增值税专用发票上注明的增值税额,借记"应交税费——应交增值税(进项税额)账户",按其在注册资本中所占有的份额,贷记"实收资本"(或"股本")账户,按其差额,贷记"资本公积"账户。但在投资合同或协议约定价值不公允的情况下,应当按照该项原材料的公允价值进行计量。

(三)实际成本法下原材料发出的核算

1. 存货发出的计量方法

由于采购时间、采购地点等的不同,企业购进同样的存货,其单位成本往往各异。因此,企业应当根据各类存货的实物流转方式、企业管理的要求、存货的性质等实际情况,合理地选择发出存货成本的计算方法,以合理确定当期发出存货的实际成本。

根据《企业会计准则》的规定,企业在确定发出存货的成本时,可以采用先进先出法、移动加权平均法、月末一次加权平均法和个别计价法四种方法。企业不得采用后进先出法确定发出存货的成本。存货发出计量方法一经确定,不得随意变更。

(1)先进先出法

先进先出法是指根据先入库先发出的原则,对于发出的存货,以先入库存货的单价进行计价,从而计算发出存货成本的方法。采用先进先出法计算发出存货成本的具体做法是:先按第一批入库存货的单价计算发出存货的成本,领发完毕后,再按第二批入库存货的单价计算,以此类推。若领发的存货属于前后两批入库的,单价又不同时,就分别需要用两个单价计算。其具体计算方法见表 4-1、表 4-2 所示。

【例 4-8】 甲企业 2014 年 3 月 1 日期初结存 A 材料 1 000 千克,单价为 8 元,金额 8 000 元,购进批次为 031。本月份收、发料情况见表 4-1、表 4-2。

表 4-1　　甲企业存货收、发记录　　单位:千克

2014 年		摘要	收料				发料	
月	日		数量	单价	金额	批次	数量	批次
3	8	略	600	8.10	4 860	032		
3	9						500	031
3	15						500 300	031 032
3	20		2 000	8.15	16 300	033		
3	25						300 300	032 033

表 4-2　　材料明细分类账(先进先出法)

材料名称:A 材料　　计量单位:千克　　金额单位:元

2014 年		摘要	收入			发出			结存		
月	日		数量	单价	金额	数量	单价	金额	数量	单价	金额
3	1	月初余额							1 000	8.00	8 000
3	8	购　入	600	8.10	4 860				1 000 600	8.00 8.10	12 860
3	9	领　用				500	8.00	4 000	500 600	8.00 8.10	8 860
3	15	领　用				500 300	8.00 8.10	4 000 2 430	300	8.10	2 430
3	20	购　入	2 000	8.15	16 300				300 2 000	8.10 8.15	18 730
3	25	领　用				300 300	8.10 8.15	2 430 2 445	1 700	8.15	13 855
	31	本月合计	2 600		21 160	1 900		15 305	1 700	8.15	13 855

在采用先进先出法的情况下,由于期末结存材料金额是根据近期入库存货成本计价的,其价值接近于市场价格,并能随时结转发出存货的实际成本。但每次发出存货要根据先入库的单价计算,工作量较大,一般适用于收发存货次数不多的情况。当物价上涨时,采用先进先出法,会高估企业当期利润和存货价值;反之,会低估企业存货价值和当期利润。

(2)加权平均法

加权平均法包括月末一次加权平均法和移动加权平均法。

月末一次加权平均法是指在期末计算存货的平均单位成本时,用期初存货数量和本期各批收入的数量作为权数来确定存货的平均单位成本,从而计算出期末存货和已销存货成本的一种计价方法。计算公式如下:

$$\text{加权平均单位成本}=\frac{\text{月初结存存货成本}+\text{本期收入存货成本}}{\text{月初结存存货数量}+\text{本期收入存货数量}}$$

本期销售或耗用存货成本=本期销售或耗用存货数量×加权平均单位成本

期末结存存货成本=期末结存存货数量×加权平均单位成本

其计算方法见表 4-3 所示。

表 4-3　　材料明细分类账(加权平均法)

材料名称:A 材料　　计量单位:千克　　金额单位:元

2014 年		摘要	收入			发出			结存		
月	日		数量	单价	金额	数量	单价	金额	数量	单价	金额
3	1	月初余额							1 000	8.00	8 000
3	8	购　入	600	8.10	4 860				1 600		
3	9	领　用				500			1 100		
3	15	领　用				800			300		
3	20	购　入	2 000	8.15	16 300				2 300		
3	25	领　用				600			1 700		
	31	本月合计	2 600		21 160	1 900	8.10	15 390	1 700	8.10	13 770

加权平均单价=(8 000+4 860+16 300)÷(1 000+600+2 000)=8.10(元)

发出材料成本=1 900×8.10=15 390(元)

期末结存材料成本=8 000+4 860+16 300−15 390=13 770(元)

采用月末一次加权平均法,只需在期末计算一次加权平均单价,比较简单。但平时从账上无法提供存货的收、发、存情况,不利于存货的管理。

移动加权平均法是指在每次收到存货以后,以各批收入数量与各批收入前的结存数量为权数,为存货计算出新的加权平均单位成本的一种方法。每次进货后,都要重新计算一次加权平均单位成本。计算公式如下:

$$\text{移动加权平均单位成本}=\frac{\text{结存存货成本}+\text{本批购进存货成本}}{\text{结存存货数量}+\text{本批购进存货数量}}$$

本批销售或耗用存货成本=本批销售或耗用存货数量×本批存货移动加权平均单位成本

移动加权平均法的优点是便于管理人员及时了解存货的结存情况,并且每当购入新的存货,就要重新计算加权平均单位成本,使得存货的单价比较接近于市场价格。缺点是计算量较大。

(3)个别计价法

个别计价法又称为分批计价法,是指认定每一件或每一批的实际单价,计算发出该件或该批存货成本的方法。其计算公式如下:

发出存货成本=发出存货数量×该件(批)存货单价

个别计价法的具体计算方法见表 4-1(若 3 月 25 日领用 033 批次 600 千克)、表 4-4 所示。

表 4-4　　材料明细分类账(个别计价法)

材料名称:A 材料　　计量单位:千克　　金额单位:元

2014 年		摘要	收入			发出			结存		
月	日		数量	单价	金额	数量	单价	金额	数量	单价	金额
3	1	初余(031)							1 000	8.00	8 000
3	8	购入(032)	600	8.10	4 860				1 000 600	8.00 8.10	12 860
3	9	领用(031)				500	8.00	4 000	500 600	8.00 8.10	8 860
3	15	领用(031) (032)				500 300	8.00 8.10	4 000 2 430	300	8.10	2 430
3	20	购入(033)	2 000	8.15	16 300				300 2 000	8.10 8.15	18 730
3	25	领用(033)				600	8.15	4 890	1 400 300	8.15 8.10	13 840
3	30	本月合计	2 600		21 160	1 900		15 320	1 700		13 840

采用个别计价法,对每件或每批购进的存货应分别存放,并分别登记存货明细分类账。对每次领用的存货,应在存货领用单上注明购进的件别或批次,便于按照该件或该批存货的实际单价计算其耗用金额。

个别计价法适用于房屋、船舶、飞机、汽车、珠宝、名画等数量和品种较少、单位价值高的存货。

2. 原材料发出的核算

根据“领料单”或“限额领料单”“领料登记簿”或“发出材料汇总表”填制发出材料的记账凭证，进而登记原材料明细账。企业发出的材料，根据不同的用途，借记“生产成本”“制造费用”“管理费用”等账户，贷记“原材料”账户。

【例 4-9】 根据表 4-3，甲企业 3 月份发出材料共计 15 390 元，其中用于制造产品 10 000 元，车间领用 5 000 元，管理部门领用 390 元。账务处理如下：

借：生产成本　　10 000
　　制造费用　　5 000
　　管理费用　　390
　贷：原材料——A 材料　　15 390

二、计划成本法下原材料的核算

计划成本法是指企业存货的收入、发出和结存均按预先制定的计划成本计价，实际成本与计划成本之间的差额单独进行核算的一种方法。存货按计划成本法核算，要求存货的总分类核算和明细分类核算均按计划成本计量。单位计划成本一旦确定，在一定时期内应相对固定不变，以收、发、存的数量乘相应的计划单位成本就可计算出收、发、存成本，核算比较简单、迅速。

(一)计划成本法下原材料核算的账户设置

原材料按计划成本法核算时，应设置“材料采购”“原材料”和“材料成本差异”等账户。

“材料采购”账户核算企业采用计划成本进行材料日常核算而购入材料的采购成本。该账户的借方登记外购材料的实际成本(包括买价和采购费用)和实际成本小于计划成本的节约差异，贷方登记已验收入库材料的计划成本和实际成本大于计划成本的超支差异，月末借方余额表示尚未验收入库的在途材料的实际成本。该账户应按供应单位和材料品种设置明细账，进行明细核算。

“原材料”账户属资产类账户，在计划成本法下，该账户用来核算企业库存的各种原材料的计划成本。该账户借方登记验收入库材料的计划成本；贷方登记发出原材料的计划成本；期末余额在借方，表示库存原材料的计划成本。

“材料成本差异”账户用于核算各种材料实际成本与计划成本的差异。该账户属于资产类账户，是“原材料”账户的调整账户。借方登记验收入库材料的实际成本大于计划成本的超支差异以及发出材料应承担的节约差异，贷方登记验收入库材料的实际成本小于计划成本的节约差异以及发出材料应分担的超支差异，期末余额若在借方，表示库存各种材料实际成本大于计划成本的超支差异，若在贷方，表示库存各种材料实际成本小于计划成本的节约差异。

(二)计划成本法下原材料取得的核算

1. 外购材料的核算

企业采购材料,发生采购材料的实际成本时,记入"材料采购"账户,材料验收入库时,按入库材料的计划成本,借记"原材料"账户,贷记"材料采购"账户,实际成本与计划成本的差额,转入"材料成本差异"账户。

【例 4-10】 甲企业向乙企业采购 A 材料 20 000 千克。3 月 5 日,银行转来托收凭证,金额为 97 600 元,内附专用发票一张,开列 A 材料 20 000 千克,每千克 4 元,货款计 80 000 元;增值税额 13 600 元;运杂费发票一张,金额 4 000 元(不考虑税费)。账务处理如下:

借:材料采购——A 材料　　84 000
　　应交税费——应交增值税(进项税额)　　13 600
　贷:银行存款　　97 600

3 月 12 日,甲企业仓库转来收料单,20 000 千克 A 材料已经验收入库,其计划单价为 4.4 元/千克,予以转账。账务处理如下:

借:原材料——A 材料　　88 000
　贷:材料采购——A 材料　　88 000

同时,结转采购 A 材料的成本差异。账务处理如下:

借:材料采购——A 材料　　4 000
　贷:材料成本差异　　4 000

2. 自制材料的核算

自制并已验收入库的原材料,按计划成本借记"原材料"账户,贷记"生产成本"账户。同时结转材料成本差异,实际成本大于计划成本的差异,借记"材料成本差异"账户,贷记"生产成本"账户;实际成本小于计划成本的差异,则做相反会计分录。

【例 4-11】 甲企业本月第一生产车间加工完成 A 材料 10 000 千克,已全部验收入库,实际成本 40 000 元,计划单价为 4.4 元/千克。账务处理如下:

借:原材料——A 材料　　44 000
　贷:生产成本　　44 000

同时结转材料成本差异,账务处理如下:

借:生产成本　　4 000
　贷:材料成本差异　　4 000

(三)计划成本法下原材料发出的核算

在计划成本法下,企业发出材料时一律按计划成本计算发出材料的成本,根据不同的用途,借记"生产成本""制造费用""管理费用"等账户,贷记"原材料"账户。期末再将发出材料计划成本调整为实际成本,调整的关键是计算发出材料应负担的材料成本差异额。

一般企业材料成本差异额都是根据材料成本差异率来计算的。材料成本差异率是材料成本差异额与材料计划成本的比率。它是衡量收入材料的采购成本和将发出材料计划成本调整为实际成本的依据。通常材料成本差异率有两种:

1. 月初材料成本差异率

月初材料成本差异率是指月初结存材料成本差异额与月初结存材料计划成本的比率，据以反映结存材料的成本差异情况，其计算公式如下：

$$月初材料成本差异率=\frac{月初结存材料的成本差异额}{月初结存材料的计划成本}\times 100\%$$

2. 本月材料成本差异率

本月材料成本差异率是指本月累计材料成本差异额与本月累计材料计划成本的比率，据以反映累计材料成本差异情况，其计算公式如下：

$$本月材料成本差异率=\frac{月初结存材料成本差异额+本月收入材料的成本差异额}{月初结存材料的计划成本+本月收入材料的计划成本}\times 100\%$$

上述两种不同的差异率各有其使用范围，企业应根据实际情况选择其中一种方法。计算方法一经确定，不得随意变更。

$$发出材料应负担的差异额=发出材料的计划成本\times 材料成本差异率$$

$$本月发出材料的实际成本=发出材料的计划成本+发出材料应负担的差异额$$

【例 4-12】 甲企业采用计划成本法核算原材料，2014 年 3 月份“原材料——A 材料”账户的期初余额为 2 500 元，“材料成本差异”账户期初贷方余额为 50 元，原材料计划单位成本为 5 元；3 月 5 日购入 A 材料的数量为 1 500 千克，实际购货成本为 7 200 元；3 月 19 日购入 A 材料的数量为 2 000 千克，实际购货成本为 10 500 元；本月发出 A 材料1 600 千克用于生产产品。根据以上资料，账务处理如下：

(1)按月初材料成本差异率计算的差异额：

$$月初材料成本差异率=\frac{-50}{2\ 500}\times 100\%=-2\%$$

$$发出材料应负担的差异额=1\ 600\times 5\times(-2\%)=-160(元)$$

$$本月发出材料的实际成本=8\ 000+(-160)=7\ 840(元)$$

借：生产成本　　8 000

　贷：原材料——A 材料　　8 000

借：材料成本差异　　160

　贷：生产成本　　160

(2)按本月材料成本差异率计算的差异额：

$$本月材料成本差异率=\frac{(-50)+[(7\ 200-7\ 500)+(10\ 500-10\ 000)]}{2\ 500+(7\ 500+10\ 000)}\times 100\%=0.75\%$$

$$发出材料应负担的差异额=1\ 600\times 5\times 0.75\%=60(元)$$

$$本月发出材料的实际成本=8\ 000+60=8\ 060(元)$$

借：生产成本　　8 000

　贷：原材料——A 材料　　8 000

借：生产成本　　60

　贷：材料成本差异　　60

通过上例可以说明：不同的材料成本差异率对发出材料实际成本的影响是不同的。因此，企业在选择材料成本差异率时应根据企业实际情况慎重选择，否则会影响成本核算资料的真实性。

在计划成本法下，包装物和低值易耗品等存货的核算，通过“周转材料——包装物”“周转材料——低值易耗品”“材料成本差异”科目核算，核算方法比照原材料的核算。领用、出售以及出租、出借新包装物时，应分摊其成本差异。领用、出售以及摊销低值易耗品时，也应同时分摊其成本差异。

任务三 核算周转材料业务

一、周转材料基本知识

企业的周转材料主要包括包装物和低值易耗品。

(一)包装物的概念和种类

包装物是指生产经营过程中为包装本企业产品而储备的各种包装容器，如桶、箱、瓶、坛、袋等。企业的包装物按其具体用途的不同，可以分为以下几种：

(1)生产过程中用于包装产品并作为产品组成部分的包装物；

(2)随同商品出售而不单独计价的包装物；

(3)随同商品出售而单独计价的包装物；

(4)出租或出借给购买单位使用的包装物。

下列各项不属于包装物核算的范围：

(1)各种包装材料，如纸、绳、铁丝、铁皮等，应在“原材料”科目核算；

(2)用于储存和保管产品、材料而不对外出售、出租或出借的包装物，应按价值大小和使用年限长短分别在“固定资产”或“低值易耗品”科目核算。

(二)低值易耗品的概念和种类

低值易耗品是指单位价值较低或容易毁损的，不能作为固定资产的各种用具和物品。低值易耗品按其用途可以分为以下几类：

(1)一般工具。是指生产中常用的各种工具，如刀具、量具、夹具等；

(2)专用工具。是指专门用于制造某一特定产品，或在某一特定工序上使用的工具，如专用的刀具、夹具等；

(3)替换设备。是指容易磨损或为制造不同产品需要更换使用的各种设备，如轧钢用的钢辊等；

(4)管理用具。是指在经营管理中使用的各种办公用具、家具等；

(5)劳动保护用品。是指为了安全生产、劳动保护而发给职工的工作服、工作鞋和各种劳动保护用品。

二、周转材料的核算

(一)包装物的核算

包装物的核算既可按实际成本进行又可按计划成本进行。

企业应设置“周转材料——包装物”账户核算企业库存的各种包装物的实际成本或计划成本。该账户借方登记购入、自制、委托外单位加工完成验收入库包装物的成本，贷方登记发出包装物的成本，期末借方余额反映企业库存未用包装物的成本和在用包装物的摊余价值。该账户可按包装物的种类设置明细账户进行明细核算。

1. 包装物取得的核算

包装物实际成本的组成内容与原材料相同，其核算方法可以比照原材料的核算，这里不再重述。

2. 包装物发出的核算

包装物的摊销方法主要有一次摊销法和五五摊销法。一次摊销法是指包装物在领用时就将其全部价值计入相关成本费用；五五摊销法是指包装物在领用时先摊销价值的一半，在报废时再摊销其价值的另一半。

(1)生产领用包装物的核算

对于生产领用的用于包装本企业产品并构成产品组成部分的包装物，应根据领用包装物的实际成本，借记“生产成本”等账户，贷记“周转材料——包装物”账户。

【例 4-13】 甲企业生产车间为包装产品，领用包装物一批，计划成本为 2 800 元，材料成本差异率为 1%。编制会计分录如下：

借：生产成本——基本生产成本　　2 828
　贷：周转材料——包装物　　2 800
　　材料成本差异——包装物　　28

(2)随同商品出售而单独计价包装物的核算

随同商品出售而单独计价的包装物，实际上在销售商品的同时也在销售包装物，为了单独核算包装物的销售利润，应按出售包装物的收入记入“其他业务收入”账户，按其包装物的成本记入“其他业务成本”账户。

【例 4-14】 甲企业本月销售包装物实际成本为 45 000 元，该包装物单独计价，出售收入为 50 000 元，增值税为 8 500 元。收到转账支票存入银行。账务处理如下：

借：银行存款　　58 500
　贷：其他业务收入　　50 000
　　应交税费——应交增值税(销项税额)　　8 500

结转销售成本：

借：其他业务成本　　45 000
　贷：周转材料——包装物　　45 000

(3)随同商品出售但不单独计价包装物的核算

随同商品出售但不单独计价的包装物，其不计价收费的实质是为了推销或扩大其商品的销售，因此，包装物的成本作为包装费记入“销售费用”账户，即结转发出包装物的成本时，借记“销售费用”账户，贷记“周转材料——包装物”账户。

【例 4-15】 假设例 4-14 中，领用的包装物不单独计价，账务处理如下：

借：销售费用　　45 000
　贷：周转材料——包装物　　45 000

(4)出租、出借包装物的核算

出租包装物是企业为了促进销售而向客户提供的一种有偿服务,其租金收入应记入"其他业务收入"账户,出租包装物的实际成本应记入"其他业务成本"账户。

出借包装物是没有业务收入的,是给购货单位免费使用的。因此,其出借包装物的实际成本应视为企业在销售过程中的耗费,记入"销售费用"账户。出租、出借的包装物不能使用而报废时,其残料价值应分别冲减"其他业务成本""销售费用"账户。

出租、出借包装物使用频繁且数量多、金额大的企业,出租、出借包装物的成本,也可以采用五五摊销法进行核算。在这种情况下,应在"周转材料——包装物"账户下分别设置"在库""在用""出租""出借""摊销"等明细账户。

【例4-16】 甲企业2014年3月1日出租包装物一批,计划成本30 000元,成本差异率为2%;收取押金40 000元,每月租金收入4 600元,存入银行;经过一段时间后,退还对方押金,同时包装物报废,残料价值2 000元。假设不考虑各项税费,一次摊销法下的账务处理如下:

①领用时结转成本:

借:其他业务成本——出租包装物　　30 600

　贷:周转材料——包装物　　30 000

　　材料成本差异——包装物　　600

②收到押金时:

借:银行存款　　40 000

　贷:其他应付款　　40 000

③收到租金时:

借:银行存款　　4 600

　贷:其他业务收入　　4 600

④ 退还押金时:

借:其他应付款　　40 000

　贷:银行存款　　40 000

⑤包装物报废时:

借:原材料　　2 000

　贷:其他业务成本　　2 000

(二)低值易耗品的核算

低值易耗品也属于企业的周转材料,为了加强对低值易耗品的管理与核算,企业应设置"周转材料——低值易耗品"账户进行核算。该账户核算企业库存的低值易耗品的实际成本或计划成本。该账户的结构可以比照"周转材料——包装物"账户,这里不再重述。

1.低值易耗品取得的核算

企业购入、自制、委托外单位加工完成验收入库的低值易耗品的核算与原材料核算方法相同。

2.低值易耗品发出的核算

发出低值易耗品有两种摊销方法:一次摊销法和五五摊销法。一次摊销法是指低值易耗品在领用时就将其全部价值计入相关成本费用；五五摊销法是指低值易耗品在领用时先摊销价值的一半，在报废时再摊销其价值的另一半。

一次摊销的低值易耗品，在领用时将其全部价值摊入有关的成本费用，借记有关科目，贷记“周转材料——低值易耗品”科目。报废时，将报废低值易耗品的残料价值作为当月低值易耗品摊销额的减少，冲减有关成本费用，借记“原材料”等科目，贷记“制造费用”“管理费用”等科目。

对在用低值易耗品按使用车间、部门进行数量和金额明细核算的企业，可以采用五五摊销法核算。在这种情况下，应设置“周转材料——低值易耗品——在用”“周转材料——低值易耗品——在库”“周转材料——低值易耗品——摊销”三个明细科目进行核算。

【例 4-17】 2014 年 3 月 2 日甲企业生产车间领用 300 件管理用具，每件 200 元，共计 60 000 元。2014 年 9 月 30 日报废，残料作价 800 元入库（采用五五摊销法核算）。编制会计分录如下：

(1)3 月 2 日领用时：

借：周转材料——低值易耗品——在用　　60 000

　贷：周转材料——低值易耗品——在库　　60 000

同时摊销 50%：

借：制造费用　　30 000

　贷：周转材料——低值易耗品——摊销　　30 000

(2)9 月 30 日报废时：

经批准报废，按报废低值易耗品的全部成本再摊销 50%。编制会计分录如下：

借：制造费用　　30 000

　贷：周转材料——低值易耗品——摊销　　30 000

同时冲销已报废低值易耗品留存在其明细账上的在用数和摊销数：

借：周转材料——低值易耗品——摊销　　60 000

　贷：周转材料——低值易耗品——在用　　60 000

报废的工具残料作价 800 元，入废料仓库。编制会计分录如下：

借：原材料　　800

　贷：制造费用　　800

对在用低值易耗品以及使用部门退回仓库的低值易耗品，应加强管理，并在备查簿上进行登记。

任务四　核算其他存货业务

一、核算库存商品业务

（一）库存商品基本知识

库存商品是指库存的外购商品、自制商品、存放在门市部准备出售的商品、发出展览的商品以及寄存在外或存放在仓库的商品等。

工业企业的库存商品主要指产成品。产成品是指企业已经完成全部生产过程并已验收入库，合乎标准规格和技术条件，可以按照合同规定的条件送交订货单位，或者可以作为商品对外销售的产品。企业接受外来原材料加工制造的代制品和为外单位加工修理的代修品，制造和修理完成验收入库后，视同企业的产成品。

商品流通企业的库存商品主要指外购或委托加工完成验收入库用于销售的各种商品。

企业应设置“库存商品”账户，核算各种库存商品的实际成本(或进价)或计划成本(或售价)。库存商品增加记借方，库存商品减少记贷方，余额在借方，反映期末库存商品的成本(计划成本或实际成本)。此外，工业企业接受外来原材料加工制造的代制品和为外单位加工修理的代修品，在制造和修理完成验收入库后，视同企业的产品，在“库存商品”科目核算；可以降价出售的不合格品，也在“库存商品”科目核算，但应当与合格商品分开记账。

(二)库存商品的核算

1. 产成品的核算

(1)完工产品验收入库

企业生产的产成品一般应按实际成本核算，产成品的收入、发出和销售，平时只记数量不记金额，月末计算入库产成品的实际成本。企业生产完成验收入库的产成品，按其实际成本，借记“库存商品”科目，贷记“生产成本”科目。

【例 4-18】 甲企业 3 月份“完工产品汇总表”中显示已验收入库 X 产品 1 000 台，实际单位成本 500 元，计 500 000 元；Y 产品 2 000 台，实际单位成本 300 元，计 600 000 元。甲企业账务处理如下：

借：库存商品——X 产品　　500 000
　　　　　　——Y 产品　　600 000
　贷：生产成本——X 产品　　500 000
　　　　　　　——Y 产品　　600 000

(2)销售库存商品结转成本

企业结转对外销售商品(包括采用分期收款方式销售商品)的成本时，应借记“主营业务成本”科目，贷记“库存商品”科目。

【例 4-19】 甲企业 3 月份销售 X 产品 800 台，实际单位成本 500 元，计 400 000 元；Y 产品 1 500 台，实际单位成本 300 元，计 450 000 元。甲企业账务处理如下：

借：主营业务成本——X 产品　　400 000
　　　　　　　　——Y 产品　　450 000
　贷：库存商品——X 产品　　400 000
　　　　　　　——Y 产品　　450 000

产成品既可以按计划成本核算，又可以按实际成本核算。按计划成本核算时，需增设“产品成本差异”科目，产成品发出的计价可参照原材料进行。

2. 商品的核算

商品流通业的库存商品核算方法主要包括数量进价金额核算法和售价金额核算法两种。

(1)数量进价金额核算法

数量进价金额核算法是同时以实物量和进价金额反映商品增减变动以及结存情况的方法。这种方法一般适用于商品批发企业。其商品收发的核算可参照原材料按实际成本计价的核算。

商品批发企业发出商品的实际成本,可以采用先进先出法、加权平均法或个别计价法计算确定,还可用毛利率法等计算发出商品和期末库存商品的成本。

毛利率法是根据本期销售净额乘以上期实际(或本月计划)毛利率匡算本期销售毛利,并计算发出存货成本和期末存货成本的一种方法。计算公式如下:

毛利率=销售毛利÷销售净额×100%

销售净额=商品销售收入－销售折让和销售退回

销售毛利=销售净额×毛利率

销售成本=销售净额－销售毛利

期末存货成本=期初存货成本＋本期收入存货成本－本期销售成本

【例 4-20】 某批发公司月初存货 100 000 元,本月购货 200 000 元,本月商品销售净额 250 000 元,上季度该类商品毛利率为 30%。计算本月已销售存货和月末存货的成本。

销售毛利=250 000×30%=75 000(元)

销售成本=250 000－75 000=175 000(元)

期末存货成本=100 000＋200 000－175 000=125 000(元)

用毛利率法计算本期销售成本和期末存货成本适用于商品批发企业。采用这种方法,商品销售成本按商品大类销售额计算,计算手续简便,但计算结果往往不准确。

(2)售价金额核算法

售价金额核算法是以售价金额反映商品增减变动以及结存情况的核算方法。这种方法一般适用于商品零售企业,其商品核算需增设“商品进销差价”账户,反映库存商品进价和售价之间的差额。

采用售价金额核算法时,在商品到达企业并验收入库后,按商品售价,借记“库存商品”科目;按商品进价,贷记“银行存款”“在途物资”等科目;按商品售价与进价的差额,贷记“商品进销差价”科目。当对外销售商品时,应结转销售成本,借记“主营业务成本”科目,贷记“库存商品”科目;同时还应结转应分摊的商品进销差价,借记“商品进销差价”科目,贷记“主营业务成本”科目。

【例 4-21】 甲商品零售企业为一般纳税人,商品售价均为含税价。5 月 3 日购进女装一批,进价为 30 000 元,增值税进项税额为 5 100 元,商品由服装组验收,货款用银行存款支付。商品含税售价为 56 160 元。根据专用发票,做如下账务处理:

借:库存商品　　56 160

　　应交税费——应交增值税(进项税额)　　5 100

贷:银行存款　　35 100(30 000+5 100)

商品进销差价　　26 160(56 160−30 000)

5月18日,销售女装一批,收到货款11 700元,全部送存银行,应结转的商品进销差价为5 450元。编制会计分录:

结转销售商品成本时:

借:主营业务成本——女装　　11 700

贷:库存商品——女装　　11 700

期末结转进销差价:

借:商品进销差价　　5 450

贷:主营业务成本——女装　　5 450

二、核算委托加工物资业务

(一)委托加工物资基本知识

企业从外部购入的原材料等存货,有时在规格和质量上还不能直接满足生产上的需要,由于企业受到自身工艺设备条件的限制或从降低成本的角度考虑,需要将这部分存货委托外单位制造成另一种性能和用途的存货,从而形成了委托加工物资。

委托加工物资的实际成本包括实际耗用的原材料或半成品的实际价值,以及发生的加工、运输、装卸和保险等费用。

(二)委托加工物资的核算

企业应设置"委托加工物资"账户核算企业委托外单位加工的各种物资的实际成本。发给外单位加工的物资,按实际成本,借记"委托加工物资"科目,贷记"原材料""库存商品"等科目,按计划成本(或售价)核算的企业,还应当同时结转成本差异。企业支付加工费用、应负担的运杂费等,借记"委托加工物资""应交税费——应交增值税(进项税额)"等科目,贷记"银行存款"等科目。加工完成验收入库的物资和剩余的物资,按加工收回物资的实际成本和剩余物资的实际成本,借记"原材料""库存商品"等科目,贷记"委托加工物资"科目。采用计划成本或售价核算的,按计划成本或售价,借记"原材料"或"库存商品"科目,按实际成本,贷记"委托加工物资"科目,按实际成本与计划成本或售价之间的差额,借记或贷记"材料成本差异"或贷记"商品进销差价"科目。

【例4-22】 甲企业2014年3月8日发出A材料委托乙企业加工,发出材料的计划成本为30 000元。发出材料应负担的成本差异额为节约额400元;通过银行支付来往运杂费1 000元及加工费4 000元;加工返回验收入库材料的计划成本为35 000元;月末结转实际成本与计划成本的差异。为方便核算,不考虑运费和加工费的增值税,根据业务做如下会计处理:

1.发出材料

借:委托加工物资　　29 600

材料成本差异　　400

贷:原材料——A材料　　30 000

2.支付来往运杂费：

借：委托加工物资　　1 000

　贷：银行存款　　1 000

3.支付加工费用：

借：委托加工物资　　4 000

　贷：银行存款　　4 000

4.完工验收入库：

借：原材料　　35 000

　贷：委托加工物资　　34 600

　　　材料成本差异　　400

委托加工物资的核算，还应按照加工合同设置明细账，进行明细分类核算。

任务五　核算存货清查业务

一、存货清查基本知识

存货清查是指通过存货的实地盘点，确定存货的实有数量，并与账面结存数核对，从而确定存货实存数与账面结存数是否相符的一种专门方法。

由于存货的品种、规格繁多，在日常收发过程中，因计量或计算上的差错，自然损耗，丢失、被盗或毁损等情况，可能造成账实不符。因此，企业必须建立和健全各种规章制度，对存货进行定期或不定期的清查盘点，如实反映企业存货的实有数额，保证存货核算的真实性，确保存货的安全完整。

存货清查的内容一般包括：核对存货的账存数和实存数；查明盘盈（实际结存数量大于账面结存数量）、盘亏（实际结存数量小于账面结存数量）存货的品种、规格和数量；查明变质、毁损（非常性事项造成的存货损失）、积压呆滞存货的品种、规格和数量。

二、存货清查核算

为了正确核算存货清查的情况，应设置“待处理财产损溢”账户。该账户核算企业在清查财产过程中查明的各种财产盘盈、盘亏和毁损的价值。贷方登记各种财产（不包括固定资产）的盘盈数以及经批准结转的各项资产的盘亏、毁损数；借方登记各种财产的盘亏、毁损数以及经批准结转的各项资产的盘盈数。企业的财产损溢（盘盈或盘亏）应查明原因，在期末结账前结转完毕，结转后本账户应无余额。

企业会计准则规定，经股东大会或董事会，或经理（厂长）会议或类似机构批准后，对盘盈、盘亏和毁损的存货，在期末结账前处理完毕。如在期末结账前未经批准的，应在对外提供财务报告时先进行处理，并在会计报表附注中做出说明，如果其后批准处理的金额与已处理的金额不一致，应按其差额调整会计报表相关项目的年初数。

（一）存货盘盈的核算

对存货盘盈的金额一般应冲减企业当期管理费用。

【例 4-23】 甲企业在 2014 年 3 月 31 日的财产清查中，盘盈库存商品 500 元，经批准，期末冲减管理费用。应做会计分录如下：

1. 批准前：

借：库存商品　　500

　贷：待处理财产损溢——待处理流动资产损溢　　500

2. 批准后：

借：待处理财产损溢——待处理流动资产损溢　　500

　贷：管理费用　　500

(二)存货盘亏的核算

对盘亏、毁损等的损失要分别按不同性质的原因进行处理：由于自然损耗造成的定额以内的短缺应在相关成本费用中核销；由于各种原因造成的超定额损耗，应该明确责任后，由有关单位或个人赔偿，实在无法确定责任单位或个人的，在管理费用中核销；由于自然灾害等不可抗拒原因发生的非常损失，应在扣除保险公司赔偿后，在营业外支出中列支。

【例 4-24】 甲企业 2014 年 3 月 31 日在财产清查盘点中发现库存商品盘亏 20 000 元，该商品的进项税额为 3 400 元，经查明，该项盘亏的存货是属于自然灾害造成的损失，应做会计分录如下：

批准前：

借：待处理财产损溢——待处理流动资产损溢　　23 400

　贷：库存商品　　20 000

　　　应交税费——应交增值税(进项税额转出)　　3 400

批准后：

借：营业外支出　　23 400

　贷：待处理财产损溢——待处理流动资产损溢　　23 400

如果企业存货是采用计划成本核算的，还应当同时结转成本差异。

任务六　核算存货期末计量业务

一、存货期末计量的原则

资产负债表日，存货应当按照成本与可变现净值孰低计量。

当存货成本低于可变现净值时，存货按成本计量；当存货成本高于可变现净值时，存货按可变现净值计量，同时按照成本高于可变现净值的差额计提存货跌价准备，计入当期损益。

资产负债表日是指会计年末和会计中期期末。我国的会计年度采用公历年度，即 1 月 1 日至 12 月 31 日。因此，年度资产负债表日是指每年的 12 月 31 日，中期资产负债表日是指各会计中期期末，包括月末、季末和半年末。

这里所讲的“成本”是指存货的实际成本，如果企业在存货成本的日常核算中采用计划成本法、数量售价金额法等简化核算法，则成本为经调整后的实际成本。“可变现净值”

是指在日常活动中，存货的估计售价减去至完工时估计将要发生的成本、估计的销售费用以及相关税费后的金额。

二、存货可变现净值的应用

在存货期末计量中，如何准确地确定各种存货的可变现净值是问题关键。因此，企业在确定存货的可变现净值时，不仅应当以取得的确凿证据为基础，还要考虑持有存货的目的、资产负债表日后事项的影响等因素。具体来说，企业应区别以下情况确定存货的可变现净值：

(一)有销售合同或劳务合同而持有的存货的可变现净值的确定

1. 企业持有存货的数量等于销售合同订购数量

这类存货的可变现净值通常应以产成品或商品的合同价格作为其计量基础。

【例 4-25】 2014 年 1 月 1 日，甲公司与乙公司签订了一份不可撤销的销售合同，约定于 2011 年 1 月，甲公司按每台 5 000 元的价格向乙公司提供某产品 10 台。2014 年 12 月 31 日，甲公司该产品的数量为 10 台，单位成本为 2 500 元。2014 年 12 月 31 日，该产品的市场售价为每台 4 800 元。假定不考虑其他税费。

要求：确定甲公司该产品可变现净值的计量基础。

分析：甲公司该产品的期末库存数量等于合同数量，因此，其可变现净值应以销售合同约定的价格计量，即 10×5 000＝50 000 元。

2. 企业持有存货的数量多于销售合同订购数量

在这种情况下可分为两部分进行计量：一是合同订购数量内的部分存货，其可变现净值按产成品或商品的合同价格计算；二是超出销售合同订购数量的部分存货，其可变现净值应当以产成品或商品的一般销售价格计算。

【例 4-26】 承例 4-25，假定 2014 年 12 月 31 日，甲公司该产品的数量为 15 台，其他条件不变。

要求：确定甲公司该产品可变现净值的计量基础。

分析：企业存货数量为 15 台，而合同订购数量为 10 台，因此，15 台产品的可变现净值是：

10 台的可变现净值＝10×5 000(合同约定价格)＝50 000 元

5 台的可变现净值＝5×4 800(一般销售价格)＝24 000 元

15 台产品的可变现净值共计 74 000 元。

3. 企业持有存货的数量少于销售合同订购数量

在这种情况下，企业实际持有的与该销售合同相关的存货应以销售合同所规定的价格作为可变现净值的计算基础。如果该合同为亏损合同，还应同时按照企业会计准则的规定确认预计负债。

(二)没有销售合同或劳务合同而持有的存货的可变现净值的确定

没有销售合同约定的存货(不包括用于出售的材料)，其可变现净值应当以产成品或商品的一般销售价格(即市场销售价格)作为计量基础。

【例 4-27】 2014 年 12 月 31 日，乙公司库存某产品 10 台，单位成本 4 000 元。2014 年 12 月 31 日，该产品的市场售价为每台 4 800 元。该产品没有销售合同，假定不考虑相关税费。

要求:确定乙公司该产品可变现净值的计量基础。

分析:由于没有销售合同,因此其可变现净值应以一般销售价格计量,即 10×4 800=48 000 元。

(三)用于出售的材料等的可变现净值的确定

用于出售的材料等,通常应以市场价格作为其可变现净值的计量基础。这里的市场价格是指材料等的市场销售价格。

【例 4-28】 2014 年,丙公司因停产某产品,决定将用于生产该产品的材料全部售出,2014 年 12 月 31 日,该材料的存量为 10 吨,单位成本为 1 500 元。此时该材料的市场售价为每吨 1 000 元,预计销售税费 500 元。

要求:确定丙公司该材料可变现净值的计量基础。

分析:因为丙公司决定该材料不再用来生产产品,而是直接用于销售,所以其可变现净值为 9 500 元(10×1 000-500)。

(四)为生产而持有的材料的可变现净值的确定

为生产而持有的材料(这里的材料是指原材料、在产品、委托加工材料等),其计量基础分两种情况:

1. 产品没有发生减值,则材料按成本计量

如果用材料生产的产成品的可变现净值预计高于成本(这里的成本是指产成品的生产成本),则该材料仍然应当按照成本计量。

【例 4-29】 2014 年 12 月 31 日,M 公司某材料账面成本 50 万元,市场售价 48 万元,假定不发生其他费用。用该材料生产的产成品的可变现净值高于成本。

要求:确定 M 公司该材料的计量基础。

分析:由于用该材料生产的最终产品此时并没有发生减值,因此,该材料即使其账面成本已高于市场价格,也不应计提减值准备,应以账面成本作为其计量基础。

2. 产品发生减值,则材料按成本与可变现净值孰低计量

如果材料价格下降,表明产成品的可变现净值低于成本,则该材料应当按可变现净值计量。

【例 4-30】 2014 年 12 月 31 日,N 公司 A 材料账面成本 120 万元,单位成本 1.2 元/件,数量 100 件,可用于生产甲产品 100 台,A 材料市场售价 1.1 万元/件。假定不发生其他费用。

由于 A 材料市场售价下跌,导致用其生产的甲产品的市场价格也下跌,由此造成甲产品的市场售价由 3 万元/台降为 2.7 万元/台,但生产成本仍为 2.8 万元/台。将每件 A 材料加工成甲产品尚需投入 1.6 万元,估计发生运杂费等销售费用 0.1 万元/台。

要求:确定 A 材料的可变现净值。

分析:

(1)计算用 A 材料所生产的甲产品的可变现净值

甲产品的可变现净值= 甲产品的售价-估计销售费用-估计相关税费

=2.7×100-0.1×100=260(万元)

(2)比较用 A 材料所生产的甲产品的成本和可变现净值

甲产品的可变现净值 260 万元小于其成本 280 万元,即 A 材料价格的下降表明甲产品的可变现净值低于成本，因此，A材料应当按可变现净值计量。

（3）计算A材料的可变现净值

A材料的可变现净值＝甲产品的售价－将A材料加工成甲产品尚需投入的成本－估计销售费用－估计相关税费

＝2.7×100－1.6×100－0.1×100＝100（万元）

A材料的可变现净值100万元小于其成本120万元，因此，A材料的期末价值应为其可变现净值100万元。

三、计提存货跌价准备的核算

企业应当定期或至少每年度终了对存货进行全面清查，如有因存货毁损、陈旧过时或销售价格低于成本等而使存货成本高于可变现净值的，应按可变现净值低于存货成本的部分，计提存货跌价准备。

（一）存货减值迹象的判断

资产负债表日，当存在下列情况之一时，应当计提存货跌价准备：

1. 市价持续下跌，并且在可预见的未来无回升的希望；

2. 企业使用该项原材料生产的产品的成本大于产品的销售价格；

3. 企业因产品更新换代，原有库存原材料已经不适应新产品的需要，而该原材料的市场价格又低于其账面价值；

4. 因企业所提供的商品或劳务过时或消费者偏好改变而使市场的需求发生变化，导致市场价格逐渐下跌；

5. 其他足以证明该项存货实质上已经发生减值的情形。

（二）存货可变现净值为零的情形

存货存在下列情形之一的，通常表明存货的可变现净值为零：

1. 已霉烂变质的存货；

2. 已过期且无转让价值的存货；

3. 生产中已不再需要，并且已无使用价值和转让价值的存货；

4. 其他足以证明已无使用价值和转让价值的存货。

（三）计提存货跌价准备的方法

如果期末存货的成本低于可变现净值，则不需要做会计处理，资产负债表中的存货仍按期末账面的价值列示；如果期末可变现净值低于成本，则必须确认当期的期末存货跌价损失，计提存货跌价准备。具体计提方法有：

1. 按单个存货项目计提存货跌价准备

按单个存货项目计提存货跌价准备，是指企业将每个存货项目的成本与其可变现净值逐一进行比较，按较低者计量存货，并且按成本高于可变现净值的差额，计提存货跌价准备。

2. 按类别计提存货跌价准备

按类别计提存货跌价准备，是将存货类别的成本总额与可变现净值的总额进行比较，每个存货类别均取较低者确定存货期末价值。按照存货类别计提存货跌价准备适用于数量繁多、单位价值较低的存货。

3. 合并计提存货跌价准备

存货具有相同或类似最终用途或目的,并在同一地区生产和销售,意味着存货所处的经济环境、法律环境、市场环境等相同,具有相同的风险和报酬。因此,与在同一地区生产和销售的产品系列相关、具有相同或类似最终用途或目的,且难以与其他项目分开计量的存货,可以合并计提存货跌价准备。

(四)存货跌价准备的核算

1. 存货跌价准备核算应设置的账户

企业计提存货跌价准备,应设置"存货跌价准备"账户和"资产减值损失"账户核算。

"存货跌价准备"账户是存货的备抵账户,其贷方登记企业计提的减值准备的数额,借方登记冲减恢复的减值准备、发出存货应转出的减值准备。余额在贷方,反映企业已计提但尚未转销的存货跌价准备。

"资产减值损失——计提的存货跌价准备"账户属于损益类账户,其借方登记企业计提的存货跌价准备的数额,贷方登记企业转回的存货跌价准备的数额。期末,应将本账户余额转入"本年利润"账户,结转后本账户无余额。

2. 存货跌价准备的会计处理

资产负债表日,企业首次计提存货跌价准备时,应按存货可变现净值低于其成本的差额,借记"资产减值损失——计提的存货跌价准备"账户,贷记"存货跌价准备"账户;以后各期,比较成本与可变现净值,计算出应计提的存货跌价准备数额(应提数),然后与"存货跌价准备"账户的余额(已提数)进行比较,如果应提数大于已提数,应予以补提;反之,应冲销多提部分数额;如果以前减记存货价值的影响因素已经消失,则减记的金额应当予以恢复,并在原已计提的存货跌价准备的金额内转回,转回的存货跌价准备与计提该准备的存货项目或类别应当存在直接对应关系,转回金额应以存货跌价准备的余额冲减至零为限。

企业计提了存货跌价准备,如果其中有部分存货已经销售,则企业在结转销售成本时,应同时结转对其已计提的存货跌价准备。

【例 4-31】 假设 2014 年年末某企业存货的账面成本为 110 000 元,预计可变现净值为 105 000 元。

因存货的预计可变现净值低于其成本,因此,按其差额计提存货跌价准备(110 000－105 000)5 000 元,做如下会计分录:

借:资产减值损失　　5 000
　贷:存货跌价准备　　5 000

(1)假设 2015 年年末该存货的预计可变现净值为 95 000 元,则应提数为 15 000(110 000－95 000)元,因前期已提数为 5 000 元,所以本期应补提 10 000(15 000－5 000)元。应做如下会计分录:

借:资产减值损失　　10 000
　贷:存货跌价准备　　10 000

(2)假设 2016 年年末:

①该存货的可变现净值有所恢复,预计可变现净值为 103 000 元,则应提数为 7 000(110 000－103 000)元,因前期已提数为 15 000 元,所以本期应冲减 8 000(7 000－

15 000)元,应做如下会计分录:

借:存货跌价准备　　8 000

　贷:资产减值损失　　8 000

②该存货预计可变现净值不是恢复到 103 000 元,而是恢复到 135 000 元,则应提数为 0(110 000<135 000)元,因前期已提数为 15 000 元,所以本期应冲减 15 000(0－15 000)元,以“存货跌价准备”科目余额冲减至零为限,应做如下会计分录:

借:存货跌价准备　　15 000

　贷:资产减值损失　　15 000

实务训练

一、单项选择题

1. 出租包装物发生修理费时,应通过(　　)账户核算。

A.“销售费用”　B.“其他业务成本”　C.“生产成本”　D.“管理费用”

2. 关于“材料成本差异”账户说法正确的有(　　)。

A. 该账户的借方登记购入材料的超支差额　B. 该账户的贷方登记超支差额

C. 该账户的月末余额只能在贷方　D. 该账户的月末余额只能在借方

3. 某企业采用计划成本法核算发出存货,钢筋的计划成本为 1 000 元/吨,本月发出钢筋 20 吨,本月材料成本差异率为 0.2%,则本月发出钢筋应分担的材料成本差异额为(　　)。

A. 20 元　B. 40 元　C. 30 元　D. 10 元

4. 出借包装物发生的包装物摊销费,应记入(　　)科目。

A.“管理费用”　B.“销售费用”

C.“主营业务成本”　D.“其他业务成本”

5. 企业在具体运用“成本与可变现净值孰低法”时,需要进行账务处理的情况是(　　)。

A. 可变现净值高于成本　B. 可变现净值低于成本

C. 可变现净值等于成本　D. 以上都需要进行账务处理

6. (　　)计价方法平时在明细账中只登记发出材料的数量,月末计算登记全月发出材料的金额。

A. 先进先出法　B. 移动加权平均法

C. 后进先出法　D. 全月一次加权平均法

7. 下列原材料相关损失项目中,应计入管理费用的是(　　)。

A. 自然灾害造成的原材料损失　B. 人为责任造成的原材料损失

C. 计量差错引起的原材料盘亏　D. 原材料运输途中发生的合理损耗

8. 下列各项支出中,可能不计入存货成本的项目是(　　)。

A. 购进存货时的进项增值税　B. 入库前的挑选整理费

C. 购买存货而发生的运输费　D. 购买存货而交纳的消费税

9. 按照规定，在成本与可变现净值孰低法下，对成本与可变现净值进行比较，以确定当期存货跌价准备金额时，一般应当(　　)。

A. 分别单个存货项目进行比较　　B. 分别存货类别进行比较

C. 按全部存货进行比较　　D. 企业根据实际情况做出选择

10. 采用计划成本法进行材料日常核算时，月末发出材料应分摊的成本差异，如是超支差异，应记入(　　)。

A. "材料成本差异"账户的借方　　B. "材料成本差异"账户的贷方

C. "材料成本差异"账户的借方或贷方　　D. 其他账户

11. 某企业期末"工程物资"科目的余额为100万元，"发出商品"科目的余额为50万元，"原材料"科目的余额为60万元，"材料成本差异"科目的贷方余额为5万元。"存货跌价准备"科目的余额为20万元，假定不考虑其他因素，该企业资产负债表中"存货"项目的金额为(　　)万元。

A. 85　　B. 95　　C. 185　　D. 195

12. 在存货清查中，盘亏与毁损的存货，由于自然灾害、意外事故造成的，扣除保险公司赔偿后的净损失，经批准，应记入(　　)科目。

A. "待处理财产损溢"　　B. "营业外支出"

C. "其他应收款"　　D. "管理费用"

13. 某工业企业为增值税一般纳税企业，2014年4月购入A材料1 000千克，增值税专用发票上注明的买价为30 000元，增值税额为5 100元，该批A材料在运输途中发生1%的合理损耗，实际验收入库990千克，在入库前发生挑选整理费用300元。该批入库A材料的实际总成本为(　　)元。

A. 29 700　　B. 29 997　　C. 30 300　　D. 35 400

14. 增值税一般纳税人，委托加工材料因增值而交纳的增值税，记入(　　)科目。

A. "委托加工物资"　　B. "应交税费——应交增值税"

C. "材料成本差异"　　D. "管理费用"

15. 下列各项资产中，(　　)不属于存货范围。

A. 委托加工材料　　B. 委托代销商品

C. 租入包装物　　D. 在途材料

二、多项选择题

1. 存货的成本包括(　　)。

A. 采购成本　　B. 加工成本

C. 主营业务成本　　D. 其他成本

2. 企业出租包装物摊销时，可以采用的摊销方法有(　　)。

A. 实际成本法　　B. 一次摊销法

C. 计划成本法　　D. 五五摊销法

3. 用于储存和保管产品、材料而不对外出售的包装物，应按其价值大小和使用年限长短，分别在(　　)或(　　)账户核算。

A. 周转材料——包装物　　B. 原材料

C. 固定资产　　D. 周转材料——低值易耗品

4. 在“周转材料——包装物”账户核算的包装物是指(　　)。

A. 一次性消耗的包装材料

B. 用于储存和保管产品、材料而不对外出售、出租和出借的包装物

C. 用于包装本企业产品,并对外出租和出借的包装物

D. 用于包装本企业产品,并对外出售的包装物

5. “材料成本差异”科目贷方核算的内容有(　　)。

A. 购入材料实际成本大于计划成本的差异

B. 购入材料实际成本小于计划成本的差异

C. 发出材料实际成本大于计划成本的差异

D. 发出材料实际成本小于计划成本的差异

6. 下列属于发出存货计价方法的是(　　)。

A. 先进先出法　　B. 后进先出法　　C. 加权平均法　　D. 个别计价法

7. 下列应计入存货采购成本的是(　　)。

A. 买价　　B. 运输途中的合理损耗

C. 增值税　　D. 进口关税

8. 下列各项中,应作为原材料进行核算和管理的是(　　)。

A. 原料及主要材料　　B. 修理用备件

C. 包装材料　　D. 出租包装物

9. 下列业务中,通过“其他业务收入”核算的是(　　)。

A. 销售材料取得的收入　　B. 出租包装物的租金收入

C. 随商品出售,单独计价的包装物收入　　D. 出借包装物收到的押金

10. 下列项目中,应作为销售费用处理的有(　　)。

A. 销售材料的成本　　B. 出租包装物的摊销额

C. 随商品出售,不单独计价的包装物的成本　　D. 出借包装物的摊销额

三、判断题

1. 为了安全生产、劳动保护而发给职工的工作服、工作鞋和各种劳动保护用品不能列为低值易耗品。(　　)

2. 随同产品出售、单独计价的包装物,应按出售包装物的收入记入“主营业务收入”账户。(　　)

3. 盘盈存货的计价应按照同类或类似存货的市场价格,作为实际成本。(　　)

4. 同一项资产,在不同的企业可能分属存货和固定资产。(　　)

5. 购入材料在运输途中发生的合理损耗不需单独进行账务处理。(　　)

6. 当存货的可变现净值高于其实际成本时,应将原存货跌价准备中已有的金额全部冲减,但最多将存货跌价准备冲减至零为止。(　　)

7. 采用成本与可变现净值孰低法计价时,如果期末存货的成本低于可变现净值,资产负债表中的存货仍按期末账面价值列示。(　　)

8. 商品流通企业购进商品所发生的采购费用和储存费用应计入商品成本。(　　)

9. 甲企业向乙企业购入一批原材料存放在乙企业的仓库内,但货款已经支付,发票已开。有人认为该存货是乙企业的。(　　)

10.“成本与可变现净值孰低法”中的“成本”是指重置成本。 （ ）

11.未经批准转销前,存货的盘盈应通过“待处理财产损溢”账户进行核算。 （ ）

12.构成产品组成部分的包装物,在领用时,其成本记入企业的“销售费用”账户。 （ ）

13.对于已霉烂变质的存货,企业应当计提存货跌价准备。 （ ）

14.凡在盘存日期,法定所有权属于企业的存货,不论其存放地点在何处,均视为企业的存货。 （ ）

15.委托代销商品属于企业的存货。 （ ）

四、计算及会计处理题

1.2014年3月1日,甲公司存货数量3 000件,成本为15 000元,3月期末结存5 100件,3月份购货情况见下表:

购入日期	数 量	单 价	金 额	发出日期	数 量
3月4日	1 500件	5.00	7 500	3月10日	1 000件
3月8日	2 400件	5.10	12 240	3月15日	1 000件
3月12日	3 000件	5.20	15 600	3月28日	8 000件
3月16日	2 500件	5.15	12 875		
3月26日	2 700件	5.16	13 932		

要求:

(1)用先进先出法、加权平均法计算发出存货成本,并登记材料明细分类账。

(2)假设发出存货的20%车间领用,80%生产领用,做出相关会计处理。

2.甲企业购入A材料,2014年6月1日有关账户的期初余额如下:

(1)原材料账户:A材料2 000千克 计划单价10元 金额20 000元

(2)材料成本差异账户(借方余额):720元

(3)6月份发生下列有关经济业务:

①6月1日银行转来乙公司的托收凭证,金额为19 710元,内附增值税专用发票一张,开列A材料1 500千克,每千克11元,货款计16 500元,增值税额为2 805元,运杂费凭证一张,金额405元,经审核无误立即承付。

②6月2日仓库转来收料单,1日从乙公司购入的A材料已到,验收入库,予以转账。

③6月9日向丙企业赊购A材料3 000千克,单价9元,货款计27 000元,增值税4 590元,运费500元,A材料已验收入库,款未付。

④6月12日甲企业用银行存款支付9日购买丙企业A材料的款项。

⑤6月14日银行转来丙企业有关托收凭证,金额为28 080元,内附增值税专用发票一张,开列A材料2 000千克,货款为24 000元,增值税为4 080元,运杂费由对方承付,经审核无误,予以支付。

⑥6月16日仓库转来通知,14日从丙企业发来的A材料到达,并准备验收入库,入库盘点时发现短缺200千克,其中50千克属于正常损耗,150千克由运输单位赔偿。(假设该材料市价与成本价相同)

⑦本月共发出A材料6 000千克,全部用于生产甲产品。

要求:

(1)根据上述资料做出有关账务处理。

(2)用两种方法计算材料成本差异率，将本月发出的材料计划成本调整为实际成本，并做出相关的会计分录。

3. 甲企业出租包装物一批，实际成本30 000元，收到押金35 000元存入银行，同时每月收到租金2 500元，经一段时间后企业退还包装物押金，同时报废包装物，收到残料1 500元并验收入库。

要求：做出相关账务处理。

4. 甲公司领用专用工具一批，其中生产领用40 000元，生产车间领用50 000元，其中生产领用的工具使用报废后，残料作价3 000元入库。

要求：分别运用一次摊销法、五五摊销法对低值易耗品进行摊销，并做出有关会计分录。

5. 甲企业2014年3月18日发出A材料委托乙企业加工，发出材料的计划成本为20 000元，应负担的材料成本差异额为节约额300元；甲企业通过银行支付来往运杂费1 000元及委托加工单位加工费4 000元；加工返回验收入库，计划成本25 000元。月末结转委托加工物资的实际成本与计划成本的差异。

要求：根据上述业务编制会计分录。

6. 某批发公司月初存货200 000元，本月购货400 000元，本月商品销售收入净额500 000元，上季度该类商品毛利率为20%。

要求：计算本月已销售存货和月末存货的成本。

7. 长江公司是一家生产电子产品的上市公司，为增值税一般纳税企业，该公司按单项存货、按年计提跌价准备。2014年12月31日，有关存货资料如下：

甲产品市场销售价格为每台13万元，预计销售费用及税金为每台0.5万元。甲产品期末结存数量280台，单位成本15万元，账面余额4 200万元。

乙产品市场销售价格为每台3万元。长江公司已经与某企业签订了一份不可撤销的销售合同，约定在2015年2月10日向该企业销售乙产品300台，合同价格为每台3.2万元。乙产品预计销售费用及税金为每台0.2万元。乙产品期末存货数量500台，单位成本3万元，账面余额1 500万元。

丙产品市场销售价格为每台2万元，预计销售费用及税金为每台0.15万元。丙产品期末存货数量1 000台，单位成本1.7万元，账面余额1 700万元。

丁配件的市场销售价格为每件1.2万元。现有丁配件可用于生产400台丙产品，用丁配件加工成丙产品后预计丙产品单位成本为1.75万元。丁配件期末结存数量400件，单位成本1.5万元，账面余额600万元。

2013年12月31日甲产品和丙产品的存货跌价准备余额分别为800万元和150万元，对其他存货未计提存货跌价准备；2014年销售甲产品和丙产品分别结转存货跌价准备200万元和100万元。

要求：计算长江公司2014年12月31日应计提或转回的存货跌价准备，并编制相关会计分录。

项目五

核算长期股权投资业务

项目要点

长期股权投资是企业的一项重大经济行为，对企业有着重要影响。本项目主要学习长期股权投资的范围、长期股权投资初始投资成本的确定、长期股权投资后续计量的成本法与权益法以及长期股权投资的期末计价与处置。

任务一　认识长期股权投资

一、长期股权投资的概念

长期股权投资，是指投资方对被投资单位实施控制、重大影响的权益性投资，以及对其合营企业的权益性投资。

长期股权投资是指通过投出各种资产取得被投资企业股权且不准备随时出售的投资。一般来说，企业进行长期股权投资主要是出于获取竞争优势的战略性考虑或通过多元化经营降低经营风险。

二、长期股权投资的范围

长期股权投资的范围包括：

1.投资方能够对被投资单位实施控制的权益性投资，即对子公司投资。控制，是指投资方拥有对被投资单位的权力，通过参与被投资单位的相关活动而享有可变回报，并且有能力运用对被投资单位的权力影响其回报金额。

2.投资方与其他合营方一同对被投资单位实施共同控制且对被投资单位净资产享有权利的权益性投资，即对合营企业投资。共同控制，是指按照相关约定对某项安排所共有的控制，并且该安排的相关活动必须经过分享控制权的参与方一致同意后才能决策。

3.投资方对被投资单位具有重大影响的权益性投资，即对联营企业投资。重大影响，是指对一个企业的财务和经营政策有参与决策的权力，但并不能够控制或者与其他方一起共同控制这些政策的制定。

实务中，对于重大影响的判断，需要考虑以下因素：

(1)在被投资单位的董事会或类似权力机构中派有代表。

(2)参与被投资单位的政策制定过程,包括股利分配政策等的制定。

(3)与被投资单位之间发生重要交易。

(4)向被投资单位派出管理人员。

(5)向被投资单位提供关键技术资料。

投资方直接或通过子公司间接持有被投资单位20%以上但低于50%的表决权时,一般认为对被投资单位具有重大影响,除非有明确的证据表明该种情况下不能参与被投资单位的生产经营决策,不形成重大影响。在确定能否对被投资单位施加重大影响时,一方面应考虑投资方直接或间接持有被投资单位的表决权股份,同时要考虑投资方及其他方持有的当期可执行潜在表决权在假定转换为对被投资单位的股权后产生的影响,如被投资单位发行的当期可转换的认股权证、股份期权及可转换公司债券等的影响。

三、长期股权投资的分类

(一)按照长期股权投资的取得方式划分

按照长期股权投资的取得方式划分,可以分为通过企业合并取得的长期股权投资和通过其他方式取得的长期股权投资。

1.通过企业合并取得的长期股权投资

企业合并,是指将两个或两个以上单独的企业合并形成一个报告主体的交易或事项。从合并方式上看,企业合并包括控股合并、吸收合并及新设合并。

控股合并,是指合并方(或购买方,下同)通过企业合并交易或事项取得对被合并方(或被购买方,下同)的控制权,能够主导被合并方的生产经营决策,从而将被合并方纳入其合并财务报表范围形成一个报告主体的情况。控股合并中,被合并方在企业合并后仍保持其独立的法人资格继续经营,合并方在合并中取得的是对被合并方的股权。合并方在其账簿及个别财务报表中应确认对被合并方的长期股权投资,合并中取得的被合并方的资产和负债仅在合并财务报表中确认。

吸收合并,是指合并方在企业合并中取得被合并方的全部净资产,并将有关资产、负债并入合并方自身的账簿和报表进行核算。企业合并后,注销被合并方的法人资格,由合并方持有合并中取得的被合并方的资产、负债,在新的基础上继续经营。

新设合并,是指企业合并中注册成立一家新的企业,由其持有原参与合并各方的资产、负债,在新的基础上继续经营。原参与合并各方在合并后均注销其法人资格。

可见,只有控股合并形成投资企业的长期股权投资。

通过企业合并取得的长期股权投资又可以进一步划分为同一控制下的企业合并取得的长期股权投资和非同一控制下的企业合并取得的长期股权投资。

(1)同一控制下的企业合并

参与合并的企业在合并前后均受同一方或相同的多方最终控制且该控制并非暂时性的,为同一控制下的企业合并。

(2)非同一控制下的企业合并

参与合并的各方在合并前后不受同一方或相同的多方最终控制的,为非同一控制下的企业合并。

2.通过其他方式取得的长期股权投资

通过其他方式取得的长期股权投资主要包括以支付现金方式取得的长期股权投资、通过发行权益性证券取得的长期股权投资以及通过非货币性资产交换或债务重组取得的长期股权投资等。

(二)按照投资方式划分

按照投资方式划分,可以分为股票投资和其他股权投资。

股票投资是指企业以购买股票的方式对其他企业所进行的投资。企业购买并持有某股份有限公司的股票后,即成为该公司的股东。投资企业有权参与被投资企业的经营管理,并根据股份有限公司经营的好坏,按持有股份的比例分享利润、分担亏损,如果股份有限公司破产,投资企业(股东)不但分不到红利,而且有可能失去入股的本金。因此,与债券投资比,股票投资具有风险大、责权利较大、获取经济利益较多等特点。

其他股权投资是指除股票投资以外具有股权性质的投资,一般是指企业直接将现金、实物或无形资产等投资于其他企业,取得股权的一种投资方式。其他股权投资是一种直接投资,在我国主要是指联营投资。进行其他股权投资的企业,资产一经投出,除联营期满或由于特殊原因联营企业解散外,一般不得抽回投资,投资企业根据被投资企业经营的好坏,按其投资比例分享利润或分担亏损,其他投资与股票投资一样,也是一种权益性投资。

(三)按照对被投资企业产生的影响划分

按照对被投资企业产生的影响划分,可以分为控制型长期股权投资、共同控制型长期股权投资、重大影响型长期股权投资。

任务二 核算长期股权投资初始计量业务

一、长期股权投资初始计量原则

长期股权投资在取得时,应按初始投资成本入账。长期股权投资的初始投资成本,应分企业合并和非企业合并两种情况确定。

二、长期股权投资的初始计量

企业应正确记录和反映各项投资所发生的成本和损益。长期股权投资的会计处理,需要设置"长期股权投资"科目,核算企业持有的长期股权投资。本科目应当按照被投资单位分别"投资成本""损益调整""其他综合收益""其他权益变动"进行明细核算。其中,"长期股权投资——投资成本"反映取得股权时确定的初始投资成本。

(一)企业合并形成的长期股权投资的初始计量

企业合并形成的长期股权投资,应分别同一控制下控股合并与非同一控制下控股合并确定其初始投资成本。

1. 同一控制下企业合并形成的长期股权投资

(1)合并方以支付现金、转让非现金资产或承担债务方式作为合并对价的,应在合并日按取得被合并方所有者权益在最终控制方合并财务报表中的账面价值的份额,借记"长期股权投资——投资成本",按支付的合并对价的账面价值,贷记或借记有关资产、负债科目,按其差额,贷记"资本公积——资本溢价或股本溢价"科目;如为借方差额,借记"资本公积——资本溢价或股本溢价"科目,资本公积(资本溢价或股本溢价)不足冲减的,应依次借记"盈余公积""利润分配——未分配利润"科目。

(2)合并方以发行权益性证券作为合并对价的,应当在合并日按照被合并方所有者权益在最终控制方合并财务报表中的账面价值的份额,借记"长期股权投资——投资成本",按照发行股份的面值总额,贷记"股本",按其差额,贷记"资本公积——资本溢价或股本溢价";如为借方差额,借记"资本公积——资本溢价或股本溢价"科目,资本公积(资本溢价或股本溢价)不足冲减的,应依次借记"盈余公积"、"利润分配——未分配利润"科目。

企业无论是以何种方式取得长期股权投资,取得投资时,对于支付的对价中包含的应享有被投资单位已经宣告但尚未发放的现金股利或利润应确认为应收项目,不构成取得长期股权投资的初始投资成本。

合并方为进行企业合并发生的各项直接相关费用,包括为进行企业合并而支付的审计费用、评估费用、法律服务费用等,应当于发生时计入当期损益,借记"管理费用"科目,贷记"银行存款"等科目。

企业合并中发行权益性证券发生的手续费、佣金等费用,应当抵减权益性证券溢价收入,溢价收入不足冲减的,冲减留存收益。合并方发行债券或承担其他债务支付的手续费、佣金等,应当计入所发行债券及其他债务的初始成本。

【例 5-1】 海南公司于 2014 年 3 月 10 日取得南京公司 100%的股权,为进行该项企业合并,海南公司发行了 600 万股普通股(每股面值 1 元)作为对价。合并日,海南公司及南京公司的个别财务报表所有者权益构成如表 5-1 所示。

表 5-1　　单位:元

海南公司		南京公司	
项目	金额	项目	金额
股本	36 000 000	股本	6 000 000
资本公积	10 000 000	资本公积	2 000 000
盈余公积	8 000 000	盈余公积	4 000 000
未分配利润	20 000 000	未分配利润	8 000 000
合计	74 000 000	合计	20 000 000

本例中假定海南公司自其母公司手中取得南京公司 100%的股权,为同一控制下的企业合并。南京公司个别财务报表中的所有者权益与其在最终控制方编制的合并财务报表中的所有者权益相同。则海南公司在合并日应进行的账务处理为:

借:长期股权投资——投资成本　　20 000 000

　贷:股本　　6 000 000

　　资本公积——股本溢价　　14 000 000

(3)企业通过多次交易分步取得同一控制下被投资单位的股权，最终形成企业合并的，应当判断多次交易是否属于“一揽子交易”。所谓“一揽子交易”，是指各项交易作为一项处置原有子公司并丧失控制权的交易。属于一揽子交易的，合并方应当将各项交易作为一项取得控制权的交易进行会计处理。不属于“一揽子交易”的，取得控制权日，应按照合并准则和合并财务报表准则的规定编制合并财务报表。

2. 非同一控制下企业合并形成的长期股权投资

非同一控制下的企业合并发生在两个或两个以上独立的企业之间，相对于同一控制下的企业合并而言，非同一控制下的企业合并是合并各方自愿进行的交易行为，作为一种公平的交易，应当以公允价值为基础进行计量，合并对价的账面价值与公允价值之间的差额应当计入当期损益。

非同一控制下的企业合并，在购买日取得对其他参与合并企业控制权的一方为购买方，参与合并的其他企业为被购买方。购买日，是指购买方实际取得对被购买方控制权的日期。

(1)购买方在购买日以支付货币资金的方式取得被购买方股权的，应以支付的货币资金作为初始投资成本，借记“长期股权投资——投资成本”科目，贷记“银行存款”科目。投资企业支付的价款中如果含有已宣告发放但尚未支取的现金股利，作为债权应收项目处理，不计入长期股权投资成本。

(2)购买方在购买日以付出非现金资产的方式取得被购买方股权的，应以付出资产的公允价值作为初始投资成本，借记“长期股权投资”科目；付出的非现金资产为存货的，按销售处理，贷记“主营业务收入”“应交税费——应交增值税”等科目，并结转存货的销售成本；付出的非现金资产为固定资产的，按照固定资产的公允价值贷记“固定资产清理”科目；付出的非现金资产为无形资产的，注销无形资产的账面价值，将无形资产的账面价值与公允价值之间的差额记入“营业外收入”或“营业外支出”科目。企业为企业合并发生的审计、法律服务、评估咨询等中介费用以及其他相关管理费用，应当于发生时借记“管理费用”科目，贷记“银行存款”等科目。

【例 5-2】 2014 年 3 月 31 日，A 公司取得 B 公司 70%的股权，取得该部分股权后能够对 B 公司实施控制。为核实 B 公司的资产价值，A 公司聘请资产评估机构对 B 公司的资产进行评估，支付评估费用 50 万元。合并中，A 公司支付的有关资产在购买日的账面价值与公允价值如表 5-2 所示。假定合并前 A 公司与 B 公司不存在任何关联方关系。不考虑相关税费等其他因素影响。

表 5-2　　2014 年 3 月 31 日　　单位：元

项目	账面价值	公允价值
土地使用权(自用)	40 000 000	64 000 000
专利技术	16 000 000	20 000 000
合计	56 000 000	84 000 000

注：A 公司用作合并对价的土地使用权和专利技术原价为 6 400 万元，至企业合并发生时已累计摊销 800 万元。

A 公司对于合并形成的对 B 公司的长期股权投资，会计处理如下：

借:长期股权投资——投资成本　84 000 000
　管理费用　500 000
　累计摊销　8 000 000
　贷:无形资产　64 000 000
　　银行存款　500 000
　　营业外收入　28 000 000

(3)企业通过多次交易分步实现非同一控制下企业合并的,在编制个别财务报表时,应当按照原持有的股权投资的账面价值加上新增投资成本之和,作为改按成本法核算的初始投资成本。

(二)以非企业合并方式形成的长期股权投资

以支付现金、非现金资产等其他方式取得的长期股权投资,应按现金、非现金资产的公允价值或按照非货币性资产交换、债务重组的有关规定确定的初始投资成本,借记"长期股权投资——投资成本",贷记"银行存款"等科目,贷记"营业外收入"或借记"营业外支出"等。

1. 以支付现金取得长期股权投资

以支付现金取得长期股权投资的,应当按照实际支付的购买价款作为初始投资成本,包括购买过程中支付的手续费等必要支出,但所支付价款中包含的被投资单位已宣告但尚未发放的现金股利或利润作为应收项目核算,不构成取得长期股权投资的成本。

【例 5-3】 2014 年 2 月 10 日,甲公司自公开市场中买入乙公司 20%的股份,实际支付价款 16 000 万元,支付手续费等相关费用 400 万元,并于同日完成了相关手续。甲公司取得该部分股权后能够对乙公司施加重大影响。不考虑相关税费等其他因素影响。

甲公司应当按照实际支付的购买价款及相关交易费用作为取得长期股权投资的成本,有关会计处理如下:

借:长期股权投资——投资成本　164 000 000
　贷:银行存款　164 000 000

2. 以发行权益性证券取得长期股权投资

以发行权益性证券取得长期股权投资的,应当按照所发行证券的公允价值作为初始投资成本,但不包括应自被投资单位收取的已宣告但尚未发放的现金股利或利润。为发行权益性工具支付给有关证券承销机构等的手续费、佣金等与权益性工具发行直接相关的费用,不构成取得长期股权投资的成本。该部分费用应自所发行证券的溢价收入中扣除,溢价收入不足冲减的,应依次冲减盈余公积和未分配利润。

【例 5-4】 2014 年 6 月,大运公司通过增发 1 000 万股(每股面值 1 元)自身的股份取得对驰骋公司 20%的股权,按照增发前后的平均股价计算,该 1 000 万股股份的公允价值为 1 500 万元。为增发该部分股份,大运公司支付了 100 万元的佣金和手续费。

本例中大运公司应当以所发行股份的公允价值作为取得长期股权投资的投资成本。

借: 长期股权投资——投资成本　15 000 000
　贷:股本　10 000 000
　　资本公积——股本溢价　4 000 000
　　银行存款　1 000 000

3.通过非货币性资产交换取得的长期股权投资，参见《新编财务会计Ⅱ》“非货币性资产交换”相关内容。

4.通过债务重组取得的长期股权投资，参见《新编财务会计Ⅱ》“债务重组”相关内容。

任务三　核算长期股权投资后续计量业务

一、长期股权投资后续计量原则

长期股权投资在持有期间，根据投资方对被投资单位的影响程度分别采用成本法及权益法进行核算。

二、长期股权投资核算的成本法

(一)成本法的概念及其适用范围

成本法，是指投资按成本计价的方法。根据长期股权投资准则，投资方持有的对子公司投资应当采用成本法核算，投资方为投资性主体且子公司不纳入其合并财务报表的除外。投资方在判断对被投资单位是否具有控制时，应综合考虑直接持有的股权和通过子公司间接持有的股权。在个别财务报表中，投资方进行成本法核算时，应仅考虑直接持有的股权份额。

(二)成本法核算

在成本法下，长期股权投资应当按照初始投资成本计价。采用成本法进行长期股权投资的核算，在“长期股权投资”账户下，只设置“投资成本”明细账户。在追加投资时，按照追加投资支付的成本的公允价值及发生的相关交易费用增加长期股权投资的账面价值。除追加或收回投资外，长期股权投资的初始投资成本不进行调整。

被投资单位宣告分派的现金股利或利润，确认为当期投资收益。如果收到的股利为购入时的应收股利，则应冲减应收股利；如果收到的股利为股票股利，则只调整持股数量，降低每股成本，不做账务处理。

【例 5-5】 2014 年 1 月，甲公司自非关联方处以现金 800 万元取得对乙公司 60％的股权，相关手续于当日完成，并能够对乙公司实施控制。2015 年 3 月，乙公司宣告分派现金股利，甲公司按其持股比例可取得 10 万元。不考虑相关税费等其他因素影响。

甲公司有关会计处理如下：

2014 年 1 月：

借：长期股权投资——投资成本　　8 000 000

　贷：银行存款　　8 000 000

2015 年 3 月：

借：应收股利　　100 000

　贷：投资收益　　100 000

三、长期股权投资核算的权益法

(一)权益法的概念及其适用范围

权益法，是指投资方以初始投资成本计量后，在投资持有期间根据其享有被投资企业所有者权益份额的变动而相应调整长期股权投资账面价值的方法。

根据长期股权投资准则，对合营企业和联营企业投资应当采用权益法核算。投资方在判断对被投资单位是否具有共同控制、重大影响时，应综合考虑直接持有的股权和通过子公司间接持有的股权。在综合考虑直接持有的股权和通过子公司间接持有的股权后，如果认定投资方对被投资单位拥有共同控制或重大影响，在个别财务报表中，投资方进行权益法核算时，应仅考虑直接持有的股权份额；在合并财务报表中，投资方进行权益法核算时，应同时考虑直接持有和间接持有的股权份额。

(二)权益法核算

1. 权益法核算的账户设置

采用权益法进行长期股权投资的核算，可以在“长期股权投资”账户下，设置“投资成本”“损益调整”“其他综合收益”“其他权益变动”等明细账户。其中，“投资成本”明细账户反映取得股权时确定的初始投资成本；“损益调整”明细账户反映购入股权以后随着被投资企业净损益的增减变动而享有份额的调整数；“其他综合收益”明细账户反映购入股权以后随着被投资企业未在当期损益中确认的各项利得和损失发生的变动而享有份额的调整数；“其他权益变动”明细账户反映购入股权以后随着被投资企业除净损益、其他综合收益以及利润分配以外的所有者权益的其他变动因素而享有份额的调整数，主要包括被投资企业接受其他股东的资本性投入、被投资企业发行可分离交易的可转债中包含的权益成分、以权益结算的股份支付、其他股东对被投资企业增资导致投资方持股比例变动等。

2. 权益法下初始投资成本的调整

采用权益法进行长期股权投资的核算，为了更为客观地反映在被投资企业所有者权益中享有的份额，应将初始投资成本按照被投资企业可辨认净资产公允价值和持股比例进行调整。可辨认净资产的公允价值，是指被投资企业可辨认资产(资产总额－信誉)的公允价值减去负债及或有负债公允价值后的余额。

(1)长期股权投资的初始投资成本大于取得投资时应享有的被投资企业可辨认净资产公允价值份额的差额，是投资方在取得投资过程中通过作价体现出的与所取得股权份额相对应的商誉价值，不调整长期股权投资的初始投资成本。

(2)长期股权投资的初始投资成本小于取得投资时应享有的被投资企业可辨认净资产公允价值份额的差额，体现为双方在交易作价过程中转让方的让步，该部分经济利益流入应计入取得投资当期的营业外收入，同时调整增加长期股权投资的账面价值。借记“长期股权投资——投资成本”科目，贷记“营业外收入”科目。

【例 5-6】 甲企业于 2014 年 3 月取得乙公司 30%的股权，实际支付价款 3 000 万元。取得投资时被投资单位账面所有者权益的构成如下(假定该时点被投资单位各项可辨认资产、负债的公允价值与其账面价值相同，单位：万元)

实收资本	3 000
资本公积	2 400
盈余公积	600
未分配利润	1 500
所有者权益总额	7 500

假定在乙公司的董事会中，所有股东均以其持股比例行使表决权。甲企业在取得乙公司的股权后，派人参与了乙公司的生产经营决策。因能够对乙公司的生产经营决策施加重大影响，甲企业对该投资按照权益法核算。在取得投资时点上，甲企业应进行的账务处理为：

借：长期股权投资——乙公司——投资成本　　30 000 000

　贷：银行存款　　30 000 000

长期股权投资的成本3 000万元大于取得投资时点上应享有的被投资单位可辨认净资产公允价值的份额2 250万元(7 500×30%)，不对其账面价值进行调整。

假定上例中取得投资时点上的被投资单位可辨认净资产公允价值为12 000万元，甲企业按持股比例30%计算确定应享有3 600万元，则初始投资成本与应享有的被投资单位可辨认净资产公允价值份额之间的差额600万元应计入取得投资当期的损益。

借：长期股权投资——乙公司——投资成本　　36 000 000

　贷：银行存款　　30 000 000

　　营业外收入　　6 000 000

3. 权益法下投资损益的确认

(1)投资收益的确认

企业持有的对联营企业或合营企业的投资，一方面应按照享有被投资企业净利润的份额确认为投资收益；另一方面作为追加投资，借记“长期股权投资——损益调整”科目，贷记“投资收益”科目。

权益法下，由于长期股权投资的初始投资成本已经按照被投资企业可辨认净资产的公允价值进行了调整，因此，被投资企业的净利润应以其各项可辨认资产等的公允价值为基础进行调整后加以确定，不应仅按照被投资企业的账面净利润与持股比例计算的结果简单确定。基于重要性原则，通常应考虑的调整因素为：以取得投资时被投资企业固定资产、无形资产的公允价值为基础计提的折旧额或摊销额以及减值准备金额对被投资企业净利润的影响。其他项目如为重要的，也应进行调整。

如果无法合理确定取得投资时被投资企业各项可辨认资产的公允价值，或者投资时被投资企业可辨认资产的公允价值与其账面价值相比，两者之间的差额不具有重要性，也可以按照被投资企业的账面净利润与持股比例计算的结果确认投资收益，但应在附注中说明这一事实，以及无法合理确定被投资企业各项可辨认资产公允价值的原因。

【例5-7】 A公司于2014年2月25日购入B公司30%的股份，购买价款为2 000万元，并自取得股份之日起派人参与B公司的生产经营决策。取得投资日，B公司可辨认净资产公允价值为 6 000 万元，除下列项目外，账面其他资产、负债的公允价值与账面价值相同（单位：万元），资料见表 5-3。

表 5-3

项　目	账面原价	已提折旧或摊销	公允价值	B 公司预计使用年限	A 公司预计使用年限
存货	500		700		
固定资产	1 000	200	1 200	20	20
无形资产	600	120	800	10	10
合计	2 100	320	2 700		

假定 B 公司于 2014 年实现净利润 600 万元，其中在 A 公司取得投资时的账面存货有 80%对外出售。A 公司与 B 公司的会计年度及采用的会计政策相同。

A 公司在确定其应享有的投资收益时，应在 B 公司实现净利润的基础上，根据取得投资时有关资产的账面价值与其公允价值差额的影响进行调整（不考虑所得税影响）：

调整后净利润＝600－(700－500)×80%－(1 200－1 000)÷20－(800－ 600)÷10

＝600－160－10－20＝410(万元)

A 公司应享有份额＝ 410×30%＝ 123(万元)

借：长期股权投资——B 公司——损益调整　　1 230 000

　贷：投资收益　　1 230 000

需要注意的是，在确认投资收益时，投资企业与联营企业及合营企业之间发生的未实现内部交易损益按照持股比例计算归属于投资企业的部分，应当予以抵销，并在此基础上确认投资损益。投资方与被投资单位发生的内部交易损失，按照资产减值准则等规定属于资产减值损失的，应当全额确认。

【例 5-8】 甲公司持有乙公司 20%有表决权的股份，能够对乙公司生产经营决策施加重大影响。2014 年，甲公司将其账面价值为 600 万元的商品以 1 000 万元的价格出售给乙公司。至 2014 年资产负债表日，该批商品尚未对外部第三方出售。假定甲公司取得该项投资时，乙公司各项可辨认资产、负债的公允价值与其账面价值相同，两者在以前期间未发生过内部交易。乙公司 2014 年净利润为 2 000 万元。假定不考虑所得税因素。

甲公司在该项交易中实现利润 400 万元，其中 80 万元(400 万元×20%)是针对本企业持有的对联营企业的权益份额，在采用权益法计算确认投资损益时应予以抵销，即甲公司应进行的账务处理为：

损益调整＝(2 000－400)×20%＝320(万元)

借：长期股权投资——乙公司——损益调整　　3 200 000

　贷：投资收益　　3 200 000

(2)投资损失的确认

如果被投资企业发生亏损，投资企业也应按持股比例确认应分担的损失，借记“投资收益”科目，贷记“长期股权投资——损益调整”科目。被投资企业的净亏损也应以其各项可辨认资产等的公允价值为基础进行调整后加以确定。

(3)超额亏损的确认

由于投资企业承担有限责任，因此投资企业在确认投资损失时，应以长期股权投资的账面价值以及其他实质上构成对被投资企业净投资的长期权益减记至零为限，负有承担额外损失义务的除外。其他实质上构成对被投资企业净投资的长期权益，通常是指长期性的应收项目，比如，投资方对被投资单位的长期债权，该债权没有明确的清收计划且在可预见的未来期间不准备收回的，实质上构成对被投资单位的净投资。应予说明的是，该类长期权益不包括投资方与被投资单位之间因销售商品、提供劳务等日常活动所产生的长期债权。企业存在其他实质上构成对被投资企业净投资的长期权益项目的情况下，在确认应分担的被投资企业发生的亏损时，应当按照以下顺序进行处理：

①减记长期股权投资的账面价值。

②长期股权投资的账面价值减记至零时，如果存在实质上构成对被投资企业净投资的长期权益，应以该长期权益的账面价值减记至零为限减记长期权益的账面价值，同时确认投资损失。

③长期权益的价值减记至零时，如果按照投资合同或协议约定需要企业承担额外义务的，应按预计承担的义务确认预计负债，计入当期投资损失。

按照以上顺序处理后，如果仍有尚未确认的投资损失，投资企业应在备查簿上登记，在被投资企业以后期间实现盈利时，应按以上相反顺序分别减记已确认的预计负债，恢复其他长期权益和长期股权投资的账面价值，同时确认投资收益。即应当按顺序分别借记“预计负债”“长期应收款”“长期股权投资”等科目，贷记“投资收益”科目。

【例 5-9】 M 公司持有 N 公司 40%的股权，2013 年 12 月 31 日的账面价值为 2 000 万元，包括投资成本以及因 N 公司以前期间实现净利润而确认的投资收益。N 公司 2014 年由于一项主要经营业务市场条件发生变化，当年度发生亏损 3 000 万元。假定 M 公司在取得投资时点上，N 公司各项可辨认资产、负债的公允价值与其账面价值相等，双方所采用的会计政策及会计期间也相同，双方无未实现内部交易损益。则 M 公司 2014 年度应确认的投资损失为 1 200 万元。确认上述投资损失后，长期股权投资的账面价值变为 800 万元。

如果 N 公司当年度的亏损额为 6 000 万元，则 M 公司按其持股比例确认应分担的损失为 2 400 万元，但长期股权投资的账面价值仅为 2 000 万元，如果没有其他构成长期权益的项目，则 M 公司应确认的投资损失仅为 2 000 万元，超额损失在账外进行备查登记；如果在确认了 2 000 万元的投资损失后，M 公司账上仍有应收 N 公司的长期应收款 800 万元(该长期应收款从实质上构成对被投资单位的长期权益)，则在长期应收款的账面价值大于 400 万元的情况下，应进一步确认投资损失 400 万元。M 公司应进行的账务处理为：

借：投资收益　　24 000 000

　贷：长期股权投资——N 公司——损益调整　　20 000 000

　　长期应收款　　4 000 000

在确认投资损益时，被投资单位采用的会计政策、会计期间与投资单位不一致的，投资单位应当基于重要性原则对被投资单位采用的会计政策、会计期间进行调整，在此基础上确定被投资单位的损益。

4. 权益法下被投资单位其他综合收益变动的处理

被投资单位其他综合收益发生变动的，投资方应当按照归属于本企业的部分，相应调整长期股权投资的账面价值，同时增加或减少其他综合收益。

【例5-10】 A企业持有B企业30%的股份，能够对B企业施加重大影响。当期B企业因持有的可供出售金融资产公允价值变动计入其他综合收益的金额为1 200万元，除该事项外，B企业当期实现的净损益为6 400万元。假定A企业与B企业适用的会计政策、会计期间相同，投资时B企业各项可辨认资产、负债的公允价值与其账面价值亦相同。双方在当期及以前期间未发生任何内部交易。不考虑所得税影响因素。

A企业在确认应享有的被投资单位所有者权益的变动时：

借：长期股权投资——损益调整	19 200 000	
——其他综合收益	3 600 000	
贷：投资收益		19 200 000
其他综合收益		3 600 000

5. 权益法下被投资单位分派股利的调整

采用权益法进行长期股权投资的核算，被投资企业分派的现金股利会导致其留存权益的减少，所以投资企业应当按照持股比例计算应分得的现金股利，作为投资的收回，相应减少长期股权投资的账面价值，借记“应收股利”科目，贷记“长期股权投资——损益调整”科目。

6. 被投资单位除净损益、其他综合收益以及利润分配以外的所有者权益的其他变动

被投资单位除净损益、其他综合收益以及利润分配以外的所有者权益的其他变动的因素，主要包括被投资单位接受其他股东的资本性投入、被投资单位发行可分离交易的可转债中包含的权益成分、以权益结算的股份支付、其他股东对被投资单位增资导致投资方持股比例变动等。投资方应按所持股权比例计算应享有的份额，调整长期股权投资的账面价值，借记“长期股权投资——其他权益变动”，贷记“资本公积——其他资本公积”，并在备查簿中予以登记。投资方在后续处置股权投资但对剩余股权仍采用权益法核算时，应按处置比例将这部分资本公积转入当期投资收益；对剩余股权终止权益法核算时，将这部分资本公积全部转入当期投资收益。

【例5-11】 2012年3月20日，A、B、C公司分别以现金200万元、400万元和400万元出资设立D公司，分别持有D公司20%、40%、40%的股权。A公司对D公司具有重大影响，采用权益法对有关长期股权投资进行核算。D公司自设立日起至2014年1月1日实现净收益1 000万元，除此以外，无其他影响净资产的事项。2014年1月1日，经A、B、C公司协商，B公司对D公司增资800万元，增资后D公司净资产为2 800万元，A、B、C公司分别持有D公司15%、50%、35%的股权。相关手续于当日完成。假定A公司与D公司适用的会计政策、会计期间相同，双方在当期及以前期间未发生其他内部交易。不考虑相关税费等其他因素影响。

本例中，2014年1月1日，B公司增资前，D公司的净资产账面价值为2 000万元，A公司应享有D公司权益的份额为400万元(2 000 ×20%)。B公司单方面增资后，D公司的净资产增加800万元，A公司应享有D公司权益的份额为420万元(2 800×15%)。A

公司享有的权益变动20万元(420－400),属于D公司除净损益、其他综合收益和利润分配以外所有者权益的其他变动。A公司2014年1月1日会计处理如下:

借:长期股权投资——其他权益变动　　200 000

　贷:资本公积——其他资本公积　　200 000

7.投资方持股比例增加但仍采用权益法核算的处理

投资方因增加投资等原因对被投资单位的持股比例增加,但被投资单位仍然是投资方的联营企业或合营企业时,投资方应当按照新的持股比例对股权投资继续采用权益法进行核算。在新增投资日,如果新增投资成本大于按新增持股比例计算的被投资单位可辨认净资产于新增投资日的公允价值份额,不调整长期股权投资成本;如果新增投资成本小于按新增持股比例计算的被投资单位可辨认净资产于新增投资日的公允价值份额,应按该差额调整长期股权投资成本和营业外收入。进行上述调整时,应当综合考虑与原持有投资和追加投资相关的商誉或计入损益的金额。

四、长期股权投资核算方法的转换

(一)公允价值计量转权益法核算

原持有的对被投资单位的股权投资(不具有控制、共同控制或重大影响的),按照金融工具确认和计量准则进行会计处理的,因追加投资等原因导致持股比例上升,能够对被投资单位施加共同控制或重大影响的,在转按权益法核算时,投资方应当按照金融工具确认和计量准则确定的原股权投资的公允价值加上为取得新增投资而应支付对价的公允价值,作为改按权益法核算的初始投资成本。原持有的股权投资分类为可供出售金融资产的,其公允价值与账面价值之间的差额,以及原计入其他综合收益的累计公允价值变动,应当转入改按权益法核算的当期损益。

然后,比较上述计算所得的初始投资成本与按照追加投资后全新的持股比例计算确定的应享有的被投资单位在追加投资日可辨认净资产公允价值份额之间的差额,前者大于后者的,不调整长期股权投资的账面价值;前者小于后者的,应调整长期股权投资的账面价值,差额计入当期营业外收入。

【例5-12】 2013年2月,A公司以600万元现金自非关联方处取得B公司10%的股权。A公司根据金融工具确认和计量准则将其作为可供出售金融资产。2014年1月2日,A公司又以1 200万元现金自另一非关联方处取得B公司12%的股权,相关手续于当日完成。当日,B公司可辨认净资产公允价值总额为8 000万元,A公司对B公司的可供出售金融资产的账面价值为1 000万元,计入其他综合收益的累计公允价值变动为400万元。取得该部分股权后,按照B公司章程的规定,A公司能够对B公司施加重大影响,对该项股权投资转为采用权益法核算。不考虑相关税费等其他因素影响。

本例中,2014年1月2日,A公司原持有10%股权的公允价值为1 000万元,为取得新增投资而支付对价的公允价值为1 200万元,因此A公司对B公司22%股权的初始投资成本为2 200万元。

A公司对B公司新持股比例为22%,应享有的B公司可辨认净资产公允价值的份额为1 760万元(8 000万元×22%)。由于初始投资成本(2 200万元)大于应享有的B公司可辨认净资产公允价值的份额(1 760 万元),因此,A 公司无须调整长期股权投资的成本。

2014 年 1 月 2 日,A 公司确认对 B 公司的长期股权投资,进行会计处理如下:

借:长期股权投资——投资成本　　22 000 000
　资本公积——其他资本公积　　4 000 000
　贷:可供出售金融资产　　10 000 000
　　银行存款　　12 000 000
　　投资收益　　4 000 000

(二)公允价值计量或权益法核算转成本法核算

投资方原持有的对被投资单位不具有控制、共同控制或重大影响的按照金融工具确认和计量准则进行会计处理的权益性投资,或者原持有的对联营企业、合营企业的长期股权投资,因追加投资等原因,能够对被投资单位实施控制的,应按有关企业合并形成的长期股权投资的方法进行会计处理。

(三)权益法核算转公允价值计量

原持有的对被投资单位具有共同控制或重大影响的长期股权投资,因部分处置等原因导致持股比例下降,不能再对被投资单位实施共同控制或重大影响的,应改按金融工具确认和计量准则对剩余股权投资进行会计处理,其在丧失共同控制或重大影响之日的公允价值与账面价值之间的差额计入当期损益。原采用权益法核算的相关其他综合收益应当在终止采用权益法核算时,采用与被投资单位直接处置相关资产或负债相同的基础进行会计处理,因被投资单位除净损益、其他综合收益和利润分配以外的其他所有者权益变动而确认的所有者权益,应当在终止采用权益法核算时全部转入当期损益。

【例 5-13】 甲公司持有乙公司 30%的有表决权股份,能够对乙公司施加重大影响,对该股权投资采用权益法核算。2014 年 10 月,甲公司将该项投资中的 50%出售给非关联方,取得价款 1 800 万元。相关手续于当日完成。甲公司无法再对乙公司施加重大影响,将剩余股权投资转为可供出售金融资产。出售时,该项长期股权投资的账面价值为 3 200 万元,其中投资成本为 2 600 万元,损益调整为 300 万元,其他综合收益为 200 万元(性质为被投资单位可供出售金融资产的累计公允价值变动),除净损益、其他综合收益和利润分配外的其他所有者权益变动为 100 万元。剩余股权的公允价值为 1 800 万元。不考虑相关税费等其他因素影响。

甲公司有关会计处理如下:

1. 确认有关股权投资的处置损益。

借:银行存款　　18 000 000
　贷:长期股权投资　　16 000 000
　　投资收益　　2 000 000

2. 由于终止采用权益法核算,将原确认的相关其他综合收益全部转入当期损益。

借:其他综合收益　　2 000 000
　贷:投资收益　　2 000 000

3. 由于终止采用权益法核算，将原计入资本公积的其他所有者权益变动全部转入当期损益。

借：资本公积——其他资本公积　　1 000 000

　贷：投资收益　　1 000 000

4. 剩余股权投资转为可供出售金融资产，当天公允价值为 1 800 万元，账面价值为 1 600 万元，两者差额应计入当期投资收益。

借：可供出售金融资产　　18 000 000

　贷：长期股权投资　　16 000 000

　　投资收益　　2 000 000

(四)成本法转权益法

因处置投资等原因导致对被投资单位由能够实施控制转为具有重大影响或者与其他投资方一起实施共同控制的，首先应按处置投资的比例结转应终止确认的长期股权投资成本。

然后，比较剩余长期股权投资的成本与按照剩余持股比例计算原投资时应享有的被投资单位可辨认净资产公允价值的份额，前者大于后者的，属于投资作价中体现的商誉部分，不调整长期股权投资的账面价值；前者小于后者的，在调整长期股权投资成本的同时，调整留存收益。

对于原取得投资时至处置投资时(转为权益法核算)之间被投资单位实现的净损益中投资方应享有的份额，一方面应当调整长期股权投资的账面价值，同时，对于原取得投资时至处置投资当期期初被投资单位实现的净损益(扣除已宣告发放的现金股利和利润)中应享有的份额，调整留存收益，对于处置投资当期期初至处置投资之日被投资单位实现的净损益中应享有的份额，调整当期损益；在被投资单位其他综合收益变动中应享有的份额，在调整长期股权投资账面价值的同时，应当计入其他综合收益；对除净损益、其他综合收益和利润分配外的其他原因导致的被投资单位其他所有者权益变动中应享有的份额，在调整长期股权投资账面价值的同时，应当计入资本公积(其他资本公积)。长期股权投资自成本法转为权益法后，未来期间应当按照长期股权投资准则规定计算确认应享有的被投资单位实现的净损益、其他综合收益和所有者权益其他变动的份额。

【例 5-14】 A 公司原持有 B 公司 60%的股权，能够对 B 公司实施控制。2014 年 11 月 6 日，A 公司对 B 公司的长期股权投资的账面价值为 6 000 万元，未计提减值准备，A 公司将其持有的对 B 公司长期股权投资中的 1/3 出售给非关联方，取得价款 3 600 万元，当日被投资单位可辨认净资产公允价值总额为 16 000 万元。相关手续于当日完成，A 公司不再对 B 公司实施控制，但具有重大影响。A 公司原取得 B 公司 60%股权时，B 公司可辨认净资产公允价值总额为 9 000 万元(假定公允价值与账面价值相同)。自 A 公司取得对 B 公司长期股权投资后至部分处置投资前，B 公司实现净利润 5 000 万元。其中，自 A 公司取得投资日至 2014 年年初实现净利润 4 000 万元。假定 B 公司一直未进行利润分配。除所实现净损益外，B 公司未发生其他计入资本公积的交易或事项。A 公司按净利润的 10%提取盈余公积。不考虑相关税费等其他因素影响。

本例中，在出售 20%的股权后，A 公司对 B 公司的持股比例为 40%，对 B 公司施加重大影响。对B公司长期股权投资应由成本法改为权益法核算。有关会计处理如下：

1.确认长期股权投资处置损益。

借：银行存款　　36 000 000

　贷：长期股权投资　　20 000 000

　　　投资收益　　16 000 000

2.调整长期股权投资账面价值。

剩余长期股权投资的账面价值为4 000万元，与原投资时应享有的被投资单位可辨认净资产公允价值份额之间的差额400万元(4 000－9 000×40%)为商誉，该部分商誉的价值不需要对长期股权投资的成本进行调整。

处置投资以后按照持股比例计算的应享有被投资单位自购买日至处置投资日期初之间实现的净损益为1 600万元(4 000×40%)，应调整增加长期股权投资的账面价值，同时调整留存收益；处置期初至处置日之间实现的净损益400万元，应调整增加长期股权投资的账面价值，同时计入当期投资收益。A公司应进行以下会计处理：

借：长期股权投资　　20 000 000

　贷：盈余公积　　1 600 000

　　　利润分配——未分配利润　　14 400 000

　　　投资收益　　4 000 000

(五)成本法核算转公允价值计量

原持有的对被投资单位具有控制的长期股权投资，因部分处置等原因导致持股比例下降，不能再对被投资单位实施控制、共同控制或重大影响的，应改按金融工具确认和计量准则进行会计处理，在丧失控制之日的公允价值与账面价值之间的差额计入当期投资收益。

【例5-15】 甲公司持有乙公司60%的有表决权股份，能够对乙公司实施控制，对该股权投资采用成本法核算。2014年10月，甲公司将该项投资中的80%出售给非关联方，取得价款8 000万元。相关手续于当日完成。甲公司无法再对乙公司实施控制，也不能施加共同控制或重大影响，将剩余股权投资转为可供出售金融资产。出售时，该项长期股权投资的账面价值为8 000万元，剩余股权投资的公允价值为2 000万元。不考虑相关税费等其他因素影响。

甲公司有关会计处理如下：

1.确认有关股权投资的处置损益。

借：银行存款　　80 000 000

　贷：长期股权投资　　64 000 000

　　　投资收益　　16 000 000

2.剩余股权投资转为可供出售金融资产，当天公允价值为2 000万元，账面价值为1 600万元，两者差异应计入当期投资收益。

借：可供出售金融资产　　20 000 000

　贷：长期股权投资　　16 000 000

　　　投资收益　　4 000 000

任务四 核算长期股权投资减值和处置业务

一、长期股权投资减值的基本知识

(一)长期股权投资减值金额的确定

企业对子公司、合营企业及联营企业的长期股权投资在资产负债表日存在可能发生减值的迹象时,其可收回金额低于账面价值的,应当将该长期股权投资的账面价值减记至可收回金额,减值的金额确认为减值损失,计入当期损益,同时计提相应的资产减值准备。

可收回金额是指资产的公允价值减去处置费用后的净额与资产预计未来现金流量的现值两者之中较高者。

长期股权投资是否发生减值一般根据以下迹象加以判断:

(1)市价持续低于账面价值一年以上。

(2)被投资单位当年发生严重亏损。

(3)被投资单位持续亏损两年以上。

(4)被投资单位进行清理整顿、清算或出现其他不能持续经营的迹象。

(二)长期股权投资减值的会计处理

企业计提长期股权投资减值准备,应当设置"长期股权投资减值准备"账户核算。企业按应减记的金额,借记"资产减值损失——计提的长期股权投资减值准备"科目,贷记"长期股权投资减值准备"科目。

【例 5-16】 甲公司对乙公司进行长期股权投资,采用成本法核算,假如 2014 年乙公司发生巨额亏损,2014 年年末甲公司对乙公司的投资按当时的市场收益率对未来现金流量折现确定的现值为 750 万元,长期股权投资的账面价值为 800 万元。那么甲公司需计提 50 万元减值准备:

借:资产减值损失——计提长期股权投资减值准备　　500 000

　贷:长期股权投资减值准备　　500 000

二、长期股权投资的处置

处置长期股权投资时,应按实际收到的金额,借记"银行存款"等科目,原已计提减值准备的,借记"长期股权投资减值准备"科目,按其账面余额,贷记"长期股权投资"科目,按尚未领取的现金股利或利润,贷记"应收股利"科目,按其差额,贷记或借记"投资收益"科目。

处置采用权益法核算的长期股权投资时,应当采用与被投资单位直接处置相关资产或负债相同的基础,对相关的其他综合收益进行会计处理。按照上述原则可以转入当期损益的其他综合收益,应按结转的长期股权投资的投资成本比例结转原计入其他综合收益的金额,借记或贷记"其他综合收益"科目,贷记或借记"投资收益"科目。

处置采用权益法核算的长期股权投资时,还应按结转的长期股权投资的投资成本比例结转原记入“资本公积——其他资本公积”科目的金额，借记或贷记“资本公积——其他资本公积”科目，贷记或借记“投资收益”科目。

企业通过多次交易分步处置对子公司股权投资直至丧失控制权，如果上述交易属于一揽子交易的，应当将各项交易作为一项处置子公司股权投资并丧失控制权的交易进行会计处理；但是，在丧失控制权之前每一次处置价款与所处置的股权对应的长期股权投资账面价值之间的差额，在个别财务报表中，应当先确认为其他综合收益，到丧失控制权时再一并转入丧失控制权的当期损益。

【例 5-17】 经协商，甲公司将持有的乙公司的全部股权转让给丙企业，如转让前甲公司对乙公司长期股权投资按成本法核算，长期股权投资的账面余额为 800 万元，甲公司计提的减值准备为 50 万元，收到股权转让款 900 万元。甲公司会计分录为：

借：银行存款　9 000 000

　长期股权投资减值准备　500 000

　贷：长期股权投资——乙企业　8 000 000

　　投资收益　1 500 000

【例 5-18】 甲公司将其对联营企业乙公司的长期股权投资全部转让，获取价款 5 000 万元，该长期股权投资的账面价值为 4 500 万元，其中投资成本 4 000 万元，损益调整 400 万元，其他权益变动 100 万元。

处置该长期股权投资时，甲公司的会计处理为：

借：银行存款　50 000 000

　资本公积——其他资本公积　1 000 000

　贷：长期股权投资——乙公司——投资成本　40 000 000

　　　　　　　　——乙公司——损益调整　4 000 000

　　　　　　　　——乙公司——其他权益变动　1 000 000

　　投资收益　6 000 000

一、单项选择题

1. 以下不属于长期股权投资的是(　　)。

A. 对子公司的投资　　B. 对联营企业的投资

C. 对合营企业的投资　　D. 从证券市场购入的准备长期持有的债券

2. 以下能够形成长期股权投资的是(　　)。

A. 同一控制下的吸收合并　　B. 非同一控制下的吸收合并

C. 新设合并　　D. 控股合并

3. 甲公司原拥有乙公司 100％股份，拥有丙公司 80％股份，现甲公司将其拥有的乙公司的全部股份转让给丙公司，对乙公司而言，该事项(　　)。

A. 属于同一控制下的吸收合并　　B. 属于非同一控制下的吸收合并

C. 属于同一控制下的控股合并　　D. 不属于企业合并

4. 企业在二级市场购入的某上市公司股票，准备随时出售赚取差价，对该上市公司不能施加重大影响，则应当将其划分为(　　)。

A. 交易性金融资产　　B. 可供出售金融资产

C. 持有至到期投资　　D. 长期股权投资

5. 企业以账面价值 1 000 万元，公允价值 1 500 万元的资产从母公司取得 M 公司 80%股份，M 公司可辨认净资产账面价值 2 000 万元，公允价值 1 800 万元。则该长期股权投资的初始投资成本为(　　)万元。

A. 1 000　　B. 1 500　　C. 1 600　　D. 1 440

6. 同一控制下的企业合并，合并方为进行企业合并而支付的审计费用、评估费用等直接相关费用，应当记入(　　)科目。

A."管理费用"　　B."投资收益"

C."长期股权投资"　　D."营业外支出"

7. 非同一控制下的企业合并，购买方为进行企业合并而支付的审计费用、评估费用等直接相关费用，应当记入(　　)科目。

A."长期股权投资"　　B."投资收益"

C."管理费用"　　D."营业外支出"

8. 非同一控制下的企业合并，购买方为进行企业合并而付出资产的账面价值与公允价值之间的差额，应当记入(　　)科目。

A."当期损益"　　B."递延收益"　　C."长期股权投资"　　D."不予确认"

9. 同一控制下的企业合并所取得的长期股权投资的初始投资成本是(　　)。

A. 投出资产的账面价值

B. 投出资产的公允价值

C. 取得被合并方所有者权益账面价值的份额

D. 取得被合并方所有者权益公允价值的份额

10. 采用权益法核算长期股权投资，长期股权投资的初始投资成本大于投资时应享有的被投资单位可辨认净资产公允价值份额时，正确的做法是(　　)。

A. 将差额计入营业外收入　　B. 将差额计入投资收益

C. 将差额计入管理费用　　D. 不调整长期股权投资的初始投资成本

二、多项选择题

1. 下列各项中，采用权益法核算的有(　　)。

A. 对子公司投资

B. 对合营企业投资

C. 对联营企业投资

D. 对被投资单位不具有控制、共同控制或重大影响，且在活跃市场中没有报价、公允价值不能可靠计量的权益性投资

2. 下列事项中可以计入当期损益的有(　　)。

A. 非同一控制下的企业合并，合并方为进行企业合并发生的各项直接相关费用，包括为进行企业合并而支付的审计费用、评估费用、法律服务费用

B. 非同一控制下取得股权投资时，发生的审计费、评估费

C. 长期股权投资采用成本法核算，投资企业按被投资单位宣告分派的利润或现金股利确认的应享有的份额

D. 长期股权投资采用权益法核算，投资企业应享有的被投资单位实现的净损益的份额

3. 企业采用权益法核算时，下列事项中将引起长期股权投资账面价值发生增减变动的有(　　)。

A. 长期股权投资的初始投资成本小于投资时应享有的被投资单位可辨认净资产公允价值份额

B. 计提长期股权投资减值准备

C. 被投资单位资本公积发生变化

D. 获得被投资单位的股票股利

4. 处置长期股权投资时，下列项目中，会影响投资收益的有(　　)。

A. 长期股权投资账面余额　　B. 长期股权投资减值准备

C. 取得的转让价款　　D. 权益法下计入所有者权益的金额

5. 同一控制下的企业合并，长期股权投资初始投资成本与支付的合并对价之间的差额可能调整(　　)。

A. 资本公积　　B. 盈余公积　　C. 未分配利润　　D. 营业外收入

6. 权益法下，长期股权投资应当设置的明细科目有(　　)。

A. 投资成本　　B. 损益调整　　C. 其他综合收益　　D. 其他权益变动

7. 投资由公允价值计量、成本法转换为权益法的情形有(　　)。

A. 投资企业因减少投资等原因对被投资企业不再具有控制权，但仍存在共同控制或重大影响

B. 投资企业因减少投资等原因对被投资企业不再具有共同控制或重大影响

C. 投资企业原持有的对被投资企业按照金融工具核算的因追加投资能够对被投资企业实施共同控制或重大影响

D. 投资企业原持有的对被投资企业按照金融工具核算的因追加投资能够对被投资企业实施控制

8. 投资由公允价值计量或权益法核算转换为成本法的情形有(　　)。

A. 投资企业原持有的对被投资企业按照金融工具核算的因追加投资能够对被投资企业实施共同控制或重大影响

B. 投资企业原持有的对被投资企业按照金融工具核算的因追加投资能够对被投资企业实施控制

C. 投资企业因追加投资等原因对被投资企业由实施共同控制转为控制

D. 投资企业因追加投资等原因对被投资企业由重大影响转为控制

9. 长期股权投资出现以下迹象(　　)时，应当进行减值测试。

A. 市价持续低于账面价值一年以上

B. 被投资单位当年发生严重亏损

C. 被投资单位持续亏损两年以上

D. 被投资单位进行清理整顿、清算或出现其他不能持续经营的迹象

10. 权益法下投资损益的确认应当考虑以下因素(　　)。

A. 取得投资时被投资企业各项可辨认资产的公允价值与账面价值是否一致

B. 被投资单位采用的会计政策、会计期间与投资单位是否一致

C. 被投资单位与投资单位的未实现内部交易损益

D. 投资单位对被投资单位是否承担额外义务

三、判断题

1. 准备长期持有的股票可能作为长期股权投资核算,也可能作为金融资产核算。(　　)

2. 同一控制下取得的长期股权投资,其初始投资成本与支付的现金、转让的非现金资产以及所承担债务账面价值之间的差额,应当调整资本公积;资本公积不足冲减的,调整留存收益。(　　)

3. 在非企业合并下,以现金取得的长期股权投资,应当按照实际支付的购买价款作为初始投资成本。初始投资成本包括与取得长期股权投资直接相关的费用、税金及其他必要支出。(　　)

4. 成本法下分得的现金股利,应全部计入投资收益。(　　)

5. 被投资企业宣告发放股票股利时,投资企业应按其享有的金额确认为投资收益。(　　)

6. 权益法下确认投资收益,完全取决于被投资单位的账面净利润。(　　)

7. 权益法下投资单位应当直接根据被投资单位实现的净利润乘以持股比例确定投资收益。(　　)

8. 长期股权投资属于企业的一项金融资产,期末一般按公允价值计量。(　　)

9. 对子公司的长期股权投资由于金额较大,按照重要性原则,应当采用权益法核算。(　　)

10. 处置长期股权投资时,确认的投资损益的数额应为收到的价款与长期股权投资账面价值的差额。(　　)

四、计算及会计处理题

1. 2014 年 3 月 1 日,A 公司支付现金 140 万元给 B 公司,受让 B 公司持有的 C 公司 60%的股权(A 公司是 B 公司的子公司),受让股权时 C 公司的所有者权益账面价值为 240 万元,公允价值为 220 万元。

要求:做出 A 公司取得长期股权投资时的账务处理。

2. A 上市公司于 2014 年 3 月 1 日向母公司定向增发本公司 800 万股普通股(每股面值 1 元)作为对价从母公司取得 M 公司 80%的股权。合并日,M 公司所有者权益账面价值 5 000 万元,公允价值 6 000 万元,A 上市公司股票价格 5 元/股。

要求:做出 A 公司取得长期股权投资时的会计处理。

3. 甲企业于 2014 年 1 月 1 日以一项固定资产作为合并对价取得乙企业 70%的股权。该固定资产的原值为 1 000 万元,累计折旧 200 万元,未提取减值准备,公允价值 840

万元。甲企业为取得该长期股权投资以银行存款支付评估费、律师费 20 万元。投资时乙企业可辨认净资产的账面价值为 1 000 万元，公允价值为 1 200 万元，甲企业资本公积——资本溢价账户贷方余额 70 万元，盈余公积账户贷方余额 100 万元。

(1)假设该企业合并属于同一控制下的企业合并，甲企业应当如何进行账务处理。

(2)假设该企业合并属于非同一控制下的企业合并，甲企业应当如何进行账务处理。

4. A 公司投资于 D 公司，有关投资情况如下：

(1)2013 年 1 月 1 日 A 公司支付现金 1 200 万元给 B 公司，受让 B 公司持有的 D 公司 20%的股权(具有重大影响)，采用权益法核算。假设未发生直接相关费用和税金。受让股权时 D 公司的可辨认净资产公允价值为 5 000 万元。

(2)2013 年 12 月 31 日，D 公司 2013 年实现的净利润为 600 万元；本年度因可供出售金融资产公允价值增加致使资本公积增加 150 万元。假设不考虑对净利润的调整，投资企业与被投资企业会计政策、会计期间一致。

(3)2014 年 3 月 12 日，D 公司宣告分配现金股利 200 万元；A 公司于 4 月 15 日收到。

(4)2014 年 D 公司发生亏损 2 000 万元，2014 年末 A 公司对 D 公司的投资进行减值测试，确定该长期股权投资的可收回金额为 700 万元。

(5)2015 年 1 月 20 日，A 公司经协商，将持有的 D 公司的全部股权转让给丁企业，收到股权转让款 800 万元。

要求：做出 A 公司相应的账务处理。

项目六

核算固定资产业务

项目要点

固定资产是企业赖以生存的物质基础，是企业产生效益的源泉，关系到企业的运营与发展。本项目主要学习固定资产的概念及确认标准、固定资产的初始计量和后续计量以及处置等相关的会计处理。

任务一　认识固定资产

一、固定资产的基本知识

(一)固定资产的定义

固定资产是指企业为生产商品、提供劳务、出租或经营管理而持有的使用寿命超过一个会计年度的有形资产。从固定资产的定义看，固定资产具有以下三个特征：

1. 为生产商品、提供劳务、出租或经营管理而持有。这意味着企业持有的固定资产是企业的劳动工具或手段，而不是直接用于出售的产品。其中"出租"的固定资产是指用以出租的机器设备类固定资产，不包括以经营租赁方式出租的作为投资性房地产的建筑物。

2. 使用寿命超过一个会计年度。这意味着固定资产属于长期资产，有别于流动资产。固定资产的"使用寿命"，是指企业使用固定资产的预计期间，或者该固定资产所能生产产品或提供劳务的数量。例如，房屋建筑物通过其使用年限来表示，而汽车等交通工具通过其最高行驶里程数量来表示。

3. 有形资产。固定资产具有实物特征，这意味着固定资产与无形资产是有区别的。但不是所有具有固定资产特征的有形资产都是固定资产，例如工业企业所持有的工具、用具、备品备件、维修设备等资产，施工企业所持有的模板、挡板、架料等周转材料，以及地质勘探企业所持有的管材等资产，由于数量多、单价低，考虑到成本效益原则，在实务中通常确认为存货。

(二)固定资产的确认条件

在符合固定资产定义的前提下，同时满足以下两个条件者方可确认为固定资产：

1. 固定资产有关的经济利益很可能流入企业；

2. 该固定资产的成本能够可靠地计量。

固定资产的各组成部分具有不同使用寿命或者以不同方式为企业提供经济利益，适用不同折旧率或折旧方法的，应当分别将各组成部分确认为单项固定资产。

企业由于安全或环保的要求购入设备等，虽然不能直接给企业带来未来经济利益，但有助于企业从其他相关资产的使用中获得未来经济利益，也应确认为固定资产。

二、固定资产的分类

为了正确组织固定资产的核算，加强固定资产的管理，应对固定资产进行合理分类。固定资产按经济用途可分为生产经营用和非生产经营用的固定资产；按固定资产使用情况可分为使用中、未使用和不需用的固定资产；按固定资产的所有权可分为自有和租入的固定资产。实务中常见的是综合分类方法，这种分类方法将固定资产分为以下七类：

（一）生产经营用的固定资产

生产经营用的固定资产，是指直接服务于企业生产经营过程的固定资产。如生产经营用的房屋、建筑物、机器、设备等。

（二）非生产经营用的固定资产

非生产经营用的固定资产，是指不直接服务于企业生产经营过程的固定资产。如职工宿舍、食堂、理发室等使用的房屋、建筑物和其他固定资产等。

（三）租出固定资产

租出固定资产，是指经批准以经营性租赁方式出租给其他单位使用的固定资产。

（四）未使用的固定资产

未使用的固定资产，是指已完工或已购建的尚未交付使用的固定资产以及因进行改建、扩建等原因暂停使用的固定资产。

（五）不需用的固定资产

不需用的固定资产，是指企业多余或不适用的固定资产。

（六）融资租入固定资产

融资租入固定资产，是指以融资租赁方式租入的固定资产。

（七）土地

土地是指 1993 年开始的全国性清产核资中按规定估价，并经批复确认按固定资产入账核算的土地以及 1993 年开始的清产核资以前已经估价单独入账的土地。

任务二　核算固定资产初始计量业务

固定资产的初始计量是对取得的固定资产运用恰当的会计计量属性对其价值进行记录。

固定资产应当按照成本进行初始计量，具体对成本计量时又要求按照取得固定资产的不同方式所发生的实际成本计量。

一、外购固定资产的核算

外购的固定资产成本,包括购买价款、相关税费(一般纳税人允许抵扣的增值税进项税额除外)、使固定资产达到预定可使用状态前所发生的可归属该项资产的运输费、保险费、装卸费、安装费和专业人员服务费等。

若企业为增值税一般纳税人,则企业在购进设备、机械、运输工具以及其他与生产经营有关的设备等固定资产的进项税额不纳入固定资产成本核算,应借记"应交税费——应交增值税(进项税额)"。

外购固定资产是否达到预定可使用状态,需要根据具体情况进行分析判断。如果购入不需安装的固定资产,购入后即可发挥作用,因此,购入后即可达到预定可使用状态。如果购入需安装的固定资产,只有安装调试后达到设计要求或合同规定的标准,该项固定资产才可发挥作用,达到预定可使用状态。

(一)外购不需要安装的固定资产核算

外购不需要安装的固定资产,可以直接交付使用。按实际支付的价款中可以计入固定资产成本的金额借记"固定资产"账户,按照可以抵扣的增值税借记"应交税费——应交增值税(进项税额)"账户,按实际支付的价款贷记"银行存款"账户等。

【例 6-1】 甲公司为一般纳税人,2014 年 2 月购入设备,买价 30 000 元,增值税 5 100 元,并支付保险费、包装费和专业人员服务费等 2 000 元,全部款项以银行存款支付。

借:固定资产　　32 000
　　应交税费——应交增值税(进项税额)　　5 100
　贷:银行存款　　37 100

(二)外购需要安装的固定资产核算

外购需要安装的固定资产,不可以直接投入生产经营,要经过安装才可以交付使用。企业外购固定资产的成本和以后发生的安装费先通过"在建工程"账户归集,安装完工后再转入"固定资产"账户。

【例 6-2】 甲公司为一般纳税人,2014 年购入设备,买价 500 000 元,增值税 85 000 元,包装费、保险费 3 000 元,款项以银行存款支付。设备安装时,领用 A 材料 4 000 元,同时在安装过程中发生人工费用 3 000 元。

(1)支付设备买价、税金、包装费、保险费

借:在建工程　　503 000
　　应交税费——应交增值税(进项税额)　　85 000
　贷:银行存款　　588 000

(2)领用安装的原材料

借:在建工程　　4 000
　贷:原材料——A 材料　　4 000

(3)支付人工费用

借:在建工程　　3 000

　贷:应付职工薪酬——工资　　3 000

(4)设备安装完毕交付使用

借:固定资产　　510 000

　贷:在建工程　　510 000

(三)外购多项没有单独标价的固定资产核算

一笔款项购入多项没有单独标价的固定资产,应当按照各项固定资产公允价值的比例对总成本进行分配,分别确定各项固定资产的成本。

【例 6-3】 甲公司 2014 年 4 月 1 日一次购入两台发电机组,其中 A 机组的总功率 2 万千瓦,B 机组的总功率 3 万千瓦,总价款 4 200 000 元,增值税 714 000 元,发生保险费 10 000 元,安装费 15 000 元。假定 A、B 机组的公允价值分别为 2 000 000 元和 3 000 000 元。款项已全部用银行存款支付。

A、B 机组的总成本=4 200 000+10 000+15 000=4 225 000 元

A 机组分配比例=2 000 000÷(2 000 000+3 000 000)=40%

B 机组分配比例=3 000 000÷(2 000 000+3 000 000)=60%

则 A 机组应分配的成本=4 225 000×40%=1 690 000 元

B 机组应分配的成本=4 225 000×60%=2 535 000 元

借:固定资产——A 机组　　1 690 000

　　　　　——B 机组　　2 535 000

　应交税费——应交增值税(进项税额)　　714 000

　贷:银行存款　　4 939 000

(四)超过正常信用条件付款的固定资产核算

企业购买固定资产通常在正常信用条件期限内付款,但也会发生超过正常信用条件购买固定资产的经济业务事项,如采用分期付款方式购买资产,且合同中规定的付款期限比较长,超过了正常信用条件。在这种情况下,企业支付的合同价款一般大于该固定资产的公允价值,实质具有融资性质,超出部分实质上是延期付款的利息。所以应该考虑资金的时间价值,以各期付款额的现值之和作为购入固定资产的入账价值,差额计入未确认融资费用,采用实际利率法摊销计入财务费用。

二、自行建造的固定资产核算

自行建造的固定资产成本,是指建造该项固定资产达到预定可使用状态前所发生的必要支出,包括工程用物资成本、人工成本、交纳的相关税费、应予资本化的借款费用以及应分摊的间接费用等。企业自行建造固定资产,可采用两种方式:自营在建工程和出包在建工程。

(一)自营方式建造固定资产的核算

自营方式建造固定资产,是指企业自行组织工程物资采购、自行组织施工人员从事工程施工完成固定资产建造,其成本应当按照实际发生的直接材料、直接人工、直接机械施

工费等计算。

1. 自营方式建造固定资产核算应设置的账户

企业采用自营方式建造固定资产的，应设置“工程物资”和“在建工程”账户进行核算。“工程物资”账户，核算企业为在建工程准备的各种物资的成本，包括工程用材料、尚未安装的设备以及为生产准备的工器具等，本账户可按“专用材料”“专用设备”“工器具”等进行明细核算。“在建工程”账户，核算企业基建、更新改造等在建工程发生的支出，本账户可按“建筑工程”“安装工程”等进行明细核算。

2. 自营方式建造固定资产的会计处理

企业为建造固定资产准备的各种物资应当按照实际支付的买价、运输费、保险费等相关税费作为实际成本。工程完工后，若剩余的工程物资转为本企业存货的，可按其实际成本或计划成本进行结转。在工程建设期间，若发生了工程物资盘亏、报废及毁损时，用其实际成本减去残料价值以及保险公司、过失人等赔款后的净损失，计入所建工程项目的成本；若发生了盘盈的工程物资或处置净收益，则应冲减所建工程项目的成本。工程完工后，发生的工程物资盘盈、盘亏、报废、毁损，计入当期营业外收支。

【例 6-4】 2014 年 1 月 1 日，某企业自行建造一座仓库，有关资料如下：

(1)1 月 8 日购入工程物资一批，价款为 300 000 元，款项以银行存款支付。

借：工程物资　　300 000

　贷：银行存款　　300 000

(2)2 月 3 日领用生产用原材料一批，实际成本为 32 000 元。

借：在建工程——建筑工程——仓库　　37 440

　贷：原材料　　32 000

　　应交税费——应交增值税(进项税转出)　　5 440

(3)1 月 8 日至 6 月 30 日，工程先后领用工程物资 222 500 元。

借：在建工程——建筑工程——仓库　　222 500

　贷：工程物资　　222 500

(4)6 月 30 日对工程物资进行清查，发现工程物资减少 48 000 元，经调查属保管员过失造成，根据企业管理规定，保管员应赔偿 30 000 元。剩余工程物资转入企业原材料，该原材料的计划成本为 27 000 元。

①建设期间发生的工程物资盘亏、报废及毁损净损失

借：在建工程——建筑工程——仓库　　18 000

　其他应收款——保管员　　30 000

　贷：工程物资　　48 000

②剩余工程物资的实际成本＝300 000－222 500－48 000＝29 500 元

原材料的计划成本＝27 000 元

借：原材料　　27 000

　材料成本差异　　2 500

　贷：工程物资　　29 500

(5)工程建设期间辅助生产车间为工程提供有关的劳务支出为 35 000 元。

借：在建工程——建筑工程——仓库　35 000

　贷：生产成本——辅助生产成本　35 000

(6)工程建设期间发生工程人员职工薪酬 65 800 元。

借：在建工程——建筑工程——仓库　65 800

　贷：应付职工薪酬——工资　65 800

(7)6 月 30 日，完工并交付使用。

工程完工，固定资产的入账价值＝37 440＋222 500＋18 000＋35 000＋65 800

＝378 740 元

借：固定资产——仓库　378 740

　贷：在建工程——建筑工程——仓库　378 740

(二)出包在建工程的核算

采用出包方式建造固定资产，企业要与建造承包商签订建造合同。企业的新建、改建、扩建等建设项目，通常均采用出包方式。

企业以出包方式建造固定资产，其成本由建造该项固定资产达到预定可使用状态前所发生的必要支出构成，包括发生的建筑工程支出、安装工程支出以及需分摊计入各固定资产价值的待摊支出。待摊支出是指在建设期间发生的，不能直接计入某项固定资产价值而应由所建造固定资产共同负担的相关费用，包括为建造工程发生的管理费、可行性研究费、临时设施费、公证费、监理费、应负担的税金、符合资本化条件的借款费用、建设期间发生的工程物资盘亏、报废及毁损净损失以及其他费用等。

企业采用出包方式进行自建固定资产工程，其工程的具体支出在承包单位核算。企业“在建工程”科目主要核算企业与建造承包商办理工程价款的结算，企业应按合理估计的出包工程进度和合同规定结算进度款，借记“在建工程”，贷记“银行存款”“预付账款”等科目。

【例 6-5】 甲公司建造一栋楼房，出包给华丰建筑公司，工程总造价 1 500 000 元。

(1)根据出包合同，预付工程总造价的 60%，其余价款在工程完工验收合格后付清。

借：预付账款——华丰建筑　900 000

　贷：银行存款　900 000

(2)工程完工，办理工程价款结算。

借：在建工程——华丰建筑——建筑工程——楼房　1 500 000

　贷：银行存款　600 000

　　预付账款——华丰建筑　900 000

(3)工程验收合格交付使用，结转在建工程成本。

借：固定资产——楼房　1 500 000

　贷：在建工程——华丰建筑——建筑工程——楼房　1 500 000

三、投资者投入的固定资产核算

投资者投入固定资产的成本，应当按照投资合同或协议约定的价值确定，但合同或协议约定的价值不公允的除外。

【例 6-6】 甲公司收到某企业投入一台设备，投资合同约定的价值为 80 000 元(约定的价值公允)。

借:固定资产 80 000

贷:实收资本 80 000

四、存在弃置义务的固定资产核算

弃置费用通常是根据国家法律和行政法规、国际公约等的规定，企业承担的环境保护和生态恢复等义务所确定的支出，如核电站设施的弃置和恢复义务所要发生的费用等。

企业对存在弃置义务的固定资产，在计算其取得成本时，应当包括弃置费用，即固定资产的成本加上预计弃置费用的现值。

对于预计弃置费用的现值，一方面应计入固定资产成本，另一方面其金额也相应地应计入预计负债，并在固定资产的使用寿命内，按照预计负债的摊余成本和实际利率计算确定的利息费用，计入财务费用。而一般工商企业的固定资产发生的报废清理费用不属于弃置费用，应当在发生时作为固定资产处置费用处理。

【例 6-7】 甲公司购入某项含有放射性元素的仪器，支付价款 8 000 000 元(不含可抵扣增值税)，预计使用寿命为 10 年，根据生产情况，预计该仪器使用期满报废时发生特殊处置费 100 000 元，假定折现率(即为实际利率)为 10％ 。

弃置费用的现值＝100 000×(P/F,10％,10)＝100 000×0.385 5＝38 550(元)

固定资产入账价值＝8 000 000＋38 550＝8 038 550(元)

借:固定资产 8 038 550

贷:银行存款 8 000 000

预计负债 38 550

通过非货币性资产交换、债务重组等方式取得固定资产，参照《新编财务会计Ⅱ》中“非货币性资产交换”和“债务重组”等相关章节的内容。

任务三 核算固定资产后续计量业务

一、固定资产折旧

(一)固定资产折旧的概念及影响因素

1. 固定资产折旧的概念

所谓固定资产折旧，是指在固定资产使用寿命内，按照确定的方法对应计折旧额进行系统分摊。

应计折旧额＝固定资产的原价－预计净残值－已计提的固定资产减值准备累计金额

2. 影响折旧的因素

企业应当根据固定资产的性质和使用情况，合理确定固定资产的使用寿命和预计净残值等因素。具体如下：

(1)固定资产的原价，即固定资产的成本。

(2)预计净残值,是指假定固定资产预计使用寿命已满并处于使用寿命终了时的预期状态,企业目前从该项固定资产处置中获得的扣除预计处置费用后的金额。

(3)固定资产的使用寿命,是指企业使用固定资产的预计期间,或者该固定资产所能生产产品或提供劳务的数量。企业确定固定资产的使用寿命,应当考虑下列因素:①预计生产能力或实物产量;②预计有形损耗和无形损耗;③法律或者类似规定对资产使用的限制。

(4)固定资产减值准备,指已计提的固定资产减值准备累计金额。

(二)固定资产折旧的范围

固定资产准则规定,企业应对所有的固定资产计提折旧,但对已提足折旧仍继续使用的固定资产和单独作价作为固定资产入账的土地除外。

在确定固定资产折旧范围时,还应注意以下几点:

1.按月计提折旧,即以固定资产月初数为基础计提。当月增加的固定资产,当月不计提折旧,从下月起计提折旧;当月减少的固定资产,当月仍计提折旧,从下月起不计提折旧。

2.固定资产提足折旧后,不论能否继续使用,均不再计提折旧;提前报废的固定资产,也不再补提折旧。所谓提足折旧,是指已经提足该项固定资产的应计折旧额。

3.已达到预定可使用状态的固定资产但尚未办理竣工结算的,应当按照估计价值确定其成本,并计提折旧;待办理竣工结算后,再按照实际成本调整原来的暂估价值,但不需要调整原已计提的折旧额。

4.固定资产在定期大修理间隔期间,照提折旧。

(三)固定资产折旧的计算方法

企业应当根据与固定资产有关的经济利益的预期实现方式,合理选择固定资产折旧方法。可选用的折旧方法包括平均年限法、工作量法、年数总和法和双倍余额递减法等。固定资产折旧方法一经确定,不得随意变更,但符合规定的除外。

1.平均年限法

平均年限法是指将固定资产的应计折旧额均衡地分摊到固定资产预计使用寿命内的一种方法。采用这种方法计算的每期折旧额均相等。计算公式如下:

$$年折旧率=(1-预计净残值率)\div预计使用寿命(年)\times100\%$$

$$年折旧额=固定资产原价\times年折旧率$$

$$月折旧率=年折旧率\div12$$

$$月折旧额=固定资产原价\times月折旧率=年折旧额\div12$$

上述公式中,预计净残值率是预计净残值与固定资产原价的比率。

【例6-8】 甲公司一楼房,原价2 400 000元,预计净残值率为2%,预计使用年限4年。

年折旧率=(1-2%)÷4×100%=24.5%

年折旧额=2 400 000×24.5%=588 000(元)

月折旧额=588 000÷12=49 000(元)

2. 工作量法

工作量法是指按照固定资产在整个使用期间内预计可完成的总工作量计提折旧额的方法。其计算公式如下：

单位工作量折旧额＝固定资产原价×(1－预计净残值率)÷预计总工作量

月折旧额＝该固定资产当月工作量×单位工作量折旧额

【例 6-9】 甲公司一辆运输卡车，原价 80 000 元，预计净残值率 5%，预计总工作量 50 万千米，当月完成工作量 4 000 千米。

单位工作量折旧额＝80 000×(1－5%)÷500 000＝0.152(元/千米)

本月折旧额＝4 000×0.152＝608(元)

3. 年数总和法

年数总和法，又称年限合计法，是一种加速折旧法，是将固定资产的原价减去净残值后的净额乘以一个逐年递减的分数计算每年折旧额，这个分数的分子为固定资产尚可使用寿命的年数，分母为预计使用寿命的逐年数字之和。其计算公式如下：

年折旧率＝尚可使用年限÷预计使用寿命的年数总和×100%

月折旧率＝年折旧率÷12

月折旧额＝(固定资产原价－预计净残值)×月折旧率

【例 6-10】 承接例 6-8

第一年折旧率＝4÷(1＋2＋3＋4)×100%＝40%

折旧额＝2 400 000×(1－2%)×40%＝940 800(元)

第二年折旧率＝3÷(1＋2＋3＋4)×100%＝30%

折旧额＝2 400 000×(1－2%)×30%＝705 600(元)

第三年折旧率＝2÷(1＋2＋3＋4)×100%＝20%

折旧额＝2 400 000×(1－2%)×20%＝470 400(元)

第四年折旧率＝1÷(1＋2＋3＋4)×100%＝10%

折旧额＝2 400 000×(1－2%)×10%＝235 200(元)

4. 双倍余额递减法

双倍余额递减法，是指在不考虑固定资产预计净残值的情况下，根据每期期初固定资产原价减去累计折旧后的金额和双倍的直线法折旧率计算固定资产折旧的一种方法。应用这种方法计算折旧额时，需分两部分进行。具体如下：

(1)使用寿命最后两年以前各年，不考虑固定资产预计净残值，采用双倍余额递减法。

年折旧率＝2÷预计使用寿命(年)×100%

年折旧额＝年初固定资产账面净值×年折旧率

月折旧率＝年折旧率÷12

月折旧额＝年初固定资产账面净值×月折旧率

其中：年初固定资产账面净值＝固定资产原价－已计提的折旧额累计数

(2)使用寿命最后两年内，考虑固定资产预计净残值，采用平均年限法。

由于每年年初固定资产账面净值没有扣除预计净残值，所以在计算固定资产折旧额时，应在其折旧年限到期前两年内，将固定资产账面净值扣除预计净残值后的余额平均摊销。计算公式如下：

年折旧额＝(倒数第二年的年初固定资产账面净值－预计净残值)÷2

月折旧额＝年折旧额÷12

【例 6-11】 承接例 6-8，用双倍余额递减法计提折旧。

(1)最后两年以前各年采用双倍余额递减法：

年折旧率＝2÷4×100％＝50％

第一年折旧额＝2 400 000×50％＝1 200 000(元)

第二年折旧额＝(2 400 000－1 200 000)×50％＝600 000(元)

(2)最后两年采用直线法：

预计净残值＝2 400 000×2％＝48 000(元)

第三、四年折旧额＝[(2 400 000－1 200 000－600 000)－48 000]÷2＝276 000(元)

采用加速折旧法，在固定资产使用的早期多提折旧，后期少提折旧。加快折旧速度，目的是使固定资产成本在估计使用年限内加快得到补偿。

(四)固定资产折旧的核算

企业按月计提的固定资产折旧，应根据用途计入相关资产的成本或者当期损益，同时记入“累计折旧”账户的贷方。“累计折旧”账户是“固定资产”账户的备抵账户，贷方反映增加的折旧额，借方反映减少的折旧额。期末，贷方余额反映企业固定资产累计折旧额。该账户应当按照固定资产的类别或项目进行明细核算。

【例 6-12】 甲公司按规定计提本月固定资产折旧，生产部门固定资产折旧 30 000 元，管理部门固定资产折旧 5 000 元，专设销售部门固定资产折旧 1 000 元，经营性出租固定资产折旧 5 000 元。

借：制造费用　　30 000
　　管理费用　　5 000
　　销售费用　　1 000
　　其他业务成本　　5 000
　贷：累计折旧　　41 000

(五)固定资产折旧的复核

企业至少应当于每年年度终了时，对固定资产的使用寿命、预计净残值和折旧方法进行复核。

使用寿命预计数与原先估计数有差异的，应当调整固定资产使用寿命。

预计净残值预计数与原先估计数有差异的，应当调整预计净残值。

与固定资产有关的经济利益预期实现方式有重大改变的，应当改变固定资产的折旧方法。

固定资产使用寿命、预计净残值和折旧方法的改变应当作为会计估计变更，采用“未来适用法”处理。其具体会计处理参照《新编财务会计Ⅱ》中“会计政策、会计估计变更和前期差错更正”的相关内容。

二、固定资产后续支出的核算

固定资产后续支出是指固定资产在使用过程中发生的更新改造支出、修理费用等。

固定资产后续支出的处理原则为：符合固定资产确认条件的，应当计入固定资产成本，同时将被替换部分的账面价值扣除；不符合固定资产确认条件的，应当计入当期损益。

(一)资本化的后续支出的核算

固定资产发生可资本化的后续支出时，企业一般应将该固定资产的原价、已计提的累计折旧和减值准备转销，将固定资产的账面价值转入在建工程，并停止计提折旧。发生的后续支出，通过"在建工程"科目核算。在固定资产发生的后续支出完工并达到预定可使用状态时，再从"在建工程"转为"固定资产"，并按重新确定的使用寿命、预计净残值和折旧方法计提折旧。

【例 6-13】 企业 2014 年 3 月对某生产线改造，该生产线原价 2 000 万元，已提折旧 700 万元，2013 年 12 月 31 日已提减值准备 100 万元。在改造过程中，领用工程物资 160 万元，发生人工费用 50 万元，银行存款支付耗用的其他费用 60 万元。在试运行中取得净收入 20 万元。在 2015 年 3 月改造完工投入使用，改造后生产线可使其产品产量实质性提高，该改造支出应予以资本化。

(1)2014 年 3 月将固定资产的账面价值转入在建工程

借：在建工程——在安装的设备	12 000 000	
累计折旧	7 000 000	
固定资产减值准备	1 000 000	
贷：固定资产		20 000 000

(2)发生的改造支出，在实际发生时：

借：在建工程——在安装的设备	2 700 000	
贷：工程物资		1 600 000
应付职工薪酬——工资		500 000
银行存款		600 000

(3)取得试运行净收入，应冲减工程成本：

借：银行存款	200 000	
贷：在建工程——在安装的设备		200 000

(4)完工结转，将更新改造后的固定资产重新入账：

固定资产的入账价值＝12 000 000＋2 700 000－200 000＝14 500 000(元)

借：固定资产	14 500 000	
贷：在建工程——在安装的设备		14 500 000

需要注意的是，企业发生的一些固定资产后续支出可能涉及替换原固定资产的某组成部分，当发生的后续支出符合固定资产确认条件时，应将其计入固定资产成本，同时将被替换部分的账面价值扣除，这样可以避免固定资产成本虚高。

(二)费用化的后续支出的核算

与固定资产有关的修理费用等后续支出，不符合固定资产确认条件的，应当根据不同情况分别在发生时计入当期管理费用或销售费用。

一般情况下，固定资产投入使用之后，由于固定资产磨损、各组成部分耐用程度不同，可能导致固定资产的局部损坏，为了维护固定资产的正常运转和使用，充分发挥其使用效能，企业将对固定资产进行必要的维护。固定资产的日常修理费用在发生时应直接计入当期损益。企业生产车间（部门）和行政管理部门等发生的固定资产修理费用等后续支出计入管理费用；企业专设销售机构的，其发生的与专设销售机构相关的固定资产修理费用等后续支出，计入销售费用。固定资产更新改造支出不满足固定资产的确认条件，在发生时直接计入当期损益。

【例 6-14】 2014 年 4 月 1 日，甲公司对现有一辆运输车进行日常修理，修理中领用本企业原材料 60 元，以现金支付修理工人工资 500 元。不考虑相关税费，会计处理如下：

借：管理费用　　560

　贷：库存现金　　500

　　原材料　　60

任务四　核算固定资产处置业务

固定资产处置是指企业将不适用或不需用的固定资产对外出售、转让，或因磨损、技术进步等原因对固定资产进行报废，或因遭受自然灾害及其他情形而对固定资产进行的处理。固定资产处置包括固定资产的出售、转让、报废或毁损、对外投资、非货币性资产交换、债务重组等。对固定资产处置的确认和计量实质上是对固定资产终止的确认和计量。

一、固定资产终止确认的条件

固定资产满足下列条件之一的，应当予以终止确认：

1. 该固定资产处于处置状态。因处于处置状态的固定资产不再用于生产商品、提供劳务、出租或经营管理，因此不再符合固定资产的定义，应予终止确认。

2. 该固定资产预期通过使用或处置不能产生经济利益。固定资产的确认条件之一是“与该固定资产有关的经济利益很可能流入企业”，如果一项固定资产预期通过使用或处置不能产生经济利益，那么就不再符合固定资产的定义和确认条件，应予终止确认。

二、固定资产处置的核算

企业出售、转让、报废固定资产和发生固定资产毁损，应当将处置收入扣除账面价值和相关税费后的金额计入当期损益。固定资产账面价值是固定资产成本扣减累计折旧和累计减值准备后的金额。

固定资产的处置一般通过“固定资产清理”账户核算。“固定资产清理”账户借方登记转入处置固定资产账面价值、处置过程中发生的费用和相关税金；贷方登记收回处置固定资产的价款、残料、变价收入和应由保险公司赔偿的损失。本账户期末借方余额，反映尚未清理完毕的固定资产清理净损失。

一般纳税人销售自己使用过的固定资产，应区分不同情形征收增值税：

（1）销售自己使用过的 2009 年 1 月 1 日以后购进或者自制的固定资产，按照适用税率征收增值税，即

$$应纳税额=含税销售额/(1+17\%)\times 17\%$$

(2)销售 2009 年 1 月 1 日之前购买的固定资产，则

增值税＝含税销售额/(1＋4%)×4%/2

小规模纳税人，不用考虑购买时间，直接按照"增值税＝售价/(1＋3%)×2%"计算应交纳增值税即可。

增值税应税项目的固定资产出售涉及增值税的，借记"固定资产清理"，贷记"应交税费——应交增值税(销项税额)"。

非增值税应税项目的固定资产的出售不涉及增值税，比如不动产转让所有权时会涉及营业税。转让不动产时的营业税应该借记"固定资产清理"，贷记"应交税费——应交营业税"。

【例 6-15】 甲公司 2014 年 5 月 15 日出售一设备(2009 年以后购入)，原值 400 000 元，已提折旧 120 000 元，支付清理费用 1 000 元，出售价款 290 000 元(不含增值税)，增值税税率 17%，所有款项均以银行存款收支。

(1)固定资产转入清理

	借方	贷方
借：固定资产清理	280 000	
累计折旧	120 000	
贷：固定资产		400 000

(2)支付清理费用

	借方	贷方
借：固定资产清理	1 000	
贷：银行存款		1 000

(3)出售收入

	借方	贷方
借：银行存款	339 300	
贷：固定资产清理		339 300
借：固定资产清理	49 300	
贷：应交税费——应交增值税(销项税额)		49 300

(4)结转清理净收益

	借方	贷方
借：固定资产清理	9 000	
贷：营业外收入——处置非流动资产利得		9000

【例 6-16】 甲公司因自然灾害毁损一设备，原值 300 000 元，已提折旧 270 000 元，已提减值准备 10 000 元，经批准报废。在清理过程中，以银行存款支付清理费用 10 000 元，拆除的残料 20 000 元，列作原材料。

(1)固定资产转入清理

	借方	贷方
借：固定资产清理	20 000	
累计折旧	270 000	
固定资产减值准备	10 000	
贷：固定资产		300 000

(2)支付清理费用

	借方	贷方
借：固定资产清理	10 000	
贷：银行存款		10 000

(3)出售收入和材料入库

	借方	贷方
借：原材料	20 000	

贷:固定资产清理　20 000

(4)结转清理损失

借:营业外支出——非常损失　10 000

贷:固定资产清理　10 000

【例6-17】 甲公司有一厂房,原值850 000元,已提折旧500 000元,因需要对外转让。以银行存款支付清理费用10 000元,转让价格为400 000元,营业税税率为5%。转让款420 000元收到存入银行。

(1)固定资产转入清理

借:固定资产清理　350 000

累计折旧　500 000

贷:固定资产　850 000

(2)支付清理费用

借:固定资产清理　10 000

贷:银行存款　10 000

(3)收到转让款并计算营业税

借:银行存款　420 000

贷:固定资产清理　420 000

借:固定资产清理　20 000

贷:应交税费——应交营业税　20 000

(4)结转清理收益

借:固定资产清理　40 000

贷:营业外收入——处置非流动资产利得　40 000

三、固定资产清查的核算

企业为了保证固定资产核算的真实性和完整性,应定期或者至少于每年年末对固定资产进行清查盘点。如果清查中发现固定资产的损溢应及时查明原因,在期末结账前处理完毕。

企业在财产清查中盘亏的固定资产,应通过"待处理财产损溢——待处理固定资产损溢"账户核算。发现时,应按照盘亏固定资产的净值借记"待处理财产损溢——待处理固定资产损溢",按其已提折旧借记"累计折旧";按其原值贷记"固定资产"。经过批准转销时,则借记"营业外支出",贷记"待处理财产损溢——待处理固定资产损溢"。

企业在财产清查中盘盈的固定资产,作为前期差错处理。盘盈的固定资产通过"以前年度损益调整"科目核算。

【例6-18】 甲公司对固定资产进行清查,发现盘亏设备一台,原值10 000元,已提折旧600元。经批准,该盘亏设备作营业外支出处理。

借:待处理财产损溢——待处理固定资产损溢　9 400

累计折旧　600

贷:固定资产　10 000

借:营业外支出——盘亏损失　9 400

贷:待处理财产损溢——待处理固定资产损溢　9 400

四、持有待售的固定资产的核算

持有待售的固定资产，是指在当前状况下仅根据出售同类固定资产的惯例就可以直接出售且极可能出售的固定资产。企业将固定资产列为持有待售的固定资产，必须同时满足下列条件：一是企业已经就处置该固定资产做出决议；二是企业已经与受让方签订了不可撤销的转让协议；三是该项转让将在一年内完成。

对已经划为持有待售固定资产的，企业应当调整该项固定资产的预计净残值，使该项固定资产的预计净残值能够反映其公允价值减去处置费用后的金额，但不得超过符合持有待售条件时该项固定资产的原账面价值，原账面价值高于调整后预计净残值的差额，应作为资产减值损失计入当期损益。

持有待售的固定资产从划归持有待售之日起停止计提折旧和减值测试。在编制资产负债表时，应当在资产项下"存货"项目和"一年内到期的非流动资产"项目之间增设"划分为持有待售的资产"项目，反映资产负债表日划分为持有待售的固定资产的期末余额。

任务五　核算固定资产减值业务

一、固定资产减值的计提方法

固定资产减值是指固定资产的可收回金额低于其账面价值。

企业在资产负债表日应当判断固定资产是否存在可能发生减值的迹象。如果固定资产存在减值迹象的，应当进行减值测试，估计资产的可收回金额。可收回金额低于账面价值的，应当按照可收回金额低于账面价值的金额，计提减值准备。其方法如下：

(一)判断固定资产是否发生减值迹象

固定资产减值迹象是固定资产是否需要进行减值测试的必要前提。判断固定资产可能发生减值的迹象主要从外部信息来源和内部信息来源两方面来进行。

1.从企业外部信息来源来看，固定资产可能发生减值的迹象

(1)如果出现了固定资产的市价在当期大幅度下降，其跌价幅度高于因时间的推移或者正常使用而预计的下跌；

(2)如果企业经营所处的经济、技术或者法律等环境以及固定资产所处的市场在当期或者将在近期发生重大变化，从而对企业产生不利影响；

(3)如果市场利率或者其他市场投资报酬率在当期已经提高，从而影响企业计算固定资产预计未来现金流量现值的折现率，导致固定资产可收回金额大幅度降低等；

(4)如果企业所有者权益的账面价值远高于其市值等。

2.从企业内部信息来源来看，固定资产可能发生减值的迹象

(1)如果企业有证据表明固定资产已经陈旧过时或者实体已经损坏；

(2)如果固定资产已经或者将被闲置、终止使用或者计划提前处置；

(3)如果企业内部报告的证据表明固定资产的经济绩效已经低于或者将低于预期，比如所创造的净现金流量或者实现的营业利润远远低于原来的预算或者预计金额等。

上述列举的固定资产减值迹象并不能穷尽所有的减值迹象，企业应当根据实际情况来认定固定资产可能发生减值的迹象。

（二）估计固定资产可收回金额

固定资产可收回金额的估计，应当根据其公允价值减去处置费用后的净额与固定资产预计未来现金流量的现值两者之间较高者确定。因此，计算确定固定资产可收回金额应经过下列三步。

1. 估计固定资产公允价值减去处置费用后的净额

固定资产公允价值减去处置费用后的净额，一般是指根据公平交易中有法律约束力的销售协议价格减去可直接归属于该固定资产处置费用的金额。其中，处置费用包括与固定资产处置有关的法律费用、相关税费、搬运费以及为使固定资产达到可销售状态所发生的直接费用等，但财务费用和所得税费用等不包括在内。

2. 估计固定资产预计未来现金流量的现值

固定资产预计未来现金流量的现值即指预计从该固定资产的持续使用过程中和最终处置时所产生的未来现金流量，以选择恰当的折现率对其进行折现后的金额。

3. 确定固定资产的可收回金额

确定固定资产的可收回金额时，通常需要同时估计该固定资产的公允价值减去处置费用后的净额和该固定资产预计未来现金流量的现值，选择两者中的较高者为可收回金额。但下列情况可以例外。

（1）资产的公允价值减去处置费用后的净额与资产预计未来现金流量的现值，只要有一项超过了资产的账面价值，就表明资产没有发生减值，不需再估计另一项金额；

（2）没有确凿证据或者理由表明，资产预计未来现金流量现值显著高于其公允价值减去处置费用后的净额的，可以将资产的公允价值减去处置费用后的净额视为资产的可收回金额；

（3）资产的公允价值减去处置费用后的净额如果无法可靠估计的，应当以该资产预计未来现金流量的现值作为其可收回金额。

二、固定资产减值的核算

固定资产可收回金额低于账面价值，应当将资产的账面价值减记至可收回金额，减记的金额确认为固定资产减值损失，计入当期损益，同时计提相应的资产减值准备。因此，固定资产减值损失的确定应当在取得固定资产可收回金额后，将可收回金额和账面价值相比较后获得。

固定资产减值损失一经确认，以后期间不得转回。但是，遇到固定资产处置、出售、对外投资等情况，同时符合固定资产终止确认条件的，企业应当将固定资产减值准备予以转销。

企业当期确认的减值损失反映在利润表中，减少当期利润；计提的固定资产减值准备应当作为固定资产的备抵项目，反映在资产负债表中，即资产负债表中的“固定资产”项目应当根据固定资产的账面价值列报。

企业设置“资产减值损失”账户核算计提固定资产减值准备所形成的损失。

【例 6-19】 2014 年年末甲公司根据减值测试结果，确定本年初取得的一项固定资产可收回金额为 1 000 万元，其账面价值为 1 400 万元。该固定资产可收回金额低于其账面价值 400 万元。账务处理如下：

借：资产减值损失——固定资产减值损失　　4 000 000

　贷：固定资产减值准备　　4 000 000

固定资产计提减值准备后，其账面价值将根据计提的减值准备相应抵减，在未来期间计提折旧时，应当以新的固定资产账面价值为基础计提每期折旧。

实务训练

一、单项选择题

1. 企业采用经营租赁方式租出一台设备，该设备计提的折旧费应记入（　　）科目。

A. “生产成本”　B. “制造费用”　C. “管理费用”　D. “其他业务成本”

2. 企业购入的生产设备达到预定可使用状态前，其发生的专业人员服务费用应记入（　　）科目。

A. “固定资产”　B. “制造费用”　C. “在建工程”　D. “工程物资”

3. 企业 2014 年 6 月 22 日一生产线投入使用，该生产线成本 740 万元，预计使用 5 年，预计净残值 20 万元，在采用年数总和法计提折旧的情况下，2014 年该生产线应计提的折旧为（　　）万元。

A. 240　B. 140　C. 120　D. 148

4. 企业对账面原值为 15 万元的固定资产进行清理，累计折旧为 10 万元，已计提减值准备 1 万元，清理时发生清理费用 0.5 万元，清理收入 6 万元，营业税税率为 5%，该固定资产的清理净收入为（　　）万元。

A. 5.5　B. 6　C. 1.2　D. 1.5

5. 下列固定资产当月应计提折旧的有（　　）。

A. 以经营租赁方式租出的汽车　B. 当月购入并投入使用的机器

C. 已提足折旧的厂房　D. 单独计价入账的土地

6. 固定资产报废清理后发生的净损失，应记入（　　）科目。

A. “投资收益”　B. “管理费用”　C. “营业外支出”　D. “其他业务成本”

7. 企业在使用固定资产过程中发生的更新改造支出应记入（　　）科目。

A. “长期待摊费用”　B. “固定资产清理”

C. “营业外收入”　D. “在建工程”

8. 企业购入需要安装的固定资产，不论采用何种安装方式，固定资产的全部安装成本（包括固定资产买价以及包装运杂费和安装费）均应通过（　　）账户进行核算。

A. “固定资产”　B. “在建工程”　C. “工程物资”　D. “长期股权投资”

9. 计提固定资产折旧时，可以先不考虑固定资产残值的方法是（　　）。

A. 平均年限法　B. 工作量法

C. 双倍余额递减法　D. 年数总和法

10. 采用平均年限法计算固定资产折旧的四个因素中，可直接使用实际发生数而不需采用预计数的是（　　）。

A. 固定资产原值　B. 固定资产使用年限

C. 固定资产残值收入　　　　　　　　　D. 固定资产清理费用

11. 已达到预定可使用状态但未办理竣工决算的固定资产，应根据(　　)作暂估价值转入固定资产，待竣工决算后再作调整。

A. 市场价格　　　B. 计划成本　　　C. 估计价值　　　D. 实际成本

12. 企业的下列固定资产中，不计提折旧的是(　　)。

A. 闲置的房屋　　　　　　　　　　　B. 融资租入的设备

C. 临时出租的设备　　　　　　　　　D. 已提足折旧仍继续使用的设备

13. A 企业 2010 年 12 月购入一项固定资产，原价为 600 万元，采用平均年限法计提折旧，使用寿命为 10 年，预计净残值为零，2014 年 1 月 A 企业对该项固定资产的某一主要部件进行更换，发生支出合计 400 万元，符合固定资产确认条件，被更换的部件的原价为 300 万元。则对该项固定资产进行更换后的原价为(　　)万元。

A. 210　　　B. 1 000　　　C. 820　　　D. 610

14. 企业生产车间使用的固定资产发生的下列支出中，直接计入当期损益的是(　　)。

A. 购入时发生的安装费用　　　　　　B. 发生的装修费用

C. 购入时发生的运杂费　　　　　　　D. 发生的修理费

15. 某企业 2014 年 6 月初固定资产原值 10 500 万元。6 月增加了一项固定资产，入账价值为 750 万元；同时 6 月减少了一项固定资产，原值 150 万元。则 6 月份该企业应提折旧的固定资产原值为(　　)万元。

A. 11 100　　　B. 10 650　　　C. 10 500　　　D. 10 350

二、多项选择题

1. 下列固定资产应计提折旧的有(　　)。

A. 融资租入的固定资产

B. 未使用的机器设备、房屋及建筑物

C. 大修理停用的固定资产

D. 持有待售的固定资产

2. 下列经济业务应计入固定资产价值的有(　　)。

A. 经营租入固定资产改良支出

B. 在建工程领用本企业产品应交的消费税

C. 在建工程发生的工程管理费

D. 在建工程达到预定可使用状态前发生的借款汇兑差额

3. 计提固定资产折旧应借记的会计科目有(　　)。

A. 制造费用　　　B. 销售费用　　　C. 管理费用　　　D. 其他业务成本

4. 下列各类机器设备，应计提折旧的有(　　)。

A. 正在运转的机器设备　　　　　　　B. 经营租赁租出的机器设备

C. 季节性停用的机器设备　　　　　　D. 已提足折旧继续使用的机器设备

5. 下列各项中，会引起固定资产账面价值发生变化的有(　　)。

A. 计提固定资产减值准备　　　　　　B. 计提固定资产折旧

C. 固定资产费用化的后续支出　　　　D. 固定资产资本化的后续支出

6. 外购固定资产,其入账价值包括(　　)。

A. 支付的安装费　　B. 支付的专业人员服务费

C. 领用本企业产品交纳的资源税　　D. 支付购买设备的价款

7. 下列方法中属于加速折旧的有(　　)。

A. 工作量法　　B. 平均年限法

C. 年数总和法　　D. 双倍余额递减法

8. 通过"固定资产清理"科目核算的固定资产业务有(　　)。

A. 固定资产报废　　B. 固定资产出售

C. 固定资产毁损　　D. 固定资产盘亏

9. 影响固定资产折旧的因素有(　　)。

A. 固定资产原值　　B. 固定资产的使用年限

C. 固定资产的净残值　　D. 固定资产的折旧方法

10. "固定资产清理"账户贷方登记的项目有(　　)。

A. 转入清理的固定资产净值　　B. 变价收入

C. 结转的清理净收益　　D. 结转的清理净损失

三、判断题

1. 对于构成固定资产的各组成部分,如果各自具有不同的使用寿命或者以不同的方式为企业提供经济利益,企业应将各组成部分单独确认为固定资产,并且采用不同的折旧率或者折旧方法计提折旧。(　　)

2. 企业购置的环保设备和安全设备等资产,由于它们的使用不能直接为企业带来经济利益,所以企业不应将其确认为固定资产。(　　)

3. 在不考虑计提固定资产减值准备的情况下,某项固定资产期满报废时,无论采用年限平均法,还是采用加速折旧法,其累计折旧额一定等于该项固定资产应计提折旧总额。(　　)

4. 采用出包方式进行自制、自建固定资产工程时,预付承包单位的工程价款通过"预付账款"科目核算。(　　)

5. 固定资产的大修理费用和日常修理费用,通常不符合固定资产确认条件,金额较小时应当在发生时计入当期管理费用,金额较大时采用预提或待摊方式处理。(　　)

6. 固定资产发生的更新改造支出、房屋装修费用等,符合固定资产确认条件的,应当计入固定资产成本,同时将被替换部分的账面价值扣除。(　　)

7. 当月增加的固定资产,从当月开始计提折旧;当月减少的固定资产,当月不再计提。(　　)

8. 企业为在建工程采购物资时,不通过"材料采购"账户核算。(　　)

9. 企业发生固定资产盘亏、盘盈时,应通过"固定资产清理"账户核算。(　　)

10. 固定资产账面价值是固定资产成本扣减累计折旧后的金额。(　　)

11. 企业对经营租入和融资租入的固定资产均不拥有所有权,故租入时均不必进行账务处理,只需在备查簿中进行登记。(　　)

12. 由于自然灾害造成的固定资产损失,同自然报废产生的固定资产净损失一样,都应列入"营业外支出"处理。(　　)

13. 企业购入的工程物资，其增值税进项税额不能抵扣，而应计入工程物资的成本。（　　）

14. 工作量法计提折旧的特点是每年提取的折旧额相等。（　　）

15. 固定资产的后续支出只能进行资本化，而不能进行费用化。（　　）

四、计算及会计处理题

1. A 公司为一般纳税企业。2014 年 8 月 3 日，购入一台需要安装的生产用机器设备，取得的增值税专用发票上注明的设备价款为 3 900 万元，增值税进项税额为 663 万元，支付的运杂费为 37 万元，款项已通过银行支付；安装设备时，领用本公司原材料一批，价值 363 万元；应付安装工人的职工薪酬为 80 万元；假定不考虑其他相关税费。2014 年 10 月 8 日达到预定可使用状态，预计使用年限为 10 年，净残值为 2 万元，采用双倍余额递减法计算年折旧额。

要求：编制 2014 年有关会计分录。

2. 甲公司为一般纳税人，2014 年 3 月 12 日购入一台需要安装的设备：

(1)增值税专用发票上注明价款 46 800 元，增值税款 7 958 元，发生运杂费 10 335 元，全部款项以银行存款支付。

(2)在安装过程中，领用原材料 2 000 元，材料购进时增值税进项税额 340 元。

(3)结算安装工人工资 1 600 元。

(4)该设备当月安装完毕，交付使用。该设备预计净残值 1 000 元，预计使用 5 年。

要求：计算该设备入账价值，并编制相关会计分录；分别采用平均年限法、年数总和法、双倍余额递减法计算该设备各年折旧额。

3. 甲公司 2014 年 5 月出售一栋房产，发生以下经济业务：

(1)该房产原值 530 000 元，已提折旧 120 000 元，已提减值准备 30 000 元。

(2)出售时以银行存款支付清理费用 3 000 元。

(3)出售房产收入 450 000 元，营业税税率为 5%。

要求：根据以上业务编制会计分录。

4. 甲公司 2014 年 6 月发生火灾，毁损一设备，发生以下经济业务：

(1)该设备原值 200 000 元，已提折旧 20 000 元，已提减值准备 3 000 元。

(2)应由保险公司赔款 90 000 元。

(3)毁损残料作价 2 900 元，验收入库。

要求：根据以上业务编制会计分录。

5. 某企业 2014 年 4 月 1 日对某生产线改造，该生产线原价 1 000 万元，已提折旧 350 万元，2013 年 12 月 31 日已提减值准备 500 万元。在改造过程中，领用工程物资 80 万元，发生人工费用 25 万元，以银行存款支付耗用的其他费用 30 万元。在试运行中取得净收入 10 万元。在 2015 年 3 月改造完工投入使用，改造后该生产线可使其产品产量得到实质性提高，该改造支出应予以资本化。

要求：根据以上业务编制会计分录。

项目七

核算无形资产业务

项目要点

随着我国企业自主创新和技术进步升级步伐的不断加快，无形资产在企业资产总额中所占的比重越来越大，对企业财务状况的影响也越来越大。本项目主要学习无形资产的定义与分类、无形资产初始计量和后续计量、无形资产减值与处置的核算。

任务一　认识无形资产

一、无形资产的基本知识

（一）无形资产的概念

无形资产，是指企业拥有或控制的没有实物形态的可辨认非货币性资产。无形资产可通过外购、自行开发、投资者投入、债务重组、以非货币性交易换入等方式取得，包括专利权、非专利技术、商标权、著作权、土地使用权、特许权等。

（二）无形资产的特征

1.没有实物形态。无形资产本身不具有实物形态，它通常体现为一种权利、技术或能获得超额利润的能力，如土地使用权、非专利技术等，因此它具有价值，也能为企业带来经济利益。不具有实物形态是无形资产区别于其他有形资产的一个显著标志。

2.具有可辨认性。可辨认性是指无形资产能够从企业中分离或者划分出来，并能单独或者与相关合同、资产或负债一起，用于出售、转移、授予许可、租赁或者交换。

客户关系、人力资源等，由于企业无法控制其带来的未来经济利益，不符合无形资产的定义，不应将其确认为无形资产。

内部产生的品牌、报刊名、刊头、客户名单和实质上类似的项目支出，由于不能与整个业务开发成本区分开来。因此，这类项目不应确认为无形资产。

3.为企业带来的经济利益具有不确定性。当代科学技术的迅猛发展，使得许多无形资产的经济寿命难以准确地预计，因而也使得无形资产能为企业带来多少未来的经济利益难以准确地预计。

4. 属于非货币性资产。货币性资产是指企业持有的货币资金和将以固定或可确定的金额收取的资产，包括现金、银行存款、应收账款和应收票据以及准备持有至到期的债券投资等。非货币性资产是指货币性资产以外的资产。无形资产由于没有发达的交易市场，一般不容易转化成现金，在持有过程中为企业带来未来经济利益的情况不确定，不属于以固定或可确定的金额收取的资产，属于非货币性资产。

二、无形资产的分类

(一)按其反映的经济内容分类

1. 专利权

专利权是指经国家专利管理机关审定并授予发明者在一定年限内对其成果的制造、使用和出售的专门权利。专利权一般包括发明专利权、实用新型专利权和外观设计专利权等。专利权在法定有效期间内受法律保护。我国《专利法》规定，发明专利权的期限为20年，实用新型和外观设计专利权的期限为10年。

2. 商标权

商标权是指企业拥有的在某类指定的商品上使用特定名称或图案的权利。商标经商标管理机关核准后，成为注册商标，受法律保护。商标权的使用有效期为10年，期满前可申请续展注册延长有效期。

3. 土地使用权

土地使用权是指国家准许某一企业在一定期间对国有土地享有开发、利用、经营的权利。根据我国《土地管理法》的规定，我国土地实行公有制，任何单位和个人不得侵占、买卖或者以其他形式非法转让。企业土地使用权可以通过行政划拨、外购及投资者投资等方式取得。

企业购入的土地使用权通常应作为无形资产，但改变其用途用于赚取租金或资本增值的，应当将其转为投资性房地产。若购入土地使用权及建筑物共同支付价款的，应当将支付的价款在建筑物与土地使用权之间分配；难以合理分配的，应当全部作为固定资产。

4. 著作权

著作权又称版权，指作者对其创作的文学、科学和艺术作品依法享有的某些特殊权利。著作权包括作品署名权、发表权、修改权和保护作品完整权，还包括复制权、发行权、出租权、展览权、表演权、放映权、广播权、信息网络传播权、摄制权、改编权、翻译权、汇编权以及应当由著作权人享有的其他权利。

5. 特许权

特许权，又称经营特许权、专营权，指企业在某一地区经营或销售某种特定商品的权利或是一家企业接受另一家企业使用其商标、商号、技术秘密等的权利。通常有两种形式，一种是由政府机构授权，准许企业使用或在一定地区享有经营某种业务的特权，如水、电、邮电通信等专营权，烟草专卖权，公路收费权等；另一种指企业间依照签订的合同，有限期或无限期使用另一家企业的某些权利，如连锁店分店使用总店的名称等。

6. 非专利技术

非专利技术也称专有技术，是指发明者未申请专利或不够申请专利的条件而未经公开的先进技术，包括先进的生产经验、先进的技术设计资料以及先进的原料配方等。非专利技术不需到有关管理机关注册登记，只靠少数技术持有者采用保密方式维持其独占性。

（二）按其来源分类

1. 外来的无形资产

外来的无形资产是指企业从国内外科研单位及其他企业购进的无形资产、接受投资或接受捐赠形成的无形资产以及通过债务重组、非货币性资产交换等其他方式取得的无形资产。

2. 自创无形资产

自创无形资产是指企业自行开发、研制形成的无形资产。

（三）按使用寿命是否确定分类

1. 使用寿命有限的无形资产

使用寿命有限的无形资产是指合同或法律规定了无形资产使用寿命或合同及法律没有规定其使用寿命但是企业综合各方面情况，如企业经过努力，聘请相关专家进行论证或与同行业的情况进行比较以及企业的历史经验等，可以确定其为企业带来未来经济利益的期限的无形资产。

2. 使用寿命不确定的无形资产

使用寿命不确定的无形资产是指企业确实无法合理确定无形资产为企业带来经济利益期限的无形资产。根据可获得的情况判断，有确凿证据表明无法合理估计其使用寿命的无形资产，才能作为使用寿命不确定的无形资产。企业不得随意判断使用寿命不确定的无形资产。

三、无形资产的确认条件

在符合无形资产定义同时满足下列条件的，才能确认为无形资产：

(1)与该资产有关的经济利益很可能流入企业；

(2)该资产的成本能够可靠地计量 。

任务二　核算无形资产初始计量业务

无形资产通常是按实际成本计量，即以取得无形资产并使之达到预定用途而发生的全部支出，作为无形资产的成本。对于不同来源取得的无形资产，其成本构成不尽相同。

一、外购无形资产的核算

外购的无形资产，其成本包括购买价款、相关税费以及直接归属于使该项资产达到预定用途所发生的其他支出(不包括一般纳税人购入时发生的增值税)。其中，直接归属于使该项资产达到预定用途所发生的其他支出包括使无形资产达到预定用途所发生的专业服务费用、测试无形资产是否能够正常发挥作用的费用等，但不包括为引入新产品进行宣传发生的广告费、管理费及其他间接费用，也不包括在无形资产已经达到预定用途以后发生的费用。

采用分期付款方式购买无形资产，购买无形资产的价款超过正常信用条件延期支付，实际上具有融资性质的，无形资产的成本为购买价款的现值，按应付价款总额计入长期应付款，差额计入未确认融资费用，未确认融资费用在合同期限内采用实际利率法摊销。

【例 7-1】 甲公司于 2014 年 4 月 6 日购买某专利权，价款 200 000 元。购入后，甲公司为该专利权支付律师费 15 000 元，重新登记注册费 30 000 元。

会计分录如下：

借：无形资产——专利权　　245 000

　贷：银行存款　　245 000

【例 7-2】 A 上市公司 2014 年 1 月 1 日从 B 公司购买一项商标权，由于 A 公司资金周转比较紧张，经与 B 公司协商采用分期付款方式支付款项。合同规定，该项商标权总计 600 万元，每年末付款 200 万元，三年付清。假定银行同期贷款利率为 10%。购入时发生的增值税为 36 万元，已用银行存款支付。其有关计算如下：

无形资产的现值＝2 000 000×(1＋10%)$^{-1}$＋2 000 000×(1＋10%)$^{-2}$＋2 000 000×(1＋10%)$^{-3}$

＝4 973 704(元)

未确认融资费用＝6 000 000－4 973 704＝1 026 296(元)

第一年应确认的融资费用＝4 973 704×10%＝497 370.40(元)

第二年应确认的融资费用＝(4 973 704－2 000 000＋497 370.40)×10%

＝347 107.44(元)

第三年应确认的融资费用＝1 026 296－497 370.40－347 107.44＝181 818.16(元)

A 公司账务处理如下：

借：无形资产——商标权　　4 937 704

　　未确认融资费用　　1 026 296

　　应交税费——应交增值税(进项税额)　　360 000

　贷：长期应付款　　6 000 000

　　　银行存款　　360 000

第一年底付款时：

借：长期应付款　　2 000 000

　贷：银行存款　　2 000 000

借：财务费用　　497 370.40

　贷：未确认融资费用　　497 370.40

第二年底付款时：

借：长期应付款　　2 000 000

　贷：银行存款　　2 000 000

借：财务费用　　347 107.44

贷:未确认融资费用　　　　　　　　　　　　　　　　347 107.44

第三年底付款时:

借:长期应付款　　　　　　　　　　　　2 000 000

　贷:银行存款　　　　　　　　　　　　　　　2 000 000

借:财务费用　　　　　　　　　　　　181 818.16

　贷:未确认融资费用　　　　　　　　　　　　181 818.16

二、自行开发的无形资产的核算

自行开发的无形资产的成本,包括自满足无形资产的确认条件后至达到预定用途前发生的支出总额,包括在开发过程中发生的材料费用、直接参与开发人员的工资及福利费、开发过程中发生的租金、借款费用支出以及依法取得时发生的注册费、聘请律师等费用。

(一)研究阶段和开发阶段的划分

对于企业自行进行的研究开发项目,应当区分研究阶段与开发阶段两个部分分别进行核算。

1.研究阶段

研究是指为获取新的技术和知识等进行的有计划的调查。研究阶段的特点在于:

(1)计划性。研究阶段是建立在有计划的调查基础上,即研发项目已经董事会或者相关管理层的批准,并着手收集相关资料、进行市场调查等。

(2)探索性。研究阶段基本上是探索性的,为进一步的开发活动进行资料及相关方面的准备,这一阶段不会形成阶段性成果。

2.开发阶段

开发是指在进行商业性生产或使用前,将研究成果或其他知识应用于某项计划或设计,以生产出新的或具有实质性改进的材料、装置、产品等。开发阶段的特点在于:

(1)具有针对性。开发阶段是建立在研究阶段基础上的,因而对项目的开发具有针对性。

(2)形成成果的可能性较大。进入开发阶段的研发项目往往形成成果的可能性较大。

(二)企业内部研究开发项目支出的确认

1.企业内部研究开发项目研究阶段的支出,应当于发生时计入当期损益,不确认为无形资产。

2.企业内部研究开发项目开发阶段的支出,能够同时满足下列条件的,才能确认为无形资产:

(1)完成该无形资产以使其能够使用或出售在技术上具有可行性;

(2)具有完成该无形资产并使用或出售的意图;

(3)无形资产产生经济利益的方式,包括能够证明运用该无形资产生产的产品存在市场或无形资产自身存在市场;无形资产将在内部使用的,应当证明其有用性;

(4)有足够的技术、财务资源和其他资源支持,以完成该无形资产的开发,并有能力使用或出售该无形资产；

(5)归属于该无形资产开发阶段的支出能够可靠计量。

3. 如果确实无法区分研究阶段的支出和开发阶段的支出，应将其所发生的研发支出全部费用化，计入当期损益。

(三)企业内部研发支出的会计处理

企业应当设置“研发支出”科目归集企业发生的内部研发支出。不符合资本化条件的内部研发支出记入“研发支出——费用化支出”科目，符合资本化条件的内部研发支出记入“研发支出——资本化支出”科目。期末将“研发支出——费用化支出”科目金额转入“管理费用”科目，研究开发项目达到预定用途形成无形资产的，将“研发支出——资本化支出”科目金额转入“无形资产”科目。

【例 7-3】 某企业自行研究开发一项新产品专利技术，在研究开发过程中发生材料费 4 000 万元、人工费 1 000 万元，以及用银行存款支付其他费用 3 000 万元，总计 8 000 万元，其中，符合资本化条件的支出为 5 000 万元，期末该专利技术已经达到预定用途。假定不考虑相关税费。

相关费用发生时：

借：研发支出——费用化支出　　30 000 000
　　　　　　——资本化支出　　50 000 000
　贷：原材料　　40 000 000
　　　应付职工薪酬　　10 000 000
　　　银行存款　　30 000 000

期末：

借：管理费用　　30 000 000
　　无形资产　　50 000 000
　贷：研发支出——费用化支出　　30 000 000
　　　　　　　——资本化支出　　50 000 000

三、投资者投入的无形资产的核算

投资者投入的无形资产，应当按照投资合同或协议约定的价值入账，借记“无形资产”科目，贷记“实收资本”科目。如果投资合同或协议约定的价值不公允，无形资产应当以其公允价值入账。无形资产的入账价值与投资方在企业注册资本中占有的份额的差额记入“资本公积”科目。

【例 7-4】 某股份有限公司接受 A 公司以其所拥有的专利权作为出资，该无形资产评估确认的价值为 2 500 万元，享有本公司股份 2 000 万股，每股面值 1 元，已办妥相关手续。

该公司账务处理为：

借：无形资产　　25 000 000
　贷：股本　　20 000 000
　　　资本公积——股本溢价　　5 000 000

四、接受捐赠的无形资产的核算

企业接受捐赠的无形资产，应按下列情况分别进行计价：

1.如果捐赠者提供了有关凭据，应按凭据中的金额加上应支付的相关税费计价。

2.如果捐赠者没有提供有关凭据，则应按下列顺序计价：

(1)同类或类似无形资产存在活跃市场的，应参照同类或类似无形资产的市场价格估计的金额，加上应支付的相关税费计价。

(2)同类或类似无形资产不存在活跃市场的，应按其预计未来现金流量的现值计价。

企业接受无形资产捐赠时，应根据确定的价值，借记"无形资产"科目，贷记"营业外收入"科目。

五、通过债务重组取得的无形资产的核算

通过债务重组取得的无形资产，在《新编财务会计Ⅱ》的相关章节中阐述。

六、通过非货币性资产交换取得的无形资产的核算

通过非货币性资产交换取得的无形资产，在《新编财务会计Ⅱ》的相关章节中阐述。

任务三　核算无形资产后续计量业务

一、无形资产后续计量的原则

无形资产的后续计量应当区分使用寿命有限的无形资产和使用寿命不确定的无形资产分别处理。使用寿命有限的无形资产，应在其预计的使用寿命内采用系统合理的方法进行价值摊销，摊销金额计入有关的成本费用；使用寿命不确定的无形资产，在持有期间内不需要摊销，但期末要进行减值测试，如果发生减值，要计提减值准备。

二、使用寿命有限的无形资产后续计量的核算

对于能够合理确定无形资产使用寿命的，应在其预计的使用寿命内采用系统合理的方法对应摊销金额进行摊销。其中应摊销金额是指无形资产的成本扣除残值后的金额。

(一)无形资产使用寿命的确定

无形资产的后续计量是以其使用寿命为基础的。无形资产的使用寿命包括法定寿命和经济寿命两个方面，有些无形资产的使用寿命受法律、规章或合同的限制，称为法定寿命。如我国法律规定发明专利权有效期为20年，商标权的有效期为10年。经济寿命是指无形资产可以为企业带来经济利益的年限。由于受技术进步、市场竞争等因素的影响，无形资产的经济寿命往往短于法定寿命，因此，在估计无形资产的使用寿命时，应当综合考虑各方面相关因素的影响，合理确定无形资产的使用寿命。

1.源自合同性权利或其他法定权利取得的无形资产，其使用寿命不应超过合同性权利或其他法定权利的期限。例如，企业以支付土地出让金方式取得一块土地的使用权，如

果企业准备持续持有，在50年期间内没有计划出售，该块土地使用权预期为企业带来未来经济利益的期间为50年。

2.没有明确的合同或法律规定的无形资产，企业应当综合各方面情况，如聘请相关专家进行论证或与同行业的情况进行比较以及依靠企业的历史经验等，来确定无形资产为企业带来未来经济利益的期限。如果经过这些努力确实无法合理确定无形资产为企业带来经济利益的期限，再将其作为使用寿命不确定的无形资产。

（二）无形资产摊销期、摊销方法、摊销金额的确定以及摊销的会计处理

无形资产的摊销期自其可供使用时（即其达到能够按管理层预定的方式运作所必须的状态）开始至不再作为无形资产确认时止。

对某项无形资产摊销所使用的方法应依据从资产中获取的预期未来经济利益的预计消耗方式来选择（工作量法、直线法等），并一致地运用于不同会计期间，无法确定消耗方式的应当采用直线法摊销。例如，受技术陈旧因素影响较大的专利权和专有技术等无形资产，可采用类似固定资产加速折旧的方法进行摊销；有特定产量限制的特许经营权或专利权，应采用产量法进行摊销。

无形资产的摊销金额为其成本扣除预计残值后的金额。已经计提减值准备的无形资产，还应扣除已计提的减值准备累计金额。使用寿命有限的无形资产，残值一般为零，除非有第三方承诺在无形资产使用寿命结束时愿意以一定的价格购买该项无形资产，或者存在活跃的市场，通过市场可以得到无形资产使用寿命结束时的残值信息，并且从目前情况看，在无形资产使用寿命结束时，该市场还可能存在的情况下，可以预计无形资产的残值。

无形资产的摊销金额一般应当计入当期损益。企业自用无形资产的摊销金额应当计入管理费用；企业转让无形资产使用权，转让收入计入其他业务收入的，无形资产的摊销金额则相应计入其他业务成本。如果某项无形资产包含的经济利益通过所生产的产品或其他资产实现的，其摊销金额应当计入相关资产的成本。

企业应当设置“累计摊销”账户反映无形资产摊销情况。“累计摊销”账户是“无形资产”账户的备抵账户，贷方登记按期计提的无形资产的摊销额，借方登记处置无形资产时结转的累计摊销数。余额在贷方，反映企业无形资产的累计摊销额。

【例7-5】 2014年6月，某股份有限公司从外单位购得一项商标使用权，支付价款30 000 000元，增值税税率为6%，款项已支付，该商标权的使用期为10年，不考虑残值的因素。

购入时：

借：无形资产—商标权　　30 000 000
　　应交税费——应交增值税（进项税额）　　1 800 000
　贷：银行存款　　31 800 000

月末摊销时：

借：管理费用　　250 000
　贷：累计摊销　　250 000

三、使用寿命不确定的无形资产后续计量的核算

使用寿命不确定的无形资产，在持有期间内不需要摊销，但期末应当对其使用寿命进行复核。复核后如果有证据表明其使用寿命是有限的，则应估计使用寿命并按照估计寿命进行摊销。

任务四 核算无形资产减值与处置业务

一、无形资产减值的核算

(一)无形资产减值金额的确定

1.对于使用寿命有限的无形资产，在资产负债表日发生减值迹象的，需要进行减值测试，如果减值测试表明其可收回金额低于账面价值的，应当计提减值准备。

2.对于使用寿命不确定的无形资产，在资产负债表日应当对其使用寿命进行复核。使用寿命仍不确定的，应当进行减值测试，如果减值测试表明其可收回金额低于账面价值的，应当计提减值准备。

3.企业持有待售的无形资产不进行摊销，在资产负债表日应当合理确定其公允价值与预计处置费用。如果公允价值减去处置费用后的净额低于其账面价值的，应当计提减值准备。

(二)无形资产减值的会计处理

企业计提无形资产减值准备，应当设置“无形资产减值准备”账户。按照应计提的金额，借记“资产减值损失”科目，贷记“无形资产减值准备”科目。无形资产减值损失一经确认，在以后会计期间不得转回。

【例 7-6】 A 公司 2012 年 1 月购入一项可供使用的专利权，成本 120 万元，预计使用寿命 6 年，预计净残值为零。2013 年末，预计可收回金额 72 万元。

2012 年摊销：120/6＝20 万元。

借：管理费用　　200 000

　贷：累计摊销　　200 000

2013 年摊销：120/6＝20 万元，会计分录同上。

2013 年末，无形资产的账面价值 80 万元，预计可收回金额 72 万元，计提减值准备 8 万元。

借：资产减值损失　　80 000

　贷：无形资产减值准备　　80 000

2014 年应摊销：72/4＝18 万元。

借：管理费用　　180 000

　贷：累计摊销　　180 000

二、无形资产处置的核算

无形资产的处置，主要是指转让无形资产使用权、无形资产出售、对外捐赠，或者无法为企业带来未来经济利益时，应予转销并终止确认。

(一)转让无形资产使用权的核算

企业将所拥有的无形资产的使用权让渡给他人，并收取租金，属于与企业日常活动相关的其他经营活动取得的收入，在满足收入准则规定的确认标准的情况下，应确认相关的收入及成本。

转让无形资产使用权时，按照取得的租金收入，借记“银行存款”等科目，贷记“其他业务收入”科目；摊销出租无形资产的成本并发生与转让有关的各种费用支出时，借记“其他业务成本”科目，贷记“累计摊销”等科目；按照应当缴纳的营业税、城市维护建设税和教育费附加，借记“营业税金及附加”科目，贷记“应交税费”科目。无形资产(土地使用权以外)的使用权让渡给他人的，按6%的税率计算销项税额，借记“银行存款”等科目，贷记“应交税费——应交增值税(销项税额)”。

【例7-7】 某企业2014年1月将一项专利技术出租给另外一个企业使用，该专利技术原值为500万元，摊销期限为10年，出租合同规定，承租方每销售一件用该专利技术生产的产品，必须付给出租方10元专利技术使用费。假定承租方当年销售该产品10万件，不考虑其他相关税费。出租方的账务处理如下：

	借方	贷方
借：银行存款	1 000 000	
贷：其他业务收入		1 000 000
借：其他业务成本	500 000	
贷：累计摊销		500 000

(二)无形资产出售的核算

企业将无形资产出售，表明企业放弃无形资产的所有权。企业出售无形资产时，应将所取得的价款与该无形资产账面价值的差额作为资产处置利得或损失计入营业外收入或营业外支出。

出售无形资产时，应按实际收到的金额，借记“银行存款”等科目；按已摊销的累计摊销额，借记“累计摊销”科目；原已计提减值准备的，借记“无形资产减值准备”科目；所有权转让要按6%的税率计算销项税额，贷记“应交税费——应交增值税(销项税额)”科目；按其账面余额，贷记“无形资产”科目，按其差额，贷记“营业外收入——处置非流动资产利得”科目或借记“营业外支出——处置非流动资产损失”科目。

【例7-8】 某公司2014年12月将拥有的一项商标权出售，售价180万元，应交增值税为10.8万元，收到支票金额为190.8万元。该无形资产的原值为700万元，累计摊销额为350万元，已计提的减值准备为200万元。账务处理如下：

	借方
借：银行存款	1 908 000
累计摊销	3 500 000
无形资产减值准备	2 000 000

贷:无形资产 7 000 000

应交税费——应交增值税(销项税额) 108 000

营业外收入——处置非流动资产利得 300 000

(三)无形资产转销的核算

如果无形资产预期不能为企业带来未来经济利益,不再符合无形资产的定义,应当将该无形资产予以报废,将其账面价值进行转销。如出现无形资产已被其他新技术所替代,不能为企业带来经济利益;或者无形资产不再受到法律保护,且不能给企业带来经济利益等情况,应当将无形资产报废,将其账面价值转销计入营业外支出。

转销无形资产账面价值时,应按已摊销的累计摊销额,借记"累计摊销"科目;原已计提减值准备的,借记"无形资产减值准备"科目;按其账面余额,贷记"无形资产"科目;按其差额,借记"营业外支出"科目。

【例 7-9】 某企业的某项专利技术,其账面原值为 600 万元,摊销期限为 10 年,采用直线法进行摊销,已摊销了 5 年,假定该项专利技术的残值为 0,计提的减值准备为 160 万元,今年用其生产的产品没有市场,应予转销。假定不考虑其他相关因素,其账务处理如下:

借:累计摊销 3 000 000

无形资产减值准备 1 600 000

营业外支出——处置无形资产损失 1 400 000

贷:无形资产——专利权 6 000 000

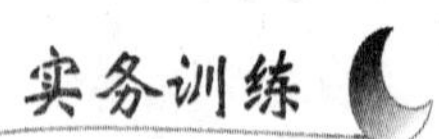

一、单项选择题

1. 无形资产是指企业拥有或控制的没有实物形态的可辨认的(　　)。

A. 资产　　B. 非流动性资产

C. 货币性资产　　D. 非货币性资产

2. 专利权有法定有效期限,一般发明专利的有效期限为(　　)。

A. 5 年　　B. 10 年　　C. 15 年　　D. 20 年

3. 商标权有法定有效期限,一般商标权的有效期限为(　　)。

A. 5 年　　B. 10 年　　C. 15 年　　D. 20 年

4. 企业自创的专利权与非专利技术,其研究开发过程中发生的支出,应当区分研究阶段支出与开发阶段支出分别处理。无法区分研究阶段支出和开发阶段支出的,应当将其所发生的研发支出全部费用化,记入当期损益中的(　　)科目。

A."管理费用"　　B."财务费用"　　C."营业外支出"　　D."销售费用"

5. 2013 年 3 月,A 公司提出一项新专利技术的设想,经研究,认为研制成功的可能性很大,于 2013 年 4 月开始研制。2014 年 3 月研制成功,取得了专利权。研究阶段共发生支出 500 万元,开发阶段发生相关支出 1 000 万元,其中包含满足无形资产确认条件的支出 800 万元。企业该项专利权的入账价值为(　　)万元。

A. 1 500　　B. 800　　C. 1 000　　D. 500

6. 甲公司的注册资本为 1 000 万元，2014 年 5 月 10 日接受乙公司专利权进行投资。该专利权的账面价值为 420 万元，双方协议约定的价值为 440 万元(协议约定价值公允)，占甲公司注册资本的 20%，则甲公司接受乙公司投资的专利权入账价值为(　　)万元。

A. 200　　B. 430　　C. 420　　D. 440

7. 下列关于无形资产的描述中，错误的是(　　)。

A. 企业内部研究开发项目研究阶段的支出应计入管理费用

B. 购入但尚未投入使用的无形资产的价值不应摊销

C. 不能为企业带来经济利益的无形资产的账面价值应全部转为营业外支出

D. 只有很可能为企业带来经济利益且其成本能够可靠计量的无形资产才能予以确认

8. 对出租的无形资产进行摊销时，其摊销的价值应记入(　　)科目。

A. "管理费用"　　B. "其他业务成本"　　C. "营业外支出"　　D. "销售费用"

9. 会计期末，如果企业所持有的非专利技术的账面价值高于其可收回金额的，应按其差额记入(　　)科目。

A. "其他业务成本"　　B. "资产减值损失"

C. "无形资产"　　D. "营业外支出"

10. 某公司 2010 年 1 月 1 日购入一项无形资产。该无形资产的实际成本为 500 万元，摊销年限为 10 年。2014 年 12 月 31 日，该无形资产发生减值，预计可收回金额为 200 万元。计提减值准备后，该无形资产的原摊销年限不变。2014 年 12 月 31 日，该无形资产的摊余价值为(　　)万元，账面价值为(　　)万元。

A. 150;120　　B. 170;120　　C. 120;200　　D. 250;120

11. 关于无形资产的后续计量，下列说法中正确的是(　　)。

A. 使用寿命不确定的无形资产，应该按系统合理的方法摊销

B. 使用寿命不确定的无形资产，应按 10 年摊销

C. 企业无形资产的摊销方法，应当反映与该项无形资产有关的经济利益的预期实现方式

D. 无形资产的摊销方法只有直线法

12. 由投资者投资转入的无形资产，应按合同或协议约定的价值，借记"无形资产"账户，按其在注册资本中所占的份额，贷记"实收资本"账户，按其差额记入(　　)账户。

A. "资本公积—资本溢价"　　B. "营业外收入"

C. "资本公积—其他资本公积"　　D. "营业外支出"

13. 企业摊销自用的无形资产时，借记"管理费用"科目，贷记(　　)科目。

A. "投资收益"　　B. "累计摊销"　　C. "营业外收入"　　D. "无形资产"

14. 某企业自创一项专利，并经过有关部门审核注册获得专利权。该项专利权的研究开发费为 15 万元，其中开发阶段符合资本化条件的支出 8 万元；发生的注册登记费 2 万元，律师费 1 万元。该项专利权的入账价值为(　　)。

A. 15 万元　　B. 21 万元　　C. 11 万元　　D. 18 万元

15. 下列各项中,不会引起无形资产账面价值发生增减变动的是(　　)。

A. 对无形资产计提减值准备　　B. 转让无形资产使用权

C. 摊销无形资产　　D. 转让无形资产所有权

二、多项选择题

1. 下列不能确认为无形资产的有(　　)。

A. 企业自创的商誉

B. 企业合并产生的商誉

C. 企业自行研制开发的专利权

D. 企业持有并准备增值后转让的土地使用权

2. 下列说法正确的有(　　)。

A. 企业内部研究开发项目研究阶段的支出,应当于发生时计入当期损益

B. 使用寿命有限的无形资产应当摊销

C. 使用寿命不确定的无形资产不予摊销

D. 无形资产应当采用直线法摊销

3. 对于无形资产摊销的会计处理,下列说法中正确的有(　　)。

A. 使用寿命有限的无形资产的应摊销金额应当在使用寿命内合理摊销

B. 企业应自无形资产可供使用的次月起,至不再作为无形资产确认时止摊销无形资产

C. 无形资产的使用寿命与以前估计不同的,应当改变摊销期限

D. 无形资产的摊销方法与以前估计不同的,应当改变摊销方法

4. 下列有关无形资产的会计处理中不正确的有(　　)。

A. 转让无形资产使用权所取得的收入应计入其他业务收入

B. 使用寿命确定的无形资产摊销只能采用直线法

C. 转让无形资产所有权所发生的支出应计入营业外支出

D. 使用寿命不确定的无形资产既不应摊销又不考虑减值

5. 企业内部研究开发项目开发阶段的支出,满足资本化条件的有(　　)。

A. 归属于该无形资产开发阶段的支出能够可靠地计量

B. 有足够的技术、财务资源和其他资源支持,以完成该无形资产的开发,并有能力使用或出售该无形资产

C. 具有完成该无形资产并使用或出售的意图

D. 完成该无形资产以使其能够使用或出售在技术上具有可行性

6. 企业自创商标权过程中发生的相关支出应全部计入当期损益,其中应计入销售费用的有(　　)。

A. 宣传广告费　　B. 产品保修费　　C. 注册登记费　　D. 法律咨询费

7. 关于无形资产的确认,应同时满足的条件有(　　)。

A. 能够合理确定其使用寿命

B. 与该资产有关的经济利益很可能流入企业

C. 该无形资产的成本能够可靠地计量

D. 必须是企业外购的

8. 关于无形资产的初始计量，下列说法中正确的有(　　)。

A. 外购的无形资产，其成本包括购买价款、相关税费(不含一般纳税人支付的增值税)以及直接归属于使该资产达到预定用途所发生的其他支出

B. 购入无形资产超过正常信用条件延期支付价款，实质上具有融资性质的，应按所购无形资产的购买价总额入账

C. 投资者投入无形资产的成本，应当按投资合同或协议约定的价值确定，合同或协议约定价值不公允的除外

D. 企业取得的土地使用权，应作为无形资产核算，一般情况下，当土地使用权用于自行开发建造厂房等地上建筑物时，相关的土地使用权账面价值不转入在建工程成本

9. 无形资产报废时，可能借记的有(　　)账户。

A. "累计摊销"　　B. "无形资产减值准备"

C. "无形资产"　　D. "营业外支出"

10. 出租无形资产的摊销，其摊销额应区分情况分别记入(　　)账户。

A. "管理费用"　　B. "其他业务成本"

C. "营业外支出"　　D. "预付账款"

三、判断题

1. 无形资产的摊销金额应当全部计入管理费用。(　　)

2. 企业自行开发无形资产发生的研发支出，不满足资本化条件的，应当计入当期损益。(　　)

3. 企业自创商誉应确认为无形资产。(　　)

4. 不论是使用寿命确定的无形资产，还是使用寿命不确定的无形资产，企业都应当对其使用寿命进行复核。(　　)

5. 用于赚取租金或增值而购入的土地使用权，应当计入无形资产成本。(　　)

6. 无形资产的可辨认性特征是区别于商誉的显著标志，其非货币性特征是区别于债权的显著标志。(　　)

7. 专利权和商标权均有法定有效期限，且到期时均不得继续申请延长注册期。(　　)

8. 企业拥有的专利权、商标权、非专利技术、著作权、土地使用权和特许权都应确认为无形资产核算。(　　)

9. 企业自创商标权过程中发生的注册登记费应当计入管理费用。(　　)

10. 无形资产出售与转销所发生的损益属于营业外损益，而无形资产出租所发生的损益则属于营业损益。(　　)

11. 企业自行研发无形资产的，研究阶段支出应当费用化，开发阶段支出应当资本化。(　　)

12. 无形资产预期不能为企业带来经济利益的，应将无形资产的账面价值转入"管理费用"科目。(　　)

13. 无法区分研究阶段支出和开发阶段支出的，应当将其所发生的研发支出全部资本

化，计入无形资产成本。 （ ）

14.无形资产的残值都为零。 （ ）

15.企业月末应当将研发支出转入“管理费用”或“无形资产”账户，即“研发支出”账户期末无余额。 （ ）

四、计算及会计处理题

1.根据下列经济业务编制会计分录：

(1)2014年12月，A公司与B公司签订商标购买合同，购入一项商标，增值税发票上注明价款225 000元，税款13 500元，总价款238 000元用转账支票付讫。

(2)2014年1月，A公司与B公司签订商标销售合同，将一项商标售出，开出的增值税发票上注明价款225 000元，税款13 500元，款项已经存入银行。该商标的账面余额为250 000元，累计摊销额为80 000元。

(3)企业用银行存款购入土地使用权，价款800 000元，自行开发建造厂房。

(4)2014年4月，企业研发部门准备研究开发一项专有技术。在研究阶段，企业为了研究以银行存款支付相关费用800万元。2014年5月，该专有技术研究成功，转入开发阶段，开发阶段以银行存款支付相关费用100万元，全部符合无形资产资本化的条件。

(5)2014年5月，A公司将某商标权使用权出租给C公司，合同规定出租期限为三年，每月租金收入20 000元，每月月初收取当月租金。2014年5月4日收到当月的租金及增值税合计21 200元，已办理进账手续。该商标权每月的摊销额为10 000元。

2.根据下列经济业务计算无形资产减值准备，并编制相关会计分录(不考虑增值税)：

(1)2008年11月12日，以450万元购入一项无形资产，该无形资产预计使用年限10年。

(2)2011年12月31日，预计该无形资产的可收回金额为205万元。该无形资产发生减值后，原预计使用年限不变。

(3)2012年12月31日，预计该无形资产的可收回金额为70万元。该无形资产发生减值后，原预计使用年限不变。

(4)2013年6月16日，将该无形资产对外出售，取得价款150万元并收存银行。

项目八

核算投资性房地产和其他资产业务

项目要点

随着我国房地产市场的发展，企业可能将持有的房地产用于赚取租金或增值。本项目主要学习投资性房地产核算范围、投资性房地产的初始计量、投资性房地产后续计量以及投资性房地产的期末计价与处置。

任务一　认识投资性房地产

一、投资性房地产的概念

房地产是土地和房屋及其权属的总称。随着我国社会主义市场经济的发展和完善，房地产市场日益活跃，企业持有的房地产除了用作自身管理、生产经营活动场所和对外销售之外，出现了将房地产用于赚取租金或增值收益的活动，甚至是个别企业的主营业务。用于出租或增值的房地产就是投资性房地产。

在我国，土地归国家或集体所有，企业只能取得土地使用权。因此，房地产中的土地是指土地使用权。房屋是指土地上的房屋等建筑物及构筑物。

投资性房地产是指为赚取租金或资本增值，或者两者兼有而持有的房地产。投资性房地产应当能够单独计量和出售。

二、投资性房地产的性质

(一)投资性房地产是由经营性活动形成的

投资性房地产的主要形式是出租建筑物、出租土地使用权，这实质上属于一种让渡资产使用权行为。房地产租金就是让渡资产使用权取得的使用费收入，是企业为完成其经营目标所从事的经营性活动以及与之相关的其他活动形成的经济利益总流入。投资性房地产的另一种形式是持有并准备增值后转让的土地使用权，尽管其增值收益通常与市场供求、经济发展等因素有关，但目的是为了增值后转让以赚取增值收益，也是企业为完成其经营目标所从事的经营性活动以及与之相关的其他活动形成的经济利益总流入。

根据税法规定，企业出租房地产、转让土地使用权均视为一种经营活动，其取得的租金收入或土地使用权转让收益应当缴纳营业税;如果土地使用权转让增值额达到法定标准的,还应当缴纳土地增值税。

就某些企业而言,投资性房地产属于日常经营性活动,形成的租金收入或转让增值收益确认为企业的主营业务收入;但对于大部分企业而言,属于与经营性活动相关的其他经营活动,形成的租金收入或转让增值收益构成企业的其他业务收入。

(二)投资性房地产为企业带来经济利益流入的方式与自用房地产明显不同

企业持有的房地产既可能用作自身管理、生产经营的场所,也可能作为投资性房地产用于赚取租金或获取增值收益。投资性房地产为企业带来的经济利益流入的方式主要是通过获取租金收益和处置收益来实现,与自用房地产明显不同,因此应当作为一项单独资产进行核算和反映。企业在日常核算过程中,应该对相关资产进行重新分类,符合投资性房地产定义和确认条件的建筑物和土地使用权,应当划分为投资性房地产。

(三)投资性房地产的后续计量有两种模式

投资性房地产的后续计量有成本计量和公允价值计量两种计量模式。一般情况下,投资性房地产采用成本计量模式,在满足特定条件下可以采用公允价值计量模式。而企业的固定资产和无形资产一般采用成本计量。

三、投资性房地产的范围

投资性房地产的范围包括:已出租的土地使用权、持有并准备增值后转让的土地使用权及已出租的建筑物。

(一)已出租的土地使用权

已出租的土地使用权,是指企业通过出让或转让方式取得的、以经营租赁方式出租的土地使用权。企业取得的土地使用权通常包括在一级市场上以缴纳土地出让金方式取得的土地使用权,也包括在二级市场上接受其他单位转让的土地使用权。例如,甲公司与乙公司签署了土地使用权租赁协议,甲公司以年租金720万元租赁使用乙公司拥有的40万平方米土地使用权。那么,自租赁协议约定的租赁期开始日起,这项土地使用权就属于乙公司的投资性房地产。

对于以经营租赁方式租入土地使用权再转租给其他单位的,不能确认为投资性房地产。

(二)持有并准备增值后转让的土地使用权

持有并准备增值后转让的土地使用权,是指企业取得的、准备增值后转让的土地使用权。这类土地使用权很可能给企业带来资本增值收益,符合投资性房地产的定义。例如,企业发生转产或厂址搬迁,部分土地使用权停止自用,管理层决定继续持有这部分土地使用权,待其增值后转让以赚取增值收益。

按照国家有关规定认定的闲置土地,不属于持有并准备增值后转让的土地使用权,也就不属于投资性房地产。闲置土地,是指土地使用者依法取得土地使用权后,未经原批准用地的人民政府同意,超过规定的期限未动工开发建设的建设用地。闲置土地应当按照国家《闲置土地处理办法》的规定处理。

(三)已出租的建筑物

已出租的建筑物是指企业拥有产权的、以经营租赁方式出租的建筑物,包括自行建造或开发活动完成后用于出租的建筑物。例如,甲公司将其拥有的某栋厂房整体出租给乙公司,租赁期 2 年。对于甲公司而言,自租赁期开始日起,该栋厂房就属于投资性房地产。

企业在判断和确认已出租的建筑物时,应当把握以下要点:

1. 用于出租的建筑物是指企业拥有产权的建筑物。企业以经营租赁方式租入再转租的建筑物不属于投资性房地产。例如,甲企业与乙企业签订了一项经营租赁合同,乙企业将其持有产权的一栋办公楼出租给甲企业,为期 5 年。甲企业一开始将该办公楼改装后用于自行经营餐馆。2 年后,由于连续亏损,甲企业将餐馆转租给丙公司,以赚取租金差价。这种情况下,对于甲企业而言,该栋楼不属于其投资性房地产;对于乙企业而言,则属于其投资性房地产。

2. 已出租的建筑物是企业已经与其他方签订了租赁协议,约定以经营租赁方式出租的建筑物。一般应自租赁协议规定的租赁期开始日起,经营租出的建筑物才属于已出租的建筑物。通常情况下,对企业持有的以备经营出租的空置建筑物,如董事会或类似机构做出书面决议,明确表明将其用于经营出租且持有意图短期内不再发生变化的,即使尚未签订租赁协议,也应视为投资性房地产。这里的空置建筑物,是指企业新购入、自行建造或开发完成但尚未使用的建筑物,以及不再用于日常生产经营活动且经整理后达到可经营出租状态的建筑物。

3. 企业将建筑物出租,按租赁协议向承租人提供的相关辅助服务在整个协议中不重大的,应当将该建筑物确认为投资性房地产。例如,企业将其办公楼出租,同时向承租人提供维护、保安等日常辅助服务,企业应当将其确认为投资性房地产。

此外,下列项目不属于投资性房地产:

(1)自用房地产。自用房地产是指为生产商品、提供劳务或者经营管理而持有的房地产,如企业生产经营用的厂房和办公楼属于固定资产,企业生产经营用的土地使用权属于无形资产。

例如,企业拥有并自行经营的旅馆饭店。旅馆饭店的经营者在向顾客提供住宿服务的同时,还提供餐饮、娱乐等其他服务,其经营目的主要是通过向客户提供服务取得服务收入,因此,企业自行经营的旅馆饭店是企业的经营场所,应当属于自用房地产。

(2)作为存货的房地产。作为存货的房地产通常是指房地产开发企业在正常经营过程中销售的或为销售而正在开发的商品房和土地。这部分房地产属于房地产开发企业的存货,不属于投资性房地产。

从事房地产经营开发的企业依法取得的、用于开发后出售的土地使用权,属于房地产开发企业的存货,即使房地产开发企业决定待增值后再转让其开发的土地,也不得将其确认为投资性房地产。

实务中,存在某项房地产部分自用或作为存货出售、部分用于赚取租金或资本增值的情形。如某项投资性房地产不同用途的部分能够单独计量和出售的,应当分别确认为固定资产(或无形资产、存货)和投资性房地产。

任务二 核算投资性房地产初始计量业务

一、投资性房地产的确认条件

一项资产在符合投资性房地产的概念并同时满足下列两个条件时，才可确认为投资性房地产：

(1)与该投资性房地产相关的经济利益很可能流入企业；

(2)该投资性房地产的成本能够可靠计量。根据投资性房地产准则的规定，投资性房地产应当按照成本进行初始确认和计量。

对于已出租的土地使用权、已出租的建筑物，其作为投资性房地产的确认时点为租赁期开始日，即承租人有权行使其使用租赁资产权利的日期。对持有并准备增值后转让的土地使用权，其作为投资性房地产的确认时点为企业将该土地使用权停止自用，准备增值后转让的日期。

二、投资性房地产初始计量的核算

投资性房地产应按成本进行初始计量。

成本模式下的投资性房地产会计处理比较简单，企业应当设置“投资性房地产”账户，比照“固定资产”或“无形资产”账户进行核算，反映投资性房地产的成本。

公允价值模式下投资性房地产实际成本的确定与成本模式下投资性房地产实际成本的确定是一致的，但企业应当在“投资性房地产”账户下设置“成本”和“公允价值变动”两个明细账户，其中“成本”明细账户反映投资性房地产的取得成本。

(一)外购投资性房地产的核算

外购采用成本模式计量的土地使用权和建筑物，应当按照取得时的实际成本进行初始计量，其成本包括购买价款、相关税费和可直接归属于该资产的其他支出。

【例 8-1】 2014 年 3 月，甲企业计划购入一栋写字楼用于对外出租。3 月 15 日，甲企业与乙企业签订了经营租赁合同，约定自写字楼购买日起将这栋写字楼出租给乙企业，为期 5 年。4 月 5 日，甲企业实际购入写字楼，支付价款共计 1 200 万元(假设不考虑其他因素，甲企业采用成本模式进行后续计量)。

甲企业的账务处理如下：

借：投资性房地产——写字楼　　12 000 000

　贷：银行存款　　12 000 000

(二)自行建造的投资性房地产的核算

自行建造的采用成本模式计量的投资性房地产，其成本由建造该项资产达到预定可使用状态前发生的必要支出构成，包括土地开发费、建造成本、应予以资本化的借款费用、支付的其他费用和分摊的间接费用等。建造过程中发生的非正常损失直接计入当期损益，不计入建造成本。企业在建造过程中发生的支出通过“在建工程”账户进行归集，待该项资产达到预定可使用状态时将建造支出由“在建工程”转入“投资性房地产”账户，将相应的土地使用权由“无形资产”转入“投资性房地产”。

【例 8-2】 2014 年 3 月，甲企业从其他单位购入一块土地的使用权，并在该块土地上开始自行建造三栋厂房。2014 年 6 月，甲企业预计厂房即将完工，与乙公司签订了经营租赁合同，将其中的一栋厂房租赁给乙公司使用。租赁合同约定，该厂房于完工(达到预定可使用状态)时开始起租。2014 年 7 月 5 日，三栋厂房同时完工(达到预定可使用状态)。该块土地使用权的成本为 600 万元，三栋厂房的造价均为 1 000 万元，能够单独出售。

甲企业的账务处理如下：

土地使用权中的对应部分应同时转换为投资性房地产，其成本＝600×(1 000÷3 000)＝200 万元。

借：投资性房地产——厂房　　10 000 000

　贷：在建工程　　10 000 000

借：投资性房地产——土地使用权　　2 000 000

　贷：无形资产——土地使用权　　2 000 000

(三)非投资性房地产转换为投资性房地产的核算

非投资性房地产转换为投资性房地产，是指企业将原来以出售为目的作为存货核算的房地产或将以自用为目的作为固定资产或无形资产核算的房地产用于出租或资本增值转换为投资性房地产。

非投资性房地产转换为投资性房地产的初始计量，将在本项目任务四“投资性房地产的转换”中进行介绍。

(四)投资者投入的投资性房地产的核算

投资者投入的投资性房地产，按照投资者约定的价值计量；投资者的约定不公允的，以公允价值计量。

任务三　核算投资性房地产后续计量业务

投资性房地产的后续计量，通常应当采用成本模式计量，只有满足特定条件的情况下才可以采用公允价值模式计量。

一、投资性房地产后续计量业务的核算

(一)采用成本模式进行后续计量的投资性房地产的核算

采用成本模式对投资性房地产进行后续计量的，应当设置“投资性房地产累计折旧(摊销)”科目，比照“累计折旧”或“累计摊销”科目进行会计处理。按期(月)计提折旧或摊销时，借记“其他业务成本”等科目，贷记“投资性房地产累计折旧(摊销)”；取得租金收入时，借记“银行存款”等科目，贷记“其他业务收入”等科目。

【例 8-3】 甲企业一栋办公楼出租给乙企业使用，已确认为投资性房地产，采用成本

模式进行后续计量。假设该栋办公楼的成本为1 800万元，按照直线法计提折旧，使用寿命为20年，预计净残值为零。按照经营租赁合同约定，乙企业每月支付甲企业租金8万元。

甲企业的账务处理如下：

(1)月末计提折旧

每月计提折旧为1 800÷20÷12=7.5(万元)。

借：其他业务成本　　75 000

　贷：投资性房地产累计折旧　　75 000

(2)确认租金收入时

借：银行存款(或其他应收款)　　80 000

　贷：其他业务收入　　80 000

(二)采用公允价值模式进行后续计量的投资性房地产的核算

企业存在确凿证据表明其公允价值能够持续可靠取得的，可以采用公允价值计量模式。企业选择公允价值模式，就应当对其所有投资性房地产采用公允价值模式进行后续计量，不得对一部分投资性房地产采用成本模式进行后续计量，对另一部分投资性房地产采用公允价值模式进行后续计量。采用公允价值模式计量投资性房地产，应当同时满足以下两个条件：

(1)投资性房地产所在地有活跃的房地产交易市场；

(2)企业能够从房地产交易市场上取得同类或类似房地产的市场价格及其他相关信息，从而对投资性房地产的公允价值做出科学合理的估计。

采用公允价值模式的，应当在附注中详细披露公允价值确定的依据和方法以及公允价值变动对损益的影响。

采用公允价值模式进行后续计量的投资性房地产，不计提折旧或摊销，应以资产负债表日的公允价值计量。资产负债表日，投资性房地产的公允价值与原账面价值的差额，记入"公允价值变动损益"科目。

【例8-4】 甲公司为从事房地产经营开发的企业。2014年3月，甲公司与乙公司签订租赁协议，约定将甲公司开发的一栋精装修的写字楼于开发完成的同时开始租赁给乙公司使用，租赁期为10年。当年5月1日，该写字楼开发完成并开始起租，写字楼的造价为9 000万元。2014年12月31日，该写字楼的公允价值为9 200万元。假设甲公司对投资性房地产采用公允价值模式计量。甲企业的账务处理如下：

(1)2014年5月1日，甲公司开发完成写字楼并出租

借：投资性房地产——成本　　90 000 000

　贷：开发成本　　90 000 000

(2)2014年12月31日，以公允价值为基础调整其账面价值

借：投资性房地产——公允价值变动　　2 000 000

　贷：公允价值变动损益　　2 000 000

二、投资性房地产后续计量模式变更的核算

为保证会计信息的可比性，企业对投资性房地产的计量模式一经确定，不得随意变更。只有在房地产市场比较成熟、能够满足采用公允价值模式条件的情况下，才允许企业对投资性房地产从成本模式计量变更为公允价值模式计量。

成本模式转为公允价值模式的，由于涉及会计计量基础的变更，应当作为会计政策变更处理，以计量模式变更时的公允价值作为投资性房地产初始成本，并将变更时公允价值与账面价值的差额调整期初留存收益。

已采用公允价值模式计量的投资性房地产，不得从公允价值模式转为成本模式。

【例 8-5】 2012 年，甲公司将一幢写字楼出租给乙公司，采用成本模式计量。2014 年 1 月 1 日，假定甲公司持有的投资性房地产满足采用公允价值计量的条件，甲公司决定采用公允价值模式对该写字楼进行后续计量。2014 年 1 月 1 日，该写字楼原价 9 000 万元，已提折旧 270 万元，未提取减值准备，公允价值 9 500 万元。甲公司按净利润的 10% 计提盈余公积。假定不考虑所得税因素。

甲公司的账务处理为：

借：投资性房地产——成本　95 000 000

　　投资性房地产累计折旧　2 700 000

　贷：投资性房地产——写字楼　90 000 000

　　　利润分配——未分配利润　6 930 000

　　　盈余公积　770 000

三、投资性房地产后续支出的核算

与投资性房地产有关的后续支出分为两部分：一是资本化支出，二是费用化支出。企业为了提高投资性房地产的使用效能，往往需要对投资性房地产进行改建、扩建而使其更加坚固耐用，或者通过装修改善其室内装潢。改扩建支出或装修支出等后续支出满足投资性房地产确认条件的，应当予以资本化，计入投资性房地产的成本。企业对投资性房地产进行日常维护所发生的支出等，不满足投资性房地产确认条件的，应当予以费用化，计入当期损益。

(一)资本化的后续支出的核算

企业对投资性房地产进行改扩建或装修等再开发且将来仍作为投资性房地产的，再开发期间应继续将其作为投资性房地产核算，再开发期间不计提折旧或摊销。企业应当在“投资性房地产”科目下增设“在建”明细科目对资本化的后续支出进行核算。

【例 8-6】 2014 年 3 月，甲企业与乙企业的一项厂房经营租赁合同即将到期，该厂房按照成本模式进行后续计量，原价为 2 000 万元，已计提折旧 600 万元。为了提高厂房的租金收入，甲企业决定在租赁期满后对厂房进行改扩建，并与丙企业签订了经营租赁合同，约定自改扩建完工时将厂房出租给丙企业。3 月 15 日，与乙企业的租赁合同到期，厂房随即进入改扩建工程。12 月 15 日，厂房改扩建工程完工，共发生支出 150 万元，即日按照租赁合同出租给丙企业。

本例中，改扩建支出属于资本化的后续支出，应当计入投资性房地产的成本。

甲企业的账务处理如下：

(1)2014 年 3 月 15 日，投资性房地产转入改扩建工程

借：投资性房地产——在建　　14 000 000

　投资性房地产累计折旧　　6 000 000

贷：投资性房地产——厂房　　20 000 000

(2)2014 年 3 月 15 日至 12 月 15 日

借：投资性房地产——在建　　1 500 000

贷：银行存款　　1 500 000

(3)2014 年 12 月 15 日，改扩建工程完工

借：投资性房地产——厂房　　15 500 000

贷：投资性房地产——在建　　15 500 000

需要注意的是，投资性房地产租赁合同到期，企业对其进行改扩建或装修等，但工程完工后不再用于出租而是转为自用的，应当将投资性房地产的账面价值转入“在建工程”，并通过“在建工程”科目归集改扩建或装修工程的资本化支出，待工程完工后，由“在建工程”转入“固定资产”。

(二)费用化的后续支出的核算

与投资性房地产有关的不满足资本化条件的后续支出，应当在发生时计入当期损益。会计处理为：借记“其他业务成本”科目，贷记“银行存款”等科目。

任务四　核算投资性房地产转换业务

一、投资性房地产转换的基本知识

(一)房地产的转换形式

房地产的转换，实质上是因房地产用途发生改变而对房地产进行的重新分类。企业必须有确凿的证据表明房地产用途发生改变，才能将投资性房地产转换为非投资性房地产，或将非投资性房地产转换为投资性房地产。这里的确凿证据包括两个方面：一是企业董事会或类似机构应当就改变房地产用途形成正式的书面决议；二是房地产因用途改变而发生实际状态上的改变，从自用状态改为出租状态或从出租状态改为自用或待售状态。

投资性房地产的转换主要有将投资性房地产转换为非投资性房地产和将非投资性房地产转换为投资性房地产两种转换形式，具体包括四种情况。

1. 作为存货的房地产转换为投资性房地产。即房地产开发企业将其持有的开发产品以经营租赁的方式出租。

2. 自用房地产转换为投资性房地产。即企业将原本用于生产商品、提供劳务或者经营管理的房地产改用于出租。

3. 投资性房地产转换为自用房地产。即企业将原本用于赚取租金或资本增值的房地

产改用于生产商品、提供劳务或者经营管理。

4.投资性房地产转换为存货。即房地产开发企业将用于经营租赁的房地产重新开发用于对外销售。

(二)投资性房地产转换日的确定

转换日是指房地产的用途发生改变、状态发生相应改变的日期。非投资性房地产转换为投资性房地产的,转换日通常为房地产的租赁期开始日。租赁期开始日是指承租人有权行使其使用租赁资产权利的日期。如果企业董事会或类似机构做出正式书面决议,明确表明其持有的达到可出租状态的建筑物以备经营性出租、持有意图短期内不再发生变化的,转换日为董事会或类似机构做出书面决议的日期。投资性房地产转换为非投资性房地产的,转换日为租赁期届满、企业董事会或类似机构做出书面决议明确表明将其重新开发用于对外销售的日期,或房地产达到自用状态,企业开始将房地产用于生产商品、提供劳务或者经营管理的日期。

二、房地产转换的会计处理

(一)成本模式下房地产转换的核算

成本模式下,由于企业的固定资产、无形资产、存货、投资性房地产均以实际成本为基础核算,计量基础一致,所以成本模式下的房地产转换会计处理比较简单,仅是对房地产的重新分类,相应科目按账面价值结转即可。

1.作为存货的房地产转换为投资性房地产的核算

企业将作为存货的房地产转换为以成本模式计量的投资性房地产时,应当按该项存货在转换日的账面价值,借记“投资性房地产”科目,原已计提跌价准备的,借记“存货跌价准备”科目,按其账面余额,贷记“开发产品”或“开发成本”科目。房地产开发企业的“开发成本”科目类似于一般企业的“生产成本”科目,“开发产品”科目类似于“库存商品”科目。如果在完工时已经将开发成本转到了开发产品,那么直接贷记“开发产品”科目,如果没有结转,则直接贷记“开发成本”科目。

【例8-7】 甲企业是从事房地产开发业务的企业,2015年3月10日,甲企业与乙企业签订了租赁协议,将其开发的一栋写字楼出租给乙企业使用,租赁期开始日为2015年4月15日。2015年4月15日,该写字楼的账面余额为55 000 000元,未计提存货跌价准备。甲企业对投资性房地产采用成本模式计量。

甲企业的账务处理如下:

借:投资性房地产——写字楼　　55 000 000

　贷:开发产品　　55 000 000

2.自用房地产转换为投资性房地产的核算

企业将自用土地使用权或建筑物转换为以成本模式计量的投资性房地产时,应当按该项建筑物或土地使用权在转换日的账面余额、累计折旧、减值准备等,分别转入“投资性房地产”“投资性房地产累计折旧(摊销)”“投资性房地产减值准备”科目,按其账面余额,借记“投资性房地产”科目,贷记“固定资产”或“无形资产”科目,按已计提的折旧或摊销,借记“累计折旧”或“累计摊销”科目，贷记“投资性房地产累计折旧(摊销)”科目，原已计提减值准备的，借记“固定资产减值准备”或“无形资产减值准备”科目，贷记“投资性房地产减值准备”科目。

【例 8-8】 A 企业拥有一栋办公楼，用于本企业总部办公。2015 年 3 月 10 日，A 企业与 B 企业签订了经营租赁协议，将该办公楼整体出租给 B 企业使用，租赁期开始日为 2015 年 4 月 15 日，为期 5 年。2015 年 4 月 15 日，该办公楼的账面余额 5 500 万元，已计提折旧 300 万元。A 企业对投资性房地产采用成本模式计量。

A 企业的账务处理如下：

借：投资性房地产——写字楼	55 000 000	
累计折旧	3 000 000	
贷：固定资产		55 000 000
投资性房地产累计折旧		3 000 000

3. 投资性房地产转换为自用房地产的核算

企业将以成本模式计量的投资性房地产转换为自用房地产时，应当按该项投资性房地产在转换日的账面余额、投资性房地产累计折旧(摊销)、减值准备等，分别转入“固定资产”“累计折旧”“固定资产减值准备”等科目；按投资性房地产的账面余额，借记“固定资产”或“无形资产”科目，贷记“投资性房地产”科目；按已计提的折旧或摊销，借记“投资性房地产累计折旧(摊销)”科目，贷记“累计折旧”或“累计摊销”科目。原已计提减值准备的，借记“投资性房地产减值准备”科目，贷记“固定资产减值准备”或“无形资产减值准备”科目。

【例 8-9】 2014 年 3 月 1 日，甲企业将出租在外的厂房收回，开始用于本企业生产商品。该项房地产在转换前采用成本模式计量，其账面价值为 2 800 万元，其中，原价 5 000 万元，累计已提折旧 2 200 万元。

甲企业的账务处理如下：

借：固定资产	50 000 000	
投资性房地产累计折旧	22 000 000	
贷：投资性房地产——厂房		50 000 000
累计折旧		22 000 000

4. 投资性房地产转换为存货的核算

房地产开发企业将以成本模式计量的投资性房地产转换为存货时，应当按照该项投资性房地产在转换日的账面价值，借记“开发产品”科目，按照已计提的折旧或摊销，借记“投资性房地产累计折旧(摊销)”科目，原已计提减值准备的，借记“投资性房地产减值准备”科目；按其账面余额，贷记“投资性房地产”科目。

(二)公允价值模式下房地产转换的核算

公允价值模式下，由于投资性房地产采用公允价值计量，企业的固定资产、无形资产、存货等采用成本计量，所以需要对转换日公允价值与账面价值的差额进行处理。以成本计量的非投资性房地产转换为以公允价值计量的投资性房地产的，考虑谨慎性原则的要求，借方差额记入“公允价值变动损益”科目，贷方差额记入“其他综合收益”科目。以公允价值计量的投资性房地产转换为以成本计量的非投资性房地产的，以转换日该房地产的公允价值作为新确认的相应资产的初始成本，转换日公允价值与账面价值的差额记入“公允价值变动损益”科目。

1. 作为存货的房地产转换为投资性房地产的核算

企业将作为存货的房地产转换为采用公允价值模式计量的投资性房地产时，应当按该项房地产在转换日的公允价值，借记“投资性房地产（成本）”科目；原已计提跌价准备的，借记“存货跌价准备”科目；按其账面余额，贷记“开发产品”等科目。同时，转换日的公允价值小于账面价值的，按其差额，借记“公允价值变动损益”科目；转换日的公允价值大于账面价值的，按其差额，贷记“其他综合收益——作为存货的房地产转换为投资性房地产”科目。

【例 8-10】 接例 8-7，假定租赁期开始日该写字楼公允价值为 75 000 000 元，甲企业对投资性房地产采用公允价值计量，则甲企业的账务处理为：

借：投资性房地产——成本　　75 000 000
　贷：开发产品　　55 000 000
　　其他综合收益——作为存货的房地产转换为投资性房地产　　20 000 000

2. 自用房地产转换为投资性房地产的核算

企业将自用房地产转换为采用公允价值模式计量的投资性房地产时，应当按该项土地使用权或建筑物在转换日的公允价值，借记“投资性房地产（成本）”科目；按已计提的累计摊销或累计折旧，借记“累计摊销”或“累计折旧”科目；原已计提减值准备的，借记“无形资产减值准备”“固定资产减值准备”科目；按其账面余额，贷记“固定资产”或“无形资产”科目。同时，转换日的公允价值小于账面价值的，按其差额，借记“公允价值变动损益”科目；转换日的公允价值大于账面价值的，按其差额，贷记“其他综合收益——自用房地产转换为投资性房地产”科目。待该项投资性房地产处置时，因转换记入“其他综合收益”科目的部分应转入当期损益。

【例 8-11】 接例 8-8，假定租赁期开始日该办公楼公允价值为 50 000 000 元，A 企业对投资性房地产采用公允价值计量，则 A 企业的账务处理为：

借：投资性房地产——成本　　50 000 000
　累计折旧　　3 000 000
　公允价值变动损益　　2 000 000
　贷：固定资产　　55 000 000

3. 投资性房地产转换为自用房地产的核算

企业将采用公允价值模式计量的投资性房地产转换为自用房地产时，应当按该项投资性房地产的公允价值，借记“固定资产”或“无形资产”科目，按该项投资性房地产的成本，贷记“投资性房地产——成本”科目；按该项投资性房地产的累计公允价值变动，贷记或借记“投资性房地产——公允价值变动”科目；按其差额，贷记或借记“公允价值变动损益”科目。

【例 8-12】 2014 年 4 月 1 日，甲企业因租赁期满，将出租的写字楼收回，准备作为办公楼用于本企业的行政管理。2014 年 5 月 1 日，该写字楼正式开始自用，相应由投资性房地产转换为自用房地产，当日的公允价值为 4 800 万元。该项房地产在转换前采用公允价值模式计量，原账面价值为 4 750 万元，其中，成本为 4 500 万元，公允价值变动为增值 250 万元。

甲企业的账务处理如下：

借：固定资产　　48 000 000

　贷：投资性房地产——成本　　45 000 000

　　　　　　　　——公允价值变动　　2 500 000

　　公允价值变动损益　　500 000

4. 投资性房地产转换为存货的核算

企业将采用公允价值模式计量的投资性房地产转换为存货时，应当按该项投资性房地产的公允价值，借记“开发产品”科目，按该项投资性房地产的成本，贷记“投资性房地产——成本”科目；按该项投资性房地产的累计公允价值变动，贷记或借记“投资性房地产——公允价值变动”科目；按其差额，贷记或借记“公允价值变动损益”科目。

【例 8-13】 甲地产经营开发企业将其开发的部分写字楼用于对外经营租赁。2014 年 10 月 15 日，因租赁期满，甲企业将出租的写字楼收回，并做出书面决议，将该写字楼重新开发用于对外销售，即由投资性房地产转换为存货，当日的公允价值为 5 800 万元。该项房地产在转换前采用公允价值模式计量，原账面价值为 5 600 万元，其中，成本为 5 000 万元，公允价值变动为增值 600 万元。

甲企业的账务处理如下：

借：开发产品　　58 000 000

　贷：投资性房地产——成本　　50 000 000

　　　　　　　　——公允价值变动　　6 000 000

　　公允价值变动损益　　2 000 000

任务五　核算投资性房地产减值和处置业务

一、投资性房地产减值的核算

资产的基本特征是预期能够为企业带来经济利益的流入。资产的账面价值应当反映其预期为企业带来的经济利益流入的金额。如果某项资产预期为企业带来的经济利益低于其账面价值，则该项资产应当按照预期能够为企业带来经济利益流入的金额进行计量，并计提相应的减值准备，确认资产减值损失。

采用公允价值计量模式进行计量的投资性房地产的账面余额反映其公允价值，所以不需要考虑减值问题。

采用成本计量模式进行计量的投资性房地产，资产负债表日，如果存在减值迹象，需要进行减值测试。减值测试表明其可收回金额低于账面价值的，应当计提减值准备，借记“资产减值损失”科目，贷记 “投资性房地产减值准备”科目。

【例 8-14】 甲公司办公楼出租给乙公司使用，已确认为一项投资性房地产，采用成本模式计量。年末该投资性房地产出现减值迹象，进行减值测试，确定其可收回金额为800万元，此时该办公楼的账面价值为1 000万元。

甲公司计提减值准备的账务处理为：

借：资产减值损失　　2 000 000
　贷：投资性房地产减值准备　　2 000 000

二、投资性房地产处置的核算

当投资性房地产被处置，或者永久退出使用却不能从其处置中取得经济利益时，应当终止确认该投资性房地产。

企业可以通过对外出售或转让的方式处置投资性房地产，取得投资收益。对于那些由于使用而不断磨损直到最终报废，或者由于遭受自然灾害等非正常损失发生毁损的投资性房地产应当及时进行清理。此外，企业因其他原因，如非货币性交易等而减少投资性房地产也属于投资性房地产的处置。企业出售、转让、报废投资性房地产或者发生投资性房地产毁损，应当将处置收入扣除其账面价值和相关税费后的金额计入当期损益。

（一）采用成本模式计量的投资性房地产处置的核算

处置采用成本模式计量的投资性房地产时，应当按实际收到的金额，借记"银行存款"等科目，贷记"其他业务收入"科目；按该项投资性房地产的账面价值，借记"其他业务成本"科目，按其账面余额贷记"投资性房地产"科目；按照已计提的折旧或摊销借记"投资性房地产累计折旧（摊销）"科目，原已计提减值准备的借记"投资性房地产减值准备"科目。

【例8-15】 甲公司将其出租的一栋写字楼确认为投资性房地产，采用成本模式计量。租赁期届满后，甲公司将该栋写字楼出售给乙公司，合同价款为30 000万元，乙公司已用银行存款付清。出售时，该栋写字楼的成本为28 000万元，已计提折旧3 000万元。

甲公司的账务处理如下：

借：银行存款　　300 000 000
　贷：其他业务收入　　300 000 000
借：其他业务成本　　250 000 000
　　投资性房地产累计折旧　　30 000 000
　贷：投资性房地产——写字楼　　280 000 000

（二）采用公允价值模式计量的投资性房地产处置的核算

处置采用公允价值模式计量的投资性房地产时，应当按实际收到的金额，借记"银行存款"等科目，贷记"其他业务收入"科目；按该项投资性房地产的账面余额，借记"其他业务成本"科目，按其成本贷记"投资性房地产——成本"科目，按其累计公允价值变动，贷记或借记"投资性房地产——公允价值变动"科目。同时结转投资性房地产累计公允价值变动。若存在原转换日记入"其他综合收益"科目的金额，也一并结转。

【例8-16】 甲企业与乙企业签订了租赁协议，将其原先自用的一栋写字楼出租给乙企业使用，租赁期开始日为2014年12月15日。在租赁期开始日，该写字楼的账面余额为50 000万元，累计折旧为5 000万元，公允价值为47 000万元。2014年12月31日，该项投资性房地产的公允价值为 48 000 万元。2015 年 6 月租赁期届满，甲企业收回该项投资性房地产，并以 55 000 万元出售，出售款项已收讫。假设甲企业采用公允价值模式计量，不考虑相关税费。

甲企业的账务处理如下：

(1)2014 年 12 月 15 日，将固定资产转换为投资性房地产：

借：投资性房地产——成本　　470 000 000
　　累计折旧　　50 000 000
　贷：固定资产　　500 000 000
　　　其他综合收益——自用房地产转换为投资性房地产　　20 000 000

(2)2014 年 12 月 31 日，公允价值变动：

借：投资性房地产——公允价值变动　　10 000 000
　贷：公允价值变动损益　　10 000 000

(3)2015 年 6 月，收回并出售投资性房地产：

借：银行存款　　550 000 000
　贷：其他业务收入　　550 000 000
借：公允价值变动损益　　10 000 000
　　其他综合收益——自用房地产转换为投资性房地产　　20 000 000
　　其他业务成本　　450 000 000
　贷：投资性房地产——成本　　470 000 000
　　　　　　　　　——公允价值变动　　10 000 000

任务六　核算其他资产业务

其他资产是指除货币资金、交易性金融资产、应收及预付款项、存货、长期股权投资、固定资产、无形资产、投资性房地产等以外的资产，主要包括长期待摊费用等。

一、长期待摊费用的核算

长期待摊费用是指企业已经发生，但应由本期和以后各期负担的摊销期限在一年以上的各项费用，如以经营租赁方式租入的固定资产发生的改良支出等。

企业发生的长期待摊费用，借记“长期待摊费用”科目，贷记“银行存款”“原材料”等科目。摊销长期待摊费用时，借记“管理费用”“销售费用”等科目，贷记“长期待摊费用”科目。“长期待摊费用”账户的期末借方余额反映企业尚未摊销完毕的长期待摊费用。

【例 8-17】 2014 年 4 月 1 日，丙公司对其以经营租赁方式租入的办公楼进行装修，发生以下有关支出：领用生产用材料 500 000 元，购进该批材料时支付的增值税进项税额为 85 000 元，辅助车间为该装修工程提供的劳务支出 180 000 元。有关人员工资等职工薪酬 435 000 元。2014 年 12 月 1 日，该办公楼装修完毕，达到预定可使用状态并交付使用，按租赁期 10 年摊销。

(1)装修领用原材料时：

借：长期待摊费用　585 000
　贷：原材料　500 000
　　应交税费——应交增值税(进项税额转出)　85 000

(2)辅助车间为装修工程提供劳务时：

借：长期待摊费用　180 000
　贷：生产成本——辅助生产成本　180 000

(3)确认工程人员等职工薪酬时：

借：长期待摊费用　435 000
　贷：应付职工薪酬　435 000

(4)2014 年末摊销装修支出时：

借：管理费用　10 000
　贷：长期待摊费用　10 000

二、其他资产的核算

其他资产一般包括国家批准储备的特种物资、银行冻结存款以及临时设施和涉及诉讼中的财产等。其他资产可以根据资产的性质及特点单独设置相关账户核算。

实务训练

一、单项选择题

1. 企业通常应当采用(　　)对投资性房地产进行后续计量。

A. 成本模式　　B. 公允价值模式

C. 成本模式或公允价值模式　　D. 重置成本模式

2. 按照《企业会计准则》的规定，下列属于投资性房地产的有(　　)。

A. 房地产开发企业销售的或为销售而正在开发的商品房和土地

B. 企业生产经营用的厂房、车间

C. 企业生产经营用的办公楼

D. 企业经营性出租用的办公楼

3. 自用房地产转换为采用公允价值模式计量的投资性房地产，投资性房地产应当按照转换当日的公允价值计量。转换当日的公允价值大于原账面价值的差额通过(　　)科目核算。

A. "营业外收入"　　B. "公允价值变动损益"

C. "其他综合收益"　　D. "其他业务收入"

4. 根据《企业会计准则》的规定，下列项目不属于投资性房地产的是(　　)。

A. 已出租的建筑物　　B. 持有并准备增值后转让的土地使用权

C. 已出租的土地使用权　　D. 持有并准备增值后转让的房屋建筑物

5. 企业对以成本模式进行后续计量的投资性房地产摊销时，应该借记(　　)科目。

A. "投资收益"　　B. "其他业务成本"　　C. "营业外收入"　　D. "管理费用"

6.投资性房地产不论是成本模式计量还是公允价值模式计量,取得的租金收入均通过(　　)科目核算。

A.“营业外收入”　B.“投资收益”　C.“其他业务成本”　D.“其他业务收入”

7.自用房地产或存货转换为采用公允价值模式计量的投资性房地产,投资性房地产应当按照转换当日的公允价值计量。转换当日的公允价值大于原账面价值的,其差额计入所有者权益。处置该项投资性房地产时,原计入所有者权益的部分应当转入(　　)科目核算。

A.“营业外收入”　B.“投资收益”　C.“利润分配”　D.“其他业务收入”

8.公允价值计量模式下,投资性房地产的公允价值变动(　　)。

A.记入“公允价值变动损益”科目

B.记入“其他综合收益”科目

C.记入“投资收益”科目

D.公允价值上升记入“其他综合收益”科目,公允价值下降记入“公允价值变动损益”科目

9.企业将原自用的房地产转换为以公允价值计量的投资性房地产时,应当在转换日将该房地产的账面价值与公允价值之间的差额(　　)。

A.记入“公允价值变动损益”科目

B.记入“其他综合收益”科目

C.公允价值大于账面价值的差额记入“其他综合收益”科目,公允价值小于账面价值的差额记入“公允价值变动损益”科目

D.公允价值大于账面价值的差额记入“公允价值变动损益”科目,公允价值小于账面价值的差额记入“其他综合收益”科目

10.某企业的投资性房地产采用公允价值计量模式。2014年1月1日购入一幢建筑物用于出租。该建筑物的成本为500万元,预计使用年限为20年,预计净残值为20万元。2014年应该计提的折旧额为(　　)万元。

A.0　B.25　C.24　D.20

二、多项选择题

1.根据《企业会计准则》的规定,下列项目属于投资性房地产的是(　　)。

A.已出租的建筑物

B.持有并准备增值后转让的土地使用权

C.已出租的土地使用权

D.持有并准备增值后转让的房屋建筑物等自用房地产

2.将投资性房地产转换为其他资产或者将其他资产转换为投资性房地产,关于转换日的确定叙述正确的有(　　)。

A.投资性房地产开始自用,转换日是指房地产达到自用状态,企业开始将房地产用于生产商品、提供劳务或者经营管理的日期

B.作为存货的房地产改为出租,或者自用建筑物或土地使用权停止自用改为出租,转换日应当为租赁期开始日

C. 自用土地使用权停止自用，改为用于资本增值，转换日是指停止将该项土地使用权用于生产商品、提供劳务或经营管理，且该土地使用权能够单独计量和转让的日期

D. 自用土地使用权停止自用，改为用于资本增值，转换日是指停止将该项土地使用权用于生产商品、提供劳务或经营管理的日期

3. 根据《企业会计准则》，关于投资性房地产后续计量模式的叙述正确的有（　　）。

A. 通常应当采用成本模式进行计量

B. 只有符合规定条件的，才可以采用公允价值模式进行计量

C. 同一企业只能采用一种模式对所有投资性房地产进行后续计量，不得同时采用两种计量模式

D. 成本模式可转为公允价值模式

E. 已采用公允价值模式的可以转为成本模式

4. 投资性房地产与自用房地产的主要区别是（　　）。

A. 投资性房地产用于出租是企业的一项经营活动

B. 投资性房地产主要通过租金收入为企业带来经济利益流入

C. 投资性房地产一般以成本计量，但符合条件的也可以公允价值计量

D. 投资性房地产一般价值较大，账面价值较小的可以作为固定资产或无形资产核算

5. 投资性房地产采用公允价值模式进行计量需要设置的账户有（　　）。

A. 投资性房地产累计折旧　　B. 投资性房地产累计摊销

C. 投资性房地产减值准备　　D. 投资性房地产

E. 公允价值变动损益

6. 采用成本价值模式计量的投资性房地产处置时，下列说法正确的是（　　）。

A. 将收到的价款记入“其他业务收入”科目

B. 将收到的价款记入“投资收益”科目

C. 将投资性房地产的账面价值转入“其他业务成本”科目

D. 将投资性房地产的账面价值转入“投资性房地产清理”科目

7. 企业将作为管理用的一栋办公楼转换为采用公允价值模式计量的投资性房地产，下列说法正确的有（　　）。

A. 自用的办公楼转换为采用公允价值模式计量的投资性房地产，该项投资性房地产应当按照办公楼的账面余额计量

B. 自用房地产或存货转换为采用公允价值模式计量的投资性房地产，该项投资性房地产应当按照转换当日的公允价值计量

C. 转换当日的公允价值大于原账面价值的差额记入“其他综合收益”科目

D. 转换当日的公允价值小于原账面价值的差额记入“公允价值变动损益”科目

8. 企业拥有的房地产可能作为（　　）进行核算。

A. 固定资产　　B. 无形资产　　C. 投资性房地产　　D. 存货

9. 采用公允价值模式进行后续计量的投资性房地产，下列说法正确的是（　　）。

A. 不计提折旧或进行摊销，也不计提减值准备

B. 资产负债表日要以公允价值为基础调整账面价值，公允价值与原账面价值的差额

计入公允价值变动损益

C. 会计上虽然不计算折旧了，但是税法上还是需要计算折旧，以减少应纳税所得额

D. 会计处理中确认的公允价值变动损益不计入应纳税所得额

10. 下列投资性房地产初始计量的表述正确的有(　　)。

A. 外购投资性房地产的成本包括购买价款、相关税费和可直接归属于该资产的其他支出

B. 自行建造投资性房地产的成本，由建造该项资产达到预定可使用状态前所发生的必要支出构成

C. 债务重组取得的投资性房地产按照债务重组的相关规定处理

D. 非货币性资产交换取得的投资性房地产按照非货币性资产交换准则的规定处理

三、判断题

1. 持有并准备增值后转让的房屋建筑物属于投资性房地产。(　　)

2. 企业出租给本企业职工居住的宿舍，具有自用房地产的性质，所以不属于投资性房地产。(　　)

3. 企业拥有并自行经营的旅馆饭店，属于投资性房地产。(　　)

4. 同一企业可以同时采用两种计量模式对投资性房地产进行后续计量。(　　)

5. 采用公允价值模式对投资性房地产进行后续计量，取得的租金收入，借记“银行存款”等科目，贷记“投资收益”科目。(　　)

6. 对于以公允价值模式计量的投资性房地产，由于已经采用公允价值计量并将公允价值变动损益计入损益，所以不再进行减值测试，不计提减值准备。(　　)

7. 房地产的转换是指已被确认为投资性房地产的后续计量模式的改变。(　　)

8. 企业对投资性房地产进行日常维护所发生的支出应当计入投资性房地产成本。(　　)

9. 处置投资性房地产时，与处置固定资产和无形资产的核算方法相同，其处置损益均计入营业外收入或营业外支出。(　　)

10. 对投资性房地产进行改扩建的，应当通过“在建工程”科目进行核算。(　　)

四、计算及会计处理题

1. 2014 年 3 月，甲企业购入一栋写字楼用于对外出租，价款 1 200 万元，契税 10 万元，过户费 20 万元，全部款项以银行存款支付。(甲企业采用成本模式进行后续计量)

要求：做出甲企业的账务处理。

2. 2014 年 1 月，甲企业以银行存款 2 000 万元购入一块土地的使用权，不考虑相关税费，并在该块土地上开始自行建造一栋厂房。建造工程中以银行存款支付建造费用 3 000 万元。2014 年 12 月厂房即将完工，与乙公司签订了经营租赁合同将该厂房于完工时开始起租。2015 年 1 月 1 日厂房完工并租出。(甲企业采用成本模式进行后续计量)

要求：做出甲企业相应的账务处理。

3. 甲企业将一栋办公楼出租给乙企业使用，已确认为投资性房地产，采用成本模式进行后续计量。该栋办公楼的成本为 3 600 万元，按照直线法计提折旧，使用寿命为 20 年，预计净残值为零。按照经营租赁合同的约定，乙企业每月支付甲企业租金 18 万元。

要求：做出甲企业按月计提折旧和收取租金时的账务处理。

4. 2012 年，甲公司将一幢写字楼出租给乙公司，采用成本模式计量。2014 年 1 月 1 日，假定甲公司持有的投资性房地产满足采用公允价值计量的条件，甲公司决定采用公允价值模式对该写字楼进行后续计量。2014 年 1 月 1 日，该写字楼的原价 1 000 万元，已提折旧 200 万元，未提取减值准备，公允价值 1 200 万元。甲公司按净利润的 10% 计提盈余公积。假定不考虑所得税因素。

要求：做出甲公司对投资性房地产计量模式变更的账务处理。

5. 甲企业与乙企业签订了租赁协议，将其使用的一幢自建写字楼出租给乙企业使用，租赁期开始日为 2014 年 10 月 15 日。2014 年 10 月 15 日，该写字楼的账面余额 2 000 万元，累计折旧 500 万元，公允价值为 2 100 万元。2014 年 12 月 31 日，该项投资性房地产的公允价值为 2 300 万元。2015 年 6 月租赁期届满，甲企业收回该项投资性房地产并以 2 500 万元出售，出售款项已收讫。假设甲企业采用公允价值模式计量，营业税税率为 5%。

要求：做出甲企业相应的账务处理。

项目九

核算流动负债业务

项目要点

流动负债属于企业负债的一种。本项目主要学习各种流动负债的内容、计价及会计核算方法。通过学习，学生应该重点掌握短期借款、应付票据、应付账款、预收账款、应付职工薪酬和应交税费的核算。

任务一　认识流动负债

一、流动负债的概念

流动负债是指将在一年以内(含一年)或者超过一年的一个营业周期内偿还的债务，主要包括短期借款、应付票据、应付账款、预收账款、应付职工薪酬、应交税费、应付股利、应付利息、其他应付款等。流动负债是企业中广泛存在的负债形式，它具有如下特点：

1.偿还期限短。其到期日在一年以内或超过一年的一个营业周期内。这是流动负债的最大特点。

2.筹资成本低。流动负债主要在企业日常生产经营活动中产生，能在短期内为企业提供资金来源，且发生频繁，周转较快，除短期借款需要支付利息以外，其他流动负债一般不需负担利息费用。

二、流动负债的分类

(一)按形成方式分类

流动负债按形成方式，可以分为以下三类：

1.生产经营活动中形成的流动负债。包括企业外部结算业务中形成和内部往来形成两种，如应付票据、应付账款、应付职工薪酬等。

2.融资活动中形成的流动负债。指企业从银行或其他金融机构筹资时形成的流动负债项目，如短期借款、应付利息等。

3.收益分配中形成的流动负债。是指企业对实现的净利润进行分配时形成的流动负债，如应付股利等。

(二)按偿付金额是否确定分类

流动负债按偿付金额是否确定,可以分为以下四类:

1.金额确定的流动负债。即经济业务发生时可以直接确认应付金额的流动负债。这类负债一般有确切的债权人和付款日期,如短期借款、应付账款、应付票据等。

2.金额视经营情况而定的流动负债。这类负债需要根据企业在一定期间的经营情况,到期末时才能确定金额,如应交税费、应付股利等。

3.金额应予以估计的流动负债。这类负债虽然是过去发生的现时义务,但没有确切的应付金额,有时甚至连债权人和偿还日期也难以确定,如实行产品售后"三包"服务的企业应付的售后修理费用或损失等。

4.或有负债。该项负债是由过去的交易或事项形成的潜在义务,其存在需要通过未来不确定事项的发生或不发生予以证实;或过去的交易或事项形成的现时义务,履行该义务不一定导致经济利益流出企业或该义务的金额不能可靠地计量。常见的或有负债有为他人担保贷款、应收票据贴现、未决诉讼、产品质量担保等。

三、流动负债的计价

为了保证会计信息的质量,需要对负债进行正确计价,以客观公正地反映企业所承担的债务,从而为报表使用者预测企业未来现金流量和财务风险等提供会计信息。由于负债是已经存在并将在未来偿还的经济义务,为了提高会计信息的有用性和相关性,对所有负债计价,都应当考虑货币的时间价值,即不论其偿还期限长短,均应在其发生时按未来偿付数额的现值计价入账。但是,在我国会计实务中,一般都是按未来应付金额(或面值)计量流动负债,并列示于资产负债表上。《企业会计准则》规定:"各种流动负债应当按实际发生数额记账。负债已经发生而数额需要预计确定的,应当合理预计,待实际数额确定后再行调整。"

任务二　核算短期借款业务

一、短期借款基本知识

短期借款是指企业为了满足正常生产经营的需要,向银行或其他金融机构等借入的期限在一年以下(含一年)的各种借款。目前我国企业短期借款主要有流动资金借款、临时借款、结算借款等。

为了核算企业的短期借款,应设置"短期借款"科目,该账户的贷方登记取得借款的本金数额,借方登记偿还借款的本金数额,余额在贷方,表示尚未偿还的借款本金数额。本科目按照债权人的名称设置明细科目,并按借款种类、贷款人和币种进行明细核算。

二、短期借款的核算

(一)借入短期借款的核算

企业从银行或其他金融机构取得短期借款时,借记"银行存款"科目,贷记"短期借款"科目。

【例 9-1】 甲股份有限公司于 2014 年 1 月 1 日向银行借入一笔生产经营用的短期借款 60 000 元，期限 9 个月，年利率为 8%，根据与银行签署的借款协议，该借款到期后一次归还，利息分月预提，按季支付。编制有关会计分录如下：

1 月 1 日借入款项时，做如下会计分录：

借：银行存款　　60 000

　贷：短期借款　　60 000

(二)短期借款利息的核算

短期借款利息，应作为财务费用计入当期损益，并按不同情况进行处理：如果短期借款利息是按季、半年或到期时连同本金一起归还且数额较大，可采用预提方法，按月预提计入财务费用，借记“财务费用”科目，贷记“应付利息”科目；若短期借款利息是按月支付或在到期时连同本金支付但数额不大，可在实际支付时直接计入当期财务费用，借记“财务费用”科目，贷记“银行存款”科目。在实际工作中，银行一般于每季度末收取短期借款利息，为此，短期借款利息一般采用月末预提的方式进行核算。

【例 9-2】 承例 9-1，利息按月预提，按季支付。编制有关会计分录如下：

(1)1 月末预提当月利息时，做如下会计分录：

借：财务费用　　400

　贷：应付利息　　400

本月应计提的利息金额＝60 000×8%÷12＝400(元)

2 月末预提当月利息的处理同上。

(2)3 月末支付本季度(第一季度)应付银行借款利息时，做如下会计分录：

借：财务费用　　400

　　应付利息　　800

　贷：银行存款　　1 200

第二、三季度的会计处理同上。

(三)归还短期借款的核算

企业到期归还短期借款时，借记“短期借款”科目，贷记“银行存款”科目。

【例 9-3】 承例 9-2，到期归还借款本金，并支付最后一季度利息。编制有关会计分录如下：

借：短期借款　　60 000

　　财务费用　　400

　　应付利息　　800

　贷：银行存款　　61 200

如果上述借款期限是 8 个月，则到期日为 9 月 1 日，8 月末之前的会计处理与上述相同。9 月 1 日偿还本金及支付未付利息时做如下会计分录：

借：短期借款　　60 000

　　应付利息　　800

　贷：银行存款　　60 800

任务三 核算应交税费业务

一、应交税费基本知识

企业在一定时期内取得的营业收入、实现的利润、占用的国家资源，以及从事其他应税项目，要按照规定向国家交纳各种税金、教育费附加、矿产资源补偿费等，按照权责发生制的要求，这些应交的税费，应当提前计入有关科目。这些应交的税款在尚未交纳之前暂时留在企业，形成企业的一项负债。

应交税费是指企业根据税法规定计算的应当交纳的各种税费。具体包括：增值税、消费税、营业税、城市维护建设税、资源税、土地增值税、房产税、车船税、土地使用税、教育费附加、矿产资源补偿费、所得税等。以上均属于应交税费的核算内容，应通过“应交税费”科目核算。

企业代扣代交的个人所得税等，也通过本科目核算。此外，税金中的印花税、耕地占用税、契税等不需要预计应交税金数，而是在发生时直接交纳，不需要通过“应交税费”科目核算。

为了核算各种应交税金、教育费附加、矿产资源补偿费的形成及其交纳情况，企业应设置“应交税费”科目。该科目的贷方登记应交纳的各种税费，以及出口退税、税务机关退回多交的税费等，借方登记已支付和实际交纳的税费。期末余额在贷方，表示企业尚未交纳的税费；余额在借方，表示多交或尚未抵扣的税费。本科目按应交税费的项目设置明细科目，进行明细分类核算。

二、应交税费的核算

(一)应交增值税的核算

1. 增值税基本知识

(1)增值税的概念

增值税是指对在我国境内销售货物、进口货物，或提供加工、修理修配劳务的增值额征收的一种流转税。这里的货物指有形动产，包括电力、热力、气体在内。

此外，在目前营业税改增值税的大环境之下，在我国境内提供交通运输业、邮电通信业和部分现代服务业服务(以下称应税服务)的单位和个人，也要缴纳增值税。

(2)纳税人分类

如前所述，增值税纳税人分为原增值税纳税人和营业税改增值税纳税人。原增值税纳税人是指在我国境内销售货物、进口货物，或提供加工、修理修配劳务的单位和个人；营业税改增值税纳税人是指在我国境内提供交通运输业、邮电通信业和部分现代服务业服务的单位和个人。

从会计核算的角度，应将增值税纳税人分为一般纳税人和小规模纳税人。

对于原增值税纳税人而言，小规模纳税人的认定标准为：

①从事货物生产或者提供应税劳务的纳税人，以及以从事货物生产或者提供应税劳务为主，并兼营货物批发或者零售的纳税人，年应征增值税销售额(以下简称应税销售额)在50万元以下(含本数，下同)的。其中"以从事货物生产或者提供应税劳务为主"，是指纳税人的年货物生产或者提供应税劳务的销售额占年应税销售额的比重在50%以上。

②除上述规定以外的纳税人，年应税销售额在80万元以下的。

对于营业税改增值税纳税人而言，应税服务的年应征增值税销售额(以下称应税服务年销售额)未超过500万元的纳税人为小规模纳税人。

无论原增值税纳税人还是营业税改增值税纳税人，小规模纳税人以外的纳税人均为一般纳税人。

(3)税率与征收率

①税率

一般纳税人的增值税采用比例税率，2012年之前增值税税率有三档，即17%、13%和零税率。自2012年起，我国实施营业税改增值税试点，交通运输业、邮电通信业、(部分)现代服务业的营业税改征增值税，在此基础上，增值税新增11%和6%两档低税率。

一般纳税人销售或者进口货物(另有列举的货物除外)，提供加工、修理修配劳务，现代服务业中有形动产租赁服务适用的增值税税率为17%。这就是通常所说的基本税率。

粮食、食用植物油；自来水、暖气、冷气、热水、煤气、石油液化气、天然气、沼气、居民用煤炭制品；图书、报纸、杂志；饲料、化肥、农机、农膜；国务院规定的其他货物。按低税率13%计征增值税。

交通运输业服务、邮政业服务，税率为11%。

现代服务业(有形动产租赁服务除外)，税率为6%。

②征收率

考虑到小规模纳税人经营规模小，且会计核算不健全，难以按上述税率计税和使用增值税专用发票抵扣进项税款，因此实行按销售额与征收率计算应纳税额的简易办法。自2014年7月1日起，小规模纳税人增值税征收率统一为3%。

2. 一般纳税人增值税的计算

一般纳税人的增值税应纳税额为当期销项税额抵扣当期进项税额后的余额。其计算公式为：

应纳税额＝当期销项税额－当期进项税额

当期销项税额小于当期进项税额不足抵扣时，其不足部分可以结转下期继续抵扣。

(1)销项税额

销项税额，是指纳税人销售货物、提供应税劳务和应税服务按照销售额和增值税税率计算的增值税额。销项税额计算公式为：

销项税额＝销售额×税率

这里的"销售额"为纳税人销售货物、提供应税劳务和应税服务向购买方收取的全部价款和价外费用，但是不包括收取的销项税额。其中价外费用，包括价外向购买方收取的手续费、补贴、基金、集资费、返还利润、奖励费、违约金、滞纳金、延期付款利息、赔偿金、代收款项、代垫款项、包装费、包装物租金、储备费以及其他各种性质的价外收费。

(2)进项税额

进项税额，是指纳税人购进货物或者接受加工修理修配劳务和应税服务，支付或者负担的增值税额。按照规定，企业购入货物或接受应税劳务、应税服务必须具备以下凭证，其进项税额才能予以扣除：

①从销售方或者提供方取得的增值税专用发票(含货物运输业增值税专用发票、税控机动车销售统一发票，下同)上注明的增值税额。

②从海关取得的海关进口增值税专用缴款书上注明的增值税额。

③购进农产品，除取得增值税专用发票或者海关进口增值税专用缴款书外，按照农产品收购发票或者销售发票上注明的农产品买价和13%的扣除率计算的进项税额。计算公式为：

进项税额＝买价×扣除率

买价，是指纳税人购进农产品在农产品收购发票或者销售发票上注明的价款和按照规定交纳的烟叶税。但购进农产品，按照《农产品增值税进项税额核定扣除试点实施办法》抵扣进项税额的除外。

④接受境外单位或者个人提供的应税服务，从税务机关或者境内代理人处取得的解缴税款的中华人民共和国税收缴款凭证(以下称税收缴款凭证)上注明的增值税额。

会计核算中，纳税人取得的增值税扣税凭证不符合法律、行政法规或者国家税务总局有关规定的，其进项税额不得从销项税额中抵扣。

下列项目的进项税额不得从销项税额中抵扣：

①适用简易计税方法的计税项目、非增值税应税项目、免征增值税项目、集体福利或者个人消费的购进货物、接受加工修理修配劳务或者应税服务。其中涉及的固定资产、专利技术、非专利技术、商誉、商标、著作权、有形动产租赁，仅指专用于上述项目的固定资产、专利技术、非专利技术、商誉、商标、著作权、有形动产租赁。

②非正常损失的购进货物及相关的加工修理修配劳务或者交通运输业服务。

③非正常损失的在产品、产成品所耗用的购进货物(不包括固定资产)、加工修理修配劳务或者交通运输业服务。

④接受的旅客运输服务。

3. 小规模纳税人应纳增值税的计算

小规模纳税人销售货物或提供应税劳务时，只能开具普通发票，不能开具增值税专用发票，不享有进项税额的抵扣权。其应纳增值税采用简易计征方法，计算公式为：

应纳税额＝销售额×征收率

其中：销售额应为不含税销售额，若企业采用销售额和应纳税额合并定价的，应将含税销售额还原为不含税销售额，计算公式为：

不含税销售额＝含税销售额÷(1＋征收率)

4. 一般纳税人的会计处理

为了核算企业应交增值税的发生、抵扣、交纳、退税及转出等情况，应在“应交税费”科目下设置“应交增值税”明细科目。在“应交增值税”明细科目内，应设置“进项税额”“已交税金”“销项税额”“出口退税”“进项税额转出”等专栏。

(1)国内采购商品或接受劳务的会计处理

一般纳税人购进货物、接受应税劳务和应税服务,按税法规定符合抵扣条件可在本期申报抵扣的进项税额,借记“应交税费——应交增值税(进项税额)”科目,按应计入相关项目成本的金额,借记“材料采购”“商品采购”“原材料”“制造费用”“管理费用”“销售费用”“固定资产”“主营业务成本”“其他业务成本”等科目,按照应付或实际支付的金额,贷记“应付账款”“应付票据”“银行存款”等科目。购入货物发生的退货或接受服务中止,作相反的会计分录。

【例 9-4】 2014 年 12 月,甲公司购入原材料一批,增值税专用发票上注明货款 30 000 元,增值税额 5 100 元,发生的运费取得交通运输业增值税发票价税合计 2 220 元,其中可抵扣的增值税进项税额为 220 元,货物尚未到达,以上款项以银行存款支付。做如下账务处理:

借:在途物资(或材料采购) 32 000
　应交税费——应交增值税(进项税额) 5 320
　贷:银行存款 37 320

【例 9-5】 甲公司 2014 年从 A 公司购入不需要安装的设备一台,价款及价外费用 100 000 元,增值税专用发票上注明的增值税额为 17 000 元,款项尚未支付。做如下账务处理:

借:固定资产 100 000
　应交税费——应交增值税(进项税额) 17 000
　贷:应付账款——A 公司 117 000

【例 9-6】 甲公司购入免税农产品一批,价款 100 000 元,规定的扣除率为 13%,货物尚未到达,款项已用银行存款支付。假设不采用核定扣除办法,做如下账务处理:

借:在途物资(或材料采购) 87 000
　应交税费——应交增值税(进项税额) 13 000
　贷:银行存款 100 000

【例 9-7】 甲公司生产车间委托外单位修理设备,对方开来的增值税专用发票上注明修理费用 2 000 元,增值税额 340 元,款项已用银行存款支付。做如下账务处理:

借:管理费用 2 000
　应交税费——应交增值税(进项税额) 340
　贷:银行存款 2 340

(2)进项税额转出的会计处理

企业因购进货物、在产品或产成品等发生非正常损失,以及购进货物改变用途(如用于非增值税应税项目、集体福利或个人消费)等原因,其进项税额应转入有关科目,借记“待处理财产损溢”“在建工程”“应付职工薪酬”等科目,贷记“应交税费——应交增值税(进项税额转出)”科目。属于转作待处理财产损失的部分,应与遭受非正常损失的购进货物、在产品或库存商品的成本一并处理。

【例 9-8】 甲公司一批原材料因保管不善发生霉烂变质,其实际成本为 4 000 元,增值税进项税额 680 元。做如下会计分录:

借:管理费用　4 680
　贷:原材料　4 000
　　应交税费——应交增值税(进项税额转出)　680

【例 9-9】 甲公司建造厂房领用生产用原材料 47 000 元,原材料购入时支付的增值税为 7 990 元。做如下会计分录:

借:在建工程　54 990
　贷:原材料　47 000
　　应交税费——应交增值税(进项税额转出)　7 990

(3)销售货物或者提供应税劳务、应税服务的会计处理

企业销售货物或者提供应税劳务、应税服务时,按照营业收入和应收取的增值税额,借记"应收账款""应收票据""银行存款"等科目;按照实现的营业收入,贷记"主营业务收入""其他业务收入"等科目,按照专用发票上注明的增值税额,贷记"应交税费——应交增值税(销项税额)"科目。发生的销售退回,做相反的会计分录。

【例 9-10】 甲公司销售产品一批,价款 380 000 元,专用发票注明增值税额为 64 600 元,提货单和增值税专用发票已交给买方,款项尚未收到。做如下会计分录:

借:应收账款　444 600
　贷:主营业务收入　380 000
　　应交税费——应交增值税(销项税额)　64 600

(4)视同销售行为的会计处理

企业将自产或委托加工的货物用于非应税项目、集体福利或个人消费,将自产、委托加工或购买的货物作为投资、分配给股东或投资者、无偿赠送他人等,应视同对外销售货物,计算应交增值税,借记"在建工程""长期股权投资" "营业外支出"等科目,贷记"应交税费——应交增值税(销项税额)"科目。

【例 9-11】 甲公司将生产的一批产品作为福利发放给本公司职工,该批产品成本 8 000 元,计税价格 10 000 元,增值税税率 17%。做如下会计分录:

借:应付职工薪酬——非货币性福利　11 700
　贷:主营业务收入　10 000
　　应交税费——应交增值税(销项税额)　1 700
借:主营业务成本　8 000
　贷:库存商品　8 000

【例 9-12】 甲公司将自己生产的产品用于自行建造职工俱乐部,该批产品的成本为 100 000 元,计税价格为 180 000 元,增值税税率 17%。做如下会计分录:

借:在建工程　130 600
　贷:库存商品　100 000
　　应交税费——应交增值税(销项税额)　30 600

企业将自产或委托加工的货物用于非应税项目,货物的所有权仍在企业,并未发生转移,只是资产实物的表现形式发生了变化,因此,并非销售业务,不能确认收入,但应在货物移送时,视同销售计算交纳增值税。企业将自产的库存商品用于增值税应税项目的,若

所有权没发生转移，既不能确认收入，也不计算增值税。

【例 9-13】 2014 年 12 月，甲公司将自己生产的产品作为车间用固定资产，该批产品的成本为 100 000 元，计税价格为 180 000 元。增值税税率 17%。做如下会计分录：

借：固定资产　　100 000

　贷：库存商品　　100 000

(5)出口退税的会计处理

企业出口产品按规定退税的，按应收的出口退税额，借记“其他应收款”科目，贷记“应交税费——应交增值税(出口退税)”科目。

(6)交纳增值税的会计处理

企业交纳当月增值税，借记“应交税费——应交增值税(已交税金)”科目，贷记“银行存款”科目。“应交税费——应交增值税”科目的贷方余额，表示企业应交纳的增值税。月末，企业应将应交未交增值税转为“应交税费——未交增值税”。

【例 9-14】 甲公司以银行存款交纳本月增值税 50 000 元。做如下会计分录：

借：应交税费——应交增值税(已交税金)　　50 000

　贷：银行存款　　50 000

【例 9-15】 甲公司本月发生销项税额合计 64 770 元，进项税额转出 14 578 元，进项税额 10 440 元，已交增值税 50 000 元。月末，将应交增值税明细账余额，即未交纳增值税从“应交税费——应交增值税(转出未交增值税)”转入“应交税费——未交增值税”。

甲公司本月“应交税费——应交增值税”科目的余额＝64 770＋14 578－10 440－50 000＝18 908(元)。该余额在贷方，表示企业尚未交纳的增值税为 18 908 元。做如下会计分录：

借：应交税费——应交增值税(转出未交增值税)　　18 908

　贷：应交税费——未交增值税　　18 908

5. 小规模纳税人的会计处理

小规模纳税人在购进货物和接受应税劳务、应税服务时支付的增值税，直接计入有关货物和劳务、服务的成本。即小规模纳税企业购入货物无论是否具有增值税专用发票，其支付的增值税额均不计入进项税额，不得由销项税额抵扣，应计入购入货物的成本，只需要在“应交税费”科目下设置“应交增值税”明细科目，采用三栏式账户，不需要设置各项专栏。相应的，其他企业从小规模纳税企业购入货物或接受劳务、应税服务支付的增值税额，如不能取得增值税专用发票，也不能作为进项税额抵扣，而应计入购入货物或应税劳务的成本。借记“材料采购”“在途物资”“原材料”等科目，贷记“银行存款”“应付账款”等科目。

小规模纳税人在取得销售收入时，借记“银行存款”等科目，贷记“主营业务收入”“应交税费——应交增值税”科目。

【例 9-16】 某小规模纳税企业购入材料一批，取得的专用发票中注明货款 8 200 元，增值税 1 394 元，款项以银行存款支付，材料已验收入库(该企业按实际成本计价核算)。

做如下会计分录：

借：原材料　　9 594

贷：银行存款　　9 594

【例 9-17】 某小规模纳税企业销售产品一批，所开出的普通发票中注明的货款（含税）为 30 000 元，增值税征收率 3%。款项已存入银行。做如下会计分录：

不含税销售额＝含税销售额÷（1＋征收率）＝30 000÷（1＋3%）＝29 126.21（元）

应纳增值税＝不含税销售额×征收率＝29 126.21×3%＝873.79（元）

借：银行存款　　30 000

　贷：主营业务收入　　29 126.21

　　　应交税费——应交增值税　　873.79

月末以银行存款上交增值税 873.79 元：

借：应交税费——应交增值税　　873.79

　贷：银行存款　　873.79

6. 营业税改增值税业务的会计处理

在中华人民共和国境内提供交通运输业、邮电通信业和部分现代服务业服务（以下称应税服务）的单位和个人，为增值税纳税人。纳税人提供应税服务，应当按照规定交纳增值税，不再交纳营业税。

【例 9-18】 A 物流企业为一般纳税人，适用的增值税税率为 11%，2014 年 12 月提供国内运输服务取得价税 3 330 000 元，款项存入银行。当月委托 B 公司一项运输业务，取得 B 公司开具的货物运输业增值税专用发票，价款 200 000 元，注明的增值税额为 22 000 元。

（1）A 企业取得 B 公司货物运输业增值税专用发票后的会计处理：

借：主营业务成本　　200 000

　　应交税费——应交增值税（进项税额）　　22 000

　贷：应付账款——B 公司　　222 000

（2）A 企业确认提供运输服务应交增值税的会计处理：

借：银行存款　　3 330 000

　贷：主营业务收入　　3 000 000

　　　应交税费——应交增值税（销项税额）　　330 000

（二）应交消费税的核算

消费税是指在我国境内生产、委托加工和进口应税消费品的单位和个人按其流转额交纳的一种税。

1. 应交消费税的计算

消费税实行从价定率、从量定额，或者从价定率和从量定额复合计税（以下简称复合计税）的办法计算应纳税额。

（1）从价定率办法

从价定率是指按应税消费品销售额的一定比例计算征收消费税。计算公式为：

应纳税额＝销售额×比例税率

其中的“销售额”是指纳税人有偿转让应税消费品所取得的全部收入，即纳税人销售应税消费品向购买方收取的全部价款和价外费用，但不包括从购买方取得的增值税款。

价外费用是指价外向购买方收取的手续费、补贴、基金、集资费、返还利润、奖励费、违约金、滞纳金、延期付款利息、赔偿金、代收款项、代垫款项、包装费、包装物租金、储备费以及其他各种性质的价外收费。

(2)从量定额办法

从量定额是指按应税消费品的销售数量和定额税率计算征收消费税。计算公式为：

应纳税额＝销售数量×定额税率

其中的"销售数量"是指应税消费品的数量，具体为：销售应税消费品的，为应税消费品的销售数量；自产自用应税消费品的，为应税消费品的移送使用数量；委托加工应税消费品的，为纳税人收回的应税消费品数量；进口应税消费品的，为海关核定的应税消费品进口征税数量。

(3)从价定率和从量定额复合计税办法

从价定率和从量定额复合计税是指对应税消费品同时采用从价定率办法和从量定额办法计算征收消费税。计算公式为：

应纳税额＝销售额×比例税率＋销售数量×定额税率

2. 应交消费税的会计处理

交纳消费税的企业，应在"应交税费"科目下设置"应交消费税"明细科目，核算应交消费税的发生、交纳情况。该科目贷方登记应交纳的消费税，借方登记已交纳的消费税；期末贷方余额为尚未交纳的消费税，借方余额为多交纳的消费税。

(1)销售应税消费品的会计处理

企业在销售应税消费品时，应借记"营业税金及附加"科目，贷记"应交税费——应交消费税"科目。

【例 9-19】 甲公司销售所生产的一批化妆品，价款 43 000 元(不含增值税)，适用的消费税税率为 30%。做如下账务处理：

应纳消费税额＝43 000×30%＝12 900(元)

借：营业税金及附加	12 900	
贷：应交税费——应交消费税		12 900

(2)自产自用的应税消费品的会计处理

企业将生产的应税消费品用于在建工程、非生产部门等，按规定应交纳的消费税，借记 "在建工程"等科目，贷记"应交税费——应交消费税"科目。

【例 9-20】 甲公司在建工程领用自产应税消费品 50 000 元，应纳增值税 10 200 元，应纳消费税 6 000 元。做如下账务处理：

借：在建工程	66 200	
贷：库存商品		50 000
应交税费——应交消费税		6 000
——应交增值税(销项税额)		10 200

(3)委托加工应税消费品的会计处理

需要交纳消费税的委托加工物资，一般由受托方代收代交税款。受托方按应交税款金额，借记"应收账款""银行存款"等科目，贷记"应交税费——应交消费税"科目。委托加工物资收回后，直接用于销售的，委托方应将代收代交的消费税计入委托加工物资成本，借记“委托加工物资”科目，贷记“应付账款”“银行存款”等科目；委托加工物资收回后用于连续生产应税消费品、按规定准予抵扣的，按代收代交的消费税款，借记“应交税费——应交消费税”科目，贷记“应付账款”“银行存款”等科目。

【例 9-21】 甲企业委托乙企业代为加工一批应交消费税的材料（非金银首饰）。甲企业的材料成本为 1 000 000 元，加工费为 200 000 元，由乙企业代收代交的消费税为80 000 元（不考虑增值税）。材料已经加工完成，并由甲企业收回验收入库，加工费尚未支付。

①假设甲企业收回的委托加工物资用于继续生产应税消费品，甲企业的账务处理如下：

借：委托加工物资　　1 000 000
　贷：原材料　　1 000 000
借：委托加工物资　　200 000
　应交税费——应交消费税　　80 000
　贷：应付账款　　200 000
　　银行存款　　80 000
借：原材料　　1 200 000
　贷：委托加工物资　　1 200 000

②假设甲企业收回的委托加工物资直接用于对外销售，甲企业的账务处理如下：

借：委托加工物资　　1 000 000
　贷：原材料　　1 000 000
借：委托加工物资　　280 000
　贷：应付账款　　200 000
　　银行存款　　80 000
借：原材料　　1 280 000
　贷：委托加工物资　　1 280 000

③乙企业对应收取的受托加工代收代交消费税的账务处理如下：

借：银行存款　　80 000
　贷：应交税费——应交消费税　　80 000

(4)进口应税消费品的会计处理

企业进口应税物资在进口环节应交的消费税，计入该项物资的成本，借记“原材料”“固定资产”等科目，贷记“银行存款”科目。

【例 9-22】 甲企业从国外进口一批需要交纳消费税的材料，价值 2 000 000 元，进口环节需要交纳的消费税为 400 000 元（不考虑增值税），采购的材料已验收入库，货款尚未支付，税款已经用银行存款支付。甲企业的账务处理如下：

借：原材料　　2 400 000
　贷：应付账款　　2 000 000
　　银行存款　　400 000

(三)应交营业税的核算

1. 营业税基本知识

营业税是对在我国境内提供营业税应税劳务、转让无形资产或销售不动产的单位和个人征收的流转税。其中,应税劳务是指属于建筑业、金融保险业、文化体育业、娱乐业部分服务业等税目征收范围的劳务。转让无形资产仅指转让土地使用权。营业税以营业额作为计税依据。营业额是指纳税人提供应税劳务、转让无形资产和销售不动产而向对方收取的全部价款和价外费用。其计算公式为:

应纳税额=营业额×税率

公式中的营业额是指企业提供应税劳务、转让无形资产或销售不动产时向对方收取的全部价款和价外费用。价外费用包括向对方收取的手续费、补贴、基金、集资费、返还利润、奖励费、违约金、滞纳金、延期付款利息、赔偿金、代收款项、代垫款项、罚息及其他各种性质的价外收费。

2. 应交营业税的会计处理

为了核算应交营业税及其交纳情况,应在“应交税费”科目下设置“应交营业税”明细科目,该科目的贷方登记应交纳的营业税,借方登记已交纳的营业税,期末贷方余额为尚未交纳的营业税。企业按照营业额及其适用的税率,计算应交的营业税,借记“营业税金及附加”“固定资产清理(销售不动产)”等科目,贷记“应交税费——应交营业税”科目;实际上交时,借记“应交税费——应交营业税”科目,贷记“银行存款”科目。

【例 9-23】 某企业出售一栋办公楼,出售收入 320 000 元,已存入银行。销售该项固定资产适用的营业税税率为 5%。对应交营业税的相关会计处理如下:

应交营业税=320 000×5%=16 000(元)

借:固定资产清理　　16 000

　贷:应交税费——应交营业税　　16 000

(四)其他应交税费的核算

其他应交税费是指除上述应交税金以外的其他各种应交税费,包括应交城市维护建设税、应交资源税、应交土地增值税、应交所得税、应交教育费附加、应交矿产资源补偿费等。以下分别作简要介绍。

1. 应交城市维护建设税的会计处理

城市维护建设税是以增值税、消费税、营业税为计税依据征收的一种税。其纳税人为交纳增值税、消费税、营业税的单位和个人。

该税以纳税人实际交纳的增值税、消费税、营业税额为计税依据,并按规定税率计算征收,税率以企业所在地作为划分依据,即所在地在市区的为 7%,在县、镇的为 5%,在市区、县、镇以外的为 1%。计算公式为:

应纳税额=(应交增值税+应交消费税+应交营业税)×适用税率

为了核算城市维护建设税的应交及实交情况,应设置“应交税费——应交城市维护建设税”科目,贷方登记应交纳的城市维护建设税,借方登记已交纳的城市维护建设税,期末贷方余额为尚未交纳的城市维护建设税。

企业计算出应交城市维护建设税时，借记“营业税金及附加”科目，贷记“应交税费——应交城市维护建设税”科目；实际交纳时，借记“应交税费——应交城市维护建设税”科目，贷记“银行存款”科目。

【例9-24】 甲公司本期实际应上交增值税500 000元，消费税241 000元，营业税16 000元。甲公司适用的城市维护建设税税率为7%。做如下账务处理：

应交的城市维护建设税＝(500 000＋241 000＋16 000)×7%＝52 990(元)

借：营业税金及附加　　52 990

　贷：应交税费——应交城市维护建设税　　52 990

用银行存款上交城市维护建设税时，做如下账务处理：

借：应交税费——应交城市维护建设税　　52 990

　贷：银行存款　　52 990

2.应交资源税的会计处理

资源税是对在我国境内开采应税矿产品或者生产盐的单位和个人征收的一种税。

应纳税额＝课税数量×适用单位税额

为核算资源税的应交及实交情况，应在“应交税费”科目下设置“应交资源税”明细科目，贷方登记应交纳的资源税，借方登记已交纳的资源税，期末贷方余额为尚未交纳的资源税。企业自销应税产品计算出应交资源税时，借记“营业税金及附加”科目，贷记“应交税费——应交资源税”科目；计算自产自用的应税产品应纳的资源税，借记“生产成本”科目，贷记“应交税费——应交资源税”科目；实际交纳时，借记“应交税费——应交资源税”科目，贷记“银行存款”科目。

【例9-25】 某企业将自产的煤炭1 000吨用于产品生产，每吨应交资源税5元。账务处理如下：

自产自用煤炭应交的资源税＝1 000×5＝5 000(元)

借：生产成本　　5 000

　贷：应交税费——应交资源税　　5 000

3.应交土地增值税的会计处理

土地增值税是指在我国境内有偿转让土地使用权及地上建筑物和其他附着物产权的单位和个人，就其土地增值额征收的一种税。土地增值税实行四级超率累进税率。为了核算土地增值税的应交及实交情况，应设置“应交税费——应交土地增值税”科目，贷方登记应交纳的土地增值税，借方登记已交纳的土地增值税，期末贷方余额为尚未交纳的土地增值税。

企业转让的土地使用权连同地上建筑物及其附着物一并在“固定资产”等科目核算的，转让时应交的土地增值税，借记“固定资产清理”科目，贷记“应交税费——应交土地增值税”科目；土地使用权在“无形资产”科目核算的，按实际收到的金额，借记“银行存款”科目，按应交的土地增值税，贷记“应交税费——应交土地增值税”科目，同时冲销土地使用权的账面价值，贷记“无形资产”科目，借记“累计摊销”“无形资产减值准备”等科目，按其差额，借记“营业外支出”科目或贷记“营业外收入”科目。

【例9-26】 某企业对外出售一栋厂房，依据税法的规定计算应交土地增值税为

27 000 元。应交土地增值税的会计处理如下：

(1)计算应交纳的土地增值税

借：固定资产清理　　27 000

　贷：应交税费——应交土地增值税　　27 000

(2)企业用银行存款交纳土地增值税

借：应交税费——应交土地增值税　　27 000

　贷：银行存款　　27 000

4. 应交教育费附加、矿产资源补偿费的会计处理

企业按规定计算应交的教育费附加、矿产资源补偿费，借记“营业税金及附加”“管理费用”等科目，贷记“应交税费——应交教育费附加(应交矿产资源补偿费)”科目。交纳的教育费附加、矿产资源补偿费，借记“应交税费——应交教育费附加(应交矿产资源补偿费)”，贷记“银行存款”科目。

5. 应交房产税、土地使用税、车船税的会计处理

房产税是国家在城市、县城、建制镇和工矿区征收的由产权所有人交纳的税。土地使用税是国家为了合理利用城镇土地、调节土地级差收入、提高土地使用效益、加强土地管理而开征的一种税，以纳税人实际占用的土地面积为计税依据，依照规定税率计算征收。车船税由拥有并且使用车船的单位和个人按照适用税率计算交纳。

企业按规定计算应交的房产税、土地使用税、车船税，借记“管理费用”科目，贷记“应交税费——应交房产税、土地使用税、车船税”科目；上交时，借记“应交税费——应交房产税、土地使用税、车船税”科目，贷记“银行存款”科目。

6. 应交所得税的会计处理

企业的生产经营所得和其他所得，依照有关所得税暂行条例及其细则的规定交纳所得税。企业应交纳的所得税，在“应交税费”科目下设置“应交所得税”明细科目核算。企业按照一定方法计入损益的所得税，借记“所得税费用”等科目，贷记“应交税费——应交所得税”科目。

7. 应交个人所得税的会计处理

企业按规定计算的应代扣代交的职工个人所得税，借记“应付职工薪酬”科目，贷记“应交税费——应交个人所得税”科目。交纳的个人所得税，借记“应交税费——应交个人所得税”，贷记“银行存款”等科目。

8. 应交耕地占用税、印花税、契税的会计处理

耕地占用税是国家为了利用土地资源、加强土地管理、保护农用耕地而征收的一种税。企业交纳的耕地占用税，由于是按实际占用的耕地面积计税，按照规定税额一次性征收的，不存在与税务机关结算和清算的问题，因此也不需要通过“应交税费”科目核算。企业按规定计算交纳耕地占用税时，借记“无形资产——土地使用权”等科目，贷记“银行存款”科目。

印花税是对书立、领受购销合同等凭证行为征收的税额，实行由纳税人根据规定自行计算应纳税额、购买并一次贴足印花税票的交纳方法。企业交纳的印花税不需要通过“应交税费”科目核算，于购买印花税票时，直接借记“管理费用”科目，贷记“银行存款”科目。

契税是对境内转移土地、房屋权属而征收的税款。企业取得土地使用权、房屋按规定交纳的契税，由于是按实际取得的不动产的价格计税，按照规定的税额一次性征收，不存在与税务机关结算和清算的问题，因此也不需要通过“应交税费”科目核算。企业按规定计算交纳契税时，借记“固定资产”“无形资产”等科目，贷记“银行存款”科目。

任务四 核算应付职工薪酬业务

一、职工薪酬的基本知识

根据企业会计准则的规定，职工薪酬是指企业为获得职工提供的服务或解除劳动关系而给予职工的各种形式的报酬或补偿。企业提供给职工配偶、子女、受赡养人、已故员工遗属及其他受益人等的福利，也属于职工薪酬。

职工薪酬主要包括短期薪酬、离职后福利、辞退福利和其他长期职工福利。

1. 短期薪酬

短期薪酬，是指企业预期在职工提供相关服务的年度报告期间结束后十二个月内将全部予以支付的职工薪酬，因解除与职工的劳动关系给予的补偿除外。因解除与职工的劳动关系给予的补偿属于辞退福利的范畴。

短期薪酬主要包括：

(1)职工工资、奖金、津贴和补贴，工资和奖金是指企业按照构成工资总额的计时工资、计件工资应支付给职工的劳动报酬和超额劳动报酬。津贴和补贴是指企业为了补偿职工特殊或额外的劳动消耗和因其他特殊原因应支付给职工的津贴以及为了保证职工工资水平不受物价影响支付给职工的物价补贴等。其中，企业按照短期奖金计划向职工发放的奖金属于短期薪酬，按照长期奖金计划向职工发放的奖金属于其他长期职工福利。

(2)职工福利费，是指企业向职工提供的生活困难补助、丧葬补助费、抚恤费、职工异地安家费、防暑降温费等职工福利支出。

(3)医疗保险费、工伤保险费和生育保险费等社会保险费，是指企业按照国家规定的基准和比例计算，向社会保险经办机构缴存的医疗保险费、工伤保险费和生育保险费等。

(4)住房公积金，是指企业按照国家规定的基准和比例计算，向住房公积金管理机构缴存的住房公积金。

(5)工会经费和职工教育经费，是指企业为了改善职工文化生活、为职工学习先进技术和提高文化水平及业务素质，用于开展工会活动和职工教育及职业技能培训等相关支出。

(6)短期带薪缺勤，是指职工虽然缺勤但企业仍向其支付报酬的安排，包括年休假、病假、婚假、产假、丧假、探亲假等。长期带薪缺勤属于其他长期职工福利。

(7)短期利润分享计划，是指因职工提供服务而与职工达成的基于利润或其他经营成果提供薪酬的协议。长期利润分享计划属于其他长期职工福利。

(8)其他短期薪酬,是指除上述薪酬以外的其他为获得职工提供的服务而给予的短期薪酬。

2. 离职后福利

离职后福利,是指企业为获得职工提供的服务而在职工退休或与企业解除劳动关系后,提供的各种形式的报酬和福利,属于短期薪酬和辞退福利的除外。离职后福利包括退休福利(如养老金和一次性的退休支付)及其他离职后福利(如失业保险、离职后人寿保险和离职后医疗保障)。

离职后福利计划,是指企业与职工就离职后福利达成的协议,或者企业为向职工提供离职后福利制定的规章或办法等。离职后福利计划按照企业承担的风险和义务情况,可以分为设定提存计划和设定受益计划。其中,设定提存计划,是指企业向独立的基金缴存固定费用后,不再承担进一步支付义务的离职后福利计划;设定受益计划,是指除设定提存计划以外的离职后福利计划。

3. 辞退福利

辞退福利,是指企业在职工劳动合同到期之前解除与职工的劳动关系,或者为鼓励职工自愿接受裁减而给予职工的补偿。

辞退福利主要包括:

(1)在职工劳动合同尚未到期前,不论职工本人是否愿意,企业决定解除与职工的劳动关系而给予的补偿。

(2)在职工劳动合同尚未到期前,为鼓励职工自愿接受裁减而给予的补偿,职工有权利选择继续在职或接受补偿离职。

辞退福利通常采取解除劳动关系时一次性支付补偿的方式,也采取在职工不再为企业带来经济利益后,将职工工资支付到辞退后未来某一期间的方式。

4. 其他长期职工福利

其他长期职工福利,是指除短期薪酬、离职后福利、辞退福利之外所有的职工薪酬,包括长期带薪缺勤、长期残疾福利、长期利润分享计划等。

二、职工薪酬核算应设置的会计科目

企业为了核算职工薪酬,应当设置“应付职工薪酬”总账科目,进行总分类核算,并分别设置“工资”“职工福利”“医疗保险费”“工伤保险费”“失业保险费”“住房公积金”“工会经费”“职工教育经费”“辞退福利”“非货币性福利”“股份支付” “累积带薪缺勤”“利润分享计划”“养老保险费”“生育保险费”“设定提存计划”“设定受益计划义务”等明细科目,进行明细核算。

“应付职工薪酬”为负债类会计科目,贷方登记企业承担的应支付给职工的各项薪酬,借方登记企业实际支付的职工薪酬,期末余额通常在贷方,表示企业应付未付的职工薪酬。

三、职工薪酬的核算

(一)短期薪酬的核算

企业应当在职工为其提供服务的会计期间,将实际发生的短期薪酬确认为负债,并计入当期损益,会计准则要求或允许计入资产成本的除外。

1.一般短期薪酬的核算

(1)企业发生的职工工资、津贴和补贴等短期薪酬,应当根据职工提供服务的情况和工资标准等计算应计入职工薪酬的工资总额,并按照受益对象计入当期损益或相关资产成本,借记"生产成本""制造费用""管理费用"等科目,贷记"应付职工薪酬"科目。发放时,借记"应付职工薪酬"科目,贷记"银行存款"等科目。从工资中扣还的各种款项(如代垫的房租费、个人所得税及应由职工个人缴纳的住房公积金、社会保险费等),应从实际支付给职工的工资数额中扣减,借记"应付职工薪酬——工资"科目,贷记"其他应收款""其他应付款""应交税费——应交个人所得税"等科目。

(2)企业为职工缴纳的医疗保险费、工伤保险费、生育保险费等社会保险费和住房公积金,以及按规定提取的工会经费和职工教育经费,应当在职工为其提供服务的会计期间,根据规定的计提基础和计提比例计算确定相应的职工薪酬金额,并确认相关负债,按照受益对象计入当期损益或相关资产成本,借记"生产成本""制造费用""管理费用"等科目,贷记"应付职工薪酬"科目。

【例 9-27】 2014 年 7 月,甲公司当月应发工资 1 560 万元,其中:生产部门生产工人工资 1 000 万元;生产部门管理人员工资 200 万元;管理部门管理人员工资 360 万元。

根据甲公司所在地政府规定,甲公司应当按照职工工资总额的 10%和 8%计提并缴存医疗保险费和住房公积金。甲公司分别按照职工工资总额的 2%和 1.5%计提工会经费和职工教育经费。假定不考虑其他影响因素。

根据上述资料,甲公司计算其 2014 年 7 月份的职工薪酬金额如下:

应当计入生产成本的职工薪酬金额=1 000+1 000×(10%+8%+2%+1.5%)
=1 215(万元)

应当计入制造费用的职工薪酬金额=200+200×(10%+8%+2%+1.5%)
=243(万元)

应当计入管理费用的职工薪酬金额=360+360×(10%+8%+2%+1.5%)
=437.40(万元)

甲公司有关账务处理如下:

借:生产成本	12 150 000	
制造费用	2 430 000	
管理费用	4 374 000	
贷:应付职工薪酬——工资		15 600 000
——医疗保险费		1 560 000
——住房公积金		1 248 000
——工会经费		312 000
——职工教育经费		234 000

【例 9-28】 2014 年 8 月 6 日，A 企业通过银行转账发放工资，根据工资结算汇总表（略），应付职工工资总额为 311 000 元，实发工资 250 000 元，代扣由职工个人承担的住房公积金、医疗保险、失业保险、养老保险、个人所得税分别为 28 460 元、5 692 元、2 846 元、22 768 元、1 234 元。A 企业有关账务处理如下：

借：应付职工薪酬——工资　311 000
　贷：银行存款　250 000
　　其他应付款——应付职工住房公积金　28 460
　　　　　　——应付职工医疗保险　5 692
　　　　　　——应付职工失业保险　2 846
　　　　　　——应付职工养老保险　22 768
　　应交税费——应交职工个人所得税　1 234

(3)企业发生的职工福利费，应当在实际发生时根据实际发生额计入当期损益或相关资产成本。企业向职工提供非货币性福利的，应当按照公允价值计量。如企业以自产的产品作为非货币性福利提供给职工，应当按照该产品的公允价值和相关税费确定职工薪酬金额，并计入当期损益或相关资产成本。相关收入的确认、销售成本的结转以及相关税费的处理，与企业正常商品销售的会计处理相同。企业以外购的商品作为非货币性福利提供给职工的，应当按照该商品的公允价值和相关税费确定职工薪酬的金额，并计入当期损益或相关资产成本。

【例 9-29】 甲公司是一家生产电饭锅的企业，共有职工 2 000 名。2014 年 12 月 30 日，甲公司决定以其生产的电饭锅作为节日福利发放给公司每名职工。每个电饭锅的售价为 200 元，成本为 100 元。甲公司适用的增值税税率为 17%，已开具了增值税专用发票。假定 2 000 名职工中 1 700 名为直接参加生产的职工，300 名为总部管理人员。假定甲公司于当日将电饭锅发放给各职工。

根据上述资料，甲公司计算电饭锅的售价总额及其增值税销项税额如下：

电饭锅的售价总额＝200×1 700＋200×300＝340 000＋60 000＝400 000(元)

电饭锅的增值税销项税额＝1 700×200×17%＋300×200×17%
　　　　　　　　　　　＝57 800＋10 200＝68 000(元)

应当计入生产成本的职工薪酬金额＝340 000＋57 800＝397 800(元)

应当计入管理费用的职工薪酬金额＝60 000＋10 200＝70 200(元)

甲公司有关账务处理如下：

借：生产成本　397 800
　　管理费用　70 200
　贷：应付职工薪酬——非货币性福利　468 000

借：应付职工薪酬——非货币性福利　468 000
　贷：主营业务收入　400 000
　　应交税费——应交增值税(销项税额)　68 000

借：主营业务成本　200 000
　贷：库存商品　200 000

2. 短期带薪缺勤的核算

带薪缺勤应当根据其性质及职工享有的权利，分为累积带薪缺勤和非累积带薪缺勤两类。企业应当对累积带薪缺勤和非累积带薪缺勤分别进行会计处理。如果带薪缺勤属于长期带薪缺勤的，企业应当作为其他长期职工福利处理。

(1)累积带薪缺勤的会计处理

累积带薪缺勤，是指带薪权利可以结转下期的带薪缺勤，本期尚未用完的带薪缺勤权利可以在未来期间使用。企业应当在职工提供了服务从而增加了其未来享有的带薪缺勤权利时，确认与累积带薪缺勤相关的职工薪酬，并以累积未行使权利而增加的预期支付金额计量。

有些累积带薪缺勤在职工离开企业时，对于未行使的权利，职工有权获得现金支付。职工在离开企业时能够获得现金支付的，企业应当确认企业必须支付的、职工全部累积未使用权利的金额。企业应当根据资产负债表日因累积未使用权利而导致的预期支付的追加金额，作为累积带薪缺勤费用进行预计。

【例 9-30】　乙公司在 2014 年 12 月 31 日预计由于总部管理部门人员累积未使用的带薪年休假权利而导致预期将支付的年休假工资金额 35 000 元。做如下账务处理：

借：管理费用　　35 000

　贷：应付职工薪酬——累积带薪缺勤　　35 000

(2)非累积带薪缺勤的会计处理

非累积带薪缺勤，是指带薪权利不能结转下期的带薪缺勤，本期尚未用完的带薪缺勤权利将予以取消，并且职工离开企业时也无权获得现金支付。我国企业职工休婚假、产假、丧假、探亲假、病假期间的工资通常属于非累积带薪缺勤。由于职工提供服务本身不能增加其能够享受的福利金额，企业在职工未缺勤时不应当计提相关费用和负债。为此，会计准则规定，企业应当在职工实际发生缺勤的会计期间确认与非累积带薪缺勤相关的职工薪酬。企业确认职工享有的与非累积带薪缺勤权利相关的薪酬，视同职工出勤确认的当期损益或相关资产成本。通常情况下，与非累积带薪缺勤相关的职工薪酬已经包括在企业每期向职工发放的工资等薪酬中，因此，不必额外做相应的账务处理。

3. 短期利润分享计划(或奖金计划)的会计处理

企业制订有短期利润分享计划的，如当职工完成规定业绩指标，或者在企业工作了特定期限后，能够享有按照企业净利润的一定比例计算的薪酬，企业应当按照规定，进行有关会计处理。

企业在计量利润分享计划产生的应付职工薪酬时，应当反映职工因离职而没有得到利润分享计划支付的可能性。

如果企业预期在职工为其提供相关服务的年度报告期间结束后十二个月内，不需要全部支付利润分享计划产生的应付职工薪酬，该利润分享计划应当适用其他长期职工福利的有关规定。

企业根据经营业绩或职工贡献等情况提取的奖金，属于奖金计划，应当比照短期利润分享计划进行处理。

【例 9-31】　A 公司于 2014 年初制订和实施了一项短期利润分享计划，以对公司管理层进行激励。该计划规定,公司全年的净利润指标为1 000万元,如果在公司管理层的努力下完成的净利润超过1 000万元,公司管理层将可以分享超过1 000万元净利润部分的5%作为额外报酬。假定至2014年12月31日,A公司全年实际完成净利润1 800万元。假定不考虑离职等其他因素,则A公司管理层按照利润分享计划可以分享利润40万元[(1 800−1 000)×5%]作为其额外的薪酬。

A公司2014年12月31日的相关账务处理如下:

借:管理费用　　400 000

　贷:应付职工薪酬——利润分享计划　　400 000

(二)离职后福利的核算

企业向职工提供了离职后福利的,无论是否设立了单独主体接受提存金并支付福利,均应当对离职后福利进行会计处理。

职工正常退休时获得的养老金等离职后福利,是职工与企业签订的劳动合同到期或者职工达到了国家规定的退休年龄时,获得的离职后生活补偿金额。企业给予补偿的事项是职工在职时提供的服务而不是退休本身,因此,企业应当在职工提供服务的会计期间对离职后福利进行确认和计量。企业应当按照企业承担的风险和义务情况,将离职后福利计划分类为设定提存计划和设定受益计划两种。

1. 设定提存计划的会计处理

对于设定提存计划,企业应当根据在资产负债表日为换取职工在会计期间提供的服务而应向单独主体缴存的提存金,确认为职工薪酬负债,并计入当期损益或相关资产成本。

【例9-32】 承例9-27,甲公司根据所在地政府规定,按照职工工资总额的12%计提基本养老保险费,缴存当地社会保险经办机构。2014年7月,甲公司缴存的基本养老保险费,应计入生产成本的金额为120万元,应计入制造费用的金额为24万元,应计入管理费用的金额为43.2万元。甲公司2014年7月的账务处理如下:

借:生成成本　　1 200 000

　制造费用　　240 000

　管理费用　　432 000

　贷:应付职工薪酬——设定提存计划　　1 872 000

2. 设定受益计划的会计处理

设定提存计划和设定受益计划的区分,取决于离职后福利计划的主要条款和条件所包含的经济实质。在设定提存计划下,企业的义务以企业应向独立主体缴存的提存金金额为限,职工未来所能取得的离职后福利金额取决于向独立主体支付的提存金金额,以及提存金所产生的投资回报,从而精算风险和投资风险实质上要由职工来承担。在设定受益计划下,企业的义务是为现在及以前的职工提供约定的福利,并且精算风险和投资风险实质上由企业来承担。

设定受益计划可能是不注入资金的,或者可能全部或部分地由企业(有时由其职工)向独立主体以缴纳提存金的形式注入资金,并由该独立主体向职工支付福利。到期时已注资福利的支付不仅取决于独立主体的财务状况和投资业绩,而且取决于企业补偿独立主体资产不足的意愿和能力。企业实质上承担着与计划相关的精算风险和投资风险。因此，设定受益计划所确认的费用并不一定是本期应付的提存金金额。企业存在一项或多项设定受益计划的，对于每一项计划应当分别进行会计处理。会计处理时借记“管理费用”“财务费用”“其他综合收益——设定受益计划净负债或净资产重新计量”等，贷记“应付职工薪酬——设定受益计划义务”。

(三)辞退福利的核算

企业应当根据辞退福利的定义和包括的内容，区分辞退福利与正常退休的养老金。辞退福利是在职工与企业签订的劳动合同到期前，企业根据法律与职工本人或职工代表(如工会)签订的协议，或者基于商业惯例，承诺当其提前终止对职工的雇佣关系时支付的补偿，引发补偿的事项是辞退，因此，企业应当在辞退职工时进行辞退福利的确认和计量。职工在正常退休时获得的养老金，是其与企业签订的劳动合同到期时，或者职工达到了国家规定的退休年龄时获得的退休后生活补偿金额，引发补偿的事项是职工在职时提供的服务，而不是退休本身，因此，企业应当在职工提供服务的会计期间进行养老金的确认和计量。

另外，职工虽然没有与企业解除劳动合同，但未来不再为企业提供服务，不能为企业带来经济利益，企业承诺提供实质上具有辞退福利性质的经济补偿的，如发生“内退”的情况，在其正式退休日期之前应当比照辞退福利处理，在其正式退休日期之后，应当按照离职后福利处理。

企业向职工提供辞退福利的，应当在企业不能单方面撤回因解除劳动关系计划或裁减建议所提供的辞退福利时、企业确认涉及支付辞退福利的重组相关的成本或费用时两者孰早日，确认辞退福利产生的职工薪酬负债，并计入当期损益，借记“管理费用”科目，贷记“应付职工薪酬——辞退福利”科目。实际支付补偿时，应当按照支付的补偿金额借记“应付职工薪酬——辞退福利”科目，贷记“银行存款”“库存现金”等科目。

(四)其他长期职工福利的核算

企业向职工提供的其他长期职工福利，符合设定提存计划条件的，应当按照设定提存计划的有关规定进行会计处理。企业向职工提供的其他长期职工福利，符合设定受益计划条件的，应当按照设定受益计划的有关规定，确认和计量其他长期职工福利净负债或净资产。

任务五　核算其他流动负债业务

一、应付票据的核算

(一)应付票据基本知识

应付票据是指企业采用商业汇票的支付方式购买材料、商品和接受劳务供应等开出、承兑的商业汇票，包括银行承兑汇票和商业承兑汇票。通常情况下，商业汇票的付款期限不超过六个月，因此在会计上应作为流动负债管理和核算。

应付票据可以是带息票据,也可以是不带息票据。对于带息票据,一般情况下不用计提利息,在偿还时直接计入财务费用;但如果是跨期商业汇票,在资产负债表日则要计提利息,通过"应付利息"科目核算。

(二)应付票据的核算

应付票据的核算主要包括签发或承兑商业汇票、计提票据利息、支付票款等内容。为了核算应付票据的发生、支付和结存情况,企业应设置"应付票据"科目,该科目的借方登记到期承兑支付或转出的商业汇票的票面金额,贷方登记开出承兑汇票的票面金额,期末余额在贷方,表示尚未到期的商业汇票的票面金额。

1. 签发、承兑商业汇票的核算

企业签发、承兑商业汇票以购买货物或抵付应付账款时,应按其票面金额作为应付票据的入账金额,借记"原材料""应交税费——应交增值税(进项税额)""库存商品"或"应付账款"等科目,贷记"应付票据"科目。对于签发、承兑的银行承兑汇票,在按面值的万分之五向承兑银行支付手续费时,应作为财务费用处理,借记"财务费用"科目,贷记"银行存款"科目。

【例 9-33】 甲公司开出一张面值为 58 500 元、期限为 5 个月的不带息商业承兑汇票一张,用以采购一批 A 材料,材料已经验收入库。增值税专用发票上注明材料价款为 50 000 元,增值税额为 8 500 元。甲公司为增值税一般纳税人。甲公司应做如下账务处理:

借:原材料——A 材料　　50 000
　应交税费——应交增值税(进项税额)　　8 500
　贷:应付票据　　58 500

【例 9-34】 假设例 9-33 中的商业汇票为银行承兑汇票,已支付承兑手续费 29.25 元。还应做如下账务处理:

借:财务费用　　29.25
　贷:银行存款　　29.25

2. 偿付应付票据的核算

应付票据到期支付票款时,应按票面金额予以结转,借记"应付票据"科目,贷记"银行存款"科目。

【例 9-35】 假设例 9-33 中的商业承兑汇票到期,企业以银行存款全额支付票款时,应做如下账务处理:

借:应付票据　　58 500
　贷:银行存款　　58 500

3. 转销应付票据的核算

应付商业汇票到期,企业无力支付票款,应根据不同情况进行处理:如果是商业承兑汇票,应转作"应付账款",待协商后再作处理,按应付票据的票面金额借记"应付票据"科目,贷记"应付账款"科目;如果是银行承兑汇票,银行已代为付款,应将应付票据的票面金额转作短期借款,借记"应付票据"科目,贷记"短期借款"科目。

【例 9-36】 假设例 9-33 中的商业汇票为银行承兑汇票,到期企业无力支付票款,承兑银行已代为支付，转为企业的短期借款，应做如下账务处理：

借：应付票据　　58 500

　贷：短期借款　　58 500

二、应付账款的核算

（一）应付账款基本知识

应付账款是指企业因购买材料、商品和接受劳务供应等应支付给供应单位的款项。

应付账款的入账时间应为所购物资的所有权发生转移或接受劳务发生的时间。在会计工作中，为了使所购入物资的金额、品种、数量和质量等与合同规定的条款相符，避免因验收时发现所购物资存在数量或质量问题而对入账的物资或应付账款金额进行改动，在物资和发票账单同时到达的情况下，一般在所购物资验收入库后，再根据发票账单登记入账，确认应付账款。在所购物资已经验收入库，但是发票账单未能同时到达的情况下，企业应付物资供应单位的债务已经成立，在会计期末，为了反映企业的负债情况，需要将所购物资和相关的应付账款暂估入账，待下月初以红字冲销。

（二）应付账款的核算

应付账款一般按实际应付金额入账，而不是按到期应付金额的现值入账。如果购货条件规定，在限定的付款期内付款可享受一定的现金折扣，其入账金额应采用总价法确认。

为了核算应付账款的发生、偿还及其转销等情况，企业应设置“应付账款”科目，该科目的贷方登记企业购买材料、商品和接受劳务等所形成的应付未付款项，借方登记偿还的应付账款，或开出商业汇票抵付应付账款的款项，或冲销无法支付的应付账款，期末余额一般在贷方，表示尚未偿还的应付款项。本账户按供应单位名称设置明细科目，进行明细分类核算。企业的各种应付赔款、应付租金、应付存入保证金等，不在本科目核算，而应在“其他应付款”科目核算。

企业购入材料、商品等或接受劳务所产生的应付账款，应按应付金额入账。购入材料、商品等验收入库，但货款尚未支付，根据有关凭证，借记“材料采购”“在途物资”等科目，按可抵扣的增值税额，借记“应交税费——应交增值税（进项税额）”科目，按应付的价款，贷记“应付账款”科目；企业接受供应单位提供劳务而发生的应付未付款项，根据供应单位的发票账单，借记“生产成本”“管理费用”等科目，贷记“应付账款”科目。

【例 9-37】 甲公司采用托收承付结算方式向 N 公司购入一批甲材料，专用发票注明价款 80 000 元，增值税 13 600 元，对方代垫运杂费 400 元。材料已运到并验收入库（该企业材料按实际成本计价核算），款项尚未支付。做如下账务处理：

借：原材料——甲材料　　80 400

　　应交税费——应交增值税（进项税额）　　13 600

　贷：应付账款——N 公司　　94 000

当甲公司偿还上述应付账款时，做如下账务处理：

借：应付账款——N 公司　　94 000

贷:银行存款　　　　　　　　　　　　　　　　　　　　　　　　　94 000

【例 9-38】 2014 年 9 月末,根据供电部门提供的增值税专用发票,企业本月应付电费 40 000 元,增值税 6 800 元。其中生产车间电费 32 000 元,企业行政管理部门电费 8 000 元,款项尚未支付,做如下账务处理:

借:制造费用　　　　　　　　　　　　　　　　　　　　　　　32 000
　管理费用　　　　　　　　　　　　　　　　　　　　　　　　8 000
　应交税费——应交增值税(进项税额)　　　　　　　　　　　　6 800
　贷:应付账款——××供电局　　　　　　　　　　　　　　　　46 800

企业转销确定无法支付的应付账款,应按其账面余额计入营业外收入,借记"应付账款"科目,贷记"营业外收入"科目。

【例 9-39】 企业 2014 年末,确定一笔 C 公司的应付账款 6 000 元为无法支付的款项,经批准予以转销,做如下账务处理:

借:应付账款——C 公司　　　　　　　　　　　　　　　　　　6 000
　贷:营业外收入　　　　　　　　　　　　　　　　　　　　　6 000

三、预收账款的核算

(一)预收账款基本知识

预收账款,是指企业按照合同规定,向购货单位预先收取的款项。与应付账款不同,预收账款所形成的负债不是以货币偿付,而是以货物偿付。有些购销合同规定,销货企业可向购货企业预先收取一部分货款,待向对方发货后再收取其余货款。企业在发货前收取的货款,表明企业承担了会在未来导致经济利益流出企业的应履行的义务,因而成为企业的一项负债。

(二)预收账款的核算

企业为了核算预收账款的发生和偿还情况,应设置"预收账款"科目,该科目的贷方登记预收货款的数额和购货单位补付货款的数额;借方登记企业向购货方发货后冲销的预收货款数额和退回购货方多付货款的数额;期末余额一般在贷方,表示已预收货款但尚未向购货方发货的数额;期末如为借方余额,反映企业尚未转销的款项。本科目应按购货单位的名称设置明细科目,进行明细分类核算。预收货款业务不多的企业,可以不单独设置"预收账款"科目,其所发生的预收货款,可通过"应收账款"科目核算。

企业向购货单位预收货款时,借记"银行存款"科目,贷记"预收账款"科目;将货物交给购货方时,按售价及增值税,借记"预收账款"科目,贷记"主营业务收入""应交税费——应交增值税(销项税额)"科目;购货单位补付的货款,借记"银行存款"科目,贷记"预收账款"科目;向购货单位退回其多付的款项时,借记"预收账款"科目,贷记"银行存款"科目。

【例 9-40】 甲公司为增值税一般纳税人。2014 年 6 月 3 日,甲公司与乙公司签订供货合同,向其出售一批产品,货款金额共计 100 000 元,应交纳增值税 17 000 元。根据供货合同规定,乙公司在供货合同签订一周内,应当向甲公司预付货款 60 000 元,剩余货款在交货后付清。2014 年 6 月 9 日,甲公司收到乙公司交来的预付款 60 000 元并存入银行，6 月 19 日甲公司将货物发到乙公司并开出增值税专用发票，乙公司验收后付清了剩余货款。甲公司的有关账务处理如下：

(1)6 月 9 日收到乙公司交来预付款 60 000 元：

借：银行存款　　60 000

　贷：预收账款——乙公司　　60 000

(2)6 月 19 日按合同规定，向乙公司发出货物：

借：预收账款——乙公司　　117 000

　贷：主营业务收入　　100 000

　　应交税费——应交增值税(销项税额)　　17 000

借：银行存款　　57 000

　贷：预收账款——乙公司　　57 000

【例 9-41】 仍以例 9-40 的资料为例，假设甲公司不设置"预收账款"科目，通过"应收账款"科目核算有关业务。甲公司的有关账务处理如下：

(1)6 月 9 日收到乙公司交来的预付款 60 000 元：

借：银行存款　　60 000

　贷：应收账款——乙公司　　60 000

(2)6 月 19 日向乙公司发出货物：

借：应收账款——乙公司　　117 000

　贷：主营业务收入　　100 000

　　应交税费——应交增值税(销项税额)　　17 000

借：银行存款　　57 000

　贷：应收账款——乙公司　　57 000

四、应付利息的核算

应付利息核算企业按照合同约定应支付的利息，包括分期付息到期还本的长期借款、企业债券等应支付的利息。企业应当设置"应付利息"科目，按照债权人设置明细科目进行明细核算，该科目期末贷方余额反映企业按照合同约定应支付但尚未支付的利息。

企业采用合同约定的名义利率计算确定利息费用时，应按合同约定的名义利率计算确定的应付利息的金额，记入"应付利息"科目；实际支付利息时，借记"应付利息"科目，贷记"银行存款"等科目。

五、应付股利的核算

应付股利是指企业根据股东大会或类似机构审议批准的利润分配方案，应支付给投资人的现金股利或利润。

企业应设置"应付股利"科目，按照投资者进行明细核算。企业根据股东大会或者类似机构审议批准的利润分配方案，按应支付给投资者的现金股利或利润，借记"利润分配——应付股利"科目，贷记"应付股利"科目；实际向投资者支付现金股利或利润时，借记"应付股利"科目，贷记"库存现金""银行存款"等账户。"应付股利"账户期末贷方余额，反映企业应付未付的现金股利或利润。企业董事会或类似机构通过的利润分配方案中拟分配的现金股利或利润，不做账务处理，不作为应付股利核算，但应在附注中披露。企业分配的股票股利不通过“应付股利”科目核算。

【例 9-42】 甲股份公司 2014 年度实现净利润 9 000 000 元，根据股东大会批准的利润分配方案，2014 年度分配现金股利 1 000 000 元。股利已用银行存款支付。甲股份公司的有关账务处理如下：

借：利润分配——应付股利　　1 000 000
　贷：应付股利　　1 000 000
借：应付股利　　1 000 000
　贷：银行存款　　1 000 000

六、其他应付款的核算

其他应付款是指除应付账款、应付票据、预收账款、应付职工薪酬、应付股利、应交税费以外的其他各项应付、暂收款项，如应付租入包装物的租金、经营租入固定资产的应付租金、出租或出借包装物收取的押金、应付及暂收其他单位的款项等。企业应设置“其他应付款”科目，该科目的贷方登记发生的各种应付、暂收款项，借方登记偿还或转销的各种应付、暂收款项，期末余额在贷方，表示应付未付的其他应付款项。本科目应按应付、暂收款项的项目和对方单位或个人设置明细账户，进行明细分类核算。

企业发生各种应付、暂收款项时，借记“管理费用”“银行存款”等科目，贷记“其他应付款”科目；支付或退回有关款项时，借记“其他应付款”科目，贷记“银行存款”等科目。

【例 9-43】 甲公司从 2014 年 1 月 1 日起，以经营租赁方式租入管理用办公设备一批，每月租金 5 000 元，增值税税率为 17%，租金按季支付。3 月 31 日，甲公司以银行存款支付应付租金。甲公司的有关账务处理如下：

(1)1 月 31 日计提应付经营租入固定资产租金：

借：管理费用　　5 850
　贷：其他应付款　　5 850

2 月末计提应付经营租入固定资产租金的账务处理同上。

(2)3 月 31 日支付租金：

借：其他应付款　　11 700
　　管理费用　　5 850
　贷：银行存款　　17 550

实务训练

一、单项选择题

1. 委托加工应纳消费税产品(非金银首饰)收回后，如直接对外销售，其由受托方代扣代交的消费税，委托方应记入(　　)科目。

A.“生产成本”　　B.“应交税费——应交消费税”

C.“委托加工物资” D.“主营业务成本”

2.某公司为一般纳税人，2014年6月购入一批商品，发票上注明价款为100万元，增值税税率为17%，并取得运费单据一张，注明运费价款为30万元，增值税税率为11%，则该批商品的入账成本为（ ）。

A.130万元 B.127.9万元 C.133.3万元 D.117万元

3.下列项目中，不属于职工薪酬的是（ ）。

A.职工工资 B.职工福利费

C.医疗保险费 D.职工出差报销的火车票

4.企业因解除与职工的劳动关系给予职工补偿而发生的职工薪酬，应借记的会计科目是（ ）。

A.管理费用 B.计入存货成本或劳务成本

C.营业外支出 D.计入销售费用

5.企业对应付的商业承兑汇票，如果到期不能足额付款，在会计处理上应将其转作（ ）。

A.应付账款 B.其他应付款 C.预付账款 D.短期借款

6.企业在转销已经确认无法支付的应付账款时，应贷记的会计科目是（ ）。

A.其他业务收入 B.营业外收入 C.盈余公积 D.资本公积

7.按现行企业会计准则规定，短期借款发生的利息一般应借记的会计科目是（ ）。

A.短期借款 B.应付利息 C.财务费用 D.银行存款

8.企业购进货物用于工程项目时，该货物负担的增值税额应当记入（ ）科目。

A.“应交税费——应交增值税” B.“工程物资”

C.“营业外支出” D.“管理费用”

9.企业收取包装物押金及其他各种暂收款项时，应贷记（ ）科目。

A.营业外收入 B.其他业务收入 C.其他应付款 D.其他应收款

10.企业交纳的下列税款，不需要通过“应交税费”科目核算的是（ ）。

A.增值税 B.印花税 C.土地增值税 D.资源税

11.下列各项中不应记入“营业税金及附加”科目的是（ ）。

A.消费税 B.资源税

C.城市维护建设税 D.增值税的销项税额

12.下列各项税金中不影响企业损益的是（ ）。

A.消费税 B.营业税

C.一般纳税企业的增值税销项税额 D.所得税

13.小规模纳税企业购入原材料取得的增值税专用发票上注明货款20 000元，增值税3 400元，在购入原材料的过程中另支付运杂费500元。则该企业原材料的入账价值为（ ）元。

A.19 500 B.20 500 C.23 300 D.23 900

14.企业开出的商业汇票为银行承兑汇票，其无力支付票款时，应将应付票据的票面金额转作（ ）。

A. 应付账款　　B. 其他应付款　　C. 预付账款　　D. 短期借款

15. 企业出售固定资产应交的营业税，应借记的会计科目是(　　)。

A. 营业税金及附加　　B. 固定资产清理

C. 营业外支出　　D. 其他业务成本

二、多项选择题

1. 下列(　　)应通过“应交税费”账户核算。

A. 增值税　　B. 印花税　　C. 消费税　　D. 教育费附加

2. 计入管理费用的税金有(　　)。

A. 房产税　　B. 车船税　　C. 土地使用税　　D. 契税

3. 按照规定，企业购入货物或接受劳务必须具有以下(　　)凭证，其进项税额才能予以扣除。

A. 增值税专用发票　　B. 海关进口增值税专用缴款书

C. 农产品收购发票和农产品销售发票　　D. 运输费用结算单据

4. 一般纳税人在核算增值税时应通过“应交税费——应交增值税”账户核算，该明细科目应分别设置(　　)等专栏。

A. 进项税额　　B. 销项税额　　C. 已交税金　　D. 出口退税

E. 进项税额转出

5. 计算委托加工应税消费品应交纳的消费税时，可能用到的会计账户有(　　)。

A. 营业税金及附加　　B. 委托加工物资

C. 应交税费　　D. 管理费用

6. 城市维护建设税应以(　　)为计税依据。

A. 增值税　　B. 消费税　　C. 营业税　　D. 契税

7. 下列项目中，属于职工薪酬的有(　　)。

A. 职工工资、奖金、津贴和补贴

B. 住房公积金

C. 工会经费和职工教育经费

D. 因解除与职工的劳动关系给予的补偿

8. 下列项目中，属于其他应付款核算范围的有(　　)。

A. 职工未按期领取的工资　　B. 应付经营租入固定资产租金

C. 存出投资款　　D. 应付、暂收所属单位、个人的款项

9. 下列各项税金中，应计入有关成本的有(　　)。

A. 以库存商品对外投资应交的增值税

B. 购入工程用物资所支付的增值税

C. 小规模纳税企业购入商品已交的增值税

D. 购入用于集体福利的固定资产已交的增值税

10. 下列各项应作为增值税进项税额转出处理的有(　　)。

A. 工程项目领用本企业的材料　　B. 非正常损失造成的存货盘亏

C. 工程项目领用本企业产品　　D. 以产品对外投资

11. 下列税金中，属于流转税的有（　　）。

A. 增值税　　B. 消费税　　C. 营业税　　D. 所得税

12. 可以不通过“应交税费”科目核算的税金有（　　）。

A. 房产税　　B. 耕地占用税　　C. 印花税　　D. 契税

13. 下列行为中，应计征营业税的有（　　）。

A. 销售产品　　B. 销售不动产

C. 转让土地使用权　　D. 转让商标所有权

14. 月末分配职工工资时可能涉及的账户有（　　）。

A. 生产成本　　B. 制造费用　　C. 管理费用　　D. 在建工程

15. 企业采用（　　）结算方式时应通过“应付票据”账户核算。

A. 银行汇票　　B. 商业承兑汇票　　C. 银行承兑汇票　　D. 银行本票

三、判断题

1. 企业购入货物只要取得增值税专用发票，就应该将支付的增值税额作为“应交税费——应交增值税(进项税额)”核算。（　　）

2. 工会经费和职工教育经费不属于职工薪酬的范围，不通过“应付职工薪酬”科目核算。（　　）

3. 企业生产工人的医疗保险费、养老保险费、失业保险费、工伤保险费和生育保险费等社会保险费应计入当期管理费用。（　　）

4. 职工薪酬中的非货币性福利应当根据职工提供服务的受益对象分别计入成本费用。（　　）

5. 企业将自产或委托加工的货物用于职工福利，在会计上按照货物成本转账，不用计税。（　　）

6. 预收账款不多的企业，可以不设置“预收账款”科目。企业预收客户货款时，直接将其记入“应付账款”科目的贷方。（　　）

7. 短期借款利息在预提或实际支付时均应通过“短期借款”科目核算。（　　）

8. 职工因公负伤赴外地就医的路费应计入管理费用，在当期损益中列支。（　　）

9. 企业应交的各种税金，均应通过“应交税费”科目核算。（　　）

10. 应付商业承兑汇票到期，如企业无力支付票款，应将应付票据按票面金额转作短期借款。（　　）

四、计算及会计处理题

1. 某企业 2014 年 1 月 1 日向银行借入 120 000 元，期限 9 个月，年利率 8%。该借款到期后按期如数归还，利息分月预提，按季支付。

要求：编制借入款项、按月预提利息、按季支付利息和到期时归还本金的会计分录。

2. 某企业为增值税一般纳税企业，材料按实际成本核算，适用的增值税税率为 17%，2014 年 4 月份发生如下经济业务：

(1)购入一批原材料，增值税专用发票上注明的材料价款为 20 万元(不含增值税)，增值税为 3.4 万元。货款已付，材料验收入库。

(2)工程领用生产用材料，成本 8 万元，该批材料的计税价为 10 万元。

(3)出售一项商标权,转让收入5万元已存入银行,该项商标权的账面原值为6万元,已累计摊销4万元。适用的增值税税率为6%。

(4)购入一台生产经营用的设备,增值税专用发票上记载的设备价款为200万元,支付的增值税额为34万元,款项已由银行支付。

(5)销售产品一批,销售收入为300万元(不含税),货款尚未收到。

要求:根据上述资料,编制有关经济业务的会计分录,并计算本月应交增值税。

3.某企业为增值税一般纳税企业,材料按实际成本核算,适用的增值税税率为17%,2014年5月份发生下列业务:

(1)开出银行承兑汇票一张,面值30 000元,用于抵付其前欠A公司的货款。该票据为带息票据,票面利率10%,期限6个月,并按0.5‰支付银行承兑手续费。

(2)采用托收承付结算方式从B公司购入一批甲材料,专用发票注明价款100 000元,增值税17 000元,对方代垫运杂费400元。材料已运到并验收入库,款项尚未支付。

(3)上述银行承兑汇票到期,企业付款。

(4)到期支付B公司材料款。

(5)与C公司签订销货合同,供货金额10 000元,应纳增值税1 700元。C公司先支付全部货款的50%,余款发货后一次付清。

(6)按合同规定,向C公司发出货物,确认销售实现。

(7)收到C公司补付的货款5 850元。

要求:根据上述资料,编制有关经济业务的会计分录。

4.A公司委托B公司代为加工一批应税消费品。A公司发出原材料的成本为15 000元,发生加工费用3 000元,由B公司代收代交的消费税税额为1 200元。材料已经加工完成并验收入库。两个公司均为一般纳税人,适用的增值税税率为17%。有关款项的收付已经银行办妥。

要求:分别做出A公司收回的委托加工物资用于继续生产应税消费品和直接对外销售的会计处理。

5.某公司发生有关消费税、营业税的经济业务如下:

(1)委托外单位加工材料一批(系应税消费品),发出原材料的实际成本7.2万元,加工费2万元,增值税3 400元(取得专用发票),受托方代扣代交的消费税1万元,共计33 400元均以银行存款支付;收回的加工材料60%拟用于继续生产产品,40%直接用于出售。

①发出原材料委托加工。

②以银行存款支付加工费和代扣代交消费税。

③收回委托加工物资(收回物资为包装物)。

(2)销售产品一批,取得销售收入90万元,增值税税率17%,50%价税款收存银行,其余50%尚未收到。

(3)公司出售旧厂房一幢,取得价款80万元,营业税税率5%,价款收存银行,计算结转应交营业税(不考虑应交的其他税费)。

(4)出售固定资产取得收入15 000元,按5%的税率计算营业税。

(5)公司出售一项商标权，取得收入30万元存入银行，商标权账面余额50万元，已摊销25万元，未计提过减值准备，增值税税率6%(不考虑应交的其他税费)，出售商标权已办妥手续。

要求：根据上述资料编制必要的会计分录。

6. 某企业为一般纳税人，职工薪酬的资料如下：

(1)2014年9月30日，职工工资分配情况如下：应付工资总额为500 000元，其中，生产工人工资300 000元；生产车间管理人员工资50 000元；行政管理人员工资80 000元；专设销售机构人员工资70 000元。

(2)2014年9月30日，分别按照职工工资的20%、6%、2%、1%、0.5%、10%计算提取由企业承担的养老保险、医疗保险、失业保险、生育保险、工伤保险及住房公积金。

(3)2014年10月5日，企业从银行提取现金390 000元，备发工资。

(4)2014年10月5日，以现金390 000元发放工资，根据上月末的工资汇总表，企业代扣代交由职工负担的养老保险、医疗保险、失业保险及住房公积金分别按应付工资总额的8%、2%、1%、10%计算，代扣个人所得税5 000元。

(5)该企业为家电企业，2014年10月6日，该企业决定以生产的电暖器作为福利发放给企业员工。企业共有员工200名，其中170名为直接参加生产的职工，车间管理人员5名，行政管理人员15名，销售人员10名。该电暖器成本为800元，市场价格为1 000元，增值税税率为17%。

(6)2014年10月7日，发放上述电暖器。

要求：根据上述资料，编制有关经济业务的会计分录。

项目十

核算非流动负债业务

项目要点

非流动负债是指企业的长期负债，非流动负债也是企业筹集（融通）资金的一种重要方式。本项目主要学习各种非流动负债的概念、特点以及核算方法等。

任务一　认识非流动负债

一、非流动负债的概念

非流动负债是指偿还期在一年或超过一年的一个营业周期以上的债务。它是企业向债权人筹集的、可供长期使用的资金。

企业为了满足购建大型机械设备、地产、增建或扩建厂房等生产经营的需要，必然要借入长期资金。长期资金筹集的方式有两种：一是由投资者投入新的资本（或由股东追加投资，增发新股）；二是举借非流动负债。相比较而言，举借非流动负债不会影响企业控制权力的转移；当企业经营所获得的投资利润率高于非流动负债的固定利率时，会增加投资者所得的盈余，并且举债成本较低，还有节税的功能。但举借非流动负债也会增加企业的财务风险。因此，企业应进行合理的财务决策，适度举债。

二、非流动负债的分类

（一）非流动负债按筹措方式分类

非流动负债按筹措方式分为：长期借款、应付债券、长期应付款和专项应付款等。

（二）非流动负债按偿还和付息方式分类

1. 定期偿还的非流动负债，是指到期日一次偿还本金的长期债务。企业的长期借款、应付债券通常采用这种方式。

2. 分期偿还的非流动负债，是指到期日之前分期偿还本金的长期负债。企业的长期应付款通常采用这种方式。

任务二　核算长期借款业务

一、长期借款的基本知识

长期借款是企业从银行或其他金融机构借入的期限在一年以上(不含一年)的各项借款。一般用于固定资产的购建、改扩建工程、大修理工程、对外投资以及为了保持长期经营能力等方面,它是企业非流动负债的重要组成部分。

企业筹集的长期借款,按其偿还方式可分为定期偿还和分期偿还的长期借款;按其利息支付方式分为还本时一次付息和在借款期限内分期付息的长期借款;按长期借款条件可以分为抵押借款、担保借款和信用借款;按借款的目的可以分为形成固定资产的长期借款和形成流动资产的长期借款;按长期借款的币种可以分为人民币借款和外币借款等。

长期借款利息的计算方法有单利和复利计息两种。所谓单利计息是指借款期内只对长期借款的本金计算利息,所生利息不加入本金重复计算利息;而复利计息是指借款期内不仅对长期借款的本金计算利息,而且要将所生利息加入本金再计利息。我国现行采用的是单利计息的方法。

二、长期借款的核算

长期借款的核算主要包括借款本金借入和归还的核算、借款利息的核算、外币借款发生的汇兑损益的核算等。

(一)长期借款核算应设置的账户

长期借款的核算应设置“长期借款”和“应付利息”等账户。

1.“长期借款”是非流动负债类账户,核算企业向银行或其他金融机构借入的期限在1年以上(不含1年)的各项借款。贷方登记借入的本金、转销的利息差额,借方登记偿还的本金及取得借款时实收金额和借款本金的差额,期末贷方余额反映企业尚未偿还的长期借款。该科目按贷款单位和贷款种类,分别设“本金”“利息调整”“应计利息(一次还本付息的借款利息)”等明细科目进行明细核算。

2.“应付利息”是流动负债类账户,核算企业按照合同约定应支付的利息,包括分期付息到期还本的长期借款、企业债券等应支付的利息。贷方登记计提的利息,借方登记偿还的利息,期末贷方余额反映企业按照合同约定应支付但尚未支付的利息。

(二)长期借款的会计处理

1.取得借款的会计处理

企业借入长期借款时,应按借款本金扣除相关手续费后实际收到的款项,借记“银行存款”科目,贷记“长期借款——本金”科目,如存在差额,还应借记“长期借款——利息调整”科目。

【例10-1】 甲企业于2012年11月30日从银行借入资金3 000 000元,借款期限为2年,年利率为7.2%(到期一次还本付息,不计复利)。所借款项已存入银行。甲企业用该借款于当日购买不需要安装的设备一台，价款 2 400 000 元，增值税税额 408 000 元，另支付保险等费用 30 000 元，设备已于当日投入使用。甲企业的有关会计处理如下：

(1)取得借款时：

借：银行存款　　　　3 000 000

　贷：长期借款——本金　　　　3 000 000

(2)支付设备款和保险费时：

借：固定资产　　　　2 430 000

　应交税费——应交增值税(进项税额)　　　　408 000

　贷：银行存款　　　　2 838 000

2. 计提利息的会计处理

利息是借款企业按照借入本金、利息率及借款期计付给债权人的报酬，它是一种资金成本，是企业举借债务而付出的代价。根据企业会计准则规定，企业取得长期借款所发生的利息费用，应按权责发生制按期预提。属于筹建期间的，应记入"管理费用"科目；属于生产经营期间的，应记入"财务费用"科目。属于符合资本化条件的资产购建或者生产的，应当予以资本化，计入相关资产成本。即在资产负债表日，应按摊余成本和实际利率计算确定的长期借款的利息费用，借记"在建工程""制造费用""财务费用""研发支出"等科目，按合同约定的名义利率计算确定的应付利息金额，贷记"长期借款——应计利息"或"应付利息"科目，按其差额，贷记"长期借款——利息调整"科目。

如果实际利率与合同约定的名义利率差异很小的，也可以采用合同约定的名义利率计算确定利息费用。

【例 10-2】 接例 10-1，甲企业于 2012 年 12 月 31 日计提长期借款利息。甲企业的有关会计处理如下：

2012 年 12 月应计提的利息＝3 000 000×7.2%÷12＝18 000(元)

借：财务费用　　　　18 000

　贷：长期借款——应计利息　　　　18 000

2013 年 1 月至 2014 年 10 月每月月末计提利息的会计分录同上。

3. 归还借款的会计处理

企业归还长期借款的本金时，应按归还的金额，借记"长期借款——本金"科目，贷记"银行存款"科目；按归还的利息，借记"长期借款——应计利息"或"应付利息"科目，贷记"银行存款"科目。

【例 10-3】 接例 10-2，2014 年 11 月 30 日，甲企业偿还该项银行借款本息。甲企业的有关会计处理如下：

借：长期借款——本金　　　　3 000 000

　　　　　——应计利息　　　　630 000

　财务费用　　　　18 000

　贷：银行存款　　　　3 648 000

任务三　核算应付债券业务

一、应付债券基本知识

债券是指企业向社会公开筹集资金而发行的，约定在一定时间内还本付息的有价证券。企业通过发行债券取得资金是以将来履行归还购买债券者的本金和利息的义务作为保证的。企业应当设置"企业债券备查簿"，详细登记每一企业债券的票面金额、票面利率、还本付息期限与方式等资料。企业债券到期结清时，应当在备查簿内逐笔注销。

企业发行的超过一年期以上的债券，构成了企业的非流动负债。企业债券发行价格的高低一般取决于债券票面金额、债券票面利率、发行当时的市场利率以及债券期限的长短等因素。

债券发行有面值发行、溢价发行和折价发行三种情况。假设其他条件不变，债券的票面利率高于市场利率时，可按超过债券面值的价格发行，称为溢价发行。溢价是企业以后各期多付利息而事先得到的补偿。如果债券的票面利率低于市场利率，可按低于债券面值的价格发行，称为折价发行。折价是企业以后各期少付利息而预先给投资者的补偿。如果债券的票面利率与市场利率相同，可按票面价格发行，称为面值发行。溢价或折价是发行债券企业在债券存续期内对利息费用的一种调整。

企业在发行债券时，必然要有一些开支，如委托他人代销债券支付的手续费或佣金、印刷债券费用以及相关的律师费、注册会计师审计财务报告的费用、广告费等，这些费用一般可称之为发行费用。如何合理核算债券发行费用，也是一个重要的会计问题。

债券发行费用应首先用债券发行期间冻结资金所产生的利息收入来补偿。其中不够补偿的金额，按照借款费用资本化或费用化的原则进行处理：如果发行费用大于发行期间冻结资金所产生的利息收入，其差额，根据发行债券所筹集资金的用途，分别计入财务费用或相关资产成本；如果发行费用小于发行期间冻结资金所产生的利息收入，其差额，视同发行债券的溢价收入，在债券存续期间于计提利息时摊销，分别计入财务费用或相关资产成本。

二、应付债券的核算

为了核算企业债券，企业应设置"应付债券""应付利息"等科目。"应付债券"核算企业为筹集长期资金而发行债券的本金和利息，贷方登记发行企业债券的面值、溢价、应计利息和折价摊销额，借方登记企业债券的偿还、发行时产生的折价和溢价摊销额，期末贷方余额反映企业尚未偿还的债券的摊余成本和应计利息。

应付债券可按"面值""利息调整""应计利息"等进行明细核算。如果债券到期一次还本付息，利息计提和偿还通过"应付债券——应计利息"核算；如果债券分期付息，利息计提和偿还则通过"应付利息"核算。

(一)债券发行的会计处理

企业发行债券，无论是按面值发行，还是溢价发行或折价发行，均应按实际收到的金额，借记“银行存款”“库存现金”等科目，按债券票面金额，贷记“应付债券——面值”科目；实际收到的款项与票面价值存在差额的，还应借记或贷记“应付债券——利息调整”科目。

【例 10-4】 甲企业于 2011 年 7 月 1 日发行三年期、到期一次还本付息、年利率为 8%（不计复利）、发行面值总额为 10 000 000 元的债券。该债券按面值发行。甲企业的有关会计处理如下：

借：银行存款　　　　10 000 000

　贷：应付债券——面值　　　　10 000 000

【例 10-5】 接例 10-4，如果发行价为 10 300 000 元，甲企业的有关会计分录如下：

借：银行存款　　　　10 300 000

　贷：应付债券——面值　　　　10 000 000

　　　　　　——利息调整　　　　300 000

（二）利息计算及利息调整摊销的会计处理

企业债券在计息日应当按规定计算应付给债券持有人的利息，同时对因债券溢折价形成的利息调整进行摊销。

1. 债券票面利息

债券票面利息即债券发行人定期支付给债券持有人的利息。计算公式为：

债券票面利息＝债券面值×票面利率

票面利息一般按年度或半年计算，它一方面是债券利息费用的组成部分，另一方面在未支付给债券持有人前形成企业的一项负债，按企业会计准则规定，在分期支付债券利息的情况下它是一种流动负债，即“应付利息”；在债券到期一次支付债券利息的情况下它是一种长期负债，即“应付债券——应计利息”。

2. 债券利息费用

债券利息费用按债券的摊余价值和实际利率计算确定，即采用实际利率法计算债券利息费用和对利息调整进行摊销。

实际利率法，是指按照应付债券的实际利率计算其摊余成本及各期利息费用的方法；实际利率，是指将应付债券在债券存续期内的未来现金流量，折现为该债券当前账面价值所使用的利率。其计算公式为：

债券利息费用＝应付债券的期初账面价值（摊余成本）×实际利率

摊销利息调整＝债券票面利息－债券利息费用

3. 会计处理

对于分期付息、到期一次还本的债券，企业应按应付债券的摊余成本和实际利率计算确定的债券利息费用，借记“在建工程”“制造费用”“财务费用”“研发支出”等科目，按票面利率计算确定的应付未付利息，贷记“应付利息”科目，按其差额，借记或贷记“应付债券——利息调整”。对于一次还本付息的债券，企业应于资产负债表日按应付债券的摊余成本和实际利率计算确定的债券利息费用，借记“在建工程”“制造费用”“财务费用”“研发支出”等科目，按票面利率计算确定的应付未付利息，贷记“应付债券——应计利息”科目，按其差额，借记或贷记“应付债券——利息调整”。

【例 10-6】 接例 10-4，甲企业发行债券所筹集资金用于建造固定资产，至 2011 年 12 月 31 日工程尚未完工，该债券产生的实际利息费用全部资本化，2012 年 7 月 1 日工程完工，计提持有期间各年长期债券利息。甲企业的有关会计处理如下：

2011 年 12 月 31 日计提利息时：

票面利息＝10 000 000×8％÷2＝400 000(元)

利息费用＝10 000 000×8％÷2＝400 000(元)(票面利率＝实际利率)

借：在建工程　　400 000

　贷：应付债券——应计利息　　400 000

2012 年 12 月 31 日计提利息时：

票面利息＝10 000 000×8％＝800 000(元)

利息费用＝10 000 000×8％＝800 000(元)(资本化期间为半年)

借：在建工程　　400 000

　　财务费用　　400 000

　贷：应付债券——应计利息　　800 000

2013 年 12 月 31 日计提利息时：

票面利息＝10 000 000×8％＝800 000(元)

利息费用＝10 000 000×8％＝800 000(元)(费用化期间为一年)

借：财务费用　　800 000

　贷：应付债券——应计利息　　800 000

【例 10-7】 2010 年 12 月 31 日，甲公司经批准发行 5 年期一次还本分期付息的公司债券 30 000 000 元，债券利息在每年 12 月 31 日支付，票面利率为年利率 6％。假定债券发行时的市场利率为 5％，发行价格为 31 298 100 元。甲公司根据上述资料，采用实际利率法和摊余成本计算确定的利息费用见表 10-1。

表 10-1　　**利息费用计算表**

付息日期	支付利息	利息费用	摊销的利息调整	应付债券摊余成本
2010 年 12 月 31 日				31 298 100
2011 年 12 月 31 日	1 800 000	1 564 905	235 095	31 063 005
2012 年 12 月 31 日	1 800 000	1 553 150.25	246 849.75	30 816 155.25
2013 年 12 月 31 日	1 800 000	1 540 807.76	259 192.24	30 556 963.01
2014 年 12 月 31 日	1 800 000	1 527 848.15	272 151.85	30 284 811.16
2015 年 12 月 31 日	1 800 000	1 515 188.84	284 811.16	30 000 000
合　计	9 000 000	7 701 900	1 298 100	—

甲公司的账务处理如下：

(1)2010 年 12 月 31 日发行债券

借：银行存款　　31 298 100

　贷：应付债券——面值　　30 000 000

　　　　　　　——利息调整　　1298 100

(2)2011 年 12 月 31 日确认利息费用

借:财务费用 1 564 905

　应付债券——利息调整 235 095

　贷:应付利息 1 800 000

2012 年、2013 年、2014 年确认利息费用的会计处理同 2011 年。

(3)2015 年 12 月 31 日归还债券本金及最后一期利息费用

借:应付债券——面值 30 000 000

　　　　——利息调整 284 811.16

　财务费用 1 515 188.84

　贷:银行存款 31 800 000

(三)债券还本付息的会计处理

企业采用一次还本付息方式的,应于债券到期支付债券本息时,借记"应付债券——面值"和"应付债券——应计利息"科目,贷记"银行存款"科目;采用一次还本、分期付息方式的,在每期支付利息时,借记"应付利息"科目,贷记"银行存款"科目;债券到期偿还本金并支付最后一期利息时,借记"应付债券——面值""在建工程""制造费用""财务费用""研发支出"等科目,贷记"银行存款"科目;同时,存在利息调整余额的,借记或贷记"应付债券——利息调整"科目。

【例 10-8】 接例 10-6,2014 年 6 月 30 日到期一次还本付息时,会计分录如下:

借:应付债券——面值 10 000 000

　　　　——应计利息 2 000 000

　财务费用 400 000

　贷:银行存款 12 400 000

任务四　核算其他非流动负债业务

企业的非流动负债除了长期借款和应付债券外,还包括长期应付款和专项应付款等。

一、核算长期应付款业务

(一)长期应付款的概念

长期应付款,是指企业除长期借款和应付债券以外的其他各种长期应付款项,包括应付融资租入固定资产的租赁费和以分期付款方式购入固定资产发生的应付款项等。

(二)长期应付款的核算

为核算长期应付款的发生和偿还情况,企业应设置"长期应付款"和"未确认融资费用"等账户。

"长期应付款"是非流动负债账户,该账户核算企业发生的除了长期借款和应付债券以外的其他各种长期应付款项。贷方反映长期应付款的增加数,借方反映归还的长期应付款,期末贷方余额表示尚未归还的长期应付款项。本账户可按长期应付款的种类和债权人进行明细核算。

“未确认融资费用”属于非流动负债账户，该账户核算企业应当分期计入利息费用的未确认融资费用。借方登记形成的未确认融资费用，贷方登记分期转销的未确认融资费用，期末借方余额反映企业未确认融资费用的摊余价值。本账户可按照未确认融资费用项目进行明细核算。

1. 融资租入固定资产的会计处理

企业采用融资租赁方式租入的固定资产，虽然在法律形式上资产的所有权在租赁期间内仍然属于出租人，但由于资产的租赁期基本上包括了资产的有效使用年限，承租企业实际上获得了租赁资产所提供的主要经济利益，同时承担了与资产所有权有关的风险。因此，承租企业应将融资租入资产作为一项固定资产入账，同时确认相应的负债。

企业应在租赁期开始日，将租赁开始日租赁资产的公允价值与最低租赁付款额现值两者中较低者，加上在租赁谈判和签订租赁合同过程中发生的、可直接归属于租赁资产的手续费、律师费、差旅费、印花税等初始直接费用，作为租入资产的入账价值，借记“固定资产——融资租入固定资产”科目；按最低租赁付款额，贷记“长期应付款”科目；按发生的初始直接费用，贷记“银行存款”“库存现金”等科目；按其差额，借记“未确认融资费用”科目。每期支付租金费用时，借记“长期应付款”科目，贷记“银行存款”科目。如果支付的租金中包含履约成本，按履约成本金额，借记“制造费用”“管理费用”等科目，贷记“银行存款”科目。

未确认融资费用应当在租赁期内各个期间进行分摊。承租人分摊未确认融资费用时，应当采用实际利率法。每期采用实际利率法分摊未确认融资费用时，按当期应分摊的未确认融资费用金额，借记“财务费用”科目，贷记“未确认融资费用”科目。

2. 具有融资性质的延期付款购买资产的会计处理

企业购买资产有可能延期支付有关价款。如果延期支付的购买价格超过正常信用条件，实质上具有融资性质的，所购资产的成本应当以延期支付购买价款的现值为基础确定，实际支付的价款与购买价款的现值之间的差额，应当在信用期内采用实际利率法进行摊销，计入相关资产成本或当期损益。具体来说，企业购入资产超过正常信用条件延期付款实质上具有融资性质时，应按购买价款的现值，借记“固定资产”“在建工程”等科目，按应支付的价款总额，贷记“长期应付款”科目，按其差额，借记“未确认融资费用”科目。

二、核算专项应付款业务

(一)专项应付款的概念

专项应付款是指企业接受国家拨入的指定为资本性投入的具有专门用途的拨款，如专项用于技术改造、技术研究等，以及从其他来源取得的款项。

专项应付款的特点是国家拨入，专款专用，不需要企业以资产或增加其他负债偿还的长期负债。

(二)专项应付款的会计处理

为了核算专项应付款的增减变动情况，企业应设置“专项应付款”账户。该账户核算企业取得的国家指定为资本性投入的具有专项或特定用途的款项。贷方登记国家拨入专项拨款，借方登记核销、转入资本公积的专项拨款以及结余上缴金额。期末余额在贷方，反映企业尚未转销的专项应付款。该账户可按拨入资本性投资项目的种类进行明细核算。

企业收到资本性拨款时，借记“银行存款”科目，贷记“专项应付款”科目。将专项或特定用途的拨款用于工程项目，借记“在建工程”“公益性生物资产”等科目，贷记“银行存款”“应付职工薪酬”等科目。工程项目完工，形成固定资产或公益性生物资产的部分，借记“专项应付款”科目，贷记“资本公积——资本溢价”科目；对未形成固定资产需要核销的部分，借记“专项应付款”科目，贷记“在建工程”等科目；拨款结余需要返还的，借记“专项应付款”科目，贷记“银行存款”科目。

【例 10-9】 甲企业 2014 年 1 月 6 日收到市财政专项拨款 5 000 000 元，用于科学实验楼的建设。

借：银行存款　　5 000 000
　贷：专项应付款——实验楼　　5 000 000

2014 年 3 月 6 日开始建设，共消耗工程物资 3 510 000 元(含增值税)，支付职工工资 1 000 000 元，其他支出 480 000 元。

借：在建工程　　4 990 000
　贷：工程物资　　3 510 000
　　应付职工薪酬　　1 000 000
　　银行存款　　480 000

2014 年 12 月 31 日建设完工，交付使用。

借：固定资产　　4 990 000
　贷：在建工程　　4 990 000
借：专项应付款——实验楼　　4 990 000
　贷：资本公积——资本溢价　　4 990 000

2014 年 12 月 31 日，拨款结余返还。

借：专项应付款——实验楼　　10 000
　贷：银行存款　　10 000

实务训练

一、单项选择题

1. 甲企业 2014 年 7 月 1 日发行五年期面值为 100 万元的债券，该债券到期一次还本付息，票面年利率为 5%，甲企业 2014 年 12 月 31 日应付债券的账面余额为(　　)万元。

A. 100　　B. 102.5　　C. 105　　D. 125

2. 长期借款利息及外币折算差额，均应记入(　　)科目。

A.“其他业务支出”　　B.“长期借款”
C.“投资收益”　　D.“其他应付款”

3. 某股份有限公司于2014年1月1日发行3年期，每年1月1日付息、到期一次还本的公司债券，债券面值为200万元，票面年利率为5%，实际利率为6%，发行价格为194.65万元。按实际利率法确定利息费用。该债券2014年度确认的利息费用为(　　)万元。

A. 11.78　　B. 12　　C. 10　　D. 11.68

4. 企业以折价方式发行债券时，每期负担的利息费用是(　　)。

A. 按票面利率计算的应计利息加上摊销的利息调整

B. 按实际利率计算的应计利息减去摊销的利息调整

C. 按实际利率计算的应计利息

D. 按实际利率计算的应计利息加上摊销的利息调整

5. 企业生产经营期间发生的长期借款利息应记入(　　)科目。

A. "在建工程"　　B. "财务费用"　　C. "开办费"　　D. "长期待摊费用"

6. 下列项目中，不属于非流动负债的是(　　)。

A. 长期借款　　B. 应付债券　　C. 专项应付款　　D. 预收的货款

7. 长期借款分期计算和支付利息时，应通过(　　)科目核算。

A. "应付利息"　　B. "其他应付款"　　C. "长期借款"　　D. "长期应付款"

8. 某企业2014年1月1日为建造固定资产发行债券，至2014年12月31日时工程尚未完工，计提本年应付债券利息时应记入(　　)科目。

A. "固定资产"　　B. "在建工程"　　C. "管理费用"　　D. "财务费用"

9. 债券发行费用处理时，如果债券发行费用大于发行期间冻结资金所产生的利息收入，应按其差额(　　)。

A. 冲减资本公积

B. 作为发行债券的折价

C. 计入长期待摊费用

D. 根据发行债券用途计入在建工程或财务费用

10. 若公司债券溢价发行，随着溢价的摊销，按实际利率法摊销的利息调整(　　)。

A. 会逐期减少　　B. 会逐期增加

C. 与直线法摊销确认的金额相等　　D. 一定小于按直线法确认的金额

二、多项选择题

1. 在我国会计实务中，生产经营期间为购建固定资产而发生的长期借款利息费用，可能记入(　　)科目。

A. "在建工程"　　B. "财务费用"

C. "长期借款"　　D. "长期待摊费用"

2. 下列对长期借款利息费用的会计处理，正确的有(　　)。

A. 筹建期间的借款利息计入管理费用

B. 筹建期间的借款利息计入长期待摊费用

C. 日常生产经营活动的借款利息计入财务费用

D. 符合资本化条件的借款利息计入相关资产成本

3.债券的发行价格受下列哪些因素的影响(　　)。

A.债券面值　　B.债券票面利率

C.发行时市场利率　　D.债券付息方式

4.非流动负债包括(　　)。

A.应付账款　　B.应付债券　　C.长期应付款　　D.其他应付款

5.长期借款所发生的利息支出,可能借记的科目有(　　)。

A.管理费用　　B.财务费用　　C.在建工程　　D.研发支出

6."应付债券"科目的贷方反映的内容有(　　)。

A.债券发行时产生的债券溢价　　B.债券发行时产生的债券折价

C.期末计提的应付债券利息　　D.发行时债券的面值

7.债券的发行价格有(　　)。

A.溢价　　B.折价　　C.面值　　D.平均价

8.对于分期付息、一次还本的债券,应于资产负债表日按摊余成本和实际利率计算确定的债券利息,可能借记的会计科目有(　　)。

A.在建工程　　B.销售费用　　C.财务费用　　D.研发支出

9."应付债券"科目根据核算内容一般应设(　　)等明细科目。

A.面值　　B.利息调整　　C.应付利息　　D.应计利息

10.专项应付款具有的特点是(　　)。

A.国家拨入

B.专款专用

C.拨款余额可以不上交

D.不需要企业以资产或增加其他负债偿还的长期负债

三、判断题

1.对于分期付息债券,若采用实际利率法对公司折价发行的债券摊销,因为债券的账面价值逐期增加,应负担的利息费用也随之逐期增加。(　　)

2.长期借款利息费用应当在资产负债表日按照实际利率法计算确定,实际利率与合同利率差异较小的,也可以采用合同利率计算确定利息费用。(　　)

3.长期借款账户的期末余额,反映企业尚未支付的各种长期借款的本金和利息。(　　)

4.企业发生的所有借款利息都应作为"财务费用"处理。(　　)

5.企业发行债券的溢价或折价,是企业在债券存续期内对利息费用的一种调整。(　　)

6.发行长期债券的企业,在计提利息时,应借记"在建工程",贷记"应付债券—应计利息"。(　　)

7.就发行债券的企业而言,所获债券溢价收入实质是因以后多付利息而得到的补偿。(　　)

8.企业在筹建期间发生的长期借款利息,应记入"财务费用"或"在建工程"科目。(　　)

9.“长期借款”与“短期借款”科目的核算方法相同，既要核算借款本金，又要核算借款利息。（　　）

10.专项应付款同政府补助的核算一样。（　　）

四、计算及会计处理题

1.某企业2013年1月1日从银行借入资金1 000 000元，借款期限2年，年利率9%（每年付息一次，到期还本，单利计算），所借款项已存入银行。该借款用于建造生产线，于2013年1月1日一次性投入，该生产线于2013年12月31日完工投入使用。

要求：编制该企业从借款到还款的全部会计分录。

2.某企业经批准从2013年1月1日起发行三年期面值为100元的债券10 000张，发行价格确定为面值发行，债券年利率为6%，每半年计息一次，该债券所筹集资金全部用于新生产线的建设，该生产线于2014年6月底完工交付使用，债券到期后一次支付本金和利息。

要求：编制该企业从债券发行到债券到期的全部会计分录。

3.2010年12月31日，甲公司经批准发行5年期一次还本分期付息的公司债券10 000 000元，债券利息在每年12月31日支付，票面利率为年利率6%。假定债券发行时的市场利率为5%。发行价格为10 432 700元，甲公司采用实际利率法和摊余成本计算确定利息费用。

要求：编制甲公司从债券发行到债券到期的全部会计分录。

4.某企业经批准于2014年1月1日起发行两年期面值为100元的债券200 000张，债券年利率为3%，每年7月1日和1月1日付息两次，到期时归还本金和最后一次利息。该债券发行收入为1 961.92万元，债券实际利率为年利率4%。该债券所筹集资金全部用于新生产线的建设，该生产线于2014年6月底完工交付使用。采用实际利率法摊销利息调整，每年6月30日和12月31日计提利息。

要求：编制该企业从债券发行到债券到期的全部会计分录。

5.甲企业2014年1月2日收到市财政专项拨款3 000 000元，用于科学实验楼的建设。2014年3月1日开始建设，共消耗工程物资2 340 000元（含增值税），支付职工工资500 000元，其他支出160 000元。2014年12月31日建设完工，交付使用。2014年12月31日，拨款结余返还。

要求：编制甲企业相关会计分录。

项目十一

核算所有者权益业务

项目要点

所有者权益是企业的净资产。本项目主要学习实收资本、资本公积、其他综合收益、盈余公积及未分配利润的核算方法。

任务一 认识所有者权益

一、所有者权益的概念和性质

(一)所有者权益的概念

所有者权益是指企业资产扣除负债后,由所有者享有的剩余权益。

所有者权益来源于所有者投入的资本、直接计入所有者权益的利得和损失、留存收益等。直接计入所有者权益的利得和损失是指不应计入当期损益、会导致所有者权益发生增减变动的、与所有者投入资本或者向所有者分配利润无关的利得和损失。利得是由企业非日常活动所形成的、会导致所有者权益增加的、与所有者投入资本无关的经济利益的流入;损失是由企业非日常活动所发生的、会导致所有者权益减少的、与向所有者分配利润无关的经济利益的流出。

(二)所有者权益的性质

所有者权益与负债都属于权益,都表现为对企业资产的求偿权,都反映在资产负债表的右边。所有者权益与负债合计总额等于资产总额,但两者又有明显的区别,主要表现在:

1.对象不同。负债是企业对债权人负担的经济责任;所有者权益是企业对所有者负担的经济责任。

2.清偿的次序不同。债权人有优先获取企业用以清偿债务的资产的要求权;所有者权益则是所有者对剩余资产的要求权,这种要求权在顺序上置于债权人的要求权之后。

3.享受的权利不同。债权人只有获取企业用以清偿债务的资产的要求权,而没有经营决策的参与权和收益分配权;所有者则可以参与企业的经营决策及收益分配。

4.偿还的期限不同。企业的负债通常都有约定的偿还日期,企业必须定期偿还;所有者权益在企业的存续期内一般不存在偿还问题，即不存在约定的偿还日期，是企业的一项可以长期使用的资金，只有在企业清算时才予以偿还。

二、所有者权益的分类

在我国现行的会计核算中，所有者权益包括实收资本（或股本）、资本公积、其他综合收益、盈余公积和未分配利润等部分。其中盈余公积和未分配利润统称为留存收益。

任务二　核算实收资本业务

一、实收资本基本知识

实收资本是指投资人按照企业章程、合同、协议的约定，作为资本投入企业中的各种资产的价值。

在理解实收资本时，应注意三个概念：一是注册资本，二是实收资本，三是投入资本。

注册资本是企业在工商登记机关登记的投资者的出资额。我国设立企业采用注册资本制，投资者按法定注册资本额投资是企业设立的先决条件。

根据注册资本制的要求，企业会计核算中的实收资本即法定资本，应当与注册资本相一致，企业不得擅自改变注册资本数额或抽逃资金。实收资本的增减与变动超过注册资本的20%，应持资金使用证明或者验资证明向原登记机关申请变更登记。

投入资本是指投资者实际投入企业的资本数额。一般情况下，投资者的投入资本，即构成企业的实收资本，也正好等于其在登记机关的注册资本。但是，在一些特殊情况下，投资者也会因种种原因超额投入（如资本溢价），从而使得其投入资本超过企业注册资本。在这种情况下，企业进行会计核算时，不应将投入资本超过注册资本的部分作为实收资本核算，而应单独核算，计入资本公积。

投资者投入资本的形式可以有多种，可以用货币资产出资，也可以用实物、知识产权、土地使用权等可以用货币估价并可以依法转让的非货币资产作价出资；但是，法律、行政法规规定不得作为出资的财产除外。企业应当对作为出资的非货币资产评估作价，核实财产，不得高估或者低估作价。法律、行政法规对评估作价有规定的，从其规定。

投入资本一般可分为国家投入资本、法人投入资本、个人投入资本和外商投入资本四类。

在对实收资本的会计核算中，股份有限公司设置“股本”账户，其他企业设置“实收资本”账户。

二、一般企业实收资本的核算

非股份制企业对投资者投入资本的核算，应设置“实收资本”账户。“实收资本”账户属所有者权益类账户，该账户贷方反映企业实际收到的投资者交付的资本，借方反映企业按法定程序减资时所减少的注册资本数额，贷方余额为实收资本总额。“实收资本”账户应按投资者设置明细账户。

企业收到所有者投入企业的资本后，应根据有关原始凭证（如投资清单、银行通知单等），分别不同的出资方式进行会计处理。

（一）以货币资金方式投入资本的核算

企业在收到投入的货币资金时，应以实际收到的金额借记“银行存款”科目，按投资者出资享有的企业注册资本的份额，贷记“实收资本”科目，投资者出资超过其占企业注册资本份额的部分，贷记“资本公积——资本溢价”科目。

【例 11-1】 2014 年 1 月，甲公司于设立时收到国家投入的资本 2 000 万元，B 公司投入的资本 1 200 万元，全部款项存入银行。其账务处理如下：

借：银行存款　　32 000 000

　贷：实收资本——国家投资　　20 000 000

　　　　　　——B 公司　　12 000 000

（二）以实物资产方式投入资本的核算

企业接受实物资产投资时，应按投资合同或协议约定的价值确定实物资产的价值（投资合同或协议约定的价值不公允的除外）和在注册资本中应享有的份额，借记“固定资产”“原材料”等，贷记“实收资本”科目。

【例 11-2】 2014 年 1 月，A 公司于设立时收到 C 公司作为资本投入的原材料一批，协议约定价值为 20 000 元（等于公允价值），该材料计税价格为 20 000 元，C 公司提供的增值税专用发票上注明的增值税额为 3 400 元。其账务处理如下：

借：原材料　　20 000

　应交税费——应交增值税（进项税额）　　3 400

　贷：实收资本——C 公司　　23 400

【例 11-3】 2014 年 2 月，乙公司于设立时收到 D 公司作为资本投入的设备一台，合同约定设备的价值为 400 000 元（合同约定价值与公允价值一致），D 公司提供的增值税专用发票上注明的增值税额为 68 000 元。其账务处理如下：

借：固定资产　　400 000

　应交税费——应交增值税（进项税额）　　68 000

　贷：实收资本——D 公司　　468 000

（三）以无形资产方式投入资本的核算

企业收到以无形资产方式投入的资本，应按投资合同或协议约定价值确定无形资产的价值（投资合同或协议约定价值不公允的除外）和在注册资本中应享有的份额，借记“无形资产”科目，贷记“实收资本”科目。

【例 11-4】 2014 年 12 月，某企业接受 H 公司投入专利技术一项，投资各方确认价值与公允价值相等，均为 60 000 元，其账务处理如下：

借：无形资产　　60 000

　贷：实收资本——H 公司　　60 000

(四)企业资本变动的核算

企业实收资本(或股本)除下列情况外,不得随意变动:

1. 符合增资条件,并经有关部门批准增资后,登记入账。企业实收资本增加的渠道,大体有以下几种:接受追加投资,将资本公积转增资本,将盈余公积转增资本。接受追加投资的核算同前面接受投资,其他增资渠道在以后相关业务中讲述。

2. 企业按法定程序报经批准减少注册资本的,在实际减少时登记入账。企业实收资本减少的原因大体有两种:一是资本过剩;二是企业发生重大亏损而需要减少实收资本。

有限责任公司和一般企业返还投资比较简单,按返还投资数额,借记"实收资本"账户,贷记"银行存款"等账户。

三、股份有限公司股本的核算

股票的面值与股份总数的乘积为股本。对于收到的股东投资,股份有限公司应设置"股本"账户核算。公司因发行股票、可转换公司债券转换为股票、分派股票股利等原因取得股本时记入该账户贷方,按法定程序报经批准减少注册资本的公司在实际返还股款时记入该账户借方,"股本"账户贷方余额表示公司所拥有的股本总额。公司发行股票取得的收入大于股本总额,称为溢价发行;小于股本总额的,称为折价发行;等于股本总额的,称为面值发行。

股份有限公司的设立,包括发起式和募集式两种方式。发起式筹资费用低,一般只发生印刷费等少量费用,发生时可以直接记入"管理费用"科目。募集式筹资费用高,发行股票支付的手续费或佣金等相关费用,如果溢价发行的则从发行股票的溢价收入中抵扣,按扣除后余额记入"资本公积——股本溢价"账户;若溢价不足扣减或者按面值发行的,则依次冲减盈余公积和未分配利润。

【例 11-5】 甲公司委托证券公司发行股票 200 万股,每股面值 1 元,与证券公司约定按发行收入的 3%支付手续费。甲公司按面值发行股票。

借:银行存款　　1 940 000
　　盈余公积　　60 000
　贷:股本　　2 000 000

【例 11-6】 接例 11-5,如果甲公司股票发行价格为每股 1.5 元。其会计处理如下:

借:银行存款　　2 910 000
　贷:股本　　2 000 000
　　　资本公积——股本溢价　　910 000

企业有时采用发行股票股利方式增加股本,股票股利是企业用增发的股票代替现金派发给股东的股利。当企业实现净利润但现金不足时,为了满足股东的要求,通常派发股票股利。分派股票股利,一是不会使所有者权益总额发生变动,而仅仅使所有者权益各项目结构发生内部的调整;二是不需要企业拿出现金。在企业实际发放时,借记"利润分配——转作股本的股利"账户,贷记"股本"账户。

股份有限公司由于采用发行股票方式筹集股本，返还股款时，则要收购发行的股票。以实际支付的款项，借记“股本”，贷记“银行存款”。由于“股本”科目是按照股票面值登记的，收购本公司股票时，亦按面值注销股本。超出面值付出的价格，可区分不同情况处理：属面值发行的，直接冲减盈余公积、未分配利润；属溢价发行的，则首先冲减溢价收入，不足部分，依次冲减盈余公积、未分配利润。

任务三 核算资本公积业务

一、资本公积的基本知识

资本公积是指企业收到投资者的超出企业注册资本（或股本）中所占份额的投资，以及因为被投资单位除净损益、其他综合收益以及利润分配以外的所有者权益的其他变动因素引起的投资方企业应按所持股权比例计算应享有的份额等。资本公积包括资本溢价（或股本溢价）和其他资本公积等。

资本公积与实收资本虽然都属于投入资本范畴，但两者有所区别。实收资本一般是投资者投入的、为谋求投资利益，而且属于法定资本，与企业注册资本相一致，因此，实收资本无论在来源上还是资金上，都有严格限制；资本公积有特定来源，另外某些来源形成的资本公积，并不需要由原投资者投入，也并不一定需要谋求投资利益。资本公积与净利润不同。在会计中通常需要划分资本和收益的界限，收益（净利润）是企业经营活动产生的结果，可分配给股东。资本公积是企业所有者投入资本的一部分，具有资本属性，与企业净利润无关，所以不能作为净利润一部分。

资本公积由全体股东享有，资本公积转增资本时，按各个股东在实收资本中所占的投资比例计算金额，分别转增各个股东的投资金额。资本公积与盈余公积不同，盈余公积从净利润中提取，是净利润转化形式，而资本公积有其特定来源，与净利润无关。

二、资本公积核算设置的账户

“资本公积”账户为所有者权益类账户，各种原因引起资本公积增加时记入该账户贷方，资本公积减少时记入该账户借方，该账户贷方余额为企业资本公积实有数额。在“资本公积”总账户下，应设置“资本溢价（或股本溢价）”和“其他资本公积”明细账户进行明细核算。

（1）“资本公积——资本溢价（或股本溢价）”明细科目，主要核算投资者投入资本的溢（折）价、可转债、债转股形成的资本溢（折）价、发行权益性证券的佣金、手续费等、同一控制下企业合并的长期股权投资的初始投资成本与支付的现金、转让的非现金资产及所承担债务账面价值之间的差额、回购本企业股票（库存股）的相关处理。

（2）“资本公积——其他资本公积”明细科目，主要核算被投资单位除净损益、其他综合收益以及利润分配以外的所有者权益的其他变动的因素，主要包括被投资单位接受其他股东的资本性投入、被投资单位发行可分离交易的可转债中包含的权益成分、以权益结算的股份支付、其他股东对被投资单位增资导致投资方持股比例变动等。

三、资本公积的核算

(一)资本(股本)溢价的核算

1.一般企业资本溢价的核算

企业创立时,要经过筹建、试生产经营、开辟市场等过程,中间时间较长,并且这种投资具有风险性。当企业进入正常生产经营,在正常情况下,资本利润率高于创立阶段。而这种高于创立阶段的资本利润率是以创立时必要的垫支资本带来的,企业创立者付出了代价。因此,相同数量的投资,由于出资时间不同,其对企业的影响程度也不同。所以,新加入的投资者要付出大于原投资者的出资额,才能取得与原投资者相同的投资比例。另外,新加入的投资者如与原投资者共享企业经一段生产经营后获得的留存收益,也要付出大于原投资者的出资额,才能取得与原投资者相同的投资比例。投资者投入的资本中按其投资比例计算的出资额部分,应记入"实收资本"账户,大于部分记入"资本公积"账户。

【例 11-7】 甲公司由 A、B、C 三公司各出资 100 万元组建,经过三年经营,D 公司加入,此时,注册资本金增加为 400 万元,D 公司出资 180 万元,仅占公司股份的 25%。

	借	贷
借:银行存款	1 800 000	
贷:实收资本——D 公司		1 000 000
资本公积——资本溢价		800 000

2.股份有限公司股本溢价的核算

【例 11-8】 甲公司委托证券公司发行股票 200 万股,每股面值 1 元,按每股 1.2 元价格发行。与证券公司约定,按发行收入的 3%支付手续费,全部款项存入银行。

	借	贷
借:银行存款	2 328 000	
贷:股本		2 000 000
资本公积——股本溢价		328 000

其中,记入"资本公积——股本溢价"科目的金额 328 000 元是溢价 400 000 元扣除 72 000 元手续费后的余额。

(二)其他资本公积的核算

其他资本公积是指除资本溢价(或股本溢价)项目以外所形成的资本公积,如长期股权投资采用权益法核算时,被投资单位发生的净损益、其他综合收益和利润分配以外的所有者权益的其他变动而确认的资本公积,其会计处理已在本书项目五中举例介绍过,此处不再重述。

(三)资本公积转增资本(股本)的核算

企业资本公积用于转增资本,按转增资本前的实收资本结构比例,将资本公积转增资本的数额记入"实收资本"或"股本"账户下各所有者的投资明细账,相应增加各所有者对企业的投资。资本公积转增资本时,借记"资本公积"账户,贷记"实收资本"或"股本"账户。

【例 11-9】 2014 年 12 月 20 日，A 有限责任公司决定，按照投资人甲、乙、丙原出资 125 000 元、500 000 元、375 000 元的比例将资本公积 100 000 元转增资本，A 有限责任公司编制会计分录如下：

借：资本公积——资本溢价　　100 000
　贷：实收资本——甲　　12 500
　　　　　　——乙　　50 000
　　　　　　——丙　　37 500

任务四　核算其他综合收益业务

一、其他综合收益的基本知识

（一）其他综合收益的概念

其他综合收益是指企业根据规定未在当期损益中确认的各项利得和损失。

（二）其他综合收益的分类

其他综合收益根据规定分为下列两类：

1. 以后会计期间不能重分类进损益的其他综合收益，主要包括：

（1）重新计量设定受益计划净负债或净资产导致的变动。职工薪酬有设定受益计划形式离职后福利的企业，应当将重新计量设定受益计划净负债或净资产导致的变动计入其他综合收益，并且在后续会计期间不允许转回至损益。

（2）按照权益法核算的在被投资单位不能重分类进损益的其他综合收益变动中所享有的份额。投资单位取得长期股权投资后，应当按照应享有或应分担的被投资单位其他综合收益的份额，确认其他综合收益，同时调整长期股权投资的账面价值。投资单位在确定应享有或应分担的被投资单位其他综合收益的份额时，该份额的性质取决于被投资单位其他综合收益的性质，即如果被投资单位的其他综合收益属于“以后会计期间不能重分类进损益”类别，则投资单位确认的份额也属于“以后会计期间不能重分类进损益”类别。

2. 以后会计期间在满足规定条件时将重分类进损益的其他综合收益，主要包括：

（1）按照权益法核算的在被投资单位可重分类进损益的其他综合收益变动中所享有的份额。投资单位取得长期股权投资后，应当按照应享有或应分担的被投资单位其他综合收益的份额，确认其他综合收益，同时调整长期股权投资的账面价值。如果被投资单位的其他综合收益属于“以后会计期间在满足规定条件时将重分类进损益”类别，则投资单位确认的份额也属于“以后会计期间在满足规定条件时将重分类进损益”类别。

（2）可供出售金融资产公允价值变动形成的利得或损失、持有至到期投资重分类为可供出售金融资产形成的利得或损失。可供出售金融资产公允价值变动形成的利得或损失，除减值损失和外币货币性金融资产形成的汇兑差额外，应当直接计入所有者权益（其他综合收益），在该金融资产终止确认时转出，计入当期损益；将持有至到期投资重分类为可供出售金融资产的，在重分类日，该投资的账面价值与其公允价值之间的差额计入所有者权益（其他综合收益），在该可供出售金融资产发生减值或终止确认时转出，计入当期损益。

（3）现金流量套期工具产生的利得或损失中属于有效套期的部分。现金流量套期利得或损失中属于有效套期的部分，应当直接确认为所有者权益（其他综合收益）；属于无效套期的部分，应当计入当期损益。对于前者，套期保值准则规定在一定的条件下，将原直接计入所有者权益中的套期工具利得或损失转出，计入当期损益。

（4）外币财务报表折算差额。企业对境外经营的财务报表进行折算时，应当将外币财务报表折算差额在资产负债表中所有者权益项目下单独列示（其他综合收益）；企业在处置境外经营时，应当将外币报表折算差额，自所有者权益项目转入当期损益。

（5）其他项目。比如自用房地产或作为存货的房地产转换为以公允价值模式计量的投资性房地产，在转换日公允价值大于账面价值的部分计入其他综合收益；待该投资性房地产处置时，将该部分转入当期损益等。

二、其他综合收益的核算

（一）其他综合收益核算应设置的账户

“其他综合收益”账户为所有者权益类账户，各种原因引起其他综合收益增加时记入该账户贷方，减少时记入该账户借方，该账户贷方余额为企业其他综合收益的实有数额。在“其他综合收益”总账户下，可以设置“设定受益计划净负债或净资产重新计量”“权益法下在被投资单位以后将重分类进损益的其他综合收益变动中所享有的份额”“可供出售金融资产公允价值变动”“持有至到期投资重分类为可供出售金融资产”等明细账户进行明细核算。

（二）其他综合收益的会计处理

对于以后会计期间不能重分类进损益的其他综合收益，在发生时记入“其他综合收益”科目，并且在后续会计期间不允许转回至损益类科目。

【例 11-10】 假定甲公司在 2014 年 1 月 1 日设立了一项设定受益计划，该计划开始实施后，职工提供服务的第 3 年年末重新计量该设定受益计划的净负债。甲公司发现，由于预期寿命等精算假设和经验调整导致该设定受益计划义务的现值增加，形成精算损失 15 万元。

借：其他综合收益——设定受益计划净负债或净资产重新计量——精算损失
　　　150 000

　贷：应付职工薪酬——设定受益计划义务　　150 000

对于以后会计期间在满足规定条件时将重分类进损益的其他综合收益，在发生时记入“其他综合收益”科目，并且在以后会计期间满足条件时转回至损益类科目。其会计处理已在本书项目三和项目五中举例介绍过，此处不再重述。

任务五 核算留存收益业务

一、留存收益基本知识

留存收益是指企业从历年实现的净利润中提取或留存于企业的内部积累，它来源于企业的生产经营活动所实现的净利润。留存收益包括盈余公积和未分配利润两部分。

(一)盈余公积的组成及用途

盈余公积是指企业按照规定从净利润中提取的各种积累资金。

1. 盈余公积的组成

企业的盈余公积分为两类：一是法定盈余公积。公司制企业的法定盈余公积按照税后利润的10%提取(非公司制企业也可按照超过10%的比例提取)，法定盈余公积累计已达到注册资本的50%时可以不再提取。二是任意盈余公积。任意盈余公积主要是公司制企业按照股东大会的决议提取。法定盈余公积与任意盈余公积的主要区别在于其各自提取的依据不同。前者以国家的法律或行政法规为依据提取，后者则由企业自行决定提取。

2. 盈余公积的用途

企业提取的盈余公积主要可以用于以下几个方面：

(1)用于弥补亏损。企业弥补亏损的渠道主要有三条：一是用以后年度税前利润弥补。按照现行会计准则规定，企业发生亏损时，可以用以后连续5年内实现的税前利润弥补，即税前利润弥补亏损的期间为五年。二是用以后年度税后利润弥补。企业发生的亏损经过五年期间未弥补完的，尚未弥补的亏损用税后利润弥补。三是用盈余公积弥补亏损。企业以盈余公积弥补亏损，应由公司董事会提议，经股东大会批准。

(2)转增资本。企业以盈余公积转增资本，必须经股东大会决议批准。在实际以盈余公积转增资本时，要按照股东原持股比例结转。盈余公积转增资本时，转增后的盈余公积数额不得少于注册资本的25%。

(3)分派股利。以盈余公积分派股利，这种情况不常见。主要是企业在累计盈余公积比较多、未分配利润比较少的情况下，为维持其信誉，给投资者以合理的回报而进行的一种行为。

(二)未分配利润的形成及用途

未分配利润是企业留待以后年度进行分配的结存利润，是企业所有者权益的一部分。相对于所有者权益的其他部分来说，企业对于未分配利润的使用有较大的自主权。从数量上讲，未分配利润是期初未分配利润，加上本期实现的净利润，减去提取的各种盈余公积和分配利润后的余额。

未分配利润有两层含义：一是留待以后年度处理的利润；二是未指定特定用途的利润。

二、盈余公积的核算

为反映盈余公积的提取和使用等增减变动情况，应设置“盈余公积”账户。“盈余公积”账户为所有者权益类账户，企业提取盈余公积时，记入该账户贷方，使用盈余公积时记入该账户的借方，贷方余额为企业盈余公积的实有数额。在“盈余公积”账户下应设置“法定盈余公积”和“任意盈余公积”等明细账户。

(一)提取盈余公积的会计处理

提取盈余公积时，借记“利润分配——提取法定盈余公积(提取任意盈余公积)”科目，贷记“盈余公积——法定盈余公积(任意盈余公积)”科目。

【例 11-11】 甲公司本年度净利润 4 000 000 元(以前年度无未弥补的亏损)，按净利润的 10%提取法定盈余公积，10%提取任意盈余公积。

借：利润分配——提取法定盈余公积　　400 000
　　　　　　——提取任意盈余公积　　400 000
　贷：盈余公积——法定盈余公积　　　　400 000
　　　　　　　——任意盈余公积　　　　400 000

(二)盈余公积使用或减少的会计处理

1. 盈余公积补亏会计处理

企业用盈余公积弥补亏损，应按当期弥补亏损的数额，借记“盈余公积”科目，贷记“利润分配——盈余公积补亏”科目。

【例 11-12】 甲公司经股东大会批准，用盈余公积弥补当前亏损 300 000 元。

借：盈余公积　　300 000
　贷：利润分配——盈余公积补亏　　300 000

2. 盈余公积转增资本会计处理

根据公司法规定，盈余公积转增资本时，以留存的盈余公积不得少于注册资本的 25%为限。企业用盈余公积转增资本，应按批准的转增资本数额，借记“盈余公积”科目，贷记“实收资本”或“股本”科目。

【例 11-13】 甲股份有限公司经股东会批准，在本期将盈余公积 2 000 000 元转增资本。

借：盈余公积　　2 000 000
　贷：股本　　2 000 000

3. 盈余公积分配现金股利或利润会计处理

企业经股东大会或类似机构决议，用盈余公积分配现金股利或利润，应借记“盈余公积”科目，贷记“应付股利”科目。

三、未分配利润的核算

未分配利润是对企业累计可供分配的利润进行分配的结果，它通过“利润分配——未分配利润”账户核算。

年度终了，企业应将全年实现的盈亏，自“本年利润”账户转入“利润分配——未分配利润”账户。如果企业当年实现盈利，借记“本年利润”账户，贷记“利润分配——未分配利润”账户；如果企业亏损，借记“利润分配——未分配利润”账户，贷记“本年利润”账户。

然后将“利润分配”账户下的其他有关明细账户的余额，转入“未分配利润”明细账户。结转后，“未分配利润”明细账户的贷方余额，就是累计未分配的利润数额。如出现借方余额，则表示累计未弥补的亏损数额。

【例 11-14】 甲公司假设年初未分配利润为 0，结转本年实现净利润 300 万元，结转本年提取的法定盈余公积 30 万元，应支付现金股利 80 万元。

借：本年利润　　3 000 000

　贷：利润分配——未分配利润　　3 000 000

借：利润分配——提取法定盈余公积　　300 000

　贷：盈余公积——法定盈余公积　　300 000

借：利润分配——应付现金股利　　800 000

　贷：应付股利　　800 000

借：利润分配——未分配利润　　1 100 000

　贷：利润分配——提取法定盈余公积　　300 000

　　　　　　——应付现金股利　　800 000

根据上述会计分录进行会计处理的结果，“利润分配——未分配利润”科目的贷方余额为 3 000 000－1 100 000＝1 900 000 元。

实务训练

一、单项选择题

1.（　　）是由企业非日常活动所形成的、会导致所有者权益增加的、与所有者投入资本无关的经济利益的流入。

A. 收入　　B. 利润　　C. 利得　　D. 营业外收入

2. 当企业接受投资人的投资时，对于投资人的出资超过其占企业注册资本份额的部分应通过（　　）账户核算。

A.“实收资本”　　B.“资本公积”　　C.“股本”　　D.“盈余公积”

3. 当股份有限公司采用发起方式设立时，发生的筹资费用可以直接通过（　　）账户核算。

A.“管理费用”　　B.“财务费用”　　C.“资本公积”　　D.“股本”

4. 盈余公积是企业从（　　）中提取的公积金。

A. 税后净利润　　B. 营业利润　　C. 利润总额　　D. 税前利润

5. 实收资本的增减与变动超过注册资本的（　　）时，应持资金使用证明或者验资证明向原登记机关申请变更登记。

A. 10%　　B. 15%　　C. 20%　　D. 30%

6. 当法定盈余公积达到注册资本的(　　)时，可以不再提取。

A. 10%　　B. 20%　　C. 50%　　D. 30%

7. 用盈余公积弥补亏损时，应借记"盈余公积"科目，贷记(　　)科目。

A. "利润分配——未分配利润"　　B. "利润分配——提取盈余公积"

C. "本年利润"　　D. "利润分配——盈余公积补亏"

8. 股份有限公司为核算投资者投入的资本应当设置(　　)科目。

A. "实收资本"　　B. "股东权益"　　C. "股本"　　D. "所有者权益"

9. 企业溢价发行股票，实收款项超过股票面值的部分，应记入(　　)科目。

A. "主营业务收入"　　B. "资本公积"

C. "盈余公积"　　D. "财务费用"

10. 企业用盈余公积转增资本时，转增后留存的盈余公积的数额不得少于转增前注册资本(　　)。

A. 20%　　B. 15%　　C. 25%　　D. 50%

二、多项选择题

1. 所有者权益与负债的区别表现在(　　)等方面。

A. 对象不同　　B. 清偿的次序不同

C. 享受的权利不同　　D. 偿还的期限不同

2. 实收资本减少的原因主要有(　　)。

A. 投资者收回投资　　B. 资本过剩

C. 企业发生重大亏损而需要减少资本　D. 转增资本公积

3. 面值发行的股票在收购时，支付的超过面值的部分直接冲减(　　)。

A. 盈余公积　　B. 溢价收入　　C. 未分配利润　　D. 资本公积

4. 资本公积包括的内容有(　　)。

A. 资本溢价　　B. 股本溢价

C. 直接计入所有者权益的利得和损失　D. 收到的原始投资额

5. 法定盈余公积按税后利润的(　　)提取，超过资本金总额的(　　)时可不再提取。

A. 10%　　B. 15%　　C. 30%　　D. 50%

6. 企业接受投资者作为资本投入的资产，可以是(　　)。

A. 货币资金　　B. 固定资产　　C. 土地使用权　　D. 原材料

7. 下列不会引起所有者权益总额发生变化的事项有(　　)。

A. 提取盈余公积　　B. 用盈余公积弥补亏损

C. 发放现金股利　　D. 资本公积转增资本

8. 盈余公积可用于(　　)。

A. 弥补亏损　　B. 分派现金股利

C. 转增资本或股本　　D. 职工福利

9. 能够用于转增资本的所有者权益是(　　)。

A. 实收资本　　B. 资本公积

C. 盈余公积　　D. 未分配利润

10. 留存收益包括(　　)。

A. 实收资本　　B. 盈余公积　　C. 未分配利润　　D. 资本公积

三、判断题

1. 所有者权益是指企业净资产扣除负债后,由所有者享有的剩余权益。(　　)

2. 实收资本的增减与变动超过注册资本的20%,应持资金使用证明或者验资证明向原登记机关申请变更登记。(　　)

3. 实收资本的核算,所有单位都应通过“实收资本”账户核算。(　　)

4. 企业的实收资本或股本一般不得随意变动。(　　)

5. 股份有限公司发行股票时支付的筹资费用一律作为财务费用处理。(　　)

6. 企业提取的盈余公积可以转增资本,但是转增后的余额不得少于转增前注册资本的25%。(　　)

7. 所有者权益的风险要大于债权人权益。(　　)

8. 债权人对企业资产的求偿权优先于所有者的求偿权。(　　)

9. 任何情况下,企业的注册资本必须与实有资本相一致。(　　)

10. 企业提取的法定盈余公积达到注册资本的50%时,还要继续提取盈余公积。(　　)

11. 资本公积不能转增资本 。(　　)

12. 盈余公积不能用于分配现金股利。(　　)

13. 企业资产增加时,企业所有者权益必然会增加。(　　)

14. 用法定盈余公积转增资本或弥补亏损时,均不导致所有者权益总额的变化。(　　)

15. 收入能够导致企业所有者权益增加,但导致所有者权益增加的不一定都是收入。(　　)

四、计算及会计处理题

1. 某有限责任公司发生以下经济业务:

(1)2012年,由A、B、C三个公司组建而成,注册资本300 000元:A公司投入100 000元货币资金,B公司投入60 000元一生产线和40 000元一栋厂房,C公司投入100 000元一项专利技术。

(2)三年后,该公司留存收益420 000元。经股东会决定,吸收D公司加入,经协商D公司出资100 000元货币资金,占该公司20%的股份。

要求:根据以上资料编制相关会计分录。

2. 2014年1月某公司委托证券公司发行股票7 000 000股,每股面值1元,支付发行收入3%的手续费,按每股4元发行。

要求:根据以上资料编制会计分录。

3. 某股份有限公司委托证券公司发行股票100万股,每股面值1元,按每股1.2元的价格发行。与证券公司约定,按发行收入的3%支付手续费,款项存入银行。

要求:根据以上资料编制会计分录。

4. 某公司经批准,将资本公积100 000元,盈余公积200 000元转增资本。

要求：根据以上资料编制会计分录。

5.2014年12月28日，经公司董事会决定，并经股东大会同意，用盈余公积28万元弥补以前年度的亏损。

要求：根据以上资料编制会计分录。

6.某公司所得税税率为25%，2014年初“利润分配——未分配利润”贷方余额为120 000元，假设发生以下业务：

(1)本年实现税前利润400 000元。

(2)年终，按净利润的10%、20%的比例提取法定盈余公积、向投资人分配现金股利。

要求：计算所得税、净利润和年终未分配利润的数额；编制结转所得税、结转净利润和年终有关利润分配的会计分录。

7.某公司所得税税率为25%，2014年初“利润分配——未分配利润”借方余额为120 000元，已用连续五年的税前利润进行过弥补，假设发生以下业务：

(1)本年实现税前利润400 000元。

(2)年终，按净利润的10%、20%的比例提取法定盈余公积、向投资人分配现金股利。

要求：计算所得税、净利润和年终未分配利润的数额；编制结转所得税、结转净利润和年终有关利润分配的会计分录。

项目十二

核算收入业务

项目要点

在市场经济条件下，收入作为影响利润指标的重要因素，越来越受到企业和投资者等众多信息使用者的重视。本项目主要学习销售商品收入、提供劳务收入及让渡资产使用权收入的核算。

任务一 认识收入

一、收入的概念

收入是指企业在日常活动中所形成的、会导致所有者权益增加的、与所有者投入资本无关的经济利益的总流入。收入不包括为第三方或客户代收的款项，如增值税、代收的款项等。收入的特征在项目一中已阐述，在此不再赘述。

二、收入的分类

根据不同的标准可以对收入进行不同的分类。

(一)按企业从事日常活动的性质分类

按企业从事日常活动的性质不同，收入可以分为销售商品的收入、提供劳务的收入和让渡资产使用权的收入等。

销售商品收入主要指企业通过销售商品实现的收入。商品包括企业为销售而生产的产品和为转售而购进的商品，如工业企业生产的产品、商业企业购进的商品等，企业销售的其他存货，如原材料、包装物等，也视同企业的商品。

提供劳务收入是指企业通过提供劳务实现的收入。主要有企业提供旅游、运输、饮食、广告、理发、照相、洗染、咨询、代理、培训、产品安装等劳务所获取的收入。

让渡资产使用权收入是指企业通过让渡资产使用权所取得的收入，包括利息收入和使用费收入等。利息收入，主要是指金融企业对外贷款形成的利息收入，以及同业之间发生往来形成的利息收入等。使用费收入主要指让渡专利权、商标权、专营权、版权、计算机软件等无形资产的使用权而收取的使用费收入。企业对外出租资产收取的租金、进行债权投资收取的利息、进行股权投资取得的现金股利，也构成让渡资产使用权收入。

(二)按企业经营业务的主次分类

按企业经营业务的主次不同，收入可分为主营业务收入和其他业务收入。

主营业务收入是指企业为完成经营目标所从事的经营性活动所实现的收入，一般占企业收入的比重较大，对企业的经济效益产生较大的影响。比如，工业企业的主营业务收入主要包括销售产品、自制半成品、代制品、代修品、提供工业性劳务等取得的收入；商业企业的主营业务收入主要包括销售商品实现的收入；咨询公司的主营业务收入主要包括提供咨询服务实现的收入。

其他业务收入是指企业为完成其经营目标所从事的与经营性活动相关的活动实现的收入。其他业务收入属于企业日常活动中次要交易实现的收入，一般占企业总收入的比重较小。如固定资产经营出租收入、无形资产出租收入(即转让无形资产的使用权取得的使用费收入)、销售材料取得的收入、出租包装物收入等。

任务二　核算销售商品收入业务

一、销售商品收入的确认与计量

(一)销售商品收入的确认

企业会计准则规定，销售商品收入同时满足下列条件的，才能予以确认：

1.企业已将商品所有权上的主要风险和报酬转移给购货方。

企业已将商品所有权上的主要风险和报酬转移给购货方，是确认销售商品收入的重要条件。与商品所有权有关的风险，是指商品可能发生减值或毁损等形成的损失；与商品所有权有关的报酬，是指商品价值增值或通过使用商品等形成的经济利益。

判断企业是否已将商品所有权上的主要风险和报酬转移给购货方，应当关注交易的实质，并结合所有权凭证的转移和实物的交付进行判断。通常情况下，转移商品所有权凭证并交付实物后，商品所有权上的主要风险和报酬随之转移，如大多数零售商品。某些情况下，转移商品所有权凭证但未交付实物，商品所有权上的主要风险和报酬随之转移，企业只保留了次要风险和报酬，如交款提货方式销售商品。有时，已交付实物但未转移商品所有权凭证，商品所有权上的主要风险和报酬并未随之转移，如采用收取手续费方式委托代销的商品。

2.企业既没有保留通常与所有权相联系的继续管理权，也没有对已售出的商品实施有效控制。

通常情况下，企业出售商品后不再保留与商品所有权相联系的继续管理权，也不再对售出商品实施有效控制，商品所有权上的主要风险和报酬已经转移给购货方，通常应在发出商品时确认收入。如果企业在商品销售后保留了与商品所有权相联系的继续管理权，或能够继续对其实施有效控制，说明商品所有权上的主要风险和报酬没有转移，销售交易不能成立，不应确认收入，如售后租回。

3.收入的金额能够可靠地计量。

收入的金额能够可靠地计量，是指收入的金额能够合理地估计。收入金额能否合理地估计是确认收入的基本前提，如果收入的金额不能够合理估计就无法确认收入。企业在销售商品时，商品销售价格通常已经确定。但是，由于销售商品过程中某些不确定因素的影响，也有可能存在商品销售价格发生变动的情况。在这种情况下，新的商品销售价格未确定前通常不应确认销售商品收入。

4.相关经济利益很可能流入企业。

相关经济利益很可能流入企业，是指销售商品价款收回的可能性大于不能收回的可能性，即销售商品价款收回的可能性超过50%。企业在确定销售商品价款收回的可能性时，应当结合以前和买方交往的直接经验、政府有关政策、其他方面取得的信息等因素进行分析。企业销售的商品符合合同或协议要求，已将发票账单交付买方，买方承诺付款，通常表明满足本确认条件(相关经济利益很可能流入企业)。如果企业根据以前与买方交往的直接经验判断买方信誉较差，或销售时得知买方在另一项交易中发生了巨额亏损，资金周转十分困难；或在出口商品时不能肯定进口企业所在国政府是否允许将款项汇出等，就可能会出现与销售商品相关的经济利益不能流入企业的情况，不应确认收入。如果企业判断销售商品收入满足确认条件确认了一笔应收债权，以后由于购货方资金周转困难无法收回该债权时，不应调整原确认的收入，而应对该债权计提坏账准备、确认坏账损失。

5.相关的已发生的或将发生的成本能够可靠计量。

相关的已发生或将发生的成本能够可靠地计量，是指与销售商品有关的已发生或将发生的成本能够合理地估计。

根据收入和费用配比原则，销售商品收入满足其他确认条件时，相关的已发生或将发生的成本通常能够合理地估计，如库存商品的成本。如果与销售商品相关的已发生或将发生的成本不能够合理地估计，此时企业不应确认收入，若已收到价款，应将已收到的价款确认为负债。

(二)销售商品收入的计量

企业应当按照从购货方已收或应收的合同或协议价款确定销售商品收入金额，但已收或应收的合同或协议价款不公允的除外。

合同或协议价款的收取采用递延方式，实际上具有融资性的，应当按照应收的合同或协议价款的公允价值确定销售商品收入金额。应收的合同或协议价款与其公允价值之间的差额，应当在合同或协议期间内采用实际利率法进行摊销，计入当期损益。

二、销售商品收入核算应设置的账户

为总括地反映主营业务收入的实现情况，企业应设置以下账户：

“主营业务收入”账户，该账户核算企业销售商品和提供劳务发生的收入，企业发生的销货退回、销售折让都作为冲减销售商品收入处理。该账户的贷方登记出售商品、自制半成品、提供劳务等取得的收入，借方登记发生销货退回、销售折让时冲减的主营业务收入以及期末结转入“本年利润”账户的主营业务收入，结转后该账户应无余额。该账户应按商品或劳务种类设置明细分类账，进行明细分类核算。

“主营业务成本”账户，用来核算企业销售商品、提供劳务等日常活动中的主要业务交易所发生的实际成本。该账户的借方登记本期结转的销售商品、提供劳务的实际成本，贷方反映期末结转入“本年利润”账户的成本以及因销售退回而冲减的主营业务成本，结转后该账户应无余额。

“其他业务收入”账户，核算企业除主营业务以外的其他销售或其他业务取得的收入，如材料销售、代购代销、包装物出租等业务的收入。企业实现的其他业务收入，按实际价款，借记“库存现金”“银行存款”“应收账款”“应收票据”等账户，按实现的营业收入，贷记“其他业务收入”，按专用发票上注明的增值税额，贷记“应交税费——应交增值税(销项税额)”账户。月末将“其他业务收入”账户的余额转入“本年利润”账户，结转后无余额。该账户应按其他业务的种类设置明细账，进行明细分类核算。

“其他业务成本”账户，核算企业除主营业务以外的其他销售或其他业务所发生的支出，包括销售成本、提供劳务而发生的相关成本、费用及缴纳的税金等。企业发生的其他业务成本，借记“其他业务成本”账户，贷记“原材料”“包装物”“应付职工薪酬”“应交税费”“银行存款”“其他应付款”等有关账户。期末应将本账户的余额转入“本年利润”账户，结转后本账户无余额。本账户应按其他业务的种类设置明细账，进行明细分类核算。

三、销售商品收入的核算

(一)一般商品销售业务的会计处理

在进行销售商品的会计处理时，首先要考虑销售商品收入是否符合收入确认条件，符合所规定的五个确认条件的，企业应及时确认收入，并结转相关成本。

1. 销售商品收入应在收入确认时，按确定的收入金额与应收取的增值税额借记“银行存款”“应收账款”“应收票据”等账户，按确定的收入金额贷记“主营业务收入”账户，按应收取的增值税额，贷记“应交税费——应交增值税(销项税额)”账户。

2. 企业销售商品、提供劳务，通常在月份终了，编制“商品发出汇总表”，汇总结转已销商品、已提供劳务的实际成本，按结转的实际成本，借记“主营业务成本”账户，贷记“库存商品”“发出商品”等账户。采用分期收款销售商品的，应按销售收入与全部销售收入的比率，计算确定本期应结转的销售成本。

【例 12-1】 甲企业于10月5日发给长虹机器厂A产品1 000件，增值税专用发票注明货款500 000元，增值税款85 000元，代垫运杂费10 000元，该项收入符合销售收入确认的五个条件，已向银行办妥托收手续。月末结转该批产品的成本400 000元。应做如下会计分录：

(1)借：应收账款——长虹机器厂　595 000
　　贷：银行存款　10 000
　　　　主营业务收入　500 000
　　　　应交税费——应交增值税(销项税额)　85 000

(2)借：主营业务成本　400 000
　　贷：库存商品　400 000

(二)已经发出但不符合销售商品收入确认条件的商品的会计处理

如果企业售出的商品不符合销售收入确认的五项条件中的任何一条,均不应确认收入。对于在一般销售方式下,已经发出但尚未确认销售收入的商品成本应通过“发出商品”账户核算。“发出商品”账户是一个资产类账户,专门用于核算一般销售方式下,已经发出但尚未确认销售收入的商品成本。对尚未确认收入的发出商品,在发出时记入该账户的借方,待确认收入后,按已实现收入的商品实际成本记入该账户的贷方,其余额表示尚未确认收入的发出商品实际成本。

【例 12-2】 甲企业于 2014 年 6 月 5 日发给长虹机器厂的 1 000 件 B 产品,其成本为 350 000 元,增值税专用发票注明货款 500 000 元,增值税款 85 000 元,已向银行办妥托收手续。在发出商品并办妥托收手续后得知,该厂在另一笔交易中发生巨额损失,资金周转十分困难,经与购货方交涉,确定此项收入本月收回的可能性不大,决定不确认收入。则甲企业应做如下会计处理:

(1)将已发出商品成本转入“发出商品”科目

借:发出商品　　350 000

　贷:库存商品——B 产品　　350 000

(2)将增值税发票上注明的增值税额转入应收账款

借:应收账款——长虹机器厂　　85 000

　贷:应交税费——应交增值税(销项税额)　　85 000

(3)2014 年 11 月 2 日甲企业得知长虹机器厂经营和财务状况已经好转,长虹机器厂也承诺付款。此时,甲企业应确认该项收入,做如下会计分录:

借:应收账款——长虹机器厂　　500 000

　贷:主营业务收入　　500 000

同时结转成本:

借:主营业务成本　　350 000

　贷:发出商品　　350 000

假定甲企业于 2014 年 11 月 6 日收到长虹机器厂支付的货款,应做如下会计分录:

借:银行存款　　585 000

　贷:应收账款　　585 000

(三)商业折扣、现金折扣的会计处理

参见本书项目三中的任务四“应收款项业务的核算”。

(四)销售折让、销售退回的会计处理

1. 销售折让的会计处理

销售折让是指企业因售出商品的质量不合格等原因而在售价上给予的减让。如果发生销售折让时,企业尚未确认销售商品收入,则应直接按扣除折让后的金额确认销售商品收入。企业发生销售折让时,已经确认销售收入且不属于资产负债表日后事项的,应在实际发生时冲减发生当期的销售商品收入,按规定允许扣减当期销项税额的,应同时用红字冲减“应交税费——应交增值税(销项税额)”账户。

【例 12-3】 2014 年 6 月,A 企业上月销售给 B 公司的一批商品,因质量有问题,经双

方协商同意给予30 000元折让。该批商品的销售收入，已于上月确认入账，但货款尚未收到。根据有关凭证，A企业应做如下会计分录：

借：主营业务收入——销售折让　　30 000
　贷：应收账款——B公司　　35 100
　　应交税费——应交增值税（销项税额）　　5 100（红色金额）

2. 销售退回的会计处理

销售退回是指企业售出的商品由于质量、品种等不符合合同规定的要求等原因而发生的退货。销售退回应分别以下不同情况进行会计处理：

(1)尚未确认销售商品收入的售出商品发生销售退回时，只需要将已记入“发出商品”账户的商品成本转回“库存商品”账户即可，借记“库存商品”账户，贷记“发出商品”账户。

(2)企业已经确认销售商品收入的售出商品发生销售退回时，除属于资产负债表日后事项外，一般应在发生时冲减退回当月的销售商品收入，同时冲减退回当月的销售商品成本。借记“主营业务收入”账户，贷记“银行存款”“应收账款”“应付账款”等账户，按增值税发票上注明的应冲减的增值税用红字贷记“应交税费——应交增值税（销项税额）”账户。同时应借记“库存商品”账户，贷记“主营业务成本”账户。

(3)已确认销售商品收入的售出商品发生的销售退回，属于资产负债表日后事项的，应当按照有关资产负债表日后事项的相关规定进行会计处理。

【例12-4】　甲企业2014年12月5日收到上月发给乙企业的不合格A产品50件，货款20 000元，增值税3 400元，乙企业已于上月付款，该商品因出现严重质量问题本月被退回。甲企业同意并办妥了有关手续，所收货款以银行存款退回，A产品的单位成本为250元，上月已结转，甲企业应做如下会计分录：

借：主营业务收入　　20 000
　贷：应交税费——应交增值税（销项税额）　　3 400（红色金额）
　　银行存款　　23 400
借：库存商品——A产品　　12 500
　贷：主营业务成本　　12 500

（五）采用预收款方式销售商品的会计处理

预收款方式销售下，销售方直到收到最后一笔款项才将商品交付购货方，表明商品所有权上的主要风险和报酬只有在收到最后一笔款项时才转移给购货方，企业通常应在发出商品时确认收入，在此之前预收的货款应确认为预收账款。

【例12-5】　甲公司与乙公司签订协议，采用预收款方式向乙公司销售一批商品。2014年5月10日，甲公司收到乙公司预付的货款550 000元，存入银行。2014年6月20日，甲公司向乙公司发出该批商品，该批商品销售价格为500 000元，增值税额为85 000元；该批商品实际成本为400 000元。协议约定，不足的货款于2个月后支付。甲公司的会计处理如下：

(1)5月10日收到货款时

借：银行存款　　550 000
　贷：预收账款　　550 000

(2)6 月 20 日发出商品时

借:预收账款 585 000

　贷:主营业务收入 500 000

　　应交税费——应交增值税(销项税额) 85 000

(3)6 月末结转该批商品成本时

借:主营业务成本 400 000

　贷:库存商品 400 000

(4)2 个月后收到乙公司补付的货款时

借:银行存款 35 000

　贷:预收账款 35 000

(六)采用递延方式分期收款销售商品的会计处理

企业销售商品,有时会采取分期收款的方式,如分期收款发出商品,即商品已经交付,货款分期收回。如果延期收取的货款具有融资性质,其实质是企业向购货方提供信贷时,企业应当按照应收的合同或协议价款的公允价值确定收入金额。应收的合同或协议价款的公允价值,通常应当按照其未来现金流量现值或商品现销价格计算确定。

应收的合同或协议价款与其公允价值之间的差额,应当在合同或协议期间内,按照应收款项的摊余成本和实际利率计算确定的金额进行摊销,作为财务费用的抵减处理。

对于采用递延方式分期收款、具有融资性质的销售商品满足收入确认条件的,企业按应收合同或协议价款,借记“长期应收款”科目,按应收合同或协议价款的公允价值(折现值),贷记“主营业务收入”科目,按其差额,贷记“未实现融资收益”科目。

【例 12-6】 2010 年 1 月 1 日,A 公司采用分期收款方式向 B 公司销售一批产品,合同约定的销售价格为 1 000 000 元,分 5 次于每年的 12 月 31 日等额收取。该批产品的成本为 780 000 元。在现销方式下,该批产品的销售价格为 800 000 元。假定 A 公司 2010 年 1 月 1 日发出商品时开出增值税专用发票,注明的增值税额为 170 000 元,并于当天收到 B 公司支付的增值税额 170 000 元,存入银行。

本例中,A 公司应当确认的销售产品收入金额为 800 000 元;计算得出的现值为 800 000 元、年金为 200 000 元、期数为 5 年的折现率为 7.93%;每期计入财务费用的金额如表 12-1 所示。

表 12-1 财务费用和已收本金计算表 单位:元

日　期	未收本金 ①=上期①-上期④	财务费用 ②=①×7.93%	收现总额 ③=200 000	已收本金 ④=③-②
2010 年 1 月 1 日	800 000			
2010 年 12 月 31 日	800 000	63 440	200 000	136 560
2011 年 12 月 31 日	663 440	52 611	200 000	147 389
2012 年 12 月 31 日	516 051	40 923	200 000	159 077
2013 年 12 月 31 日	356 974	28 308	200 000	171 692
2014 年 12 月 31 日	185 282	14 718	200 000	185 282
总额		200 000	800 000	1 000 000

A 公司各期的账务处理如下：

(1)2010 年 1 月 1 日实现销售

	借方	贷方
借:长期应收款	1 000 000	
银行存款	170 000	
贷:主营业务收入		800 000
未实现融资收益		200 000
应交税费——应交增值税		170 000
借:主营业务成本	780 000	
贷:库存商品		780 000

(2)2010 年 12 月 31 日收取货款

	借方	贷方
借:银行存款	200 000	
贷:长期应收款		200 000
借:未实现融资收益	63 440	
贷:财务费用		63 440

(3)2011 年 12 月 31 日收取货款

	借方	贷方
借:银行存款	200 000	
贷:长期应收款		200 000
借:未实现融资收益	52 611	
贷:财务费用		52 611

(4)2012 年 12 月 31 日收取货款

	借方	贷方
借:银行存款	200 000	
贷:长期应收款		200 000
借:未实现融资收益	40 923	
贷:财务费用		40 923

(5)2013 年 12 月 31 日收取货款

	借方	贷方
借:银行存款	200 000	
贷:长期应收款		200 000
借:未实现融资收益	28 308	
贷:财务费用		28 308

(6)2014 年 12 月 31 日收取货款

	借方	贷方
借:银行存款	200 000	
贷:长期应收款		200 000
借:未实现融资收益	14 718	
贷:财务费用		14 718

(七)商品代销业务的会计处理

委托其他单位代销商品的企业应设置“发出商品”账户。代销通常有视同买断和收取手续费两种方式。

1.视同买断方式商品代销业务的会计处理

视同买断方式，即由委托方和受托方签订协议，委托方按协议价收取所代销商品的货款，实际售价可由受托方自行确定，实际售价与协议价之间的差额归受托方所有的销售方式。在这种销售方式下，由于委托方将商品交付给受托方时，商品所有权上的风险和报酬并未转移给受托方，因此，委托方在交付商品时不确认收入，受托方也不做购进商品处理。

受托方将商品售出后，应按实际售价确认销售收入，并向委托方开具代销清单。委托方收到代销清单时，再确认本企业的销售收入。

企业委托其他单位代销商品，在发出代销商品时不确认收入的实现，应按发出商品的实际成本，借记"发出商品"账户，贷记"库存商品"账户；在收到代销单位的代销清单时确认收入，并按协议价和按规定计算的增值税，借记"应收账款"账户，按协议价贷记"主营业务收入"账户，按增值税额贷记"应交税费——应交增值税(销项税额)"账户；同时按代销商品的实际成本，借记"主营业务成本"账户，贷记"发出商品"账户。

【例 12-7】 甲企业委托乙企业代销 A 商品 400 件，双方签订的代销协议确定的协议价为 1 170 元(含 17%的增值税)，单位成本 680 元，于 7 月 20 日发出 A 商品。次月 20 日收到乙企业转来的代销清单上表明售出 400 件，甲企业开具增值税专用发票，注明售价 400 000 元，增值税 68 000 元。乙企业实际销售时开具增值税专用发票，注明售价 500 000 元，增值税 85 000 元。次月 25 日，甲企业收到乙企业按合同协议价支付的款项468 000 元。

(1)甲企业应做如下会计分录：

①发出代销商品时

借：发出商品——A 商品(乙企业)　　272 000

　贷：库存商品——A 商品　　272 000

②次月 20 日收到代销清单时

借：应收账款——乙企业　　468 000

　贷：主营业务收入　　400 000

　　　应交税费——应交增值税(销项税额)　　68 000

借：主营业务成本　　272 000

　贷：发出商品——A 商品(乙企业)　　272 000

③收到乙企业汇来的货款时

借：银行存款　　468 000

　贷：应收账款——乙企业　　468 000

(2)乙企业应做如下会计分录：

①收到发来的 A 商品时

借：受托代销商品——A 商品(甲企业)　　400 000

　贷：受托代销商品款　　400 000

②实际销售 A 商品时

借：银行存款　　585 000

　贷：主营业务收入　　500 000

应交税费——应交增值税(销项税额)　　85 000

借:主营业务成本　　400 000

贷:受托代销商品——A 商品(甲企业)　　400 000

借:受托代销商品款——甲企业　　400 000

应交税费——应交增值税(进项税额)　　68 000

贷:应付账款——甲企业　　468 000

③按合同协议价将款项付给甲企业时

借:应付账款——甲企业　　468 000

贷:银行存款　　468 000

2. 收取手续费方式商品代销业务的会计处理

收取手续费方式,即受托方根据代销的商品数量向委托方收取手续费的代销方式。对受托方来说,收取的手续费实际上是一种劳务收入。这种代销方式与视同买断方式相比,主要特点是,受托方通常按照委托方规定的价格销售,不得自行改变售价。

【例 12-8】 甲企业委托乙企业代销 A 商品 1 000 件,双方签订的代销协议确定的协议价为 1 170 元(含 17%的增值税),每件支付手续费 100 元。A 商品单位成本 680 元,于 7 月 20 日发出该商品。次月 20 日收到乙企业转来的代销清单上表明售出 400 件,甲企业开具增值税专用发票,注明售价 400 000 元,增值税 68 000 元。乙企业实际销售时开具增值税专用发票,注明售价 400 000 元,增值税 68 000 元。次月 25 日,甲企业收到乙企业按合同协议价支付的代销货款净额 428 000(468 000—40 000)元。

(1)甲企业应做如下会计分录:

①发出代销商品时

借:发出商品——A 商品(乙企业)　　680 000

贷:库存商品——A 商品　　680 000

②次月 20 日收到代销清单时

借:应收账款——乙企业　　468 000

贷:主营业务收入　　400 000

应交税费——应交增值税(销项税额)　　68 000

借:主营业务成本　　272 000

贷:发出商品——A 商品(乙企业)　　272 000

借:销售费用——代销手续费　　40 000

贷:应收账款——乙企业　　40 000

③收到乙企业汇来的代销货款净额时

借:银行存款　　428 000

贷:应收账款——乙企业　　428 000

(2)乙企业应做如下会计分录:

①收到发来的 A 商品时

借:受托代销商品——A 商品(甲企业)　　1 000 000

贷:受托代销商品款　　1 000 000

②实际销售A商品时

借:银行存款　　468 000

　贷:受托代销商品——A商品(甲企业)　　400 000

　　应交税费——应交增值税(销项税额)　　68 000

③确认手续费收入时

借:受托代销商品款——甲企业　　40 000

　贷:主营业务收入(或其他业务收入)　　40 000

④将代销货款净额支付给甲企业时

借:受托代销商品款　　360 000

　应交税费——应交增值税(进项税额)　　68 000

　贷:银行存款　　428 000

(八)销售材料等存货业务的会计处理

企业销售材料、包装物等存货也视同商品销售,其收入的确认、计量及会计处理比照商品销售处理。

企业为了反映和监督销售材料、包装物等存货实现的收入,应设置"其他业务收入"和"其他业务成本"账户进行核算。

【例12-9】 企业销售一批材料,增值税专用发票注明价款8 000元,增值税1 360元,该批材料的实际成本为6 000元,做如下会计分录:

借:银行存款　　9 360

　贷:其他业务收入——材料销售　　8 000

　　应交税费——应交增值税(销项税额)　　1 360

同时结转已销材料的实际成本:

借:其他业务成本　　6 000

　贷:原材料　　6 000

任务三　核算提供劳务收入业务

一、提供劳务收入的确认与计量

(一)提供劳务收入的确认

劳务收入的确认应分为两类情况:一类是劳务开始和完成都在同一会计期间内的,应在劳务完成时确认收入;另一类是在资产负债表日未完成的劳务。

企业在资产负债表日提供劳务交易的结果能够可靠估计的,应当按照完工百分比法确认提供劳务收入。完工百分比法,是指按照提供劳务交易的完工进度确认收入与费用的方法。

提供劳务交易的结果能够可靠估计,是指同时具备以下条件:

1.收入的金额能够可靠计量。

2.相关的经济利益很可能流入企业。

3.交易的完工进度能够可靠确定。

4.交易中已发生的和将发生的成本能够可靠计量。

下列提供劳务收入满足收入确认条件的,应按规定确认收入:安装费,应在资产负债表日根据安装的完工进度确认收入,安装工作是商品销售附带条件的,安装费应在确认商品销售实现时确认收入;宣传媒介的收费,应在相关广告或商业行为开始出现于公众面前时确认收入;广告的制作费,应在资产负债表日根据广告的完工进度确认收入;为特定客户开发软件的收费,应在资产负债表日根据开发的完工进度确认收入;包括在商品售价内可区分的服务费,应在提供服务的期间内分期确认收入;艺术表演、招待宴会和其他特殊活动的收费,应在相关活动发生时确认收入,收费涉及几项活动的,预收的款项应合理分配给每项活动,分别确认收入;申请入会费和会员费只允许取得会籍,所有其他服务或商品都要另行收费的,应在款项收回不存在重大不确定性时确认收入;申请入会费和会员费能使会员在会员期内得到各种服务或出版物,或者以低于非会员的价格购买商品或接受服务的,应在整个受益期内分期确认收入;属于提供设备和其他有形资产的特许权费,应在交付资产或转移资产所有权时确认收入;属于提供初始及后续服务的特许权费,应在提供服务时确认收入;长期为客户提供重复的劳务收取的劳务费,应在相关活动发生时确认收入。

(二)提供劳务收入的计量

1.按照完工百分比法确认收入与费用,需要确定提供劳务交易的完工进度。企业可以选用下列方法之一来确定提供劳务交易的完工进度:

(1)已完工作的测量;

(2)已经提供的劳务占应提供劳务总量的比例;

(3)已发生的成本占估计成本的比例。

2.企业应当按照从接受劳务方已收或应收的合同或协议价款确定提供劳务收入总额,已收或应收的合同或协议价款不公允的除外。

3.企业应当在资产负债表日,按提供劳务收入总额乘以完工进度,再扣除以前会计期间累计已确认提供劳务收入后的金额,确认当期提供劳务收入;同时,按照提供劳务预计总成本乘以完工进度,再扣除以前会计期间累计已确认提供劳务成本后的金额,确认当期提供劳务成本。

4.如果企业在资产负债表日提供劳务交易的结果不能够可靠估计,则应当分别下列情况处理:

(1)已发生的劳务成本预计能够得到补偿的,应按已发生的劳务成本金额,确认提供劳务收入,并按相同金额结转劳务成本;

(2)已发生的劳务成本预计不能够得到补偿的,应当将已经发生的劳务成本计入当期损益,不确认提供劳务收入。

二、提供劳务收入的核算

(一)劳务在同一会计期间内开始并完成的会计处理

对于一次就能完成的劳务,企业应在提供劳务完成时按所确定的收入金额,借记"应收账款""银行存款"等科目,贷记"主营业务收入"等科目;对于发生的有关支出,借记"主营业务成本"等科目,贷记"银行存款"等科目。

对于持续一段时间在同一会计期间内开始并完成的劳务,企业应在提供劳务完成时确认收入。有关支出确认为费用之前,企业可增设"劳务成本"科目予以归集,待确认为费用时,再借记"主营业务成本"科目,贷记"劳务成本"科目。

【例 12-10】 2014 年 5 月 5 日,甲公司接受 A 公司一项设备安装任务,该安装任务可一次完成,合同总收入为 20 000 元,以银行存款实际支付安装费用 11 000 元。应做如下会计分录:

(1)确认所提供的劳务收入时

借:应收账款——A 公司　　20 000

　贷:主营业务收入　　20 000

(2)发生并确认有关成本费用时

借:主营业务成本　　11 000

　贷:银行存款　　11 000

【例 12-11】 2014 年 5 月 5 日,甲公司接受 A 公司一项设备安装任务,合同规定该安装任务 2014 年 8 月 5 日前完成,合同总收入为 20 000 元,以银行存款实际支付安装费用 11 000 元。应做如下会计分录:

(1)发生有关成本费用时

借:劳务成本　　11 000

　贷:银行存款　　11 000

(2)2014 年 8 月 5 日前完成劳务,确认收入、费用时

借:应收账款——A 公司　　20 000

　贷:主营业务收入　　20 000

借:主营业务成本　　11 000

　贷:劳务成本　　11 000

(二)劳务的开始和完成分属不同会计期间的会计处理

对于劳务的开始和完成分属不同会计期间,且在资产负债表日提供劳务交易结果能够可靠估计的,应采用完工百分比法确认收入及相关的费用。对于预收的款项,应借记"银行存款"账户,贷记"预收账款"或"应收账款"账户;对于所发生的成本,可增设"劳务成本"账户予以归集,借记"劳务成本"账户,贷记"银行存款""应付职工薪酬"等账户;确认本期的劳务收入时,按确定的金额借记"银行存款""预收账款""应收账款"等账户,贷记"主营业务收入"账户;确认本期的费用时,按确定的金额,借记"主营业务成本"账户,贷记"劳务成本"账户。完工百分比法下,劳务收入和相关费用应按下列公式计算:

本期确认的收入＝劳务总收入×本期末止劳务的完工进度－以前期间已确认的收入

本期确认的费用＝劳务总成本×本期末止劳务的完工进度－以前期间已确认的费用

在劳务总收入和总成本能够可靠计量的情况下，关键是确定劳务的完成程度。企业应根据所提供劳务的特点，选择确定劳务完成程度的方法，包括通过对已经完成的工作或工程的测量确定完成程度，或按已经提供的劳务量（如已完成的工作时间）占应提供的劳务总量（如完成此项劳务所需的总的工作时间）的百分比确定完成程度，或按已经发生的成本占估计总成本的百分比确定完成程度。

【例 12-12】 甲公司于 2014 年 12 月 1 日接受一项设备安装任务，安装期为 3 个月，合同总收入 600 000 元，至年底已预收安装费 440 000 元，实际发生安装费用 280 000 元（假定均为安装人员薪酬），估计还会发生安装费用 120 000 元。假定甲公司按实际发生的成本占估计总成本的比例确定劳务的完工进度。甲公司的会计处理如下：

实际发生的成本占估计总成本的比例＝280 000÷(280 000＋120 000)＝70%

2014 年 12 月 31 日确认的劳务收入＝600 000×70%－0＝420 000(元)

2014 年 12 月 31 日结转的劳务成本＝(280 000＋120 000)×70%－0＝280 000(元)

(1)实际发生劳务成本时

借：劳务成本　　280 000

　贷：应付职工薪酬　　280 000

(2)预收劳务款时

借：银行存款　　440 000

　贷：预收账款　　440 000

(3)2014 年 12 月 31 日确认劳务收入并结转劳务成本时

借：预收账款　　420 000

　贷：主营业务收入　　420 000

借：主营业务成本　　280 000

　贷：劳务成本　　280 000

任务四　核算让渡资产使用权收入业务

一、让渡资产使用权收入的确认与计量

(一)让渡资产使用权收入的确认

除了销售商品和提供劳务之外，企业还可以通过让渡资产的使用权取得收入。让渡资产使用权收入同时满足下列条件的，才能予以确认：

1. 相关的经济利益很可能流入企业。

2. 收入的金额能够可靠计量。

(二)让渡资产使用权收入的计量

让渡资产使用权收入包括利息收入、使用费收入等。企业对外出租资产收取的租金、进行债权投资收取的利息、进行股权投资取得的现金股利，也构成让渡资产使用权收入。

当让渡资产使用权收入被确认后，企业应当分别下列情况确定让渡资产使用权收入的金额：

1. 利息收入金额，按照他人使用本企业货币资金的时间和实际利率计算确定。

2. 使用费收入金额，按照有关合同或协议约定的收费时间和方法计算确定。

二、让渡资产使用权收入的核算

(一)利息收入的会计处理

企业应在资产负债表日，按照他人使用本企业货币资金的时间和实际利率计算确定利息收入金额。按计算确定的利息收入金额，借记"应收利息""贷款""银行存款"等科目，贷记"利息收入""其他业务收入"等科目。

【例 12-13】 甲商业银行于 2014 年 10 月 1 日向乙公司发放一笔贷款 100 000 元，期限为 1 年，年利率为 6%。甲商业银行发放该贷款时没有发生交易费用，该贷款的合同利率等于实际利率。假定甲商业银行按季度编制财务报表，不考虑其他因素。

甲商业银行的账务处理如下：

(1)2014 年 10 月 1 日向乙公司发放贷款时：

借：贷款　　100 000

　贷：吸收存款　　100 000

(2)2014 年 12 月 31 日确认利息收入时：

借：应收利息(100 000×6%÷4)　　1 500

　贷：利息收入　　1 500

(二)使用费收入的会计处理

使用费收入应当按照有关合同或协议约定的收费时间和方法计算确定。不同的使用费收入，收费时间和方法各不相同。例如，一次性收取一笔固定金额的，如一次收取 10 年的场地使用费；在合同或协议规定的有效期内分期等额收取的，如合同或协议规定按资产使用方每期销售额的百分比收取使用费等。

如果合同或协议规定一次性收取使用费，且不提供后续服务的，应当视同销售该项资产一次性确认收入；提供后续服务的，应在合同或协议规定的有效期内分期确认收入。如果合同或协议规定分期收取使用费的，应按合同或协议规定的收款时间和金额或规定的收费方法计算确定的金额分期确认收入。

【例 12-14】 甲公司向丁公司转让其商品的商标使用权，约定丁公司每年年末按年销售收入的 15%支付使用费，使用期 10 年。第一年，丁公司实现销售收入 200 000 元；第二年，丁公司实现销售收入 500 000 元。假定甲公司均于每年年末收到使用费，不考虑相关税费。甲公司的账务处理如下：

(1)第一年年末确认使用费收入时：

借：银行存款(200 000×15%)　　30 000

　贷：主营业务收入　　30 000

(2)第二年年末确认使用费收入时：

借：银行存款　　75 000

　贷：主营业务收入　　75 000

实务训练

一、单项选择题

1. 下列各项,符合收入定义,可以确认为收入的是(　　)。

A. 出售固定资产收取的价款　　B. 出售原材料收取的价款

C. 出售无形资产收取的价款　　D. 出售长期股权收取的价款

2. 下列各项目中,属于工业企业主营业务收入的是(　　)。

A. 产品销售收入　　B. 原材料销售收入

C. 包装物出租收入　　D. 购买债券取得的收入

3. 以下属于让渡资产使用权收入的是(　　)。

A. 他人使用本企业无形资产的使用费收入　　B. 为他人提供劳务服务的收入

C. 出售包装物收入　　D. 销售库存商品收入

4. 销货方对于现金折扣的入账应在(　　)。

A. 销售时　　B. 预计可能发生时

C. 期末　　D. 实际发生时

5. 销售一批产品,价目表标明不含税价格为 40 000 元,增值税税率为 17%,商业折扣为 10%,现金折扣条件为"5/10,3/20,N/30",代垫运费 500 元(不考虑运费增值税),客户于第 8 天付款。该销售业务的应收账款入账金额为(　　)元。

A. 40 000　　B. 44 320　　C. 40 820　　D. 42 620

6. 企业销售商品时代垫的运杂费应记入(　　)科目。

A. "应收账款"　　B. "预付账款"　　C. "其他应收款"　　D. "应付账款"

7. 企业采用预收账款方式销售商品,确认收入的时点是(　　)。

A. 收到货款时　　B. 按合同约定的日期

C. 发出商品时　　D. 收到支付凭证时

8. 我国会计准则规定,企业发生的销售折让应(　　)。

A. 冲减主营业务收入　　B. 计入营业外支出

C. 增加主营业务收入　　D. 增加销售费用

9. 在采用收取手续费方式委托代销商品时,委托方确认销售商品收入的时点为(　)。

A. 委托方发出商品时

B. 委托方销售商品时

C. 委托方收到受托方代销清单时

D. 受托方收到受托代销商品的销售货款时

10. 大华公司委托某商场代销一批产品,代销价款 200 万元,3 个月后收到商场交来的代销清单,代销清单列明已销售代销商品的 50%。大华公司收到清单时向商场开具增值税发票,商场按代销价款的 5%收取手续费,该批产品的实际成本为 120 万元,大华公司应确认的销售收入为(　　)万元。

A. 120　　B. 100　　C. 80　　D. 150

11. 委托代销商品中,采用收取手续费方式,委托方计算应支付的代销手续费,所做的会计分录为(　　)。

A. 借:销售费用
　贷:主营业务收入

B. 借:销售费用
　贷:应收账款

C. 借:应付账款
　贷:主营业务收入

D. 借:主营业务收入
　贷:应收账款

12. 企业对于已经发生但尚未确认销售收入的商品成本,应借记的会计科目是(　　)。

A. 在途物资　　B. 库存商品　　C. 主营业务成本　　D. 发出商品

13. 销售合同中规定了由于特定原因买方有权退货的条款,而企业又不能确定退货的可能性,其收入应在(　　)时确认。

A. 签订合同　　B. 发出商品　　C. 收到货款　　D. 退货期满

14. 作为收入确认的一种方法,完工百分比法主要适用于(　　)。

A. 商品销售收入的确认　　B. 提供劳务收入的确认

C. 让渡资产使用权收入的确认　　D. 对外投资收益的确认

15. 某企业 2013 年 1 月 1 日签订了一项总额为 2 000 万元的劳务合同,合同期为 3 年,预计总成本为 1 600 万元。2013 年发生成本 500 万元,2014 年发生成本 600 万元,2015 年发生成本 500 万元。假定该劳务的结果能够可靠估计,则该企业 2014 年度应确认的劳务收入为(　　)万元。

A. 1 315　　B. 1 000　　C. 600　　D. 750

二、多项选择题

1. 按我国企业会计准则的规定,下列项目中不应确认为收入的有(　　)。

A. 销售商品收取的增值税　　B. 出售飞机票时代收的保险费

C. 旅行社代客户购买门票收取的款项　　D. 销售商品代垫的运杂费

2. 按现行会计制度的规定,下列项目中不应确认为收入的是(　　)。

A. 固定资产出售收入　　B. 设备出租收入

C. 罚款收入　　D. 销售商品收取的增值税

3. 下列各项收入中,属于工业企业的其他业务收入的有(　　)。

A. 提供运输劳务所取得的收入　　B. 提供加工装配劳务所取得的收入

C. 出租无形资产所取得的收入　　D. 销售材料产生的收入

4. 收入的特征表现为(　　)。

A. 收入从日常活动中产生　　B. 收入可能表现为资产的增加

C. 收入可能表现为所有者权益的增加　　D. 收入包括代收的增值税

5. 关于收入,下列说法中正确的有(　　)。

A. 工业企业转让无形资产使用权产生的经济利益的总流入属于收入

B. 收入是指企业在日常活动中形成的、会导致所有者权益增加的、与所有者投入资本无关的经济利益的总流入

C. 咨询公司提供咨询服务产生的经济利益的总流入构成收入

D. 工业企业处置固定资产产生的收入属于收入

6. 关于销售商品收入的确认,下列说法中正确的有(　　)。

A. 企业已将商品所有权上的主要风险和报酬转移给购货方,构成确认销售商品收入的重要条件

B. 判断企业是否已将商品所有权上的主要风险和报酬转移给购货方，应当关注交易的实质而不是形式

C. 采用托收承付方式销售商品的，应在办妥托收手续时确认收入

D. 交付实物后，商品所有权上的主要风险和报酬一定随之转移，应确认收入

7. 甲公司在 2014 年 3 月 18 日向乙公司销售一批商品，开出的增值税专用发票上注明的售价为 10 000 元，增值税额为 1 700 元。该批商品成本为 5 000 元。为及早收回货款，甲公司和乙公司约定的现金折扣条件为：2/10，1/20，N/30。乙公司在 2014 年 3 月 27 日支付货款。2014 年 5 月 9 日，该批商品因质量问题被乙公司退回，甲公司当日支付有关退货款。假定计算现金折扣时不考虑增值税。甲公司 5 月所做的会计处理为(　　)。

A. 借：主营业务收入　　10 000
　　贷：银行存款　　11 500
　　　　应交税费——应交增值税(销项税额)　　1 700(红色金额)
　　　　财务费用　　200

B. 借：库存商品　　5 000
　　贷：主营业务成本　　5 000

C. 借：主营业务收入　　10 000
　　　　应交税费——应交增值税(销项税额)　　1 700
　　贷：银行存款　　11 466
　　　　财务费用　　234

D. 借：库存商品　　4 900
　　贷：主营业务成本　　4 900

8. 提供劳务交易的结果能够可靠估计，应同时满足的条件包括(　　)。

A. 收入的金额能够可靠地计量

B. 相关的经济利益很可能流入企业

C. 交易中已发生的成本能够可靠地计量

D. 交易中将发生的成本能够可靠地计量

9. 关于让渡资产使用权产生的收入的确认与计量，下列说法中正确的有(　　)。

A. 让渡资产使用权收入同时满足“相关的经济利益很可能流入企业”和“收入的金额能够可靠地计量”时才能予以确认

B. 让渡资产使用权收入同时满足“相关的经济利益很可能流入企业”和“发生的成本能够可靠地计量”时才能予以确认

C. 使用费收入金额，按照实际收费时间计算确定

D. 利息收入金额，按照他人使用本企业货币资金的时间和实际利率计算确定

10. 企业对外提供的下列各项劳务中，应当在本年度全部确认收入或按完工百分比法确认收入的有(　　)。

A. 本年度开始并完成的劳务所取得的收入

B. 年末未完工但劳务的交易结果能可靠估计的，按完工百分比法计算的收入

C. 年末未完工但劳务的交易结果不能可靠估计的，按完工百分比法计算的收入

D. 年末已完工但已经发生的劳务成本全部不能得到补偿的，按合同规定计算的收入

三、判断题

1. 收入能够导致企业所有者权益增加，但导致所有者权益增加的并不一定都是收入。（ ）

2. 企业为客户代收的款项先记为收入，待以后再冲减。（ ）

3. 如果企业保留与商品所有权相联系的继续管理权，则在发出商品时不能确认该项商品销售收入。（ ）

4. 企业在销售商品时，如果商品的成本不能可靠地计量，则不能确认相关的收入。（ ）

5. 采用分期收款销售时，只有在符合收入确认条件的前提下，才能按合同约定的收款日期分期确认收入；如不符合收入确认条件的，即使合同约定采用分期收款销售形式，也不能按合同约定的收款日期分期确认收入。（ ）

6. 在采用完工百分比法确认劳务收入时，其相关的销售成本应以实际发生的全部成本确认。（ ）

7. 如劳务的开始和完成分属不同的会计年度，就应按完工百分比法确认收入。（ ）

8. 按准则规定，企业发生的现金折扣应冲减主营业务收入。（ ）

9. 企业发生销售退回时，不论销售退回的商品是本年销售的还是以前年度销售的，均可冲减本年度的销售收入与销售成本。（ ）

10. 按准则规定，企业发生的销售折让应作为财务费用处理。（ ）

11. 企业在销售收入确认之后发生的销售折让，应在实际发生时冲减发生当期的收入。（ ）

12. 对于附有销售退回条件的商品销售，如果企业不能合理地确定退货的可能性，则应在退货期满时确认收入。（ ）

13. 在采用预收货款方式销售产品的情况下，应当在收到货款时确认收入的实现。（ ）

14. 企业在确定销售商品收入时，不考虑各种可能发生的现金折扣和销售折让。（ ）

15. 企业在销售商品时，如果估计价款收回的可能性不大，即使收入确认的其他条件均已满足，也不应当确认收入。（ ）

四、计算及会计处理题

1. 某企业生产甲、乙两种产品，甲产品单位售价80元，单位成本45元；乙产品单位售价50元，单位成本33元。该企业为一般纳税人，增值税税率17%。2014年12月该企业甲、乙两种产品的销售情况如下：

(1)发往A公司甲产品1 000件，乙产品2 000件，代垫运杂费20 000元，已向银行办妥托收手续，开出增值税专用发票。

(2)接到银行通知，收到A公司承付的货款和代垫运杂费。

(3)收到B公司汇来的预付货款30 000元。

(4)发出B公司预订的甲产品100件，代垫运杂费100元，货款余额退回B公司。

要求：根据上述业务编制会计分录。

2. 甲公司为增值税一般纳税企业，适用的增值税税率为17%。2014年12月，甲公司销售商品的资料如下：

(1)12月1日，对A公司销售商品一批，增值税专用发票上注明销售价格为200万元，增值税额为34万元。提货单和增值税专用发票已交A公司，A公司已承诺付款。为及时收回货款，给予A公司的现金折扣条件如下：2/10，1/20，N/30。该批商品的实际成本为160万元。12月12日，收到A公司支付的、扣除所享受现金折扣金额后的款项，并存入银行。

(2)12月2日，收到B公司来函，要求对当年11月10日所购商品在价格上给予10%的折让(甲公司在该批商品售出时确认销售收入500万元，未收款)。经查核，该批商品外观存在质量问题。甲公司同意了B公司提出的折让要求。当日，收到B公司交来的税务机关开具的索取折让证明单，并开具红字增值税专用发票。

(3)12月18日，收到A公司退回的当月1日所购商品的20%。经查核，该批商品存在质量问题，甲公司同意了A公司的退货要求。当日，收到A公司交来的退货证明单并开具了红字增值税专用发票，甲公司支付退货款项。

要求：根据上述业务编制会计分录。

3. 2010年1月1日，甲公司采用分期收款方式向乙公司出售大型设备一套，合同约定的价款为2 000 000元，分五年于每年年末分期收款，每年收取400 000元。该套设备的成本为1 500 000元，若购货方在销售当日支付货款，只需付1 600 000元即可。甲公司在出售日开具增值税专用发票，同时收取增值税税额340 000元，甲公司经计算得出实际利率为7.93%。不考虑其他因素。

要求：根据上述业务编制会计分录。

4. A企业委托B企业以视同买断方式代销甲商品100件，协议价为100元/件，甲商品成本60元/件，增值税税率17%。A企业收到B企业开来的代销清单时开具增值税发票，发票上注明：售价10 000元，增值税1 700元。B企业实际销售时开具的增值税发票上注明：售价12 000元，增值税2 040元。

要求：根据上述业务编制A、B企业的会计分录。

5. 甲企业委托乙企业代销M商品500件，双方签订代销协议确定的协议价为单位售价1 170元(含17%的增值税)，每件支付手续费100元。产品单位成本400元，于11月12日发出该商品。12月20日收到乙企业转来的代销清单上标明售出200件，甲企业开具增值税专用发票，注明售价200 000元，增值税34 000元。乙企业实际销售时开具增值税专用发票，注明售价200 000元，增值税34 000元。12月25日，甲企业收到乙企业按合同协议价支付的代销货款净额214 000(234 000—20 000)元。

要求：根据上述资料分别做出甲企业和乙企业的会计分录。

6. 甲公司2014年3月1日与客户签订了一项工期为1年的劳务供应合同。合同总收入为1 000 000元，预计合同总成本为800 000元，预收客户支付的劳务款750 000元存入银行。至2014年12月31日，实际发生劳务费用640 000(均以银行存款支付)元；此外，经专业测量师测量，至2014年12月31日，该工程的完工程度为70%。

要求：分别采用以下方法确定2014年的劳务收入与成本，并编制有关会计分录：

(1)按专业测量的完工程度确定该劳务的完成程度。

(2)按已发生的成本占估计总成本的百分比确定该劳务的完成程度。

项目十三

核算费用业务

项目要点

费用也是影响企业利润的重要因素。本项目主要学习营业成本、营业税金及附加和期间费用的核算。

任务一　认识费用

一、费用的概念

费用是指企业在日常活动中发生的、会导致所有者权益减少的、与向所有者分配利润无关的经济利益的总流出。费用的特征在本书项目一中已阐述，在此不再赘述。

二、费用的分类

企业的费用按照经济用途分为成本费用和期间费用。主要包括主营业务成本、其他业务成本、营业税金及附加、销售费用、管理费用、财务费用及所得税费用等。

(一)成本费用

企业为生产产品、提供劳务等发生的可归属于产品成本、劳务成本等的费用，应在确认销售商品收入、提供劳务收入等时，将已销售商品、已提供劳务的成本等计入当期损益。成本费用包括主营业务成本、其他业务成本、营业税金及附加等，其中主营业务成本、其他业务成本称为营业成本。

(二)期间费用

企业日常活动发生的不能计入特定核算对象的费用，在发生时直接计入当期损益，称为期间费用。期间费用包括销售费用、管理费用和财务费用。

任务二　核算成本费用业务

一、主营业务成本的核算

主营业务成本是指企业销售商品、提供劳务等经常性活动所发生的成本。企业一般在确认销售商品、提供劳务等主营业务收入时，或在月末，将已销售商品、已提供劳务的成本结转入主营业务成本，借记“主营业务成本”，贷记“库存商品”“劳务成本”等科目。期末，一般将“主营业务成本”账户结转到“本年利润”账户，借记“本年利润”，贷记“主营业务成本”，结转后“主营业务成本”账户无余额。

结转已销售商品、已提供劳务成本的有关业务已在本书项目十二中的任务二“核算销售商品收入业务”中举例介绍过，在此不再重复。

二、其他业务成本的核算

其他业务成本是指企业除主营业务活动以外的其他经营活动所发生的成本。其他业务成本包括销售材料的成本、出租固定资产的折旧额、出租无形资产的摊销额、出租包装物的成本或摊销额等。采用成本模式计量投资性房地产的，其投资性房地产计提的折旧额，也构成其他业务成本。

企业发生的其他业务成本，借记“其他业务成本”，贷记“原材料”“周转材料”“累计折旧”“累计摊销”等。期末，一般将“其他业务成本”账户结转到“本年利润”账户，借记“本年利润”，贷记“其他业务成本”，结转后“其他业务成本”账户无余额。

企业发生的其他业务成本有关业务已在本书以前项目中举例介绍过，在此不再重复。

三、营业税金及附加的核算

营业税金及附加是指企业经营活动应负担的相关税费，包括营业税、消费税、城市维护建设税、资源税和教育费附加等。

企业应当设置“营业税金及附加”账户，用来核算企业销售商品、销售材料、提供劳务等日常营业活动中的业务交易所负担的销售税金及附加，包括消费税、城市维护建设税、资源税和教育费附加等。该账户的借方登记按照规定计算出的企业日常营业活动应负担的销售税金及附加，贷方反映期末结转入“本年利润”账户的营业税金及附加，结转后该账户应无余额。

企业发生的营业税金及附加有关业务已在本书项目九中的任务三“核算应交税费业务”中举例介绍过，在此不再重复。

任务三　核算期间费用业务

一、销售费用的核算

销售费用是指企业在销售商品和材料、提供劳务过程中发生的各项费用，包括企业在销售商品过程中发生的包装费、保险费、展览费和广告费、商品维修费、预计产品质量保证损失、运输费、装卸费等费用，以及企业发生的为销售本企业商品而专设的销售机构的职工薪酬、业务费、折旧费、固定资产修理费等费用。

企业应通过“销售费用”科目，核算销售费用的发生和结转情况。该科目借方登记企业所发生的各项销售费用，贷方登记期末结转入“本年利润”科目的销售费用，结转后该科目应无余额。该科目应按销售费用的费用项目进行明细核算。

【例 13-1】 某公司为宣传新产品发生广告费 40 000 元，以银行存款支付。企业会计处理如下：

借:销售费用　　40 000

　贷:银行存款　　40 000

【例 13-2】 某公司销售部 6 月份共发生费用 120 000 元,其中:销售人员薪酬 50 000 元,销售部专用办公设备折旧费 40 000 元,业务费 30 000 元(均用银行存款支付)。企业会计处理如下:

借:销售费用　　120 000

　贷:应付职工薪酬　　50 000

　　累计折旧　　40 000

　　银行存款　　30 000

【例 13-3】 某公司为一般纳税人,本月销售一批产品,销售过程中发生运输费,取得增值税专用发票,价款 4 000 元,增值税税率为 11%,装卸费 1 000 元,均用银行存款支付。企业会计处理如下:

借:销售费用　　5 000

　应交税费——应交增值税(进项税额)　　440

　贷:银行存款　　5 440

二、管理费用的核算

管理费用是指企业为组织和管理生产经营活动而发生的各种费用,包括企业在筹建期间发生的开办费、董事会和行政管理部门在企业的经营管理中发生的或者应由企业统一负担的公司经费(包括行政管理部门职工薪酬、物料消耗、低值易耗品摊销、办公费和差旅费等)、工会经费、董事会费(包括董事会成员津贴、会议费和差旅费等)、聘请中介机构费、咨询费(含顾问费)、诉讼费、业务招待费、房产税、车船税、土地使用税、印花税、技术转让费、矿产资源补偿费、研究费用、排污费以及企业生产车间(部门)和行政管理部门发生的固定资产修理费等。

企业应通过"管理费用"科目,核算管理费用的发生和结转情况。该科目借方登记企业发生的各项管理费用,贷方登记期末转入"本年利润"科目的管理费用,结转后该科目应无余额。该科目应按管理费用的费用项目进行明细核算。

【例 13-4】 某企业筹建期间发生办公费、差旅费等开办费 15 000 元,均用银行存款支付。企业会计处理如下:

借:管理费用　　15 000

　贷:银行存款　　15 000

【例 13-5】 某企业行政部门发生业务招待费 20 000 元,均用银行存款支付。企业会计处理如下:

借:管理费用　　20 000

　贷:银行存款　　20 000

【例 13-6】 某企业以现金支付咨询费 10 000 元。企业会计处理如下:

借:管理费用　　10 000

　贷:库存现金　　10 000

【例 13-7】 某企业行政部 9 月份共发生费用 120 000 元,其中:行政人员薪酬 50 000 元,行政部专用办公设备折旧费 41 000 元,报销行政人员差旅费 21 000 元(假定报销人均未预借差旅费），其他办公、水电费 8 000 元（均用银行存款支付）。企业会计处理如下：

借：管理费用 120 000

　贷：应付职工薪酬 50 000

　　累计折旧 41 000

　　库存现金 21 000

　　银行存款 8 000

【例 13-8】 某企业当月按规定计算确定的应交房产税为 2 000 元、应交车船税为 2 600 元、应交土地使用税为 4 300 元。企业会计处理如下：

借：管理费用 8 900

　贷：应交税费——应交房产税 2 000

　　——应交车船税 2 600

　　——应交土地使用税 4 300

三、财务费用的核算

财务费用是指企业为筹集生产经营所需资金等而发生的筹资费用，包括利息支出（减利息收入）、汇兑损益以及相关的手续费、企业发生的现金折扣或收到的现金折扣等。

企业应通过"财务费用"科目核算财务费用的发生和结转情况。该科目借方登记企业发生的各项财务费用，贷方登记期末结转入"本年利润"科目的财务费用。结转后该科目应无余额。该科目应按财务费用项目进行明细核算。

【例 13-9】 某企业于 2014 年 1 月 1 日向银行借入生产经营用短期借款 60 000 元，期限 6 个月，年利率 5%，该借款本金到期后一次归还，利息分月预提，按季支付。假定所有利息均不符合利息资本化条件。有关利息支出的会计处理如下：

每月末，预提当月份应计利息：

60 000×5%÷12＝250（元）

借：财务费用——利息支出 250

　贷：应付利息 250

【例 13-10】 某企业 2014 年 9 月 5 日用银行存款支付银行手续费 400 元。会计处理如下：

借：财务费用——手续费 400

　贷：银行存款 400

【例 13-11】 某企业 2014 年 9 月 30 日收到银行通知，获得利息收入 300 元。假定所获利息不符合利息资本化条件，作为冲减财务费用处理。会计处理如下：

借：银行存款 300

　贷：财务费用 300

实务训练

一、单项选择题

1. 企业为扩大生产经营而发生的业务招待费，应记入（　　）科目。

A."管理费用"　B."财务费用"　C."销售费用"　D."其他业务成本"

2. 企业生产车间发生的固定资产修理费应记入(　　)科目。

A."制造费用"　B."生产成本"　C."长期待摊费用"　D."管理费用"

3. 以下不属于期间费用的是(　　)。

A. 管理费用　B. 财务费用　C. 制造费用　D. 销售费用

4. 销售费用不包括(　　)。

A. 产品包装费　B. 公司经费　C. 广告费　D. 产品保险费

5. 下列各项中,应列作管理费用处理的是(　　)。

A. 自然灾害造成的流动资产损失　B. 车间管理人员的工资

C. 固定资产盘亏净损失　D. 存货盘盈

6. 企业在采用总价法入账的情况下,发生的现金折扣应当作为(　　)处理。

A. 管理费用　B. 财务费用　C. 营业收入　D. 销售费用

7. 下列属于成本费用的是(　　)。

A. 管理费用　B. 财务费用　C. 主营业务成本　D. 销售费用

8. 营业税金及附加核算的内容不包括(　　)。

A. 增值税　B. 消费税　C. 营业税　D. 资源税

9. 企业专设销售机构发生的办公费应记入(　　)科目。

A."管理费用"　B."财务费用"　C."制造费用"　D."销售费用"

10. 行政人员出差回来报销的差旅费,应该记入(　　)科目。

A."管理费用"　B."财务费用"　C."制造费用"　D."销售费用"

二、多项选择题

1. 企业费用的主要内容包括(　　)。

A. 主营业务成本　B. 营业税金及附加

C. 销售费用　D. 管理费用

2. 下列项目中,应列入财务费用的有(　　)。

A. 银行存款的利息收入　B. 外币兑换发生的汇兑损失

C. 金融机构手续费　D. 购货方享受的现金折扣

3. 下列各项,影响企业营业利润的有(　　)。

A. 管理费用　B. 营业税金及附加　C. 所得税费用　D. 投资收益

4. 下列税金中应列入管理费用的有(　　)。

A. 印花税　B. 土地增值税　C. 房产税　D. 土地使用税

5. 下列费用中,应当作为管理费用核算的有(　　)。

A. 排污费　B. 业务招待费

C. 矿产资源补偿费　D. 车间固定资产修理费

6. 下列各项中,属于企业销售费用核算范围的是(　　)。

A. 广告费

B. 预计产品质量保证损失

C. 行政部门业务招待费

D. 专设销售机构发生的固定资产修理费

7. 下列属于营业税金及附加核算内容的是(　　)。

A. 增值税　　B. 消费税　　C. 营业税　　D. 资源税

8. 下列属于其他业务成本核算内容的是(　　)。

A. 销售材料的成本　　B. 出租固定资产的折旧额

C. 出租无形资产的摊销额　　D. 出租包装物的成本

9. 下列修理费应计入管理费用的是(　　)。

A. 车间固定资产的修理费　　B. 行政部门固定资产的修理费

C. 专设销售机构固定资产的修理费　　D. 经营性租出固定资产的修理费

10. 企业的营业成本包括(　　)。

A. 生产成本　　B. 劳务成本　　C. 主营业务成本　　D. 其他业务成本

三、判断题

1. 企业发生的借款利息费用都记入“财务费用”科目。(　　)

2. 期间费用和间接费用都可以计入产品成本。(　　)

3. 行政部门发生的修理费用应记入“管理费用”科目,车间发生的修理费用应记入“制造费用”科目。(　　)

4. 企业的罚款支出作为“管理费用”处理。(　　)

5. 企业出售固定资产的营业税记入“营业税金及附加”科目。(　　)

四、计算及会计处理题

1. 甲企业2014年8月份发生下列业务:

(1)以银行存款支付本月承担的借款利息30 000元,其中计入在建工程的利息为20 000元。

(2)以银行存款支付咨询费1 000元;支付业务招待费5 000元,其中销售部门3 000元,管理部门2 000元;支付专设销售部门的办公费5 000元。

(3)本月发生固定资产修理费3 000元,其中,专设销售部门1 000元,生产车间2 000元。

要求:根据上述业务编制会计分录。

2. 乙企业2014年12月份发生下列业务:

(1)本月发出材料共35 000元,其中生产产品领用20 000元,车间领用5 000元,生产辅助部门领用2 000元,管理部门领用3 000元,销售材料的成本为5 000元,售价为4 000元,增值税税率为17%。

(2)月末,计算本月应交的城市维护建设税和教育费附加。计提比例分别为7%和3%。月末,本月应交增值税为17 000元,本月应交消费税为2 000元,本月应交营业税为1 000元。

要求:根据上述业务编制会计分录。

项目十四

核算利润形成及分配业务

项目要点

利润是企业发展的目标和源泉，本项目主要学习利润的形成和分配。学生通过学习，应该掌握利润总额的形成和核算、所得税费用的计算和核算、净利润分配的计算和核算。

任务一　认识利润

一、利润的概念

利润是指企业在一定会计期间的经营成果。利润包括收入减去费用后的净额、直接计入当期利润的利得和损失等。

直接计入当期利润的利得和损失，是指应当计入当期损益、会导致所有者权益发生增减变动的、与所有者投入资本或者向所有者分配利润无关的利得或者损失。

二、利润的组成

企业的利润一般包括营业利润、利润总额和净利润。

(一)营业利润

营业利润是指企业日常经营活动及相关活动所形成的经营成果，是企业利润的主要来源。其计算公式为：

营业利润＝营业收入－营业成本－营业税金及附加－销售费用－管理费用－财务费用－资产减值损失＋公允价值变动收益(或－公允价值变动损失)＋投资收益(或－投资损失)

其中，营业收入是指企业经营业务所确认的收入总额，包括主营业务收入和其他业务收入。

营业成本是指企业经营业务所发生的实际成本总额，包括主营业务成本和其他业务成本。

资产减值损失是指企业计提各项资产减值准备所形成的损失。

公允价值变动收益(或损失)是指企业交易性金融资产等公允价值变动形成的应计入当期损益的利得(或损失)。

投资收益(或损失)是指企业以各种方式对外投资所取得的收益(或发生的损失)。

(二)利润总额

利润总额是指税前利润,就是企业在所得税前一定期间内全部经营活动的总成果。其计算公式为:

利润总额＝营业利润＋营业外收入－营业外支出

其中,营业外收入是指企业发生的与其日常活动无直接关系的各项利得。

营业外支出是指企业发生的与其日常活动无直接关系的各项损失。

(三)净利润

净利润又称为税后利润,就是企业利润总额减去所得税费用后的余额。其计算公式为:

净利润＝利润总额－所得税费用

其中,所得税费用是指企业确认的应从当期利润总额中扣除的所得税费用。

任务二　核算营业外收支业务

一、营业外收入和营业外支出的基本知识

(一)营业外收入的基本知识

营业外收入是指企业发生的与其日常活动无直接关系的各项收入。营业外收入并不是企业经营资金耗费所产生的,不需要企业付出代价,实际上是经济利益的流入,不可能也不需要与有关的费用进行配比。营业外收入主要包括非流动资产处置利得、盘盈利得、罚没利得、捐赠利得、非货币性资产交换利得、债务重组利得、与收益相关的政府补助、确实无法支付而按规定程序经批准后转作营业外收入的应付款项等。

1.非流动资产处置利得,包括固定资产处置利得和无形资产出售利得。固定资产处置利得,指企业出售固定资产所取得的价款或报废固定资产的材料价值和变价收入等,扣除处置固定资产的账面价值、清理费用、处置相关税费后的净收益;无形资产出售利得,是指企业出售无形资产所取得的价款,扣除出售无形资产的账面价值、出售相关税费后的净收益。

2.盘盈利得,主要指对于现金等清查盘点中盘盈的现金等,报经批准后计入营业外收入的金额。

3.罚没利得,指企业取得的各项罚款,在弥补由于违反合同或协议而造成的经济损失后的罚款净收益。

4.捐赠利得,指企业接受捐赠产生的利得。

5.非货币性资产交换利得,指在非货币性资产交换中换出资产为固定资产、无形资产的,换入资产公允价值大于换出资产账面价值的差额,扣除相关费用后计入营业外收入的

金额。

6.债务重组利得，指重组债务的账面价值超过清偿债务的现金、非现金资产的公允价值、所转股份的公允价值，或重组后债务账面价值之间的差额。

7.政府补助，指企业从政府无偿取得的货币性资产或非货币性资产，但不包括政府作为企业所有者投入的资本。政府补助的主要形式有：财政拨款、财政贴息、税收返还及无偿划拨非货币性资产等。政府补助分为与资产相关的政府补助和与收益相关的政府补助。与收益相关的政府补助，用于补偿企业以后期间的相关费用或损失的，取得时确认为递延收益，并在确认相关费用的期间，计入营业外收入；用于补偿企业已经发生的相关费用或损失的，取得时直接计入营业外收入。

(二)营业外支出的基本知识

营业外支出是指企业发生的与其日常活动无直接关系的各项损失，主要包括非流动资产处置损失、盘亏损失、罚款支出、公益性捐赠支出、非货币性资产交换损失、债务重组损失、非常损失等。

1.非流动资产处置损失，包括固定资产处置损失和无形资产出售损失。固定资产处置损失，指企业出售固定资产所取得的价款或报废固定资产的材料价值和变价收入等，不足以抵补处置固定资产的账面价值、清理费用、处置相关税费所发生的净损失；无形资产出售损失，指企业出售无形资产所取得的价款，不足以抵补出售无形资产的账面价值、出售相关税费后所发生的净损失。

2.盘亏损失，主要指对于固定资产清查盘点中盘亏的固定资产，在查明原因处理时按确定的损失计入营业外支出的金额。

3.罚款支出，指企业由于违反税收法规、经济合同等而支付的各种滞纳金和罚款。

4.公益性捐赠支出，指企业对外进行公益性捐赠发生的支出。

5.非货币性资产交换损失，指在非货币性资产交换中换出资产为固定资产、无形资产的，换入资产公允价值小于换出资产账面价值的差额，扣除相关费用后计入营业外支出的金额。

6.债务重组损失，是指债务人以低于债务账面价值的现金清偿某项债务，债权人应将重组债权的账面价值与收到的现金之间的差额，确认为当期损失。

7.非常损失，指企业对于因客观因素(如自然灾害等)造成的损失，在扣除保险公司赔偿后应计入营业外支出的净损失。

二、营业外收入和营业外支出的核算

(一)营业外收入的会计处理

企业应通过“营业外收入”科目，核算营业外收入的取得及结转情况。该科目贷方登记企业确认的各项营业外收入，借方登记期末结转入本年利润的营业外收入。结转后该科目应无余额。该科目应按照营业外收入的项目进行明细核算。

企业确认营业外收入，借记“固定资产清理”“银行存款”“库存现金”“应付账款”等科目，贷记“营业外收入”科目。期末，应将“营业外收入”科目余额转入“本年利润”科目，借记“营业外收入”科目，贷记“本年利润”科目。

【例 14-1】 某企业将报废固定资产清理的净收益 18 000 元转作营业外收入。会计分录如下：

借：固定资产清理 18 000

贷：营业外收入 18 000

【例 14-2】 某公司 2014 年 12 月申请某国家级研发补贴。申报书中有关内容如下：本公司 2014 年 1 月启动数字印刷技术开发项目，预计总投资 360 万元、为期 3 年，已投入资金 120 万元。项目还需新增投资 240 万元（其中，购置固定资产 80 万元、场地租赁费 40 万元、人员费 100 万元、市场营销 20 万元），计划自筹资金 120 万元、申请财政拨款 120 万元。

2015 年 1 月 1 日，主管部门批准了该公司的申报，签订补贴协议规定：批准某公司补贴申请，共补贴款项 120 万元，分两次拨付。合同签订日拨付 60 万元，结项验收时支付 60 万元。

该公司的账务处理如下：

(1)2015 年 1 月 1 日，实际收到拨款 60 万元

借：银行存款 600 000

贷：递延收益 600 000

(2)2015 年 1 月 1 日至 2016 年 12 月 31 日，每个资产负债表日，分配递延收益（假设按年分配）

借：递延收益 300 000

贷：营业外收入 300 000

(3)2017 年项目完工并通过验收，于 5 月 1 日实际收到拨款 60 万元

借：银行存款 600 000

贷：营业外收入 600 000

（二）营业外支出的会计处理

企业应通过“营业外支出”科目，核算营业外支出的发生及结转情况。该科目借方登记企业发生的各项营业外支出，贷方登记期末结转入本年利润的营业外支出。结转后该科目应无余额。该科目应按照营业外支出的项目进行明细核算。

企业发生营业外支出时，借记“营业外支出”科目，贷记“固定资产清理”“待处理财产损溢”“库存现金”“银行存款”等科目。期末，应将“营业外支出”科目余额转入“本年利润”科目，借记“本年利润”科目，贷记“营业外支出”科目。

【例 14-3】 某企业将已经发生的原材料意外灾害损失 20 000 元转作营业外支出。会计分录如下：

借：营业外支出 20 000

贷：待处理财产损溢 20 000

【例 14-4】 某企业用银行存款支付税款滞纳金 20 000 元。会计分录如下：

借：营业外支出 20 000

贷：银行存款 20 000

任务三 核算利润形成业务

一、利润总额形成的会计处理

企业需要设置“本年利润”账户，用来核算企业实现的利润(或发生的净亏损)。本账户是所有者权益类账户，贷方登记期末从“主营业务收入”“其他业务收入”“营业外收入”以及“投资收益”(投资净收益)等账户转入的数额；借方登记期末从“主营业务成本”“营业税金及附加”“其他业务成本”“销售费用”“管理费用”“财务费用”“营业外支出”“所得税费用”以及“投资收益”(投资净损失)等账户转入的数额。

年度终了，应将本年收入和支出相抵后结出本年实现的净利润(即贷方余额)，转入“利润分配——未分配利润”账户的贷方；如为净亏损(即借方余额)，转入“利润分配——未分配利润”账户的借方；结转后，本账户应无余额。

在会计处理上，对“本年利润”账户的结转可以采用账结法和表结法。

账结法是指每月月末将损益类账户的余额转入“本年利润”账户。结转后，损益类账户无余额。“本年利润”账户的贷方余额表示年度内累计实现的净利润，借方余额表示年度内累计发生的净亏损。

表结法是指每月月末不将损益类账户的余额结转，只有在年末时才将损益类账户的余额转入“本年利润”账户。“本年利润”账户平时不使用，只在年终时使用。

【例 14-5】 A 公司 2014 年有关损益类科目的年末余额见表 14-1。A 公司采用表结法年末一次结转损益类科目。

表 14-1 单位：元

科目名称	结账前余额
主营业务收入	6 000 000(贷)
其他业务收入	700 000(贷)
公允价值变动损益	150 000(贷)
投资收益	600 000(贷)
营业外收入	50 000(贷)
主营业务成本	4 000 000(借)
其他业务成本	400 000(借)
营业税金及附加	80 000(借)
销售费用	500 000(借)
管理费用	770 000(借)
财务费用	200 000(借)
资产减值损失	100 000(借)
营业外支出	250 000(借)

A 公司 2014 年 12 月末结转本年利润的会计分录如下：

(1)将各损益类科目中收入、利得类科目的年末余额结转入“本年利润”科目：

借：主营业务收入　　　　6 000 000

其他业务收入　　700 000

公允价值变动损益　　150 000

投资收益　　600 000

营业外收入　　50 000

贷:本年利润　　7 500 000

(2)将各损益类科目中费用(除所得税费用)、损失类科目的年末余额结转入“本年利润”科目:

借:本年利润　　6 300 000

贷:主营业务成本　　4 000 000

其他业务成本　　400 000

营业税金及附加　　80 000

销售费用　　500 000

管理费用　　770 000

财务费用　　200 000

资产减值损失　　100 000

营业外支出　　250 000

经过上述结转后,“本年利润”科目的贷方发生额合计 7 500 000 元,减去借方发生额合计 6 300 000 元,即为本年度利润总额 1 200 000 元。

二、所得税费用的会计处理

(一)当期所得税的计算

所得税是根据企业应纳税所得额的一定比例上缴的一种税金。应纳税所得额是在企业税前会计利润(即利润总额)的基础上调整确定的。计算公式为

应纳税所得额=税前会计利润+纳税调整增加额－纳税调整减少额

纳税调整增加额主要包括税法规定的允许扣除项目中,企业已计入当期费用但超过税法规定扣除标准的金额(如超过税法规定标准的工资支出、业务招待费支出),以及企业已计入当期损失但税法规定不允许扣除项目的金额(如税收滞纳金、罚款、罚金)。

纳税调整减少额主要包括按税法规定允许弥补的亏损和准予免税的项目,如前五年内的未弥补亏损和国债利息收入等。

企业当期所得税的计算公式为

应交所得税=应纳税所得额×所得税税率

【例 14-6】 甲公司 2014 年度按企业会计准则计算的税前会计利润为 19 900 000 元,所得税税率为 25%。经查,甲公司当年营业外支出中有 100 000 元为税款滞纳金。假定甲公司全年无其他纳税调整因素。

甲公司当期所得税的计算如下:

应纳税所得额=19 900 000+100 000= 20 000 000(元)

当期应交所得税额=20 000 000×25%=5 000 000(元)

【例 14-7】 乙公司 2014 年全年利润总额(即税前会计利润)为 10 200 000 元,其中包

括本年收到的国库券利息收入200 000元，所得税税率为25%。假定乙公司本年无其他纳税调整因素。

按照税法的有关规定，企业购买国库券的利息收入免交所得税，即在计算纳税所得时可将其扣除。乙公司当期所得税的计算如下：

应纳税所得额＝10 200 000－200 000＝10 000 000(元)

当期应交所得税额＝10 000 000×25%＝2 500 000(元)

(二)当期所得税费用的会计处理

企业应根据会计准则的规定，对当期所得税加以调整计算后，据以确认应从当期利润总额中扣除的所得税费用。

【例14-8】 接例14-5，假设A公司本年无纳税调整因素，所得税税率为25%。计算本期应交所得税为1 200 000×25%＝300 000元，会计处理如下：

借：所得税费用　300 000

　贷：应交税费——应交所得税　300 000

将"所得税费用"转入"本年利润"时：

借：本年利润　300 000

　贷：所得税费用　300 000

三、当期净利润形成的会计处理

年度终了，应将本年实现的净利润或亏损结转到"利润分配——未分配利润"账户。即如果"本年利润"为贷方余额，转入"利润分配——未分配利润"账户的贷方；如果"本年利润"为借方余额，转入"利润分配——未分配利润"账户的借方；结转后，"本年利润"应无余额。

【例14-9】 接例14-8，A公司将"本年利润"科目年末余额900 000(1 200 000－300 000)元转入"利润分配——未分配利润"科目。

借：本年利润　900 000

　贷：利润分配——未分配利润　900 000

任务四　核算利润分配业务

一、利润分配的原则

利润分配是企业根据国家有关规定和投资者的决议，对企业当年可供分配的利润进行的分配。企业本年实现的净利润加上年初未分配利润(或减去年初未弥补亏损)和其他转入后的余额，为可供分配的利润。

二、利润分配的顺序

(一)弥补以前年度亏损

企业发生的亏损，可以用以后年度实现的税前利润进行弥补。但连续弥补的年限不得超过五年。超过五年的，用税后净利润弥补。

(二)提取法定盈余公积

法定盈余公积按照净利润(减弥补以前年度亏损)的10%提取(非公司制企业也可按照超过10%的比例提取)，当企业法定盈余公积累计额已达注册资本的50%时可不再提取。

(三)提取任意盈余公积

企业从净利润中提取任意盈余公积时，可以自行决定提取比例。

(四)向投资者分配利润

企业根据净利润的具体情况，按照一定的比例向投资者分配净利润或现金股利。

三、利润分配的核算

为了核算企业的利润分配(或亏损的弥补)和历年利润分配(或亏损的弥补)后的积存余额，企业应设置"利润分配"账户。本账户是所有者权益类账户，借方登记按规定实际分配的利润数，或年终从"本年利润"账户的贷方转来的全年亏损总额；贷方登记年终从"本年利润"账户借方转来的全年实现的净利润总额；年终贷方余额表示历年积存的未分配利润，如为借方余额，则表示历年积存的未弥补亏损。

该账户一般应设置"提取法定盈余公积""应付现金股利(或利润)""提取任意盈余公积""未分配利润 ""盈余公积补亏""转作股本的股利"等明细账户。净利润分配结束时，将"利润分配"账户所属其他明细科目的余额转入本账户的"未分配利润"明细科目。结转后，本账户除"未分配利润"明细科目外，其他明细账户无余额。

(一)弥补以前年度亏损的会计处理

经批准用税前利润弥补亏损或用净利润弥补亏损时，不做账务处理。如果用盈余公积弥补亏损时，应借记"盈余公积"账户，贷记"利润分配——盈余公积补亏"账户。

【例 14-10】 甲企业经股东大会批准，用以前年度提取的盈余公积弥补亏损 5 000 元，做如下会计分录：

借:盈余公积　　5 000

　贷:利润分配——盈余公积补亏　　5 000

(二)提取盈余公积的会计处理

企业按规定提取盈余公积时，借记"利润分配——提取法定盈余公积(提取任意盈余公积)"账户，贷记"盈余公积(法定盈余公积、任意盈余公积)"账户。

【例 14-11】 甲企业缴纳所得税后净利润为 201 000 元，按规定提取 10%的法定盈余公积。应做如下会计分录：

借:利润分配——提取法定盈余公积　　20 100

　贷:盈余公积——法定盈余公积　　20 100

(三)向投资者分配现金股利或利润的会计处理

企业年度实现的净利润，在提取法定盈余公积之后，才能向投资者分配利润。向投资者分配现金股利或利润时，借记“利润分配——应付现金股利(或利润)”账户，贷记“应付股利”账户。

【例 14-12】 甲企业宣告经股东会议决议向股东分配现金股利 10 000 元，做如下会计分录：

借：利润分配——应付现金股利　　10 000
　贷：应付股利　　10 000

实际向股东支付股利时：

借：应付股利　　10 000
　贷：银行存款　　10 000

(四)利润分配年终结转的会计处理

企业年终净利润分配结束，将“利润分配”账户所属其他明细科目的余额转入本账户的“未分配利润”明细科目。

【例 14-13】 甲企业年终“利润分配”账户的其他明细账户余额为：“提取法定盈余公积”借方 20 100 元，“提取任意盈余公积”借方 10 050 元，“应付现金股利”借方 10 000 元，将“利润分配”账户的其他明细账户余额结转到“利润分配——未分配利润”账户。企业应做如下会计处理：

借：利润分配——未分配利润　　40 150
　贷：利润分配——提取法定盈余公积　　20 100
　　　　　　——提取任意盈余公积　　10 050
　　　　　　——应付现金股利　　10 000

实务训练

一、单项选择题

1. 下列交易和事项中，不应确认为营业外支出的是(　　)。

A. 对外捐赠支出　　B. 债务重组损失

C. 计提的存货跌价准备　　D. 固定资产盘亏损失

2. 某企业去年发生亏损 235 000 元，按规定可以用本年度实现的利润弥补去年全部亏损时，应当(　　)。

A. 借：利润分配——弥补亏损　　235 000
　　贷：利润分配——未分配利润　　235 000

B. 借：盈余公积　　235 000
　　贷：利润分配——未分配利润　　235 000

C. 借：其他应收款　　235 000
　　贷：利润分配——未分配利润　　235 000

D. 不做账务处理

3. 下列各项，不影响企业营业利润的项目是(　　)。

A. 主营业务收入　　B. 劳务收入

C. 固定资产租金收入　　D. 营业外收入

4. 某工业企业本期的营业收入100万元，营业成本50万元，管理费用10万元，投资收益20万元，所得税费用18万元。假定不考虑其他因素，该企业本期的营业利润为(　　)万元。

A. 40　　B. 42　　C. 60　　D. 72

5. 根据企业会计准则的规定，企业支付的税款滞纳金应当记入(　　)科目。

A. "财务费用"　　B. "其他业务成本"　　C. "销售费用"　　D. "营业外支出"

6. 企业发生的违约金支出应记入(　　)科目。

A. "销售费用"　　B. "营业外支出"

C. "其他业务成本"　　D. "财务费用"

7. 下列项目中，应计入营业外收入的有(　　)。

A. 处置交易性金融资产的收益　　B. 固定资产盘盈

C. 收到对方违约金　　D. 无法收到的应收账款

8. 企业因自然灾害造成的损失，在扣除保险公司赔偿后应记入(　　)科目。

A. "财务费用"　　B. "其他业务成本"

C. "销售费用"　　D. "营业外支出"

9. 某企业上年末"利润分配——未分配利润"账户借方余额为50 000元(属于五年以上亏损)，本年度实现利润总额为1 000 000元，所得税税率为25%，无纳税调整项目，本年按照10%提取法定盈余公积，应为(　　)元。

A. 75 000　　B. 71 250　　C. 100 000　　D. 70 000

10. 某企业上年末"利润分配——未分配利润"账户贷方余额为50 000元，本年度实现利润总额为1 000 000元，所得税税率为25%，无纳税调整项目，本年按照10%提取法定盈余公积，应为(　　)元。

A. 75 000　　B. 78 750　　C. 100 000　　D. 70 000

二、多项选择题

1. 下列影响利润总额计算的项目有(　　)。

A. 营业收入　　B. 营业外支出　　C. 营业外收入　　D. 投资收益

2. 企业进行利润分配核算时，会涉及(　　)科目。

A. "利润分配"　　B. "盈余公积"　　C. "应付利润"　　D. "应交税费"

3. 下列项目中，应计入营业外支出的有(　　)。

A. 出售固定资产净损失

B. 因债务人无力支付欠款而发生的应收账款损失

C. 对外捐赠支出

D. 违反经济合同的罚款支出

4. 下列项目中，应计入营业外收入的有(　　)。

A. 出售固定资产利得　　B. 原材料盘盈

C. 收到现金折扣　　D. 核销无法支付的应付账款

5. 下列账户期末应结转到“本年利润”的是(　　)。

A. 制造费用　　B. 销售费用　　C. 管理费用　　D. 所得税费用

三、判断题

1. 企业以前年度亏损未弥补完，可以提取法定盈余公积。但是，在未提取法定盈余公积之前，不得向投资者分配利润。(　　)

2. 营业外收入不需要企业付出代价，因此不需要与有关费用配比。(　　)

3. 营业外收入、管理费用和销售费用都会影响企业的营业利润。(　　)

4. 资产减值损失和所得税费用都会影响企业的利润总额。(　　)

5. 企业当期应交所得税等于当期利润总额乘以所得税税率。(　　)

四、计算及会计处理题

某企业 2014 年 1～11 月份累计实现利润总额为 2 000 000 元，所得税税率为 25%，应交所得税为 500 000(假设没有纳税调整事项)。12 月末结账前，各损益类账户的余额如下：

账户名称	借方余额	贷方余额	备　注
主营业务收入		800 000	
其他业务收入		150 000	
投资收益		100 000	与投资单位所得税税率相同
营业外收入		30 000	
主营业务成本	300 000		
销售费用	50 000		
营业税金及附加	9 000		
其他业务成本	100 000		
管理费用	201 000		
财务费用	100 000		
营业外支出	40 000		

要求：

(1)根据上述资料计算：①本月营业利润；②本月利润总额；③本月净利润；④本年利润总额；⑤本年净利润。

(2)计算本年应交所得税，并做出 12 月份相应的账务处理。

(3)企业年末按全年净利润 10%提取法定盈余公积，分配现金股利 60%，请进行相应的计算和账务处理。

项目十五

编制财务报表

项目要点

财务报表是财务会计的最终成果，本项目主要学习财务报表的概念、构成、分类和列报方法等。学生通过学习，应该掌握财务报表的编制方法。

任务一　认识财务报表

一、财务报表的概念与构成

财务报表是对企业财务状况、经营成果和现金流量的结构性表述。一套完整的财务报表至少应当包括“四表一注”，即资产负债表、利润表、现金流量表、所有者权益变动表和附注，并且这些组成部分在列报上具有同等的重要程度，企业不得强调某张报表或某些报表（或附注）较其他报表（或附注）更为重要。

企业应当依据各项会计准则确认和计量的结果编制财务报表；企业编制财务报表时应当对企业持续经营能力进行评估；企业应当按照权责发生制编制财务报表，但现金流量表信息除外；企业财务报表项目的列报应当在各个会计期间保持一致；企业单独列报或汇总列报相关项目时应当遵循重要性原则；企业财务报表项目一般不得以金额抵销后的净额列报；企业应当列报可比会计期间的比较数据等。

二、财务报表的分类

财务报表可以按照不同的标准进行分类。

（一）按财务报表编报期间的不同分类

按财务报表编报期间的不同，可以分为中期财务报表和年度财务报表。中期财务报表是以短于一个完整会计年度的报告期间为基础编制的财务报表，包括月报、季报和半年报等。中期财务报表至少应当包括资产负债表、利润表、现金流量表及附注。年度财务报表应当包括资产负债表、利润表、现金流量表、所有者权益变动表及附注。

(二)按财务报表编报主体的不同分类

按财务报表编报主体的不同,可以分为个别财务报表和合并财务报表。个别财务报表是由企业在自身会计基础上对账簿记录进行加工而编制的财务报表,它主要用以反映企业自身的财务状况、经营成果和现金流量情况。合并财务报表是以母公司和子公司组成的企业集团为会计主体,根据母公司和所属子公司的财务报表,由母公司编制的综合反映企业集团财务状况、经营成果及现金流量的财务报表。合并财务报表的内容详见《新编财务会计Ⅱ》。

三、财务报表列报的基本要求

(一)依据各项会计准则确认和计量的结果编制财务报表

企业应当根据实际发生的交易和事项,遵循《企业会计准则——基本准则》、各项具体会计准则及解释的规定进行确认和计量,并在此基础上编制财务报表。

企业应当在附注中对这一情况做出声明,只有遵循了企业会计准则的所有规定时,财务报表才应当被称为"遵循了企业会计准则"。

(二)列报基础

企业会计准则规定,企业应当以持续经营为基础编制财务报表。持续经营是会计的基本前提,也是会计确认、计量及编制财务报表的基础。在编制财务报表的过程中,企业管理层应当全面评估企业的持续经营能力。企业管理层在对企业持续经营能力进行评估时,应当利用其所有可获得的信息,评估涵盖的期间应包括企业自资产负债表日起至少12个月,评估需要考虑的因素包括宏观政策风险、市场经营风险、企业目前或长期的盈利能力、偿债能力、财务弹性以及企业管理层改变经营政策的意向等。评价结果表明对持续经营能力产生重大怀疑的,企业应当在附注中披露导致对持续经营能力产生重大怀疑的影响因素以及企业拟采取的改善措施。

(三)权责发生制

企业会计准则规定,除现金流量表按照收付实现制编制外,企业应当按照权责发生制编制其他财务报表。在采用权责发生制的情况下,当项目符合基本准则中财务报表要素的定义和确认标准时,企业就应当确认相应的资产、负债、所有者权益、收入和费用,并在财务报表中加以反映。

(四)列报的一致性

可比性是会计信息质量的一项重要质量要求,目的是使同一企业不同期间和同一期间不同企业的财务报表相互可比。财务报表项目的列报应当在各个会计期间保持一致,不得随意变更。这一要求不仅只针对财务报表中的项目名称,还包括财务报表项目的分类、排列顺序等方面。

在下列情况下,企业可以变更财务报表项目的列报:(1)会计准则要求改变财务报表项目的列报;(2)企业经营业务的性质发生重大变化或对企业经营影响较大的交易或事项发生后,变更财务报表项目的列报能够提供更可靠、更相关的会计信息。企业变更财务报表项目列报的,应当根据准则的有关规定提供列报的比较信息。

(五)依据重要性原则单独或汇总列报项目

关于项目在财务报表中是单独列报还是汇总列报,应当依据重要性原则来判断。总的原则是,如果某项目单个看不具有重要性,则可将其与其他项目汇总列报;如具有重要性,则应当单独列报。企业应当遵循如下规定:

1. 性质或功能不同的项目,一般应当在财务报表中单独列报,但是不具有重要性的项目可以汇总列报。比如,存货和固定资产在性质上和功能上都有本质差别,必须分别在资产负债表上单独列报。

2. 性质或功能类似的项目,一般可以汇总列报,但是对其具有重要性的类别应该单独列报。比如,原材料、低值易耗品等项目在性质上类似,均通过生产过程形成企业的产品存货,因此可以汇总列报,汇总之后的类别统称为“存货”,在资产负债表上单独列报。

3. 项目单独列报的原则不仅适用于报表,还适用于附注。某些项目的重要性程度不足以在资产负债表、利润表、现金流量表或所有者权益变动表中单独列示,但对附注却具有重要性,在这种情况下应当在附注中单独披露。比如,对某制造业企业而言,原材料、在产品、库存商品等项目的重要性程度不足以在资产负债表上单独列示,因此在资产负债表上汇总列示,但是鉴于其对该制造业企业的重要性,应当在附注中单独披露。

4. 企业会计准则规定在财务报表中单独列报的项目,企业应当单独列报。其他会计准则规定单独列报的项目,企业应当增加单独列报项目。

企业对于各个项目的重要性判断标准一经确定,不得随意变更。

(六)财务报表项目金额间的相互抵销

企业会计准则规定,财务报表项目应当以总额列报,资产和负债、收入和费用、直接计入当期利润的利得项目和损失项目的金额不能相互抵销,即不得以净额列报,但企业会计准则另有规定的除外。比如,企业欠客户的应付款不得与其他客户欠本企业的应收款相抵销,否则就掩盖了交易的实质。再如,收入和费用反映了企业投入和产出之间的关系,是企业经营成果的两个方面,为了更好地反映经济交易的实质、考核企业经营管理水平以及预测企业未来现金流量,收入和费用不得相互抵销。

企业会计准则规定,以下三种情况不属于抵销:

1. 一组类似交易形成的利得和损失以净额列示的,不属于抵销。例如,汇兑损益应当以净额列报,为交易目的而持有的金融工具形成的利得和损失应当以净额列报。但是,如果相关的利得和损失具有重要性,则应当单独列报。

2. 资产或负债项目按扣除备抵项目后的净额列示,不属于抵销。例如,资产计提的减值准备,实质上意味着资产的价值确实发生了减损,资产项目应当按扣除减值准备后的净额列示,这样才反映了资产当时的真实价值。

3.非日常活动产生的利得和损失，以同一交易形成的收益扣减相关费用后的净额列示更能反映交易实质的，不属于抵销。非日常活动并非企业主要的业务，其产生的损益以收入扣减费用后的净额列示，更有利于报表使用者理解。例如，非流动资产处置形成的利得或损失，应当按处置收入扣除该资产的账面金额和相关销售费用后的净额列报。

(七)比较信息的列报

企业会计准则规定，企业在列报当期财务报表时，至少应当提供所有列报项目上一个可比会计期间的比较数据，以及与理解当期财务报表相关的说明，目的是向报表使用者提供对比数据，提高信息在会计期间的可比性。列报比较信息的这一要求适用于财务报表的所有组成部分，即既适用于四张报表，也适用于附注。

(八)财务报表表首的列报要求

财务报表通常与其他信息(如企业年度报告等)一起公布，企业应当将按照企业会计准则编制的财务报告与一起公布的同一文件中的其他信息相区分。

准则规定，企业在财务报表的显著位置(通常是表首部分)应当至少披露下列基本信息：

1.编报企业的名称。如企业名称在所属当期发生了变更的，应明确标明。

2.对资产负债表而言，应当披露资产负债表日；对利润表、现金流量表、所有者权益变动表而言，应当披露报表涵盖的会计期间。

3.货币名称和单位。按照我国企业会计准则的规定，企业应当以人民币作为记账本位币列报，并标明金额单位，如人民币元、人民币万元等。

4.财务报表是合并财务报表的，应当予以标明。

(九)报告期间

企业会计准则规定，企业至少应当按年编制财务报表。根据《中华人民共和国会计法》的规定，会计年度自公历1月1日起至12月31日止。因此，企业在编制年度财务报表时，可能存在年度财务报表涵盖的期间短于一年的情况，比如企业在年度中间(如3月1日)开始设立等。在这种情况下，企业应当披露年度财务报表的实际涵盖期间及其短于一年的原因，并应当说明由此引起财务报表项目与比较数据不具可比性这一事实。

任务二　编制资产负债表

一、资产负债表的基本知识

(一)资产负债表的概念

资产负债表是反映企业在某一特定日期财务状况的会计报表，即反映了某一特定日期关于企业资产、负债、所有者权益及其相互关系的信息。

资产负债表主要提供以下信息：第一，提供某一日期资产的总额及其结构，表明企业拥有或控制的资源及其分布情况，使用者可以一目了然地从资产负债表上了解企业在某一特定日期所拥有的资产总量及其结构；第二，提供某一日期的负债总额及其结构，表明企业未来需要用多少资产或劳务清偿债务以及清偿时间；第三，反映所有者所拥有的权益，据以判断资本保值、增值的情况以及对负债的保障程度。

资产负债表既属于中期财务报表，又属于年度财务报表。

(二)资产负债表列报总体要求

1. 分类别列报。资产负债表应当按照资产、负债和所有者权益三大类别分类列报。

2. 资产和负债按流动性列报。资产负债表上资产和负债应当按照流动性分别分为流动资产和非流动资产、流动负债和非流动负债列示。流动性，通常按资产的变现或耗用时间长短或者负债的偿还时间长短来确定。在资产负债表中，应先列报流动性强的资产或负债，再列报流动性弱的资产或负债。

3. 列报相关的合计、总计项目。资产负债表中的资产类至少应当列示流动资产和非流动资产的合计项目；负债类至少应当列示流动负债、非流动负债以及负债的合计项目；所有者权益类应当列示所有者权益的合计项目。此外，资产负债表应当分别列示资产总计项目和负债与所有者权益之和的总计项目，并且这二者的金额应当相等。

资产负债表遵循了“资产＝负债＋所有者权益”这一会计恒等式，把企业在特定时日所拥有的经济资源和与之相对应的企业所承担的债务及偿债以后属于所有者的权益充分反映出来。因此，资产负债表应当分别列示资产总计项目和负债与所有者权益之和的总计项目，并且这二者的金额应当相等。

(三)资产的列报

资产应当按照流动资产和非流动资产两大类别在资产负债表中列示，在流动资产和非流动资产类别下进一步按性质分项列示。

1. 流动资产与非流动资产的划分

资产满足下列条件之一的，应当归类为流动资产：(1)预计在一个正常营业周期中变现、出售或耗用。这主要包括存货、应收账款等资产。需要指出的是，变现一般针对应收账款等而言，指将资产变为现金；出售一般针对产品等存货而言；耗用一般指将存货(如原材料)转变成另一种形态(如产成品)。(2)主要为交易目的而持有。这主要是指交易性金融资产。(3)预计从资产负债表日起一年内(含一年)变现。(4)自资产负债表日起一年内，交换其他资产或清偿负债的能力不受限制的现金或现金等价物。

2. 正常营业周期的判定

值得注意的是，判断流动资产、流动负债时所称的一个正常营业周期，是指企业从购买用于加工的资产起至实现现金或现金等价物的期间。

正常营业周期通常短于一年，在一年内有几个营业周期。但是，也存在正常营业周期长于一年的情况，如房地产开发企业开发用于出售的房地产开发产品，造船企业制造的用于出售的大型船只等，从购买原材料进入生产，到制造出产品出售并收回现金或现金等价物的过程，往往超过一年。在这种情况下，与生产循环相关的产成品、应收账款、原材料，尽管是超过一年才变现、出售或耗用，仍应作为流动资产列示。

当正常营业周期不能确定时，应当以一年(12个月)作为正常营业周期。

3. 持有待售的非流动资产的列报

对于划分为持有待售的非流动资产(比如固定资产、无形资产、长期股权投资等)应当归类为流动资产，在"存货"项目下增设"持有待售资产"项目。

(四)负债的列报

负债应当按照流动负债和非流动负债在资产负债表中进行列示，在流动负债和非流动负债类别下再进一步按性质分项列示。

1. 流动负债与非流动负债的划分

流动负债的判断标准与流动资产的判断标准相类似。负债满足下列条件之一的，应当归类为流动负债：(1)预计在一个正常营业周期中清偿。(2)主要为交易目的而持有。(3)自资产负债表日起一年内到期应予以清偿。(4)企业无权自主地将清偿推迟至资产负债表日后一年以上。

企业在应用流动负债的判断标准时，应当注意以下两点：(1)企业对资产和负债进行流动性分类时，应当采用相同的正常营业周期。(2)企业正常营业周期中的经营性负债项目即使在资产负债表日后超过一年才予清偿的，仍应划分为流动负债。经营性负债项目包括应付账款、应付职工薪酬等，这些项目属于企业正常营业周期中使用的营运资金的一部分。

2. 资产负债表日后事项对流动负债与非流动负债划分的影响

(1)自资产负债表日起一年内到期的负债。对于自资产负债表日起一年内到期的负债，企业有意图且有能力自主地将清偿义务展期至资产负债表日后一年以上的，应当归类为非流动负债；不能自主地将清偿义务展期的，即使在资产负债表日后、财务报告批准报出日前签订了重新安排清偿计划协议，该项负债在资产负债表日仍应当归类为流动负债。

(2)违约长期债务。企业在资产负债表日或之前违反了长期借款协议，导致贷款人可随时要求清偿的负债，应当归类为流动负债。这是因为，在这种情况下，债务清偿的主动权并不在企业，企业只能被动地无条件归还贷款，而且该事实在资产负债表日即已存在，所以该负债应当作为流动负债列报。但是，如果贷款人在资产负债表日或之前同意提供在资产负债表日后一年以上的宽限期，企业能够在此期限内改正违约行为，且贷款人不能要求随时清偿时，在资产负债表日的此项负债并不符合流动负债的判断标准，应当归类为非流动负债。

3. 持有待售的非流动负债的列报

被划分为持有待售的非流动负债应当归类为流动负债，在"其他应付款"项目下，增设"持有待售负债"项目。

(五)所有者权益的列报

资产负债表中的所有者权益是企业资产扣除负债后的剩余权益。资产负债表中的所有者权益类项目一般按照净资产的不同来源和特定用途进行分类。准则规定，资产负债表中的所有者权益类项目应当按照实收资本(或股本)、资本公积、其他综合收益、盈余公积、未分配利润等项目分项列示。

二、资产负债表的列报格式和列报方法

(一)资产负债表的列报格式

我国企业资产负债表采用账户式格式。账户式资产负债表根据会计等式“资产＝负债＋所有者权益”列报,即左侧列报资产方;右侧列报负债方和所有者权益方;资产各项目的合计等于负债和所有者权益各项目的合计,即资产负债表左方和右方平衡。为了保证会计信息的可比性,企业需要提供比较资产负债表,资产负债表各项目再分为“年初余额”和“期末余额”两栏分别填列。账户式资产负债表的格式见表15-1。

(二)资产负债表的列报方法

资产负债表各项目均需列报“年初余额”和“期末余额”两栏。其中“年初余额”栏应当根据上年末资产负债表“期末余额”栏有关项目填列。如果企业发生了会计政策变更、前期差错更正,应当对“年初余额”栏中的有关项目进行相应调整;如果企业上年度资产负债表规定的项目名称和内容与本年度不一致,应当对上年末资产负债表相关项目的名称和金额按照本年度的规定进行调整,填入“年初余额”栏。“期末余额”栏主要有以下几种填列方法:

1.根据总账科目的余额填列。“以公允价值计量且其变动计入当期损益的金融资产”“工程物资”“固定资产清理”“递延所得税资产”“短期借款”“以公允价值计量且其变动计入当期损益的金融负债”“应付票据”“应交税费”“应付利息”“应付股利”“其他应付款”“专项应付款”“预计负债”“递延收益”“递延所得税负债”“实收资本(或股本)”“库存股”“资本公积”“其他综合收益”“专项储备”“盈余公积”等项目,应根据有关总账科目的余额填列。

有些项目则应根据几个总账科目的余额计算填列,如“货币资金”项目,需根据“库存现金”“银行存款”“其他货币资金”三个总账科目余额的合计数填列;“其他流动资产”“其他流动负债”项目,应根据有关科目的期末余额分析填列。

其中,有其他综合收益相关业务的企业,应当设置“其他综合收益”科目进行会计处理,该科目应当按照其他综合收益项目的具体内容设置明细科目。企业在对其他综合收益进行会计处理时,应当通过“其他综合收益”科目处理,并与“资本公积”科目相区分。

2.根据明细账科目的余额计算填列。“开发支出”项目,应根据“研发支出”科目中所属的“资本化支出”明细科目期末余额填列;“应付账款”项目,应根据“应付账款”和“预付账款”科目所属的相关明细科目的期末贷方余额合计数填列;“一年内到期的非流动资产”“一年内到期的非流动负债”项目,应根据有关非流动资产或负债项目的明细科目余额分析填列;“应付职工薪酬”项目,应根据“应付职工薪酬”科目的明细科目期末余额分析填列;“长期借款”“应付债券”项目,应分别根据“长期借款”“应付债券”科目的明细科目余额分析填列;“未分配利润”项目,应根据“利润分配”科目中所属的“未分配利润”明细科目期

末余额填列。

3.根据总账科目和明细账科目的余额分析计算填列。“长期借款”项目，应根据“长期借款”总账科目余额扣除“长期借款”科目所属的明细科目中将在资产负债表日起一年内到期且企业不能自主地将清偿义务展期的长期借款后的金额计算填列；“长期待摊费用”项目，应根据“长期待摊费用”科目的期末余额减去将于一年内（含一年）摊销的数额后的金额填列；“其他非流动资产”项目，应根据有关科目的期末余额减去将于一年内（含一年）收回的数额后的金额填列；“其他非流动负债”项目，应根据有关科目的期末余额减去将于一年内（含一年）到期偿还的数额后的金额填列。

4.根据有关科目余额减去其备抵科目余额后的净额填列。“可供出售金融资产”“持有至到期投资”“长期股权投资”“在建工程”“商誉”项目，应根据相关科目的期末余额填列，已计提减值准备的，还应扣减相应的减值准备；“固定资产”“无形资产”“投资性房地产”“生产性生物资产”“油气资产”项目，应根据相关科目的期末余额扣减相关的累计折旧（或摊销、折耗）填列，已计提减值准备的，还应扣减相应的减值准备，采用公允价值计量的上述资产，应根据相关科目的期末余额填列；“长期应收款”项目，应根据“长期应收款”科目的期末余额，减去相应的“未实现融资费用”科目和“坏账准备”科目所属相关明细科目期末余额后的金额填列；“长期应付款”项目，应根据“长期应付款”科目的期末余额，减去相应的“未确认融资费用”科目期末余额后的金额填列。

5.综合运用上述填列方法分析填列。“应收票据”“应收利息”“应收股利”“其他应收款”项目，应根据相关科目的期末余额，减去“坏账准备”科目中有关坏账准备期末余额后的金额填列；“应收账款”项目，应根据“应收账款”和“预收账款”科目所属各明细科目的期末借方余额合计数数，减去“坏账准备”科目中有关应收账款计提的坏账准备期末余额后的金额填列；“预付款项”项目，应根据“预付账款”和“应付账款”科目所属各明细科目的期末借方余额合计数，减去“坏账准备”科目中有关预付款项计提的坏账准备期末余额后的金额填列；“存货”项目，应根据“材料采购” “原材料”“发出商品”“库存商品”“周转材料”“委托加工物资”“生产成本”“受托代销商品”等科目的期末余额合计数，减去“受托代销商品款”“存货跌价准备”科目期末余额后的金额填列，材料采用计划成本核算，以及库存商品采用计划成本核算或售价核算的企业，还应按加或减材料成本差异、商品进销差价后的金额填列；“划分为持有待售的资产”“划分为持有待售的负债”项目，应根据相关科目的期末余额分析填列等。

三、资产负债表列报举例

【例 15-1】 甲股份有限公司为增值税一般纳税人，适用的增值税税率为 17%，所得税税率为 25%；原材料采用计划成本法核算。该公司 2013 年 12 月 31 日的资产负债表如表 15-1 所示。其中，“应收账款”科目的期末余额为 4 000 000 元，“坏账准备”科目的期末余额为 9 000 元。其他诸如存货、固定资产、无形资产等资产均未计提资产减值准备。

表 15-1　　资产负债表

会企 01 表

编制单位：甲股份有限公司　　2013 年 12 月 31 日　　单位：元

资产	期末余额	年初余额	负债和所有者权益（或股东权益）	期末余额	年初余额
流动资产：		略	流动负债：		略
货币资金	14 063 000		短期借款	3 000 000	
以公允价值计量且其变动计入当期损益的金融资产	150 000		以公允价值计量且其变动计入当期损益的金融负债	0	
应收票据	2 460 000		应付票据	2 000 000	
应收账款	3 991 000		应付账款	9 548 000	
预付款项	1 000 000		预收款项	0	
应收利息	0		应付职工薪酬	1 100 000	
应收股利	0		应交税费	366 000	
其他应收款	3 050 000		应付利息	0	
存货	25 800 000		应付股利	0	
一年内到期的非流动资产	0		其他应付款	500 000	
其他流动资产	0		一年内到期的非流动负债	10 000 000	
流动资产合计	50 514 000		其他流动负债	0	
非流动资产：			流动负债合计	26 514 000	
可供出售金融资产	0		非流动负债：		
持有至到期投资	0		长期借款	6 000 000	
长期应收款	0		应付债券	0	
长期股权投资	2 500 000		长期应付款	0	
投资性房地产	0		专项应付款	0	
固定资产	8 000 000		预计负债	0	
在建工程	15 000 000		递延收益	0	
工程物资	0		递延所得税负债	0	
固定资产清理	0		其他非流动负债	0	
生产性生物资产	0		非流动负债合计	6 000 000	
油气资产	0		负债合计	32 514 000	
无形资产	6 000 000		所有者权益（或股东权益）		
开发支出	0		实收资本（或股本）	50 000 000	
商誉	0		资本公积	0	
长期待摊费用	0		减：库存股	0	
递延所得税资产	0		其他综合收益	0	
其他非流动资产	2 000 000		盈余公积	1 000 000	
非流动资产合计	33 500 000		未分配利润	500 000	
			所有者权益（或股东权益）合计	51 500 000	
资产总计	84 014 000		负债和所有者权益（或股东权益）总计	84 014 000	

2014 年,甲股份有限公司共发生如下经济业务:

(1)收到银行通知,用银行存款支付到期的商业承兑汇票 1 000 000 元。

(2)购入原材料一批,收到的增值税专用发票注明价款 1 500 000 元,增值税进项税额为 255 000 元,款项已通过银行转账支付,材料尚未入库。

(3)收到上月购进的原材料一批,实际成本 1 000 000 元,计划成本 950 000 元,材料已验收入库,货款已于上月支付。

(4)用银行汇票支付采购材料款,公司收到开户银行转来的银行汇票多余款收账通知,多余款 2 340 元,购入原材料 998 000 元,支付的增值税进项税额 169 660 元,原材料已验收入库,该批原材料计划成本 1 000 000 元。

(5)销售产品一批,开具增值税专用发票,注明价款 3 000 000 元 ,增值税销项税额 510 000 元,货款尚未收到。该批产品实际成本 1 800 000 元,产品已发出。

(6)将交易性金融资产(股票投资)变现 165 000 元,该投资的成本为 130 000 元,公允价值变动为增值 20 000 元,款项存入银行。

(7)购入管理部门使用的小轿车一辆,价税合计 210 000 元。

(8)购入工程物资一批,共支付 1 500 000 元,款项已通过银行转账支付。

(9)结转在建工程应付职工薪酬 2 280 000 元。

(10)一项基建工程完工,已办理竣工手续并交付使用,固定资产价值 14 000 000 元。

(11)基本生产车间报废一台机床,原价 2 000 000 元,已提折旧 1 800 000 元,清理费用 5 000 元,残值收入 8 000 元,均通过银行存款收付。

(12)从银行借入 3 年期借款 10 000 000 元,借款已存入银行账户。

(13)销售产品一批,开具增值税专用发票,注明价款为 7 000 000 元,增值税销项税额为 1 190 000 元,款项已存入银行。销售产品的实际成本为 4 200 000 元。

(14)公司将一张面值为 2 000 000 元的无息银行承兑汇票交银行办理收款,款项已收妥入账。

(15)公司出售一项不需用的固定资产,收到价款 3 000 000 元,该设备原价 4 000 000 元,已提折旧 1 500 000 元。不考虑增值税等相关税费。

(16)购入股票一批,作为可供出售金融资产,价款 1 030 000 元,交易费用 20 000 元,已用"其他货币资金——存出投资款"支付。

(17)支付职工薪酬 5 000 000 元,其中包括在建工程人员的薪酬 2 000 000 元。

(18)分配应支付职工薪酬 3 000 000 元(不包括在建工程应负担的工资),其中生产人员薪酬 2 750 000 元,车间管理人员薪酬 100 000 元,行政管理部门人员薪酬 150 000 元。

(19)提取职工福利费 420 000 元(不包括在建工程应负担的福利费 280 000 元),其中生产工人福利费 385 000 元,车间管理人员福利费 14 000 元,行政管理部门人员福利费 21 000元。

(20)基本生产车间领用原材料,计划成本为 7 000 000 元;领用低值易耗品,计划成本 500 000 元,采用一次摊销法摊销。

(21)结转领用原材料和低值易耗品应分摊的材料成本差异,材料成本差异率为 5%。

(22)计提无形资产摊销 6 000 000 元;以银行存款支付基本生产车间水电

费900 000元。

(23)计提固定资产折旧1 000 000元,其中计入制造费用800 000元、管理费用200 000元(假设会计折旧与税法折旧相等);计提固定资产减值准备300 000元。

(24)收到应收账款510 000元,存入银行。计提应收账款坏账准备9 000元。

(25)用银行存款支付产品展览费100 000元。

(26)计算并结转本期制造费用2 339 000元及完工产品成本12 824 000元。假设不存在期初在产品,本期投产的产品全部完工入库。

(27)用银行存款支付广告费100 000元。

(28)公司采用银行承兑汇票结算方式销售产品一批,开出的增值税专用发票上注明价款为2 500 000元,销项税额为425 000元,收到银行承兑汇票一张,该批产品的实际成本为1 500 000元。

(29)公司将上述银行承兑汇票办理贴现,贴现息为200 000元。

(30)以银行存款交纳增值税1 000 000元。

(31)交纳并结转城市维护建设税70 000元,教育费附加30 000元。

(32)提取在建工程应负担的长期借款利息2 000 000元,长期借款为分期付息。

(33)提取应计入当期损益的长期借款利息100 000元,长期借款为分期付息。

(34)归还短期借款本金2 500 000元。

(35)支付长期借款利息2 100 000元。

(36)偿还长期借款本金10 000 000元。

(37)持有的可供出售金融资产的公允价值上升20 000元。

(38)结转本期产品销售成本7 500 000元。

(39)将各损益类科目结转至本年利润。

(40)计算并结转甲公司2014年度应纳企业所得税(采用资产负债表债务法,且根据已知条件,“递延所得税资产”与“递延所得税负债”科目的期初余额为零)。

(41)计算并结转本年净利润。

(42)按净利润的10%提取法定盈余公积。

(43)将利润分配各明细科目的余额转入“未分配利润”明细科目。

(44)以银行存款交纳当年应交所得税。

要求:

(1)编制甲股份有限公司2014年度经济业务的会计分录。

(2)在此基础上编制甲股份有限公司2014年度资产负债表。

1.根据上述资料编制会计分录

(1)借:应付票据	1 000 000	
贷:银行存款		1 000 000
(2)借:材料采购	1 500 000	
应交税费——应交增值税(进项税额)	255 000	
贷:银行存款		1 755 000

(3)借:原材料 950 000
　　材料成本差异 50 000
　贷:材料采购 1 000 000
(4)借:材料采购 998 000
　　银行存款 2 340
　　应交税费——应交增值税(进项税额) 169 660
　贷:其他货币资金 1 170 000
　借:原材料 1 000 000
　贷:材料采购 998 000
　　材料成本差异 2 000
(5)借:应收账款 3 510 000
　贷:主营业务收入 3 000 000
　　应交税费——应交增值税(销项税额) 510 000
(6)借:银行存款 165 000
　　公允价值变动损益 20 000
　贷:交易性金融资产——成本 130 000
　　　　——公允价值变动 20 000
　　投资收益 35 000
(7)借:固定资产 210 000
　贷:银行存款 210 000
(8)借:工程物资 1 500 000
　贷: 银行存款 1 500 000
(9)借:在建工程 2 280 000
　贷:应付职工薪酬 2 280 000
(10)借:固定资产 14 000 000
　贷:在建工程 14 000 000
(11)借:固定资产清理 200 000
　　累计折旧 1 800 000
　贷:固定资产 2 000 000
　借:固定资产清理 5 000
　贷:银行存款 5 000
　借:银行存款 8 000
　贷:固定资产清理 8 000
　借:营业外支出——处置固定资产净损失 197 000
　贷:固定资产清理 197 000
(12)借:银行存款 10 000 000
　贷:长期借款 10 000 000

(13)借:银行存款　8 190 000
　　贷:主营业务收入　7 000 000
　　　　应交税费——应交增值税(销项税额)　1 190 000

(14)借:银行存款　2 000 000
　　贷:应收票据　2 000 000

(15)借:固定资产清理　2 500 000
　　　　累计折旧　1 500 000
　　贷: 固定资产　4 000 000
　　借:银行存款　3 000 000
　　贷: 固定资产清理　3 000 000
　　借:固定资产清理　500 000
　　贷:营业外收入——处置固定资产利得　500 000

(16)借:可供出售金融资产　1 050 000
　　贷:其他货币资金——存出投资款　1 050 000

(17)借:应付职工薪酬　5 000 000
　　贷:银行存款　5 000 000

(18)借:生产成本　2 750 000
　　　　制造费用　100 000
　　　　管理费用　150 000
　　贷:应付职工薪酬　3 000 000

(19)借:生产成本　385 000
　　　　制造费用　14 000
　　　　管理费用　21 000
　　贷:应付职工薪酬　420 000

(20)借:生产成本　7 000 000
　　贷:原材料　7 000 000
　　借:制造费用　500 000
　　贷:周转材料　500 000

(21)借:生产成本　350 000
　　　　制造费用　25 000
　　贷:材料成本差异　375 000

(22)借:管理费用——无形资产摊销　6 000 000
　　贷:累计摊销　6 000 000
　　借:制造费用——水电费　900 000
　　贷:银行存款　900 000

(23)借:制造费用——折旧费　800 000
　　　　管理费用——折旧费　200 000
　　贷:累计折旧　1 000 000
　　借:资产减值损失　300 000

贷:固定资产减值准备 300 000

(24)借:银行存款 510 000

贷:应收账款 510 000

借:资产减值损失 9 000

贷:坏账准备 9 000

(25)借:销售费用——展览费 100 000

贷:银行存款 100 000

(26)借:生产成本 2 339 000

贷:制造费用 2 339 000

借:库存商品 12 824 000

贷:生产成本 12 824 000

(27)借:销售费用——广告费 100 000

贷:银行存款 100 000

(28)借:应收票据 2 925 000

贷:主营业务收入 2 500 000

应交税费——应交增值税(销项税额) 425 000

(29)借:财务费用 200 000

银行存款 2 725 000

贷:短期借款 2 925 000

(30)借:应交税费——应交增值税(已交税金) 1 000 000

贷:银行存款 1 000 000

(31)借:营业税金及附加 100 000

贷:应交税费——应交城建税 70 000

——应交教育费附加 30 000

借:应交税费——应交城建税 70 000

——应交教育费附加 30 000

贷:银行存款 100 000

(32)借:在建工程 2 000 000

贷:应付利息 2 000 000

(33)借:财务费用 100 000

贷:应付利息 100 000

(34)借:短期借款 2 500 000

贷:银行存款 2 500 000

(35)借:应付利息 2 100 000

贷:银行存款 2 100 000

(36)借:长期借款 10 000 000

贷:银行存款 10 000 000

(37)借:可供出售金融资产——公允价值变动 20 000

贷:其他综合收益——可供出售金融资产公允价值变动 20 000

(38)借:主营业务成本　7 500 000

　贷:库存商品　7 500 000

(39)借:主营业务收入　12 500 000

　营业外收入　500 000

　投资收益　35 000

　贷:本年利润　13 035 000

借:本年利润　9 597 000

　贷:主营业务成本　7 500 000

　营业税金及附加　100 000

　销售费用　200 000

　管理费用　971 000

　财务费用　300 000

　资产减值损失　309 000

　营业外支出　197 000

　公允价值变动损益　20 000

(40)借:所得税费用　859 500

　递延所得税资产　77 250

　贷:应交税费——应交所得税　936 750

借:其他综合收益——与计入所有者权益项目相关的递延所得税的影响　5 000

　贷:递延所得税负债　5 000

借:本年利润　859 500

　贷:所得税费用　859 500

计入所得税费用的递延所得税资产＝(300 000＋9 000)×25％＝77 250(元)

计入所有者权益的递延所得税负债＝20 000×25％＝5 000(元)

应纳税所得额＝(13 035 000－9 597 000)＋300 000＋9 000＝3 747 000(元)

应交所得税＝3 747 000×25％＝936 750(元)

(41)借:本年利润　2 578 500

　贷:利润分配——未分配利润　2 578 500

本年净利润＝(13 035 000－9 597 000－859 500)＝2 578 500(元)

(42)借:利润分配——提取法定盈余公积　257 850

　贷:盈余公积——法定盈余公积　257 850

提取法定盈余公积数额为:2 578 500×10％＝257 850(元)

(43)借:利润分配——未分配利润　257 850

　贷:利润分配——提取法定盈余公积　257 850

(44)借:应交税费——应交所得税　936 750

　贷:银行存款　936 750

2.根据资产负债表年初数和上述会计分录编制年末资产负债表(见表15-2)。

表 15-2　　　　资产负债表

会企 01 表

编制单位：甲股份有限公司　　　　2014 年 12 月 31 日　　　　单位：元

资产	期末余额	年初余额	负债和所有者权益（或股东权益）	期末余额	年初余额
流动资产：			流动负债：		
货币资金	11 236 590	14 063 000	短期借款	3 425 000	3 000 000
以公允价值计量且其变动计入当期损益的金融资产	0	150 000	以公允价值计量且其变动计入当期损益的金融负债	0	0
应收票据	3 385 000	2 460 000	应付票据	1 000 000	2 000 000
应收账款	6 982 000	3 991 000	应付账款	9 548 000	9 548 000
预付款项	1 000 000	1 000 000	预收款项	0	0
应收利息	0	0	应付职工薪酬	1 800 000	1 100 000
应收股利	0	0	应交税费	1 066 340	366 000
其他应收款	3 050 000	3 050 000	应付利息	0	0
存货	25 747 000	25 800 000	应付股利	0	0
一年内到期的非流动资产	0	0	其他应付款	500 000	500 000
其他流动资产	0	0	一年内到期的非流动负债	0	10 000 000
流动资产合计	51 400 590	50 514 000	其他流动负债	10 000 000	0
非流动资产：			流动负债合计	27 339 340	26 514 000
可供出售金融资产	1 070 000	0	非流动负债：		
持有至到期投资	0	0	长期借款	6 000 000	6 000 000
长期应收款	0	0	应付债券	0	0
长期股权投资	2 500 000	2 500 000	长期应付款	0	0
投资性房地产	0	0	专项应付款	0	0
固定资产	18 210 000	8 000 000	预计负债	0	0
在建工程	5 280 000	15 000 000	递延收益	0	0
工程物资	1 500 000	0	递延所得税负债	50 00	0
固定资产清理	0	0	其他非流动负债		0
生产性生物资产	0	0	非流动负债合计	6 005 000	6 000 000
油气资产	0	0	负债合计	33 344 340	32 514 000
无形资产	5 400 000	6 000 000	所有者权益（或股东权益）		
开发支出	0	0	实收资本（或股本）	50 000 000	50 000 000
商誉	0	0	资本公积	0	0
长期待摊费用	0	0	减：库存股	0	0
递延所得税资产	77 250	0	其他综合收益	15 000	0
其他非流动资产	2 000 000	2 000 000	盈余公积	1 257 850	1 000 000
非流动资产合计	36 037 250	33 500 000	未分配利润	2 820 650	500 000
			所有者权益（或股东权益）合计	54 093 500	51 500 000
资产总计	87 437 840	84 014 000	负债和所有者权益（或股东权益）总计	87 437 840	84 014 000

注："应收账款"科目的年末余额为 7 000 000 元，"坏账准备"科目的期末余额为 18 000 元。

任务三　编制利润表

一、利润表的基本知识

(一)利润表的概念

利润表是反映企业在一定会计期间的经营成果的报表。利润表主要提供以下信息：(1)企业一定会计期间收入的确认情况；(2)企业一定会计期间费用的耗费情况；(3)企业生产经营活动的成果，即净利润的实现情况，等等。

利润表既属于中期财务报表，又属于年度财务报表。

(二)利润表列报的总体要求

企业在利润表中应当对费用按照功能分类，分为从事经营业务发生的成本、管理费用、销售费用和财务费用等。企业的活动通常可以划分为生产、销售、管理、融资等，每一种活动中发生的费用所发挥的功能并不相同，因此，按照费用功能将其分开列报，有助于使用者了解费用发生的活动领域。

企业应当在附注中披露费用按照性质分类的利润表补充资料，可将费用分为耗用的原材料、职工薪酬费用、折旧费用、摊销费用等，以有助于报表使用者预测企业的未来现金流量。

(三)综合收益的列报

综合收益，是指企业在某一期间除与所有者以其所有者身份进行的交易之外的其他交易或事项所引起的所有者权益变动。综合收益总额项目反映净利润和其他综合收益扣除所得税影响后的净额相加后的合计金额。其他综合收益，是指企业根据财务报表列报准则之外的其他会计准则规定，未在当期损益中确认的各项利得和损失。

企业应当以扣除相关所得税影响后的净额在利润表上单独列示各项其他综合收益项目，其他综合收益项目应当根据相关会计准则的规定列报。

二、利润表的列报格式

利润表正表的格式一般有两种：单步式利润表和多步式利润表。单步式利润表是将当期所有的收入列在一起，然后将所有的费用列在一起，两者相减得出当期净损益。多步式利润表是通过对当期的收入、费用、支出项目按性质加以归类，按利润形成的主要环节列示一些中间性利润指标，便于使用者理解企业经营成果的不同来源。

我国采用多步式列报利润表，为了保证会计信息的可比性，企业需要提供比较利润表，表中各项目再分为“本期金额”和“上期金额”两栏分别填列。多步式利润表的格式如表 15-3 所示。

三、利润表的列报方法

(一)“本期金额”栏的填列方法

企业应当根据损益类科目和所有者权益类有关科目的发生额填列利润表“本期金额”栏,具体包括如下情况:

1.“营业收入”“营业成本”“营业税金及附加”“销售费用”“管理费用”“财务费用”“资产减值损失”“公允价值变动收益”“投资收益”“营业外收入”“营业外支出”“所得税费用”等项目,应根据有关损益类科目的发生额分析填列。

2.“其中:对联营企业和合营企业的投资收益”“其中:非流动资产处置利得”“其中:非流动资产处置损失”等项目,应根据“投资收益”“营业外收入”“营业外支出”等科目所属的相关明细科目的发生额分析填列。

3.“其他综合收益的税后净额”项目及其各组成部分,应根据“其他综合收益”科目及其所属明细科目的本期发生额分析填列。

4.“营业利润”“利润总额”“净利润”“综合收益总额”项目,应根据本表中相关项目计算填列。

5.普通股或潜在普通股已公开交易的企业,以及正处于公开发行普通股或潜在普通股过程中的企业,还应当在利润表中列示每股收益信息,并在附注中详细披露计算过程,以供投资者参考。“基本每股收益”项目,根据归属于普通股股东的当期综合收益总额,除以发行在外普通股的加权平均数计算的金额填列;“稀释每股收益”项目,填列以基本每股收益为基础,假定企业所有发行在外的稀释性潜在普通股均已转换为普通股,从而分别调整归属于普通股股东的当期综合收益总额以及发行在外普通股的加权平均数计算的金额。

(二)“上期金额”栏的填列方法

企业应当根据上年同期利润表“本期金额”栏内所列数字填列本年度利润表的“上期金额”栏。如果企业上年同期利润表规定的项目名称和内容与本期不一致,应当对上年同期利润表相关项目的名称和金额按照本期的规定进行调整,填入“上期金额”栏。

【例 15-2】 根据例 15-1 的资料,编制甲股份有限公司 2014 年度的利润表。

1.根据例 15-1 的资料,甲股份有限公司 2014 年度损益类科目本年累计发生额如表15-3 所示。

表 15-3　　2014 年度损益类科目本年累计发生额　　单位:元

科目名称	借方发生额	贷方发生额
主营业务收入		12 500 000
主营业务成本	7 500 000	
营业税金及附加	100 000	
销售费用	200 000	
管理费用	971 000	
财务费用	300 000	

（续表）

资产减值损失	309 000	
公允价值变动损益	20 000	
投资收益		35 000
营业外收入		500 000
营业外支出	197 000	
所得税费用	859 500	

2. 根据2014年度损益类科目累计发生额编制利润表，如表15-4所示。

表15-4 **利润表**

会企02表

编制单位：甲股份有限公司 2014年度 单位：元

项 目	本期金额	上期金额
一、营业收入	12 500 000	略
减：营业成本	7 500 000	
营业税金及附加	100 000	
销售费用	200 000	
管理费用	971 000	
财务费用	300 000	
资产减值损失	309 000	
加：公允价值变动收益（损失以"－"号填列）	－20 000	
投资收益（损失以"－"号填列）	35 000	
其中：对联营企业和合营企业的投资收益	0	
二、营业利润（亏损以"－"号填列）	3 135 000	
加：营业外收入	500 000	
其中：非流动资产处置利得	500 000	
减：营业外支出	197 000	
其中：非流动资产处置损失	197 000	
三、利润总额（亏损总额以"－"号填列）	3 438 000	
减：所得税费用	859 500	
四、净利润（净亏损以"－"号填列）	2 578 500	
五、其他综合收益的税后净额	0	
（一）以后不能重分类进损益的其他综合收益	0	
（二）以后将能重分类进损益的其他综合收益	15 000	
1. 权益法下在被投资单位以后将重分类进损益的其他综合收益中享有的份额	0	
2. 可供出售金融资产公允价值变动损益	20 000	
3. 持有至到期投资重分类为可供出售金融资产损益	0	
4. 与计入所有者权益项目相关的递延所得税的影响	－5 000	
六、综合收益总额	2 593 500	
七、每股收益		
（一）基本每股收益		
（二）稀释每股收益		

任务四　编制现金流量表

一、现金流量表的概念和编制基础

(一)现金流量表的概念

现金流量表,是反映企业一定会计期间现金和现金等价物流入和流出的报表。编制现金流量表的主要目的,是为财务报表使用者提供企业一定会计期间内现金和现金等价物流入和流出的信息,以便于财务报表使用者了解和评价企业获取现金和现金等价物的能力,并据以预测企业未来现金流量。

现金流量表既属于中期财务报表,又属于年度财务报表。

(二)现金流量表的编制基础

现金流量表以现金及现金等价物为基础编制,划分为经营活动、投资活动和筹资活动,按照收付实现制原则编制,将权责发生制下的盈利信息调整为收付实现制下的现金流量信息。

1.现金,是指企业库存现金以及可以随时用于支付的存款。不能随时用于支付的存款不属于现金。现金主要包括:(1)库存现金。库存现金是指企业持有的可随时用于支付的现金,与“库存现金”科目的核算内容一致。(2)银行存款。银行存款是指企业存入金融机构、可以随时用于支取的存款,与“银行存款”科目的核算内容基本一致,但不包括不能随时用于支付的存款。例如,不能随时支取的定期存款等不应作为现金;提前通知金融机构便可支取的定期存款则应包括在现金范围内。(3)其他货币资金。其他货币资金是指存放在金融机构的外埠存款、银行汇票存款、银行本票存款、信用卡存款、信用证保证金存款和存出投资款等,与“其他货币资金”科目的核算内容一致。

2.现金等价物,是指企业持有的期限短、流动性强、易于转换为已知金额现金、价值变动风险很小的投资。其中,“期限短”一般是指从购买日起3个月内到期。例如可在证券市场上流通的3个月内到期的短期债券等。由于权益性投资变现的金额通常不确定,因而不属于现金等价物。

二、现金流量表的内容和列报格式

(一)现金流量表的内容

企业在一定期间产生的现金流量分为三类:

1.经营活动产生的现金流量

经营活动是指企业投资活动和筹资活动以外的所有交易和事项,主要包括销售商品、提供劳务、购买商品、接受劳务、支付税费等。

2.投资活动产生的现金流量

投资活动是指企业长期资产的购建和不包括在现金等价物范围内的投资及其处置活动。长期资产是指固定资产、无形资产、在建工程、其他资产等持有期限在一年或一个营业周期以上的资产。这里之所以将“包括在现金等价物范围内的投资”排除在外，是因为已经将包括在现金等价物范围内的投资视同现金。

3. 筹资活动产生的现金流量

筹资活动是指导致企业资本及债务规模和构成发生变化的活动。这里所说的资本，既包括实收资本（股本），也包括资本溢价（股本溢价）；这里所说的债务，指对外举债，包括向银行借款、发行债券以及偿还债务等。通常情况下，应付账款、应付票据等属于经营活动，不属于筹资活动。

对于企业日常活动之外、不经常发生的特殊项目，如自然灾害损失、保险赔款、捐赠等，应当归并到相关类别中，并单独反映。比如，对于自然灾害损失和保险赔款，如果能够确指属于流动资产损失，应当列入经营活动产生的现金流量；属于固定资产损失，应当列入投资活动产生的现金流量。如果不能确指，则可以列入经营活动产生的现金流量。捐赠收入和支出，可以列入经营活动。如果特殊项目的现金流量金额不大，则可以列入现金流量类别下的“其他”项目，不单列项目。

（二）现金流量表的列报格式

现金流量表的列报格式采用报告式，分类反映经营活动产生的现金流量、投资活动产生的现金流量、筹资活动产生的现金流量以及汇率变动对现金及现金等价物的影响，最后汇总反映企业某一期间现金及现金等价物的净增加额。为了保证会计信息的可比性，企业需要提供比较现金流量表，表中各项目再分为“本期金额”和“上期金额”两栏分别填列。我国企业现金流量表的格式如表 13-5 所示。

三、现金流量表的填列方法

（一）经营活动产生的现金流量的填列方法

1.“销售商品、提供劳务收到的现金”项目

本项目反映企业销售商品、提供劳务实际收到的现金，包括销售收入和应向购买者收取的增值税销项税额，具体包括：本期销售商品、提供劳务收到的现金，以及前期销售商品、提供劳务本期收到的现金和本期预收的款项，减去本期销售本期退回的商品和前期销售本期退回的商品支付的现金。企业销售材料和代购代销业务收到的现金，也在本项目反映。本项目可以根据“库存现金”“银行存款”“应收票据”“应收账款”“预收账款”“主营业务收入”“其他业务收入”科目的记录分析填列。

2.“收到的税费返还”项目

本项目反映企业收到返还的各种税费，如收到的增值税、营业税、所得税、消费税、关税和教育费附加返还款等。本项目可以根据有关科目的记录分析填列。

3.“收到的其他与经营活动有关的现金”项目

本项目反映企业除上述各项目外，收到的其他与经营活动有关的现金，如罚款收入、经营租赁固定资产收到的现金、投资性房地产收到的租金收入、流动资产损失中由个人赔偿的现金收入、除税费返还外的其他政府补助收入等。其他与经营活动有关的现金，如果价值较大的，应单列项目反映。本项目可以根据“库存现金”“银行存款”“管理费用”“销售费用”等科目的记录分析填列。

4.“购买商品、接受劳务支付的现金”项目

本项目反映企业购买材料、商品、接受劳务实际支付的现金,包括支付的货款以及与货款一并支付的增值税进项税额,具体包括:本期购买商品、接受劳务支付的现金,以及本期支付前期购买商品、接受劳务的未付款项和本期预付款项,减去本期发生的购货退回收到的现金。为购置存货而发生的借款利息资本化部分,应在“分配股利、利润或偿付利息支付的现金”项目中反映。本项目可以根据“库存现金”“银行存款”“应付票据”“应付账款”“预付账款”“主营业务成本”“其他业务支出”等科目的记录分析填列。

5.“支付给职工以及为职工支付的现金”项目

本项目反映企业实际支付给职工的现金以及为职工支付的现金,包括企业为获得职工提供的服务,本期实际给予各种形式的报酬以及其他相关支出,如支付给职工的工资、奖金、各种津贴和补贴等,以及为职工支付的其他费用,不包括支付给在建工程人员的工资。支付的在建工程人员的工资,在“购建固定资产、无形资产和其他长期资产所支付的现金”项目中反映。

企业为职工支付的医疗、养老、失业、工伤、生育等社会保险基金、补充养老保险、住房公积金,企业为职工交纳的商业保险金,因解除与职工劳动关系给予的补偿,现金结算的股份支付,以及企业支付给职工或为职工支付的其他福利费用等,应根据职工的工作性质和服务对象,分别在“购建固定资产、无形资产和其他长期资产所支付的现金”和“支付给职工以及为职工支付的现金”项目中反映。本项目可以根据“库存现金”“银行存款”“应付职工薪酬”等科目的记录分析填列。

6.“支付的各项税费”项目

本项目反映企业按规定支付的各项税费,包括本期发生并支付的税费,以及本期支付以前各期发生的税费和预交的税金,如支付的营业税、增值税、消费税、企业所得税、教育费附加、印花税、房产税、土地增值税、车船税等。不包括本期退回的增值税、企业所得税。本期退回的增值税、企业所得税等,在“收到的税费返还”项目中反映。本项目可以根据“应交税费”“库存现金”“银行存款”等科目分析填列。

7.“支付的其他与经营活动有关的现金”项目

本项目反映企业除上述各项目外,支付的其他与经营活动有关的现金,如罚款支出、支付的差旅费、业务招待费、保险费、经营租赁支付的现金等。其他与经营活动有关的现金,如果金额较大的,应单列项目反映。本项目可以根据有关科目的记录分析填列。

(二)投资活动产生的现金流量的填列方法

1.“收回投资所收到的现金”项目

本项目反映企业出售、转让或到期收回除现金等价物以外的交易性金融资产、持有至到期投资、可供出售金融资产、长期股权投资等而收到的现金。不包括债权性投资收回的利息、收回的非现金资产,以及处置子公司及其他营业单位收到的现金净额。债权性投资收回的本金,在本项目反映,债权性投资收回的利息,不在本项目中反映,而在“取得投资收益所收到的现金”项目中反映。处置子公司及其他营业单位收到的现金净额单设项目反映。本项目可以根据“交易性金融资产”“持有至到期投资”“可供出售金融资产”“长期股权投资”“库存现金”“银行存款”等科目的记录分析填列。

2.“取得投资收益所收到的现金”项目

本项目反映企业因股权性投资而分得的现金股利，因债权性投资而取得的现金利息收入。股票股利由于不产生现金流量，不在本项目中反映。包括在现金等价物范围内的债券投资，其利息收入在本项目中反映。本项目可以根据“应收股利”“应收利息”“投资收益”“库存现金”“银行存款”等科目的记录分析填列。

3.“处置固定资产、无形资产和其他长期资产所收回的现金净额”项目

本项目反映企业出售固定资产、无形资产和其他长期资产（如投资性房地产）所取得的现金，减去为处置这些资产而支付的有关费用后的净额。处置固定资产、无形资产和其他长期资产所收到的现金，与处置活动支付的现金，两者在时间上比较接近，以净额列示更能准确反映处置活动对现金流量的影响。由于自然灾害等原因所造成的固定资产等长期资产报废、毁损而收到的保险赔偿收入，在本项目中反映。如处置固定资产、无形资产和其他长期资产所收回的现金净额为负数，则应作为投资活动产生的现金流量，在“支付的其他与投资活动有关的现金”项目中反映。本项目可以根据“固定资产清理”“库存现金”“银行存款”等科目的记录分析填列。

4.“处置子公司及其他营业单位收到的现金净额”项目

本项目反映企业处置子公司及其他营业单位所取得的现金减去子公司或其他营业单位持有的现金和现金等价物以及相关处置费用后的净额。本项目可以根据有关科目的记录分析填列。处置子公司及其他营业单位收到的现金净额如为负数，则将该金额填列至“支付的其他与投资活动有关的现金”项目中。

5.“收到的其他与投资活动有关的现金”项目

本项目反映企业除上述各项目外，收到的其他与投资活动有关的现金。其他与投资活动有关的现金，如果价值较大的，应单列项目反映。本项目可以根据有关科目的记录分析填列。

6.“购建固定资产、无形资产和其他长期资产支付的现金”项目

本项目反映企业购买、建造固定资产，取得无形资产和其他长期资产（如投资性房地产）支付的现金，包括购买机器设备所支付的现金、建造工程支付的现金、支付在建工程人员的工资等现金支出，不包括为购建固定资产、无形资产和其他长期资产而发生的借款利息资本化部分，以及融资租入固定资产所支付的租赁费。为购建固定资产、无形资产和其他长期资产而发生的借款利息资本化部分，在“分配股利、利润或偿付利息支付的现金”项目中反映；融资租入固定资产所支付的租赁费，在“支付的其他与筹资活动有关的现金”项目中反映，不在本项目中反映。本项目可以根据“固定资产”“在建工程”“工程物资”“无形资产”“库存现金”“银行存款”等科目的记录分析填列。

7.“投资所支付的现金”项目

本项目反映企业进行权益性投资和债权性投资所支付的现金，包括企业取得的除现金等价物以外的交易性金融资产、持有至到期投资、可供出售金融资产而支付的现金，以及支付的佣金、手续费等交易费用。

企业购买股票和债券时，实际支付的价款中包含的已宣告但尚未领取的现金股利或已到付息期但尚未领取的债券利息,应在"支付的其他与投资活动有关的现金"项目中反映;收回购买股票和债券时支付的已宣告但尚未领取的现金股利或已到付息期但尚未领取的债券利息,应在"收到的其他与投资活动有关的现金"项目中反映。

本项目可以根据"交易性金融资产""持有至到期投资""可供出售金融资产""投资性房地产""长期股权投资""库存现金""银行存款"等科目的记录分析填列。

8."取得子公司及其他营业单位支付的现金净额"项目

本项目反映企业取得子公司及其他营业单位的购买出价中以现金支付的部分,减去子公司或其他营业单位持有的现金和现金等价物后的净额。本项目可以根据有关科目的记录分析填列。如为负数,应在"收到的其他与投资活动有关的现金"项目中反映。

9."支付的其他与投资活动有关的现金"项目

本项目反映企业除上述各项目外,支付的其他与投资活动有关的现金。其他与投资活动有关的现金,如果价值较大的,应单列项目反映。本项目可以根据有关科目的记录分析填列。

(三)筹资活动产生的现金流量的填列方法

1."吸收投资收到的现金"项目

本项目反映企业以发行股票、债券等方式筹集资金实际收到的款项净额(发行收入减去支付的佣金等发行费用后的净额)。以发行股票等方式筹集资金而由企业直接支付的审计、咨询等费用,在"支付的其他与筹资活动有关的现金"项目中反映。本项目可以根据"实收资本(或股本)""资本公积""库存现金""银行存款"等科目的记录分析填列。

2."取得借款收到的现金"项目

本项目反映企业举借各种短期、长期借款而收到的现金,以及发行债券实际收到的款项净额(发行收入减去直接支付的佣金等发行费用后的净额)。本项目可以根据"短期借款""长期借款""交易性金融负债""应付债券""库存现金""银行存款"等科目的记录分析填列。

3."收到的其他与筹资活动有关的现金"项目

本项目反映企业除上述各项目外,收到的其他与筹资活动有关的现金。其他与筹资活动有关的现金,如果价值较大的,应单列项目反映。本项目可以根据有关科目的记录分析填列。

4."偿还债务支付的现金"项目

本项目反映企业以现金偿还债务的本金,包括:归还金融企业的借款本金、偿付企业到期的债券本金等。企业偿还的借款利息、债券利息,在"分配股利、利润或偿付利息所支付的现金"项目中反映。本项目可以根据"短期借款""长期借款""交易性金融负债""应付债券""库存现金""银行存款"等科目的记录分析填列。

5."分配股利、利润或偿付利息支付的现金"项目

本项目反映企业实际支付的现金股利、支付给其他投资单位的利润或用现金支付的借款利息、债券利息。不同用途的借款,其利息的开支渠道不同,如在建工程、财务费用等,均在本项目中反映。本项目可以根据"应付股利""应付利息""利润分配""财务费用""在建工程""制造费用""研发支出""库存现金""银行存款"等科目的记录分析填列。

6.“支付的其他与筹资活动有关的现金”项目

本项目反映企业除上述各项目外，支付的其他与筹资活动有关的现金，如以发行股票、债券等方式筹集资金而由企业直接支付的审计、咨询等费用，融资租赁各期支付的现金，以分期付款方式构建固定资产、无形资产等各期支付的现金等。其他与筹资活动有关的现金，如果价值较大的，应单列项目反映。本项目可以根据有关科目的记录分析填列。

(四)汇率变动对现金及现金等价物的影响

汇率变动对现金及现金等价物的影响，指企业外币现金流量及境外子公司的现金流量折算成记账本位币时，所采用的是现金流量发生日的汇率或即期汇率的近似汇率，而现金流量表“现金及现金等价物净增加额”项目中外币现金净增加额是按资产负债表日的即期汇率折算。这两者的差额即为汇率变动对现金及现金等价物的影响。

(五)现金流量表补充资料项目

除现金流量表正表反映的信息外，企业还应在现金流量表补充资料中披露将净利润调节为经营活动现金流量、当期取得或处置子公司及其他营业单位、现金及现金等价物净变动情况等信息。

现金流量表补充资料项目的内容及填列方法略。

四、现金流量表的编制举例

【例 15-3】 仍采用例 15-1 中的资料，根据表 15-2 资产负债表和表 15-4 利润表编制 2014 年度现金流量表见表 15-5。

表 15-5　　**现金流量表**

会企 03 表

编制单位：甲股份有限公司　　2014 年度　　单位：元

项　目	本期金额	上期金额
一、经营活动产生的现金流量：		略
销售商品、提供劳务收到的现金	10 700 000	
收到的税费返还	0	
收到的其他与经营活动有关的现金	0	
经营活动现金流入小计	10 700 000	
购买商品、接受劳务支付的现金	4 822 660	
支付给职工以及为职工支付的现金	3 000 000	
支付的各项税费	2 036 750	
支付的其他与经营活动有关的现金	200 000	
经营活动现金流出小计	10 059 410	
经营活动产生的现金流量净额	640 590	
二、投资活动产生的现金流量：		
收回投资所收到的现金	165 000	
取得投资收益所收到的现金	0	

（续表）

项目	本期金额	上期金额
处置固定资产、无形资产和其他长期资产所收回的现金净额	3 003 000	
处置子公司及其他营业单位收到的现金净额		
收到的其他与投资活动有关的现金	0	
投资活动现金流入小计	3 168 000	
购建固定资产、无形资产和其他长期资产支付的现金	3 710 000	
投资所支付的现金	1 050 000	
取得子公司及其他营业单位支付的现金净额		
支付的其他与投资活动有关的现金	0	
投资活动现金流出小计	4 760 000	
投资活动产生的现金流量净额	−1 592 000	
三、筹资活动产生的现金流量：		
吸收投资收到的现金	0	
取得借款收到的现金	12 725 000	
收到的其他与筹资活动有关的现金	0	
筹资活动现金流入小计	12 725 000	
偿还债务所支付的现金	12 500 000	
分配股利、利润或偿付利息支付的现金	2 100 000	
支付的其他与筹资活动有关的现金	0	
筹资活动现金流出小计	14 600 000	
筹资活动产生的现金流量净额	−1 875 000	
四、汇率变动对现金及现金等价物的影响	0	
五、现金及现金等价物净增加额	−2 826 410	
加：期初现金及现金等价物余额	14 063 000	
六、期末现金及现金等价物余额	11 236 590	

现金流量表各项目计算过程如下：

1.销售商品、提供劳务收到的现金＝营业收入＋本期销项税发生额＋（应收账款期初－期末）＋（应收票据期初－期末）＋（预收账款期末－期初）－本期计提的坏账准备＝12 500 000＋（510 000＋1 190 000＋425 000）＋（3 991 000－6 982 000）＋（2 460 000－3 385 000）＋（0－0）－9 000＝10 700 000（元）

2.购买商品、接受劳务支付的现金＝营业成本＋（存货期末－期初）＋本期进项税发生额＋（应付账款期初－期末）＋（应付票据期初－期末）＋（预付账款期末－期初）－未付现的存货增加＝7 500 000＋（25 747 000－25 800 000）＋（255 000＋169 660）＋（9 548 000－9 548 000）＋（2 000 000－1 000 000）＋（1 000 000－1 000 000）－（2 750 000＋100 000＋385 000＋14 000＋800 000）＝4 822 660（元）

3.支付给职工以及为职工支付的现金＝计入成本费用的职工薪酬＋（归属于经营活动的应付职工薪酬期初－期末）－支付的在建工程职工薪酬＝（2 750 000＋100 000＋150 000＋385 000＋14 000＋21 000）＋[1 100 000－（1 800 000－2 280 000）]－2 000 000＝3 000 000（元）

4.支付的各项税费＝1 000 000（增值税）＋70 000（城建税）＋30 000（教育费附加）＋936 750（企业所得税）＝2 036 750（元）

5.支付的其他与经营活动有关的现金＝100 000（展览费）＋100 000（广告费）＝200 000（元）

6.收回投资收到的现金＝165 000（元）（变现的股票投资）

7.处置固定资产、无形资产和其他长期资产所收回的现金净额＝8 000－5 000＋

3 000 000＝3 003 000(元)

8.购建固定资产、无形资产和其他长期资产支付的现金＝210 000＋1 500 000＋2 000 000＝3 710 000(元)

9.投资所支付的现金＝1 050 000(元)(可供出售金融资产)

10.取得借款收到的现金＝10 000 000(长期借款)＋2 725 000(票据贴现)

＝12 725 000(元)

11.偿还债务所支付的现金＝10 000 000(偿还长期借款本金)＋2 500 000(偿还短期借款本金)＝12 500 000(元)

12.分配股利、利润或偿付利息支付的现金＝2 100 000(元)(长期借款利息)

任务五　编制所有者权益变动表

一、所有者权益变动表的概念

所有者权益变动表是反映构成所有者权益的各组成部分当期的增减变动情况的报表。所有者权益变动表应当全面反映一定时期所有者权益的变动的情况，不仅包括所有者权益总量的增减变动，还包括所有者权益增减变动的重要结构性信息。所有者权益变动表属于年度财务报表。

二、所有者权益变动表列报的总体要求

所有者权益是指企业资产扣除负债后由所有者享有的剩余权益。所有者权益的来源包括所有者投入的资本(包括实收资本和资本溢价等资本公积)、其他综合收益、留存收益(包括盈余公积和未分配利润)等。所有者权益变动表应当反映构成所有者权益的各组成部分当期的增减变动情况。综合收益和与所有者(或股东)的资本交易导致的所有者权益的变动，应当分别列示。与所有者的资本交易，是指与所有者以其所有者身份进行的、导致企业所有者权益变动的交易。

三、所有者权益变动表的列报格式

企业应当反映所有者权益各组成部分的期初和期末余额及其调节情况。因此，企业应当以矩阵的形式列示所有者权益变动表：一方面，列示导致所有者权益变动的交易或事项，按所有者权益变动的来源对一定时期所有者权益变动情况进行全面反映；另一方面，按照所有者权益各组成部分(包括实收资本、资本公积、其他综合收益、盈余公积、未分配利润、库存股等)及其总额列示相关交易或事项对所有者权益的影响。

企业需要提供比较所有者权益变动表，所有者权益变动表还就各项目再分为“本年金额”和“上年金额”两栏分别填列。一般企业所有者权益变动表的格式如表15-6所示。

四、所有者权益变动表的列报方法

(一)“本年金额”栏的列报方法

企业应当根据所有者权益类科目和损益类有关科目的发生额分析填列所有者权益变动表“本年金额”栏，具体包括如下情况：

1."上年年末余额"项目,应根据上年资产负债表中"实收资本(或股本)""资本公积""其他综合收益""盈余公积""未分配利润"等项目的年末余额填列。

2."会计政策变更"和"前期差错更正"项目,应根据"盈余公积""利润分配""以前年度损益调整"等科目的发生额分析填列,并在"上年年末余额"的基础上调整得出"本年年初余额"项目。

3."本年增减变动余额"项目分别反映如下内容:

(1)"综合收益总额"项目,反映企业当年的综合收益总额,应根据当年利润表中"其他综合收益的税后净额"和"净利润"项目填列,并对应列在"其他综合收益"和"未分配利润"栏。

(2)"所有者投入和减少资本"项目,反映企业当年所有者投入的资本和减少的资本,其中:

①"所有者投入的资本"项目,反映企业接受投资者投入形成的实收资本(或股本)和资本公积,应根据"实收资本""资本公积"等科目的发生额分析填列,并对应列在"实收资本"和"资本公积"栏。

②"股份支付计入所有者权益的金额"项目,反映企业处于等待期中的权益结算的股份支付当年计入资本公积的金额,应根据"资本公积"科目所属的"其他资本公积"二级科目的发生额分析填列,并对应列在"资本公积"栏。

(3)"利润分配"下各项目,反映当年对所有者(或股东)分配的利润(或股利)金额和按照规定提取的盈余公积金额,并对应列在"未分配利润"和"盈余公积"栏。其中:

①"提取盈余公积"项目,反映企业按照规定提取的盈余公积,应根据"盈余公积""利润分配"科目的发生额分析填列。

②"对所有者(或股东)的分配"项目,反映对所有者(或股东)分配的利润(或股利)金额,应根据"利润分配"科目的发生额分析填列。

(4)"所有者权益内部结转"下各项目,反映不影响当年所有者权益总额的所有者权益各组成部分之间当年的增减变动,包括资本公积转增资本(或股本)、盈余公积转增资本(或股本)、盈余公积弥补亏损等。其中:

①"资本公积转增资本(或股本)"项目,反映企业以资本公积转增资本或股本的金额,应根据"实收资本""资本公积"等科目的发生额分析填列。

②"盈余公积转增资本(或股本)"项目,反映企业以盈余公积转增资本或股本的金额,应根据"实收资本""盈余公积"等科目的发生额分析填列。

③"盈余公积弥补亏损"项目,反映企业以盈余公积弥补亏损的金额,应根据"盈余公积""利润分配"等科目的发生额分析填列。

(二)"上年金额"栏的列报方法

所有者权益变动表"上年金额"栏内各项数字,应根据上年度所有者权益变动表"本年金额"栏内所列数字填列。如果上年度所有者权益变动表规定的各个项目的名称和内容与本年度不相一致,应对上年度所有者权益变动表各项目的名称和金额按本年度的规定进行调整,填入所有者权益变动表"上年金额"栏内。

【例 15-4】 仍采用例 15-1 中的资料,根据表 15-2 资产负债表和表 15-4 利润表编制 2014 年度所有者权益变动表见表 15-6。

表 15-6　　　　　　　　　　**所有者权益变动表**

会企 04 表

单位名称:甲股份有限公司　　　　　　2014 年度　　　　　　单位:元

项　目	本年金额							上年金额						
	实收资本(或股本)	资本公积	减:库存股	其他综合收益	盈余公积	未分配利润	所有者权益合计	实收资本(或股本)	资本公积	减:库存股	其他综合收益	盈余公积	未分配利润	所有者权益合计
一、上年年末余额	50 000 000	0	0	0	1 000 000	500 000	51 500 000							
加:会计政策变更														
前期差错更正														
二、本年年初余额	50 000 000	0	0		1 000 000	500 000	51 500 000							
三、本年增减变动金额(减少以"—"号填列)														
(一)综合收益总额				15 000		2 578 500	2 593 500							
(二)所有者投入和减少资本														
1.所有者投入的资本														
2.股份支付计入所有者权益的金额														
3.其他		0												
(三)利润分配														
1.提取盈余公积					257 850	−257 850	0							
2.对所有者(或股东)的分配						0	0							
3.其他														
(四)所有者权益内部结转														
1.资本公积转增资本(或股本)														
2.盈余公积转增资本(或股本)														
3.盈余公积弥补亏损														
4.其他														
四、本年年末余额	50 000 000	0	0	15 000	1 257 850	2 820 650	54 093 500							

任务六 编制附注

一、附注的概念

附注是财务报表不可或缺的组成部分，是对资产负债表、利润表、现金流量表和所有者权益变动表等报表中列示项目的文字描述或明细资料，以及对未能在这些报表中列示项目的说明等。附注相对于报表而言具有同等重要性，报表使用者应当全面阅读附注。

二、附注披露的内容

财务报表附注应按照如下顺序披露有关内容：

(一)企业的基本情况

1.企业注册地、组织形式和总部地址。

2.企业的业务性质和主要经营活动。如企业所处的行业、所提供的主要产品或服务、客户的性质、销售策略、监管环境的性质等。

3.母公司以及集团最终母公司的名称。

4.财务报告的批准报出者和财务报告批准报出日。如果企业已在财务报表其他部分披露了财务报告的批准报出者和批准报出日信息，则无须重复披露；或者已有相关人员签字批准报出财务报告，可以其签名及其签字日期为准。

5.营业期限有限的企业，还应当披露有关其营业期限的信息。

(二)财务报表的编制基础

企业应当判断企业是否持续经营，并披露财务报表是否以持续经营为基础编制。

(三)遵循企业会计准则的声明

企业应当声明编制的财务报表符合企业会计准则的要求，真实、完整地反映了企业的财务状况、经营成果和现金流量等有关信息，以此明确企业编制财务报表所依据的制度基础。如果企业编制的财务报表只是部分地遵循了企业会计准则，附注中不得做出这种表述。

(四)重要会计政策和会计估计

1.重要会计政策的说明。

2.重要会计估计的说明。

(五)会计政策和会计估计变更以及差错更正的说明

企业应当按照《企业会计准则第28号——会计政策、会计估计变更和差错更正》的规定，披露会计政策和会计估计变更以及差错更正的情况。

(六)报表重要项目的说明

企业应当按照资产负债表、利润表、现金流量表、所有者权益变动表及其项目列示的顺序，采用文字和数字描述相结合的方式披露报表重要项目的说明。报表重要项目的明细金额合计，应当与报表项目金额相衔接。

此外，企业还应该在附注中披露企业会计准则规定的其他重要信息。

例如，固定资产的披露格式见表 15-7。

表 15-7

项　目	年初账面余额	本期增加额	本期减少额	期末账面余额
一、原价合计				
其中：房屋、建筑物				
机器设备				
运输工具				
……				
二、累计折旧合计				
其中：房屋、建筑物				
机器设备				
运输工具				
……				
三、固定资产减值准备累计金额合计				
其中：房屋、建筑物				
机器设备				
运输工具				
……				
四、固定资产账面价值合计				
其中：房屋、建筑物				
机器设备				
运输工具				
……				

实务训练

一、单项选择题

1. 下列财务报表中，(　　)只属于年度财务报表。

A. 资产负债表　　B. 利润表

C. 现金流量表　　D. 所有者权益变动表

2. 下列财务报表中，(　　)是一张静态财务报表。

A. 资产负债表　　B. 利润表

C. 现金流量表　　D. 所有者权益变动表

3. 下列财务报表中，(　　)是一张动态财务报表。

A. 资产负债表　　B. 利润表

C. 现金流量表　　D. 所有者权益变动表

4. 反映企业一定时点财务状况的报表是（　　）。

A. 资产负债表　　B. 利润表

C. 现金流量表　　D. 所有者权益变动表

5. 反映企业一定期间经营成果的报表是（　　）。

A. 资产负债表　　B. 利润表

C. 现金流量表　　D. 所有者权益变动表

6. 财务报表的编制基础是指（　　）。

A. 重要性　　B. 可比性　　C. 持续经营　　D. 会计分期

7. 下列资产负债表项目中，可以根据总账科目期末余额直接填列的是（　　）。

A. 持有至到期投资　　B. 存货

C. 应收账款　　D. 应付职工薪酬

8. 资产负债表中“存货”项目反映的是各项存货的（　　）。

A. 实际成本　　B. 计划成本　　C. 总额　　D. 净额

9. 在编制资产负债表时，“预付账款”所属明细科目如有贷方余额，应在（　　）项目内反映。

A. “应收账款”　　B. “应付账款”　　C. “预收账款”　　D. “预付账款”

10. 在编制资产负债表时，“应收账款”所属明细科目如有贷方余额，应在（　　）项目内反映。

A. “应收账款”　　B. “应付账款”　　C. “预收账款”　　D. “预付账款”

11. 可供出售金融资产的公允价值发生变动，应列示为利润表中的（　　）。

A. 净利润　　B. 其他综合收益

C. 综合收益总额　　D. 公允价值变动损益

12. 现金流量表的列报格式为（　　）。

A. 账户式　　B. 多步式　　C. 报告式　　D. 矩阵式

13. 下列各项中，会引起现金流量总额变动的项目是（　　）。

A. 将现金存入银行　　B. 用现金购买 1 个月内到期的国债

C. 用现金购买材料　　C. 用一台设备清偿 50 万元的债务

14. 支付的在建工程人员工资，属于（　　）。

A. 经营活动现金流量　　B. 投资活动现金流量

C. 筹资活动现金流量　　D. 支付给职工以及为职工支付的现金

15. 某企业“应付职工薪酬”科目年初贷方余额为 80 000 元，其中包括在建工程人员工资 30 000 元；年末贷方余额为 45 000 元，其中包括在建工程人员工资 15 000 元。则现金流量表“支付给职工以及为职工支付的现金”项目应填列（　　）元。

A. 30 000　　B. 35 000　　C. 15 000　　D. 20 000

二、多项选择题

1. 财务报表按照编报主体的不同，可以分为（　　）。

A. 中期财务报表　　B. 年度财务报表

C. 个别财务报表　　D. 合并财务报表

2. 财务报表按照编报时间的不同，可以分为(　　)。

A. 中期财务报表　　B. 年度财务报表

C. 个别财务报表　　D. 合并财务报表

3. 资产负债表中的"货币资金"项目，应根据(　　)科目期末余额的合计数填列。

A. "备用金"　　B. "库存现金"

C. "银行存款"　　D. "其他货币资金"

4. 资产负债表的金额栏包括(　　)。

A. 年末余额　　B. 本期金额

C. 年初余额　　D. 期末余额

5. 利润表中的"综合收益总额"包括(　　)。

A. 营业利润　　B. 利润总额

C. 净利润　　D. 其他综合收益

6. 为计算营业利润，需要从营业收入中减去(　　)。

A. 营业成本　　B. 营业税金及附加

C. 销售费用、管理费用、财务费用　　D. 资产减值损失

7. 利润表中的"营业税金及附加"主要包括(　　)。

A. 营业税、城市维护建设税　　B. 增值税

C. 房产税、车船税　　D. 企业所得税

8. 现金流量表中的"现金"包括(　　)。

A. 库存现金　　B. 银行存款

C. 其他货币资金　　D. 现金等价物

9. 现金流量表中的现金流量，包括(　　)产生的现金流量。

A. 经营活动　　B. 投资活动

C. 筹资活动　　D. 收、付款活动

10. 下列各项中，属于经营活动现金流量的有(　　)。

A. 支付的企业所得税　　B. 支付给全体职工的工资

C. 支付的各种罚款　　D. 支付的融资租赁租金

三、判断题

1. 半年度、季度和月度财务报告统称为中期财务报告。(　　)

2. 财务报表与会计报表的含义是一致的。(　　)

3. 财务报表至少应当包括"四表一附注"。(　　)

4. 重要性是指财务报表某项目的省略或错报会影响使用者据此做出的经济决策。(　　)

5. 当正常营业周期不能确定时，应当以一年作为正常营业周期。(　　)

6. 资产负债表中的资产与负债是按照流动性排列的。(　　)

7. 我国企业资产负债表采用账户式格式。(　　)

8. "应付账款"所属明细科目有借方余额的，应填列在"应收账款"项目内。(　　)

9. 我国采用多步式列报利润表。(　　)

10. 利润表中的"上期金额"是指上月数或上年数。 ( )

11. 现金流量表属于年报。 ( )

12. 所有现金流量项目在现金流量表中都应按照现金流量总额反映。 ( )

13. 现金流量表"偿还债务支付的现金"项目仅指偿还的利息。 ( )

14. 企业购买和处置子公司及其他营业单位产生的现金流量应作为投资活动的现金流量,在现金流量表中单独列示。 ( )

15. 财务报表附注的重要性远低于财务报表。 ( )

四、综合题

A股份有限公司为增值税一般纳税人,适用的增值税税率为17%,所得税税率为25%;销售价格均不含向购买方收取的增值税;原材料采用实际成本法核算。A公司2014年1月1日的科目余额表如下:

科目余额表 单位:元

科目名称	借方余额	科目名称	贷方余额
库存现金	760 000	短期借款	300 000
银行存款	4 980 000	应付票据	500 000
交易性金融资产	3 000 000	应付账款	890 000
应收票据	3 500 000	其他应付款	600 000
应收账款	4 000 000	应付职工薪酬	99 000
坏账准备	−80 000	应交税费(不含增值税)	260 000
其他应收款	180 000	应付利息	50 000
在途物资	1 700 000	长期借款	2 600 000
原材料	3 800 000	其中:一年内到期的长期负债	1 000 000
周转材料	800 000		
库存商品	7 200 000		
长期股权投资	3 000 000		
固定资产	7 500 000	股本	30 000 000
累计折旧	−900 000	盈余公积	5 000 000
在建工程	2 000 000	利润分配(未分配利润)	3 041 000
无形资产	1 900 000		
合计	43 340 000	合计	43 340 000

2014年A公司共发生如下经济业务:

1. 购入原材料一批并取得增值税专用发票,价款3 000 000元,增值税进项税额510 000元,全部以银行存款支付,材料验收入库。

2. 购入管理用小轿车一辆,成本合计390 000元,以银行存款支付。

3. 出售一项交易性金融资产,售价230 000元,该交易性金融资产的账面余额为200 000元(无公允价值变动记录),款项存入银行。

4. 外购生产用设备一台，取得增值税专用发票，价款 2 000 000 元，增值税 340 000 元，均以银行存款支付，税法规定该进项税额允许抵扣。

5. 以银行存款支付职工工资 600 000 元。

6. 分配支付的职工工资，其中生产人员 300 000 元，车间管理人员 120 000 元，行政管理人员 100 000 元，在建工程人员 80 000 元。

7. 提取职工福利费，其中生产人员 42 000 元，车间管理人员 16 800 元，行政管理人员 14 000 元，在建工程人员 11 200 元。

8. 计算应由在建工程负担的长期借款利息 110 000 元(分期付息)。

9. 基本生产车间报废一台设备，原价 280 000 元，已提折旧 160 000 元，清理费用 1 000 元，残值收入 2 400 元，已用银行存款收支，不考虑增值税等相关税费。

10. 从银行借入 5 年期借款 500 000 元，借款存入银行。

11. 销售产品一批，售价 4 800 000 元，增值税 816 000 元，销售成本 3 620 000 元，款项已存入银行。

12. 购入 B 公司发行的普通股，作为可供出售金融资产，价款 1 200 000 元，手续费 18 000 元，以“其他货币资金——存出投资款”支付。

13. 计提基本生产车间固定资产折旧 200 000 元，假设与税法无差异。

14. 销售材料一批，销售价款为 3 800 000 元，增值税 646 000 元，款项尚未收到。该批材料的实际成本为 2 000 000 元。

15. 计提本年城市维护建设税 42 840 元，教育费附加 18 360 元。

16. 可供出售金融资产的公允价值上升 30 000 元。

17. 以银行存款支付违反税收规定的罚款 20 000 元，非公益性捐赠支出 100 000 元。

18. 计提应计入当期损益的长期借款利息 50 000 元(分期付息)。

19. 归还短期借款本金 200 000 元及利息 25 000 元。

20. 摊销无形资产 60 000 元，假设与税法无差异。

21. 收到应收账款 1 200 000 元，款项存入银行。

22. 计提本年坏账准备 60 000 元。

23. 用银行存款支付广告费 100 000 元，退休人员工资 500 000 元，其他管理费用150 000 元。

24. 用银行存款交纳增值税 612 000 元、城建税 42 840 元、教育费附加 18 360 元。

25. 偿还长期借款本金 1 000 000 元，偿还上年所欠货款 390 000 元。

26. 收到上年购进的原材料 1 700 000 元。

27. 结转完工的在建工程成本 2 201 200 元。

28. 结转本年制造费用。

29. 结转本年生产成本。

30. 将各损益类科目结转至“本年利润”。

31. 计算所得税费用和应交所得税，该公司采用资产负债表债务法核算所得税。

32. 将“所得税费用”结转至“本年利润”。

33. 将“本年利润”结转至“利润分配——未分配利润”。

34.交纳计算出的企业所得税。

35.按净利润的10%提取法定盈余公积。

36.分配现金股利400 000元。

37.将利润分配各明细科目的余额转入“未分配利润”明细科目。

要求：

(1)编制A公司2014年度经济业务的会计分录。

(2)假设A公司共发行普通股10 000 000股，且不存在稀释性潜在普通股。编制A公司2014年12月31日的资产负债表、2014年度的利润表、现金流量表、所有者权益变动表。